广东农村统计年鉴

GUANGDONG RURAL STATISTICAL YEARBOOK

2023

《广东农村统计年鉴》编辑委员会编

图书在版编目（C I P）数据

广东农村统计年鉴. 2023 = Guangdong Rural Statistical Yearbook 2023 / 《广东农村统计年鉴》编辑委员会编. -- 北京 : 中国统计出版社, 2023.11
ISBN 978-7-5230-0273-5

Ⅰ. ①广… Ⅱ. ①广… Ⅲ. ①农业统计－统计资料－广东－2023－年鉴 Ⅳ. ①F327.65-66

中国国家版本馆 CIP 数据核字(2023)第 192372 号

广东农村统计年鉴 2023

作　　者/ 《广东农村统计年鉴》编辑委员会
责任编辑/ 高媛媛
装帧设计/ 广州九禾教育信息咨询有限公司
出版发行/ 中国统计出版社有限公司
地　　址/ 北京市丰台区西三环南路甲 6 号
邮政编码/ 100073
电　　话/ 邮购（010）63376909　书店（010）68783171
网　　址/ http://www.zgtjcbs.com
印　　刷/ 广州星河印刷有限公司
经　　销/ 新华书店
开　　本/ 890mm×1240mm　1/16
字　　数/ 1400 千字
印　　张/ 26.25　彩页 1.5
版　　别/ 2023 年 11 月第 1 版
版　　次/ 2023 年 11 月第 1 次印刷
定　　价/ 350.00 元

本书附同版本 CD-ROM 一张，光盘内容以书面文字为准。
如有印装差错，由本社发行部调换。

《广东农村统计年鉴2023》编委会和编辑出版人员名单

编 者 说 明

《广东农村统计年鉴》是由广东省统计局、广东省农业农村厅、国家统计局广东调查总队、广东省民政厅、广东省自然资源厅、广东省水利厅、广东省应急管理厅、广东省林业局、广东省气象局、广东省农垦总局、广东省供销合作社联合编辑出版的大型统计资料工具书。其宗旨是力求全面、系统、客观、翔实地向广大读者提供广东农村经济和社会发展的基本统计资料信息。

《广东农村统计年鉴 2023》（简称《年鉴》），主要收录 2022 年全省、各市、县（区）涉农统计数据和新中国成立以来各个主要时期主要涉农统计数据。本年新增了县镇村主要经济指标专题，全书共分十八个专题：农业主要指标与农村基本情况、自然资源、气候与自然灾害、农业技术装备与农村科技及教育、水利建设、国民经济概况、农村经济综合、种植业、林业、畜牧业与饲料工业、渔业、农产品进出口贸易、农村经济收入分配与效益、农村居民收入与消费、农垦、供销合作社、分区域主要经济指标、县镇村主要经济指标等。

《年鉴》资料来源于政府统计部门、农业部门和各有关部门的年报表，部分资料采自抽样调查。由于有关业务部门的统计范围、口径不完全相同，资料中少数指标数据不完全一致，使用时敬请读者注意。

《年鉴》涉及珠江三角洲、东翼、西翼和山区的具体划分为：珠江三角洲指广州、深圳、珠海、佛山、江门、东莞、中山、惠州和肇庆；东翼指汕头、汕尾、潮州和揭阳；西翼指湛江、茂名和阳江；山区指韶关、河源、梅州、清远和云浮。

《年鉴》统计表中的符号说明："…"表示数据不足本表最小单位数；"#"表示其中主要项；空格表示该项统计指标数据不详或无该项数据。

根据《全国农业普查条例》,本书 2007 年及以后年份部分数据以第三次全国农业普查结果为基础做了调整。

《年鉴》中地区生产总值以及分产业分行业增加值数据，最后一年的数据均为初步核算数，不是最终数。

目　录

六、国民经济概况

七、农村经济综合

八、种植业

九、林业

十、畜牧业与饲料工业

十一、渔业

十二、农产品进出口贸易

十三、农村经济收入分配与效益

2022 年度推进实施乡村振兴战略进展情况

2022 年，在省委、省政府的正确领导下，我们坚持以习近平新时代中国特色社会主义思想为指导，深入学习贯彻党的二十大精神和习近平总书记重要讲话、重要指示精神，全面落实党中央、国务院决策部署和省委、省政府工作要求，紧紧围绕守住保障国家粮食安全和不发生规模性返贫两条底线，聚焦乡村发展、乡村建设、乡村治理重点任务，全面推进乡村振兴各项工作，推动全省“三农”事业取得新进展、实现新突破，为全省经济社会发展提供了重要支撑。

——农业农村经济形势稳中向好。2022 年，广东省农林牧渔业总产值 8892.29 亿元，比上年增长 4.8%；第一产业增加值 5531.56 亿元，增长 5.3%。农村居民人均可支配收入 23598 元，增长 5.8%，高于城镇 2.1 个百分点，城乡居民可支配收入差距缩小至 2.41 ∶ 1。乡村市场消费品零售额 5596.24 亿元，增长 6.3%，高于城镇市场 5.4 个百分点。农产品进出口贸易总额 3301.3 亿元，增长 28.1%，其中，出口额 1157.8 亿元，增长 69.1%；进口额 2143.6 亿元，增长 13.3%。

——粮食等重要农产品供应保障有力。全省粮食播种面积 3345.45 万亩、单产 386.05 公斤 / 亩、总产量 1291.5 万吨，粮食面积、产量、单产实现自 2019 年以来“四连增”。生猪产能充足，家禽产能处于历史高位，水产品供应充足，蔬菜供需总体平衡，水果、茶叶等特色优势进一步增强，“菜篮子”“果盘子”等量足价稳。

——脱贫攻坚成果持续巩固拓展。防止返贫动态监测和帮扶机制不断完善，驻镇帮镇扶村工作成效持续显现，全省脱贫人口人均可支配收入 17442 元、同比增长 5.49%，“三类监测对象”家庭人均可支配收入 14505 元，守牢了不发生规模性返贫底线。东西部协作扎实推进，年度协议指标超额完成，创新实施粤企入桂入黔“双百”行动和音乐帮扶计划，产业、劳务、消费等协作及援助资金投入、干部人才选派等持续走在全国前列。

——乡村产业加快转型升级。新增 2 个国家级、53 个省级现代农业产业园，1 个国家级优势特色产业集群、8 个农业产业强镇，现代农业产业体系进一步完善。育种攻关取得突破性进展，科技创新驱动力显著增强。预制菜产业持续引领发展，数字农业、乡村民宿等新产业新业态蓬勃发展，农业微生物产业发展动力增强。农产品“12221”市场体系建设向纵深推进，农业领域对接 RCEP 十大行动陆续启动，“粤字号”特色优质农产品加速进军国际市场。

——**乡村建设行动取得阶段性成效**。农村人居环境整治覆盖率 99.8%以上，农村卫生户厕普及率 96%以上，农村生活污水治理率达 56.9%，集中供水、生活垃圾收运处置体系、村级公共服务中心基本实现全覆盖，农村生产生活条件进一步改善。建设乡村振兴示范带 487 条，初步建成 3420 公里，一批主题特色鲜明、辐射带动能力强的乡村振兴示范带基本成型。乡村治理“积分制”“清单制”实践全面推开，村规民约修订完善率 100%。

——**农村改革发展活力持续激发**。农村“三块地”制度改革取得阶段性成效，农村乱占耕地建房住宅类专项整治试点有序铺开，农村改革试验区启动创建，“一县一试验、一镇一改革”格局逐步形成。农业生产托管服务提质扩面，涉农资金统筹整合改革不断深化，“政银保担基企”金融支农格局巩固拓展。

一、农业主要指标与农村基本情况

1-1　全省行政区划

(2022年)　　　　单位：个

市　别	地级市	县级市	县	自治县	市辖区	市辖镇	乡		街道
								民族乡	
全　省	**21**	**20**	**34**	**3**	**65**	**1112**	**4**	**7**	**489**
广　州	1				11	34			142
深　圳	1				9				74
珠　海	1				3	15			10
汕　头	1		1		6	30			37
佛　山	1				5	21			11
韶　关	1	2	4	1	3	94		1	10
河　源	1		5		1	94		1	6
梅　州	1	1	5		2	104			6
惠　州	1		3		2	48		1	22
汕　尾	1	1	2		1	40			14
东　莞	1					28			4
中　山	1					15			8
江　门	1	4			3	61			12
阳　江	1	1	1		2	38			10
湛　江	1	3	2		4	82	2		38
茂　名	1	3			2	86			26
肇　庆	1	1	4		3	87		1	17
清　远	1	2	2	2	2	77		3	5
潮　州	1		1		2	41			5
揭　阳	1	1	2		2	62	2		24
云　浮	1	1	2		2	55			8

注：本行政区划截至2021年底。

1-2 农业主要指标

指标	单位	2000	2005	2010	2015	2020	2021	2022
农业总产值	亿元	1701.18	2447.57	3697.18	5303.63	7901.92	8305.84	8892.29
农业增加值	亿元	1005.14	1428.27	2254.49	3275.05	4880.83	5151.27	5531.56
农作物总播种面积	万亩	7735.35	7223.06	6394.16	6291.83	6677.71	6747.54	6830.20
粮食作物	万亩	4649.83	4179.75	3579.49	3289.94	3307.03	3319.55	3345.43
经济作物	万亩	2940.05	3043.31	2814.67	3001.88	3370.68	3427.98	3484.77
人工造林面积	万亩	25.76		142.72	177.69	30.03	30.00	15.48
主要产品产量								
粮食	万吨	1822.33	1394.97	1249.15	1211.66	1267.56	1279.87	1291.54
糖蔗	万吨	1137.59	946.02	1064.09	1093.58	1176.25	1118.20	1107.76
花生	万吨	77.68	75.86	81.59	94.48	112.05	115.87	115.93
蔬菜	万吨	2214.80	2596.02	2551.00	2994.70	3706.85	3855.73	3999.11
水果	万吨	643.52	831.69	1049.21	1298.52	1756.16	1826.73	1895.18
猪肉	万吨	206.85	256.28	285.14	296.31	192.42	263.23	279.81
水产品	万吨	593.19	695.23	729.03	804.14	875.81	884.49	894.03
化肥施用量(折纯)	万吨	176.20	204.62	233.57	238.28	219.80	212.87	208.74
农药施用量	万吨	8.47	8.70	9.79	9.75	8.32	7.74	7.60

注：1.表中农业总产值、农业增加值按当年价格计算，增长速度按可比价格计算。
2.2004年起，粮食产量含大豆。

1-3 主要农产品产量与最高年份比较

(2022年)

指　标	单位	2022	新中国成立以来最高年		
			年份	产量	2022为新中国成立以来最高年份(%)
粮食总产量	万吨	1291.54	1997	1966.75	65.7
#稻谷	万吨	1108.63	1998	1688.53	65.7
#早稻	万吨	520.09	1983	862.25	60.3
晚稻	万吨	588.54	1998	866.51	67.9
薯类	万吨	107.01	1998	238.28	44.9
经济作物					
甘蔗	万吨	1292.05	1992	2376.62	54.4
#糖蔗	万吨	1107.76	1992	2271.06	48.8
油料作物	万吨	117.43	2022	117.43	100.0
#花生	万吨	115.93	2022	115.93	100.0
烟叶	万吨	3.71	1992	8.62	43.1
其他作物					
#蔬菜	万吨	3999.11	2022	3999.11	100.0
水果	万吨	1895.18	2022	1895.18	100.0
生猪年末存栏量	万头	2195.86	2009	2455.11	89.4
生猪出栏头数	万头	3496.79	2014	4062.02	86.1
猪肉产量	万吨	279.81	2014	302.86	92.4
家禽年末存栏	亿只	3.88	2010	4.09	94.8
出售和自宰的家禽	亿只	13.37	2020	13.74	97.3
禽肉产量	万吨	189.48	2020	195.27	97.0
水产品	万吨	894.03	2022	894.03	100.0

1-4　主要年份农村基本情况

年 份	乡镇个数(个)	村民委员会个数(个)	年 份	乡镇个数(个)	村民委员会个数(个)
1949			1995	1593	118530
1952			2000	1589	21942
1957			2005	1156	18693
1962	1920		2010	1145	19506
1965	1310		2015	1139	19734
1970	1351		2017	1135	19785
1975	1459		2018	1134	19792
1978	1577		2019	1125	19801
1980	1629		2020	1127	19425
1985	1673	140812	2021	1123	19430
1990	1302	117202	2022	1123	19431

注：1990年及以后年份乡镇个数，村民委员会个数为广东省民政厅统计年报数。

1-5　各市农村基本情况

(2022年)

市 别	乡镇个数(个)	村民委员会个数(个)	市 别	乡镇个数(个)	村民委员会个数(个)
全 省	**1123**	**19431**	东莞市	28	350
广州市	34	1145	中山市	15	150
深圳市			江门市	61	1056
珠海市	15	122	阳江市	38	710
汕头市	30	558	湛江市	84	1638
佛山市	21	329	茂名市	86	1628
韶关市	95	1207	肇庆市	88	1255
河源市	95	1251	清远市	80	1031
梅州市	104	2048	潮州市	41	894
惠州市	49	1043	揭阳市	64	1446
汕尾市	40	723	云浮市	55	847

1-6 各县(市、区)农村基本情况

(2022年)

地区	乡镇个数(个)	村民委员会个数(个)
广州市	**34**	**1145**
海珠区		
荔湾区		
天河区		
白云区	4	118
黄埔区	1	28
番禺区	5	177
花都区	6	188
南沙区	6	128
从化区	5	221
增城区	7	285
深圳市		
福田区		
罗湖区		
盐田区		
南山区		
宝安区		
龙岗区		
龙华区		
坪山区		
光明区		
深汕合作区		
珠海市	**15**	**122**
香洲区	6	7
金湾区	4	14
斗门区	5	101
汕头市	**30**	**558**
金平区		
龙湖区		33
澄海区	8	137
濠江区		
潮阳区	9	180
潮南区	10	167
南澳县	3	41
佛山市	**21**	**329**
禅城区	1	53
南海区	6	66
顺德区	6	108
高明区	3	54
三水区	5	48
韶关市	**95**	**1207**
浈江区	5	48
武江区	5	49
曲江区	9	85
乐昌市	16	195
南雄市	17	208
仁化县	10	109
始兴县	10	113
翁源县	8	156
新丰县	6	141
乳源县	9	103
河源市	**95**	**1251**
源城区	2	28
东源县	21	258
和平县	17	216
龙川县	24	315
紫金县	16	245
连平县	13	159
江东新区	2	30
梅州市	**104**	**2048**
梅江区	4	81
梅县区	17	355
兴宁市	17	458
平远县	12	136
蕉岭县	8	97
大埔县	14	245
丰顺县	16	261
五华县	16	415
惠州市	**49**	**1043**
惠城区	5	142
惠阳区	6	102
惠东县	12	245
博罗县	15	331
龙门县	8	156

1-6 续表

(2022年)

地　区	乡镇个数 (个)	村民委员会个数 (个)	地　区	乡镇个数 (个)	村民委员会个数 (个)
大亚湾开发区		29	化州市	17	334
仲恺高新区	3	38	茂名高新区	1	17
汕尾市	**40**	**723**	茂名滨海新区	2	43
市城区	3	81	**肇庆市**	**88**	**1255**
陆丰市	17	288	端州区		
海丰县	12	237	鼎湖区	4	53
陆河县	8	117	高要区	16	279
东莞市	**28**	**350**	四会市	10	113
中山市	**15**	**150**	广宁县	14	156
江门市	**61**	**1056**	德庆县	12	175
蓬江区	3	55	封开县	15	178
江海区		36	怀集县	17	301
新会区	10	199	**清远市**	**80**	**1031**
台山市	16	277	清城区	4	71
开平市	13	226	清新区	8	186
鹤山市	9	112	英德市	23	256
恩平市	10	151	连州市	12	163
阳江市	**38**	**710**	佛冈县	6	78
江城区	4	106	阳山县	13	159
阳东区	11	157	连山县	7	49
阳春市	15	309	连南县	7	69
阳西县	8	138	**潮州市**	**41**	**894**
湛江市	**84**	**1638**	湘桥区	4	120
赤坎区		16	潮安区	16	418
霞山区		33	饶平县	21	356
麻章区	3	91	**揭阳市**	**64**	**1446**
坡头区	5	61	榕城区	3	161
雷州市	18	422	揭东区	11	196
廉江市	18	340	普宁市	19	523
吴川市	10	143	揭西县	16	280
遂溪县	15	322	惠来县	15	286
徐闻县	14	175	**云浮市**	**55**	**847**
湛江经济技术开发区	1	35	云城区	4	98
茂名市	**86**	**1628**	云安区	7	105
茂南区	9	153	罗定市	17	306
电白区	16	290	新兴县	12	161
信宜市	18	352	郁南县	15	177
高州市	23	439			

二、自然资源

2022 年 6 月 24 日，省自然资源厅联合佛山市政府在佛山隆重举行纪念第 32 个全国土地日广东主会场活动。省自然资源厅党组书记胡建斌在活动致辞时强调，要大力推动耕地保护和节约集约用地工作，像保护大熊猫一样保护耕地。

为深入贯彻落实习近平生态文明思想和总书记对浙江“千村示范、万村整治”工程重要批示精神，2022 年 5 月 23 日，省自然资源厅召开全省全域土地综合整治试点工作视频推进会，指导推进全省全域土地综合整治试点工作。

省自然资源厅到五华县安流镇走访调研推动安流镇驻镇帮镇扶村工作各项工作走深走实。同时结合“广东扶贫济困日”活动向五华县安流镇捐赠了 80 台电脑。

梅州市丰顺县八乡山镇贵人村新垦造水田丰收。

肇庆四会市2022年度市县联合垦造水田项目。

自然资源管理

2022年，省自然资源厅以习近平新时代中国特色社会主义思想为指导，紧紧围绕迎接党的二十大、学习宣传贯彻党的二十大精神，全面落实“疫情要防住、经济要稳住、发展要安全”要求，脚踏实地推动各项工作取得新进展，为我省乡村产业振兴，推动现代农业高质量发展提供了有力的国土空间保障和资源要素支撑。

一、精准高效配置国土空间和资源要素

作为全国“试点中的示范”，对接65个专项规划和3300个重大项目，充分预留发展空间，形成可考核、可审计、可追责的“三区三线”成果，确定了全省国土空间开发保护基本格局。省国土空间规划和广州、深圳规划成果率先上报国务院审批，全省19个地级市和单独编制总体规划的93个县（市）均已形成成果，全省统筹建成国土空间规划“一张图”实施监督系统，探索开展详细规划管理改革，深入推进村庄规划优化提升。在2022年土地利用计划安排中，省专项预留0.65万亩省指标用于保障乡村重点产业和项目用地；明确涉农市县各级应安排不少于10%的计划指标用于保障乡村振兴新增建设用地需求，涉农点状供地项目可使用涉农市县各级安排的专项用地计划指标；省级现代农业产业园所在市按照不低于50亩/园标准一次性安排省级现代农业产业园计划指标。全省全年共批准用地29.28万亩、用海16.41万亩、用林18.83万亩，分别同比增长10.9%、22.9%、54.0%，有效保障各类建设项目用地用海用林需求。

二、耕地保护双管控双平衡严实有效

组织开展21个“田长制”先行县（市、区）建设，实行耕地保护网格化管理。出台关于严格耕地用途管制的实施意见和工作指引，实施耕地“进出平衡”制度，组织开展耕地恢复和进出平衡示范点建设。建立健全耕地保护“1+N”动态监测监管体系，完善耕地“非粮化”监测体系。修订印发补充耕地指标交易管理办法等系列制度文件，加强和完善耕地占补平衡管理。圆满完成5万亩年度垦造水田任务，省级出售水田指标1.58万亩、贡献非税收入52.86亿元，有力保障31个重大项目落实水田占补平衡。组织编制年度耕地“进出平衡”总体方案，大力推进耕地整改恢复，严格落实耕地进出平衡要求。坚持动真碰硬“全链条”遏制违法用地，稳妥推进农村乱占耕地建房整治试点工作。

三、绿美广东建设持续加强

省委印发关于深入推进绿美广东生态建设的决定。制定出台省重要生态系统保护和修复重大工程总体规划，广东粤北南岭山区山水林田湖草生态保护修复工程试点19项绩效目标全部达成，稳步推进全域土地综合整治国家级和省级试点工作，争取中央和省级财政资金13.5亿元，支持开展山水林田湖海一体化保护修复、红树林营造修复和历史遗留矿山治理等项目。完成拆旧复垦验收1.98万亩，交易指标0.73万亩。新增实施“三旧”改造6.95万亩、完成改造5.15万亩，新增实施村镇工业集聚区升级改造1.8万亩、完成改造0.47万亩。完成民生实事矿山石场治理复绿及历史遗留矿山生态修复面积1.05万亩。完成造林和生态修复任务265.86万亩并落地上图。印发实施第四轮省矿产资源总体规划，持证在采绿色矿山达标率超过70%。

四、海洋强省建设谱写新篇

省委省政府印发全面建设海洋强省意见，经自然资源部初步核算，2022年广东省海洋生产总值1.8万亿元，同比增长5.4%，占全省GDP的14%，占全国海洋生产总值的19.1%，连续

28年位居全国首位。在全国率先启动海洋经济高质量发展示范区和现代海洋城市建设研究并有序推进，下达海洋经济发展专项资金2.95亿元，支持海洋六大产业36个项目成果转化和产业化，部省共建国家海洋综合试验场（珠海）启动建设，成功举办2022年海博会，达成签约及意向合作420余项、金额193亿元。全力推动围填海历史遗留问题处理方案备案提速增效，新增报送30个区域备案材料、同比增长650%，新增批复备案区域19个、同比增长375%。修订完善海域使用金征收标准，稳步推进海岸线占补、海域使用权立体分层设权、养殖用海市场化出让等改革试点。

五、自然资源惠民利民持续增进

全面启用“三调”数据，高质量完成2021年度国土变更调查，改革监测模式主动发现变化。完成林草湿调查监测和水资源调查，建成自然资源调查评价监测体系，全面开展自然资源常态化监测。不动产登记持续深化，一般登记3天、抵押登记1天办结率98%以上，民生、税务、金融、法院、公安等领域“不动产登记+”服务不断拓展深化，丹霞山、万绿湖等22个省级重点区域自然资源确权登记工作基本完成，部署开展林权数据整合和农村土地承包经营权登记，完成全省不动产登记数据汇交，提前两年完成集体土地所有权数据汇交任务。全民所有自然资源资产所有权委托代理机制、变更清查以及自然资源领域生态产品价值实现机制等试点工作有序推进，基本完成全民所有自然资源资产平衡表编制试点任务。有效应对近20年来最强5月暴雨过程、最强“龙舟水”和登陆我省最强“土台风”，未发生群死群伤重大地质灾害，海洋灾害连续三年零伤亡。完成4处大型以上隐患点避险搬迁新址建设、82处大型以上隐患点工程治理、1000处中小型隐患点综合治理，地质灾害防治三年行动圆满收官。组织开展涉土领域涉稳问题专项治理行动，妥善化解178宗土地山林权属争议案件，140宗中央交办的重复信访事项全部按时化解，化解不动产登记历史遗留问题项目1483个、涉及套数19多万套。

2-1 自然资源概况

项　　目	单　位	2022年
一、土地资源和海洋		
土地面积	万平方公里	17.98
耕　地	万公顷	189.97
林　地	万公顷	1074.23
园　地	万公顷	131.66
牧草地	万公顷	0.04
海域总面积	万平方公里	41.93
海洋滩涂面积	万公顷	18.02
海岛面积	平方公里	1513.17
大陆海岸线长度	公里	4084.50
岛屿岸线长度	公里	2378.71
岛屿个数	个	1963
二、矿产		
煤保有资源储量	万吨	48383.59
铁矿石保有资源储量	万吨	58972.31
硫铁矿保有资源储量	万吨	31119.84

注：土地面积、耕地、林地、园地、牧草地面积等数据来源于2021年度变更调查(因2022年度土地利用变更调查尚未完成，暂未有2022年度相关数据)。

2-2 各市耕地面积情况

(2021年) 单位：公顷

市别	年初实有耕地面积	年末实有耕地面积				耕地变动情况	
		合计	水田	水浇地	旱地	年内增加耕地面积	年内减少耕地面积
广东省	1898718.30	1899734.11	1370830.95	163019.55	365883.61	15586.53	14570.53
广州市	50767.58	49517.58	32583.64	16565.84	368.10	350.17	1600.10
深圳市(含深汕合作区)	4905.68	4968.47	1745.47	3035.94	187.06	228.93	166.12
其中：深汕合作区	1967.57	1900.08	1695.65	49.65	154.78	13.87	81.36
珠海市	6433.25	6273.91	4073.44	1575.91	624.56	11.19	170.52
汕头市	28498.66	28117.87	20552.67	6122.94	1442.26	260.53	641.39
佛山市	20850.51	20395.12	11825.40	7527.83	1041.89	132.15	587.48
韶关市	160557.27	160941.92	125078.87	9970.92	25892.13	957.53	572.92
河源市	104928.84	106076.18	93131.39	3428.67	9516.12	1604.58	457.31
梅州市	107379.25	107287.30	96063.78	3666.92	7556.60	653.07	745.00
惠州市	91124.39	90940.56	66094.39	15241.95	9604.22	602.80	786.67
汕尾市(不含深汕合作区)	73905.32	74812.81	58601.24	4513.15	11698.42	1368.51	460.99
东莞市	9118.25	8874.83	675.89	8018.24	180.70	111.55	354.91
中山市	7181.65	6812.18	2245.56	4518.43	48.19	94.15	463.56
江门市	110902.31	110772.65	98484.34	5467.47	6820.84	557.41	687.04
阳江市	106918.47	108598.44	89485.81	3204.56	15908.07	2195.30	515.33
湛江市	413924.60	413575.53	187536.70	39841.81	186197.02	2091.73	2440.98
茂名市	166175.56	166066.70	141013.73	5280.18	19772.79	561.49	670.37
肇庆市	106709.96	106913.45	87766.16	7329.96	11817.33	877.09	673.53
清远市	175394.73	175736.25	131969.33	8353.43	35413.49	1595.87	1254.11
潮州市	18466.09	18403.66	15159.01	2116.94	1127.71	184.90	247.37
揭阳市	60695.88	60665.20	49852.46	4448.41	6364.33	574.66	605.38
云浮市	73880.05	73983.50	56891.67	2790.05	14301.78	572.92	469.45

注：土地面积、耕地、林地、园地、牧草地面积等数据来源于2021年度变更调查(因2022年度土地利用变更调查尚未完成，暂未有2022年度相关数据)。深圳含深汕合作区，汕尾不含深汕合作区。深汕合作区数据利用国家下发的数据库统计。

2-3 各市建设占用耕地情况表

(2021年) 单位：公顷

市 别	合计	城镇村及工矿用地	交通运输用地	水利设施用地
广东省	7308.64	5447.34	1783.03	78.27
广州市	1188.61	898.53	281.2	8.88
深圳市(含深汕合作区)	133.99	85.52	47.33	1.14
其中：深汕合作区	66.46	37.60	28.80	0.06
珠海市	67.61	41.17	26.16	0.28
汕头市	307.12	184.43	121.83	0.86
佛山市	326.8	259.36	65.03	2.41
韶关市	309.54	223.23	84.15	2.16
河源市	224.89	171.74	50.80	2.35
梅州市	261.15	197.56	53.1	10.49
惠州市	628.1	483.93	132.76	11.41
汕尾市(不含深汕合作区)	236.18	176.12	53.85	6.21
东莞市	288.71	219.76	68.16	0.79
中山市	107.98	86.62	21.36	
江门市	184.01	155.76	25.42	2.83
阳江市	249.33	197.21	50.27	1.85
湛江市	815.48	531.92	281.27	2.29
茂名市	426.36	281.29	140.01	5.06
肇庆市	241.46	198.23	39.76	3.47
清远市	553.86	389.68	155.14	9.04
潮州市	157.4	134.9	22.38	0.12
揭阳市	379.61	327.84	49.76	2.01
云浮市	220.45	202.54	13.29	4.62

注：土地面积、耕地、林地、园地、牧草地面积等数据来源于2021年度变更调查（因2022年度土地利用变更调查尚未完成，暂未有2022年度相关数据）。深圳含深汕合作区，汕尾不含深汕合作区。深汕合作区数据利用国家下发的数据库统计。

2-4 各市(县、区)耕地面积情况

(2021年) 单位：公顷

地区	年初实有耕地面积	年末实有耕地面积				耕地变动情况	
		合计	水田	水浇地	旱地	年内增加耕地面积	年内减少耕地面积
广东省	**1898718.30**	**1899734.11**	**1370830.95**	**163019.55**	**365883.61**	**15586.53**	**14570.53**
广州市	**50767.58**	**49517.58**	**32583.64**	**16565.84**	**368.10**	**350.17**	**1600.10**
荔湾区	20.07	15.52		15.52		0.10	4.67
越秀区							
海珠区	163.51	169.95	30.29	134.65	5.01	7.98	1.54
天河区	221.41	210.64	37.92	168.67	4.05	2.14	12.92
白云区	6744.40	6495.02	2485.02	3994.39	15.61	62.17	311.55
黄埔区	1778.00	1642.19	889.82	738.56	13.81	63.52	199.35
番禺区	2716.17	2604.12	1334.58	1243.02	26.52	15.95	127.96
花都区	5884.10	5749.91	3874.73	1826.59	48.59	17.28	151.45
南沙区	9066.78	8656.07	4989.42	3657.64	9.01	29.11	439.76
从化区	10058.18	10017.07	9121.31	827.81	67.95	47.37	88.46
增城区	14114.96	13957.09	9820.55	3958.99	177.55	104.55	262.44
深圳市（含深汕合作区）	**4905.68**	**4968.47**	**1745.47**	**3035.94**	**187.06**	**228.93**	**166.12**
罗湖区	29.36	28.98		27.65	1.33	0.37	0.73
福田区	4.53	3.02		2.91	0.11		1.51
南山区	62.44	62.45	0.02	60.76	1.67	0.52	0.53
宝安区	500.96	496.29		492.51	3.78	3.70	8.37
龙岗区	713.35	718.57	8.02	694.71	15.84	28.13	22.90
盐田区	7.26	6.64		6.53	0.11	0.35	0.97
龙华区	120.88	118.19		114.62	3.57	0.69	3.39
坪山区	456.47	469.99		468.98	1.01	35.65	22.12
光明区	1042.86	1164.26	41.78	1117.62	4.86	145.65	24.24
深汕合作区	1967.57	1900.08	1695.65	49.65	154.78	13.87	81.36
珠海市	**6433.25**	**6273.91**	**4073.44**	**1575.91**	**624.56**	**11.19**	**170.52**
香洲区	277.08	262.90	39.99	155.62	67.29	1.36	15.55
斗门区	4489.52	4394.63	3320.62	819.94	254.07	4.28	99.13
金湾区	1666.65	1616.38	712.83	600.35	303.20	5.55	55.84
汕头市	**28498.66**	**28117.87**	**20552.67**	**6122.94**	**1442.26**	**260.53**	**641.39**
龙湖区	1878.22	1836.61	843.37	985.56	7.68	2.12	43.75
金平区	766.56	690.82	493.14	189.45	8.23	3.06	78.83
濠江区	1686.07	1649.38	486.07	836.03	327.28	1.59	38.27
潮阳区	9783.84	9650.09	8743.67	462.80	443.62	97.25	231.02
潮南区	9140.40	9087.92	7589.00	987.52	511.40	75.21	127.69
澄海区	4961.03	4921.53	2385.75	2471.61	64.17	80.54	120.05
南澳县	282.54	281.52	11.67	189.97	79.88	0.76	1.78

2-4 续表 1

(2021年) 单位：公顷

地　区	年初实有耕地面积	年末实有耕地面积				耕地变动情况	
		合　计	水　田	水浇地	旱　地	年内增加耕地面积	年内减少耕地面积
佛山市	**20850.51**	**20395.12**	**11825.40**	**7527.83**	**1041.89**	**132.15**	**587.48**
禅城区	270.75	264.30	0.41	262.77	1.12	5.40	11.85
南海区	5535.74	5354.29	791.24	4410.28	152.77	24.62	206.03
顺德区	1512.24	1456.84		1447.78	9.06	14.35	69.74
三水区	6617.64	6544.48	4774.23	1128.55	641.70	80.25	153.39
高明区	6914.14	6775.21	6259.52	278.45	237.24	7.53	146.47
韶关市	**160557.27**	**160941.92**	**125078.87**	**9970.92**	**25892.13**	**957.53**	**572.92**
武江区	4996.88	4975.24	3586.78	632.80	755.66	17.34	38.96
浈江区	5154.64	5141.90	3957.21	844.36	340.33	37.96	50.74
曲江区	12937.63	13030.22	10681.75	904.74	1443.73	163.91	71.27
始兴县	14473.24	14519.15	12361.23	849.20	1308.72	69.27	23.32
仁化县	10170.67	10295.63	9623.24	342.69	329.70	143.50	18.58
翁源县	23101.34	23068.00	18969.05	784.90	3314.05	44.64	78.01
乳源县	16345.71	16461.47	12408.03	936.43	3117.01	171.67	55.92
新丰县	9628.74	9560.61	6905.99	906.25	1748.37	15.06	83.21
乐昌市	26361.82	26549.12	17817.03	2511.01	6221.08	236.37	49.06
南雄市	37386.60	37340.58	28768.56	1258.54	7313.48	57.81	103.85
河源市	**104928.84**	**106076.18**	**93131.39**	**3428.67**	**9516.12**	**1604.58**	**457.31**
源城区	1881.84	1865.75	1109.77	566.72	189.26	11.28	27.37
紫金县	22685.41	22633.10	20969.95	552.57	1110.58	53.76	106.03
龙川县	31182.15	31057.03	28233.98	741.20	2081.85	10.24	135.42
连平县	13979.24	14019.69	11698.12	487.29	1834.28	83.48	43.00
和平县	17194.41	17196.94	15098.23	615.31	1483.40	79.72	77.23
东源县	18005.79	19303.67	16021.34	465.58	2816.75	1366.10	68.26
梅州市	**107379.25**	**107287.30**	**96063.78**	**3666.92**	**7556.60**	**653.07**	**745.00**
梅江区	1814.27	1784.58	1521.75	183.79	79.04	4.60	34.25
梅县区	11172.12	11209.80	10560.02	342.36	307.42	104.40	66.73
大埔县	8849.40	8850.00	7984.24	317.90	547.86	97.75	97.16
丰顺县	11204.98	11255.76	9323.08	866.12	1066.56	89.40	38.65
五华县	31445.58	31206.30	26937.31	773.08	3495.91	31.08	270.32
平远县	10822.67	10911.67	9984.05	589.04	338.58	126.61	37.67
蕉岭县	5817.42	5830.22	5421.31	175.37	233.54	43.02	30.21
兴宁市	26252.81	26238.97	24332.02	419.26	1487.69	156.21	170.01
惠州市	**91124.39**	**90940.56**	**66094.39**	**15241.95**	**9604.22**	**602.80**	**786.67**
惠城区	16322.19	16099.33	9540.28	5262.49	1296.56	53.00	275.82
惠阳区	9300.42	9251.67	5546.94	2469.95	1234.78	27.92	76.71
博罗县	29543.83	29523.53	19991.74	5696.58	3835.21	228.64	248.97
惠东县	24040.22	24038.12	20981.58	888.48	2168.06	135.04	137.10
龙门县	11917.73	12027.91	10033.85	924.45	1069.61	158.20	48.07
汕尾市(不含深汕合作区)	**73905.32**	**74812.81**	**58601.24**	**4513.15**	**11698.42**	**1368.51**	**460.99**
城　区	4187.78	4146.45	2792.33	710.77	643.35	9.64	50.98
海丰县(不含深汕合作区)	**24719.38**	**24698.31**	**22211.40**	**667.87**	**1819.04**	**122.52**	**143.53**
陆河县	5607.00	6275.38	4093.12	598.66	1583.60	718.69	50.35
陆丰市	39391.16	39692.67	29504.39	2535.85	7652.43	517.66	216.13

2-4 续表 2

（2021年） 单位：公顷

地区	年初实有耕地面积	年末实有耕地面积				耕地变动情况	
		合计	水田	水浇地	旱地	年内增加耕地面积	年内减少耕地面积
东莞市	**9118.25**	**8874.83**	**675.89**	**8018.24**	**180.70**	**111.55**	**354.91**
中山市	**7181.65**	**6812.18**	**2245.56**	**4518.43**	**48.19**	**94.15**	**463.56**
江门市	**110902.31**	**110772.65**	**98484.34**	**5467.47**	**6820.84**	**557.41**	**687.04**
蓬江区	1048.09	1023.36	673.61	313.61	36.14	1.19	25.93
江海区	1289.12	1263.84	1040.73	222.43	0.68	2.50	27.79
新会区	8548.37	8537.62	7867.67	401.41	268.54	78.87	89.58
台山市	48083.86	48059.82	44760.57	1011.21	2288.04	219.90	243.90
开平市	23885.10	23892.92	21398.86	1092.27	1401.79	162.19	154.36
鹤山市	7767.29	7758.67	6642.82	485.26	630.59	73.15	81.74
恩平市	20280.48	20236.42	16100.08	1941.28	2195.06	19.61	63.74
阳江市	**106918.47**	**108598.44**	**89485.81**	**3204.56**	**15908.07**	**2195.30**	**515.33**
江城区	15172.58	15183.64	12732.16	328.29	2123.19	190.54	179.48
阳东区	22816.86	23415.91	20140.67	397.70	2877.54	734.19	135.10
阳西县	24369.26	25063.10	20416.86	548.65	4097.59	780.20	86.37
阳春市	44559.77	44935.79	36196.12	1929.92	6809.75	490.37	114.38
湛江市	**413924.60**	**413575.53**	**187536.70**	**39841.81**	**186197.02**	**2091.73**	**2440.98**
赤坎区	500.76	493.47	276.49	70.22	146.76	0.41	7.71
霞山区	1284.29	1260.71	941.02	79.52	240.17	2.21	25.81
坡头区	13979.89	13893.53	8320.26	450.57	5122.70	15.63	102.02
麻章区	18225.58	18112.04	11021.91	523.25	6566.88	45.55	159.17
遂溪县	92161.61	92376.35	25980.46	11528.75	54867.14	603.16	388.47
徐闻县	67605.26	67268.55	13776.46	18432.35	35059.74	528.81	865.53
廉江市	60541.87	60690.91	48873.90	2065.75	9751.26	320.74	171.68
雷州市	131036.94	131058.90	55704.19	5248.66	70106.05	545.02	523.03
吴川市	28588.40	28421.07	22642.01	1442.74	4336.32	30.20	197.56
茂名市	**166175.56**	**166066.70**	**141013.73**	**5280.18**	**19772.79**	**561.49**	**670.37**
茂南区	13078.84	13077.54	11947.91	714.24	415.39	67.15	68.45
电白区	42553.60	42446.69	36353.85	1409.44	4683.40	96.39	203.29
高州市	38650.83	38686.28	31234.77	1091.89	6359.62	182.10	146.63
化州市	44993.05	45007.02	37879.41	1423.16	5704.45	161.54	147.58
信宜市	26899.24	26849.17	23597.79	641.45	2609.93	54.31	104.42
肇庆市	**106709.96**	**106913.45**	**87766.16**	**7329.96**	**11817.33**	**877.09**	**673.53**
端州区	171.78	166.84	50.54	114.60	1.70	2.23	7.14
鼎湖区	2177.31	2069.82	1495.13	339.97	234.72	4.16	111.63
高要区	19531.68	19373.35	16532.96	2197.97	642.42	27.58	185.93
广宁县	13321.57	13437.58	11926.27	479.09	1032.22	153.64	37.65
怀集县	31606.22	31692.00	24136.67	1697.51	5857.82	242.49	156.72
封开县	21057.46	21256.21	17705.23	877.88	2673.10	232.83	34.09
德庆县	11247.95	11308.04	9582.82	962.36	762.86	111.77	51.62
四会市	7595.99	7609.61	6336.54	660.58	612.49	102.39	88.75

2–4 续表 3

(2021年) 单位：公顷

地区	年初实有耕地面积	年末实有耕地面积				耕地变动情况	
		合计	水田	水浇地	旱地	年内增加耕地面积	年内减少耕地面积
清远市	**175394.73**	**175736.25**	**131969.33**	**8353.43**	**35413.49**	**1595.87**	**1254.11**
清城区	15561.04	15256.46	11920.16	1846.28	1490.02	75.19	379.66
清新区	21159.95	21038.94	17429.99	1140.25	2468.70	46.69	167.67
佛冈县	8618.57	8762.36	7815.24	528.67	418.45	230.75	87.00
阳山县	28903.51	29100.46	16813.31	1691.29	10595.86	289.11	92.13
连山县	8097.50	8058.43	7822.18	125.09	111.16	33.13	72.18
连南县	6355.47	6421.37	5097.23	229.01	1095.13	102.18	36.27
英德市	56853.61	56775.90	43691.88	1361.40	11722.62	226.24	303.97
连州市	29845.08	30322.33	21379.34	1431.44	7511.55	592.58	115.23
潮州市	**18466.09**	**18403.66**	**15159.01**	**2116.94**	**1127.71**	**184.90**	**247.37**
湘桥区	1685.83	1639.27	1354.28	237.70	47.29	5.73	52.31
潮安区	7442.22	7366.82	6643.71	472.95	250.16	54.86	130.25
饶平县	9338.04	9397.57	7161.02	1406.29	830.26	124.31	64.81
揭阳市	**60695.88**	**60665.20**	**49852.46**	**4448.41**	**6364.33**	**574.66**	**605.38**
榕城区	3645.87	3583.67	3193.78	305.40	84.49	4.03	66.22
揭东区	8494.72	8404.22	6636.44	772.74	995.04	17.07	107.61
揭西县	12860.24	12899.38	11184.74	618.11	1096.53	114.74	75.58
惠来县	20172.53	20201.64	14468.62	2016.92	3716.10	241.40	212.27
普宁市	15522.52	15576.29	14368.88	735.24	472.17	197.42	143.70
云浮市	**73880.05**	**73983.50**	**56891.67**	**2790.05**	**14301.78**	**572.92**	**469.45**
云城区	5132.72	5113.63	4569.11	248.14	296.38	10.86	29.99
云安区	9058.94	9102.30	6641.61	418.36	2042.33	97.36	54.03
新兴县	12165.58	12095.29	11317.19	409.45	368.65	46.68	116.85
郁南县	10201.58	10301.86	7593.42	527.02	2181.42	146.31	46.08
罗定市	37321.23	37370.42	26770.34	1187.08	9413.00	271.71	222.50

注：土地面积、耕地、林地、园地、牧草地面积等数据来源于2021年度变更调查（因2022年度土地利用变更调查尚未完成，暂未有2022年度相关数据）。深圳含深汕合作区，汕尾不含深汕合作区。深汕合作区数据利用国家下发的数据库统计。

三、气候与自然灾害

3-1 主要年份各地年平均气温(℃)

年 份	全 省	粤 北	粤东北	粤西北	粤 东	粤 中	粤 西
1952		20.6			21.9	22.6	23.7
1957		19.9	21.0	21.7	21.0	21.5	22.9
1962	21.2	20.1	20.9	21.8	21.0	21.6	22.8
1965	21.6	20.6	21.4	22.1	21.3	21.9	23.4
1970	21.1	19.8	21.1	21.6	21.0	21.4	22.7
1975	21.3	20.3	21.1	21.9	21.3	21.7	23.0
1980	21.7	20.7	21.5	22.5	21.2	22.2	23.4
1985	21.2	20.2	20.9	22.0	21.1	21.6	22.6
1990	22.0	21.1	21.5	22.8	21.8	22.6	23.4
1995	21.4	20.0	21.0	22.2	21.6	22.3	23.0
2000	22.2	20.4	21.9	22.6	22.5	22.5	23.8
2005	22.0	20.5	21.6	22.5	22.2	22.8	23.0
2010	21.9	20.0	21.8	22.4	22.3	22.5	23.3
2011	21.5	19.6	21.7	22.3	22.1	21.4	22.4
2012	21.8	19.6	22.0	22.4	22.3	21.7	23.2
2015	22.6	20.8	22.0	23.4	23.5	22.2	24.3
2016	22.3	20.7	21.7	22.5	23.3	22.0	23.6
2017	22.4	20.8	22.0	22.6	23.5	22.1	23.7
2018	22.3	20.7	22.0	22.6	23.4	22.2	23.5
2019	22.8	20.8	22.3	23.2	23.8	22.7	24.6
2020	22.8	21.2	22.5	23.1	23.9	22.7	24.3
2021	23.0	21.4	23.0	23.3	24.2	22.9	24.2
2022	22.2	20.8	21.9	22.6	23.4	22.1	23.3

3-2 主要年份各地年极端最高气温(℃)

年 份	全 省	粤 北	粤东北	粤西北	粤 东	粤 中	粤 西
1952		40.1			35.6	37.1	35.9
1957		38.7	38.6	36.7	35.0	36.1	36.0
1962	39.9	38.6	38.7	36.9	37.9	36.5	36.2
1965	38.6	38.1	37.3	37.1	34.5	36.1	37.3
1970	39.2	38.3	38.9	36.0	35.9	36.4	36.8
1975	37.2	36.8	36.5	36.4	35.1	34.9	35.1
1980	39.6	39.2	38.4	38.1	34.9	38.1	36.1
1985	38.5	38.5	38.4	36.1	34.9	35.3	35.5
1990	39.5	38.3	38.6	38.7	35.8	38.0	38.1
1995	38.8	38.3	37.6	36.9	36.5	36.9	36.1
2000	39.2	37.0	38.0	36.7	36.9	36.6	35.4
2005	40.3	39.5	39.0	38.4	37.6	39.0	36.8
2010	38.7	37.1	38.4	37.1	36.8	37.1	36.3
2011	38.7	37.7	38.5	37.2	36.1	36.9	35.7
2012	38.4	37.2	37.6	37.0	37.6	36.8	36.4
2015	38.9	37.5	38.1	37.2	37.6	37.6	38.4
2016	40.2	38.9	38.3	37.7	38.3	38.0	36.2
2017	39.9	39.3	38.1	38.0	36.9	38.3	36.0
2018	38.7	37.6	37.7	36.5	37.4	37.0	35.7
2019	40.0	38.6	37.9	37.4	38.5	38.0	37.3
2020	40.3	38.3	39.6	38.1	38.6	37.9	37.0
2021	39.3	37.8	39.2	37.6	37.9	38.1	36.6
2022	40.2	39.6	39.1	38.8	37.6	38.1	35.8

3-3 主要年份各地年极端最低气温(℃)

年 份	全 省	粤 北	粤东北	粤西北	粤 东	粤 中	粤 西
1952		-1.6			3.3	1.6	4.4
1957		-2.0	-2.3	-0.5	1.1		3.3
1962	-4.2	-1.4	-1.6	2.7	2.1	2.1	7.6
1965	-2.7	0.4	-0.1	4.2	4.5	4.7	6.4
1970	-3.0	-0.6	-1.0	3.0	2.5	2.6	6.4
1975	-5.2	-1.5	-2.7	1.0	1.8	0.9	2.8
1980	-2.6	-1.0	-0.2	3.5	3.6	2.6	4.3
1985	-3.0	0.8	-1.4	4.6	2.1	2.9	7.5
1990	-1.4		1.9	3.9	4.7	3.4	5.7
1995	-2.2	-0.8	0.4	4.7	5.4	6.4	7.8
2000	-1.3	0.9	1.1	5.2	5.5	4.0	8.2
2005	-3.1	-1.2	-2.0	3.1	2.4	2.1	4.8
2010	-3.4	-1.5	-0.6	2.7	2.5	1.8	4.2
2011	-2.5	-0.9	1.6	4.4	4.7	2.6	4.7
2012	-2.2	-2.0	1.1	5.0	3.9	2.5	5.7
2015	-0.1	1.6	1.3	7.7	7.7	4.8	8.1
2016	-3.6	-1.3	-1.4	2.4	1.7	1.2	2.7
2017	-1.9	-0.3	2.3	5.5	7.9	4.5	7.3
2018	-3.7	-2.2		2.5	5.3	1.4	4.3
2019	-0.7	1.6	3.0	5.7	9.2	6.1	8.4
2020	-2.6	0.8	0.4	5.3	5.1	1.8	6.5
2021	-4.7	-2.8	-1.6	1.3	5.4	1.1	5.2
2022	-1.7	-0.4	0.2	5.6	7.6	4.3	6.6

3-4 主要年份各地年平均地面温度(℃)

年 份	全 省	粤 北	粤东北	粤西北	粤 东	粤 中	粤 西
1952							
1957		22.3		23.2	23.6	23.9	25.9
1962	23.5	23.3	24.2	24.8	24.3	24.1	26.0
1965	24.3	23.8	25.0	24.7	24.9	24.3	26.6
1970	23.6	22.4	24.0	23.9	24.5	23.4	
1975	23.8	22.6	23.7	24.1	24.3	23.3	25.7
1980	24.7	23.4	24.2	25.4	24.7	25.3	26.8
1985	23.9	22.9	24.5	24.2	24.1	24.2	25.6
1990	24.6	23.7	25.2	24.7	24.4	24.9	26.2
1995	23.7	22.0	24.6	23.7	24.6	23.6	25.7
2000	24.8	23.0	25.4	24.4	26.3	23.8	26.9
2005	24.5	23.3	24.9	23.6	25.3	23.8	26.4
2010	24.2	22.5	25.1	23.8	25.4	24.0	26.6
2011	24.4	22.4	25.9	24.6	26.3	23.9	26.3
2012	24.3	22.1	25.6	23.8	25.2	24.0	26.6
2015	25.1	22.9	24.4	24.7	27.1	24.6	28.1
2016	24.5	22.9	23.9	24.1	26.1	24.2	27.3
2017	25.0	23.9	24.9	23.9	27.1	25.1	27.3
2018	25.0	23.7	24.6	24.3	27.3	24.9	27.6
2019	25.5	23.7	24.8	25.1	27.3	25.5	28.3
2020	25.6	24.3	25.1	24.4	27.2	25.5	28.4
2021	26.0	25.2	26.2	24.5	28.1	26.3	28.4
2022	25.0	24.0	25.1	24.2	26.9	25.5	27.1

3-5 主要年份各地年降雨量(毫米)

年 份	全 省	粤 北	粤东北	粤西北	粤 东	粤 中	粤 西
1952		1564.1			1424.5	1737.4	1752.4
1957		1641.2	1745.5	1914.3	1860.3	1988.5	1327.2
1962	1480.0	1735.4	1348.0	1516.8	1053.4	1521.6	1377.1
1965	1865.4	1189.4	1221.8	2066.1	1270.2	2332.5	1695.2
1970	1853.8	1708.8	1352.0	1482.0	1267.8	1470.4	1618.6
1975	2185.6	2120.8	2039.8	1910.9	1570.0	2516.7	1683.0
1980	1685.4	1459.4	1461.7	1586.1	1369.1	1492.2	2274.0
1985	1865.7	1360.2	1607.8	1726.9	1481.3	1706.0	2411.3
1990	1702.9	1436.6	1709.0	1284.8	2236.9	1239.5	1510.2
1995	1814.2	1506.9	1171.0	1766.4	1512.2	1752.4	2082.9
2000	1751.6	1565.8	1850.9	1318.2	1486.7	1798.9	1762.7
2005	1771.0	1772.2	1647.3	1905.2	1531.3	1986.2	1387.3
2010	1867.7	2104.4	1416.1	1419.6	1350.3	2353.6	1952.3
2011	1390.4	1443.0	1233.1	1277.2	1027.0	1632.3	1408.5
2012	1847.6	2056.3	1460.5	1919.2	1247.1	1813.9	2068.6
2015	1845.7	2128.7	1696.3	1848.1	1446.6	2471.9	1328.9
2016	2321.0	2428.9	2410.3	2132.5	2174.7	2939.7	1820.0
2017	1710.8	1397.2	1396.3	1275.8	1419.0	2067.4	1760.7
2018	1801.8	1695.9	1481.7	1798.7	1484.1	1870.8	2031.7
2019	1917.6	2051.7	1650.4	1522.3	1383.9	2459.3	1431.4
2020	1505.2	1719.5	1122.7	1057.4	1207.5	1916.2	1568.9
2021	1358.0	1168.9	823.4	1064.3	923.5	1544.1	1123.8
2022	2057.6	2423.9	1841.3	1666.1	2024.4	1959.7	1928.4

3-6 主要年份各地年降雨日数(日雨量≥0.1毫米)

年 份	全 省	粤 北	粤东北	粤西北	粤 东	粤 中	粤 西
1952		171			155	164	146
1957		166	160	166	132	169	153
1962	148	139	132	148	118	150	126
1965	171	150	138	170	139	165	147
1970	174	191	167	177	132	171	160
1975	198	184	182	188	171	189	171
1980	133	148	121	142	118	126	124
1985	168	170	165	168	134	169	171
1990	152	153	144	159	131	149	158
1995	152	157	147	153	116	148	154
2000	144	153	147	151	115	148	134
2005	146	152	126	148	128	142	132
2010	154	158	157	157	123	160	143
2011	120	130	117	117	87	113	132
2012	173	185	161	173	144	171	161
2015	142	168	148	146	102	147	122
2016	166	164	163	151	159	172	143
2017	150	171	144	124	113	149	145
2018	145	167	142	144	109	151	148
2019	146	162	147	144	124	157	116
2020	133	144	137	135	106	151	111
2021	126	129	121	118	95	139	118
2022	146	150	140	142	124	149	149

3-7　主要年份各地年平均相对湿度(%)

年　份	全　省	粤　北	粤东北	粤西北	粤　东	粤　中	粤　西
1952		78				79	83
1957		77	79	81	84	80	82
1962	79	76	77	79	82	76	80
1965	81	76	80	82	81	81	84
1970	82	78	79	81	83	82	84
1975	82	79	82	81	84	81	83
1980	79	73	77	77	83	77	82
1985	81	75	78	77	82	78	83
1990	80	76	80	77	82	77	83
1995	79	78	77	76	81	73	82
2000	78	78	77	76	77	77	80
2005	76	73	73	74	69	71	80
2010	77	79	74	76	77	73	83
2011	73	72	68	67	73	74	77
2012	79	78	74	76	79	82	82
2015	80	82	79	77	77	78	83
2016	82	82	81	84	80	82	84
2017	80	81	77	84	75	80	86
2018	80	81	75	83	74	82	86
2019	81	82	77	84	78	82	85
2020	79	79	75	82	74	79	83
2021	76	76	71	78	70	76	80
2022	78	76	76	79	74	79	84

3-8　主要年份各地年日照时数(小时)

年　份	全　省	粤　北	粤东北	粤西北	粤　东	粤　中	粤　西
1952					2175.2	1957.0	
1957		1704.1	2009.9	1580.7	2166.2	1752.9	1861.6
1962	1996.3	2181.5	2161.7	2009.8	2401.2	2126.4	1979.3
1965	1933.8	1975.2	2147.2	1857.3	1985.9	1895.6	1991.4
1970	1756.6	1685.4	1908.1	1756.0	1932.5	1772.8	1738.8
1975	1720.3	1516.9	1898.6	1741.2	1650.5	1643.1	1900.3
1980	1933.6	1754.1	1811.1	1945.8	1989.2	1921.8	2036.5
1985	1667.4	1701.6	1926.7	1613.3	1900.6	1406.0	1868.4
1990	1722.3	1613.9	1893.1	1542.8	1921.3	1648.7	1877.4
1995	1695.2	1420.6	1868.7	1704.6	2038.3	1559.6	1828.3
2000	1791.2	1497.2	1672.6	1714.1	2126.3	1609.2	1855.3
2005	1606.1	1491.2	1736.4	1345.6	1849.5	1288.5	1784.4
2010	1647.0	1631.0	1676.9	1356.5	1855.5	1484.0	1878.4
2011	1864.1	1783.8	1901.1	1709.7	2077.9	1878.4	1822.3
2012	1547.9	1501.0	1660.3	1361.1	1650.4	1471.2	1544.0
2015	1735.8	1540.8	1740.4	1583.0	2010.7	1594.3	2008.1
2016	1622.0	1629.2	1553.6	1466.2	1701.0	1451.8	1963.9
2017	1757.3	1738.9	1831.4	1605.4	1994.6	1671.5	1891.9
2018	1705.6	1632.2	1738.2	1607.7	2031.5	1544.3	1980.2
2019	1749.0	1630.8	1831.6	1688.0	2053.6	1658.5	1829.0
2020	1766.5	1581.8	1830.7	1724.0	2426.4	1661.4	1803.9
2021	2058.8	1898.0	2142.3	1948.9	2567.0	1946.8	2080.8
2022	1856.3	1684.6	1851.6	1779.5	2431.4	1774.6	1801.8

3-9 各地平均气温(℃)

(2022年)

月 份	全 省	粤 北 (韶关)	粤东北 (梅县)	粤西北 (高要)	粤 东 (汕头)	粤 中 (广州)	粤 西 (湛江)
1	15.1	11.8	14.9	15.4	16.7	15.0	17.6
2	11.9	8.7	11.6	12.0	14.2	11.8	14.2
3	20.5	19.1	20.4	21.3	20.1	20.4	21.7
4	22.0	20.4	21.9	22.7	22.5	22.0	22.8
5	23.7	22.4	23.2	24.3	23.7	23.8	25.0
6	27.4	26.5	26.7	28.1	28.4	27.7	28.7
7	29.4	29.5	29.8	29.6	30.2	29.7	29.2
8	28.3	28.9	28.8	28.2	29.8	28.2	28.2
9	28.1	27.9	27.8	28.5	29.4	27.8	27.8
10	24.4	23.2	24.5	24.8	25.8	24.0	24.6
11	21.8	19.7	21.5	22.0	23.2	21.6	23.5
12	13.0	10.2	11.5	13.5	15.8	12.5	15.5
全年	22.2	20.8	21.9	22.6	23.4	22.1	23.3

3-10 各地极端最高气温(℃)

(2022年)

月 份	全 省	粤 北	粤东北	粤西北	粤 东	粤 中	粤 西
1	28.5	24.7	26.2	25.5	23.7	26.1	24.1
2	28.2	25.8	27.0	26.6	24.5	25.0	23.5
3	34.5	32.2	32.7	32.4	29.6	30.7	33.5
4	35.0	31.1	33.6	33.0	33.2	31.3	31.9
5	35.1	33.7	33.3	33.7	32.1	33.3	32.1
6	37.0	36.0	35.7	35.6	34.4	35.8	35.3
7	40.2	39.6	39.1	38.8	37.6	38.1	35.8
8	39.9	39.0	37.8	37.4	37.4	37.9	35.1
9	38.9	37.1	36.5	36.9	36.6	37.0	35.0
10	39.8	38.9	37.8	35.0	33.7	35.4	31.3
11	33.1	32.0	32.2	30.7	30.4	31.4	29.7
12	26.3	19.7	21.2	21.7	25.3	22.6	23.5
全年	40.2	39.6	39.1	38.8	37.6	38.1	35.8

3-11 各地极端最低气温(℃)

(2022年)

月 份	全 省	粤 北	粤东北	粤西北	粤 东	粤 中	粤 西
1	1.7	3.4	5.0	6.8	10.5	6.3	8.8
2	2.0	2.9	5.1	5.6	8.0	4.4	6.6
3	4.5	7.6	7.8	10.9	11.9	8.4	14.4
4	5.5	7.4	9.3	11.1	11.5	9.8	13.0
5	9.1	10.8	14.1	15.3	15.7	13.7	15.6
6	20.7	21.1	22.0	23.2	23.6	23.1	24.1
7	21.8	24.0	23.2	24.7	25.3	24.0	23.7
8	20.9	22.6	22.5	23.5	24.3	23.3	23.1
9	17.4	20.3	20.3	23.0	24.6	22.1	23.8
10	8.8	10.9	13.5	15.6	18.7	14.0	16.8
11	5.8	8.3	11.7	14.2	18.8	13.9	18.3
12	-1.7	-0.4	0.2	6.1	7.6	4.3	8.7
全年	-1.7	-0.4	0.2	5.6	7.6	4.3	6.6

3-12 各地平均地面温度(℃)

(2022年)

月 份	全 省	粤 北 (韶关)	粤东北 (梅县)	粤西北 (高要)	粤 东 (汕头)	粤 中 (广州)	粤 西 (湛江)
1	17.2	13.9	16.6	16.6	19.3	17.3	20.0
2	13.7	10.6	14.0	13.1	15.9	14.3	16.5
3	23.0	22.0	23.2	22.7	24.3	23.1	26.0
4	25.2	23.6	25.3	24.2	27.4	25.4	27.1
5	26.0	25.1	25.7	25.6	26.9	26.4	28.7
6	29.8	29.2	29.4	29.3	30.9	29.7	34.9
7	33.5	35.6	35.1	32.3	35.8	34.4	34.6
8	31.6	33.5	33.0	30.0	33.6	32.4	31.6
9	32.1	33.2	32.3	31.0	34.3	34.0	32.0
10	28.5	28.0	29.4	27.8	30.1	29.4	28.0
11	23.7	20.9	23.1	22.9	25.5	23.4	26.4
12	15.1	11.8	13.1	14.3	17.9	15.4	19.2
全年	25.0	24.0	25.1	24.2	26.9	25.5	27.1

3-13 各地降雨量(毫米)

(2022年)

月份	全省	粤北	粤东北	粤西北	粤东	粤中	粤西
1	30.6	33.7	46.9	20.0	47.7	14.4	37.9
2	211.0	271.3	262.0	188.1	251.3	207.0	119.0
3	133.0	215.8	191.9	172.2	117.9	178.4	65.9
4	65.3	77.3	51.9	42.2	39.9	154.9	102.4
5	367.3	289.7	232.1	319.3	406.2	393.6	255.7
6	448.5	974.7	532.2	315.7	370.4	385.1	85.4
7	263.7	257.1	161.5	181.9	289.4	206.7	287.1
8	269.8	94.7	86.9	235.7	244.3	209.7	297.1
9	92.4	7.0	46.3	64.4	78.3	44.9	497.8
10	18.8		1.4	0.5	29.4	24.0	110.6
11	137.5	197.0	191.1	119.3	117.6	126.3	64.1
12	19.7	5.6	37.1	6.8	32.0	14.7	5.4
全年	2057.6	2423.9	1841.3	1666.1	2024.4	1959.7	1928.4

3-14 各地降雨日数(日雨量≥0.1毫米)

(2022年)

月份	全省	粤北	粤东北	粤西北	粤东	粤中	粤西
1	9	14	8	8	5	8	11
2	15.4	18	15	17	13	15	15
3	11.3	13	11	13	10	12	11
4	10.1	13	10	9	6	11	11
5	20	22	22	17	19	19	19
6	20.6	22	22	20	21	21	8
7	12.5	10	10	11	11	14	16
8	18.4	13	15	22	13	17	22
9	6.7	2	3	7	4	6	13
10	3.2		1	2	4	6	10
11	14.2	19	15	15	12	16	11
12	4.5	4	8	1	6	4	2
全年	146	150	140	142	124	149	149

3-15　各地平均相对湿度(%)

(2022年)

月　份	全　省	粤　北	粤东北	粤西北	粤　东	粤　中	粤　西
1	78	80	75	81	73	79	86
2	83	85	84	86	79	83	88
3	80	78	73	81	76	82	88
4	76	76	73	78	71	77	86
5	84	84	85	86	80	85	89
6	85	86	87	84	82	85	86
7	79	75	76	80	77	78	85
8	82	77	78	85	76	83	88
9	71	65	67	75	65	76	82
10	63	58	59	65	63	66	74
11	84	84	84	86	78	87	88
12	67	65	71	67	66	68	69
全年	78	76	76	79	74	79	84

3-16　各地日照时数(小时)

(2022年)

月　份	全　省	粤　北	粤东北	粤西北	粤　东	粤　中	粤　西
1	102.8	70.9	93.8	88.5	151.1	107.4	81.3
2	69.7	38.9	56.1	56.8	97.6	76.3	70.0
3	139.2	126.2	159.1	116.3	182.0	127.5	116.3
4	170.1	138.5	172.7	166.1	222.4	150.0	174.9
5	111.2	102.6	101.2	105.0	151.4	101.4	114.6
6	116.8	97.7	105.2	118.7	222.1	82.5	169.7
7	225.2	249.7	234.2	228.5	276.5	213.1	213.3
8	195.4	215.0	227.3	173.7	293.4	178.9	174.8
9	233.5	235.6	246.5	230.6	282.2	250.2	202.4
10	240.8	228.2	228.0	264.9	238.7	257.6	214.5
11	91.5	70.2	106.7	67.9	149.4	62.5	107.0
12	160.0	111.1	120.8	162.5	164.6	167.2	163.0
全年	1856.3	1684.6	1851.6	1779.5	2431.4	1774.6	1801.8

3-17 自然灾害损失情况

(2022年)

市 别	受灾人口(人)	因灾死亡人口(人)	因灾失踪人口(人)	因灾伤病人口(人)	紧急转移安置人口(人)	需紧急生活救助人口(人)	需过渡期生活救助人口(人)	因旱需生活救助人口(人)	其中：因旱饮水困难需救助人口
全 省	**4421655**	**19**	**1**	**4**	**254665**	**59511**	**1947**		
广州市	40081				14572				
深圳市	303654				2883				
珠海市	189988				2441				
汕头市	12090	1		1	170				
佛山市	5610			2	591				
韶关市	632073	4			34929	46719	1291		
河源市	261620	3	1		72165	9171			
梅州市	67466	5			8160	61	69		
惠州市	82555				10200		12		
汕尾市	14926				838				
东莞市	24066				9795	166			
中山市	3329				372	65	65		
江门市	86332				3679				
阳江市	122178				6546	5	5		
湛江市	390536	4			4984				
茂名市	966107			1	10581	162	403		
肇庆市	53410				7690		90		
清远市	1119949	2			63703	3162	12		
潮州市	24765				366				
揭阳市									
云浮市	20920								

3-17 续表1

(2022年)

市 别	农作物受灾面积（公顷）	农作物成灾面积	农作物绝收面积	草场受灾面积（公顷）	因灾死亡大牲畜（只）	因灾死亡羊只（只）	倒塌房屋间数（间）	其中：倒塌农房间数
全 省	**255441.84**	**137037.06**	**45194.80**	**29.60**	**3412.00**		**6651**	**4901**
广州市	1028.96	101.46	35.30				4	
深圳市								
珠海市	2811.87	248.00						
汕头市	891.20	816.87	17.80					
佛山市	201.24							
韶关市	41315.44	23485.55	13686.91		2132.00		767	670
河源市	10068.56	5412.08	1400.79		337		434	432
梅州市	9146.37	5396.80	995.07		119		551	457
惠州市	9595.71	3957.31	1194.29				12	12
汕尾市	4899.25	2156.11	624.04		2		1	1
东莞市	185.15	153.00	124.48					
中山市	528.24	371.97						
江门市	7802.95	3747.18	84.73					
阳江市	17642.75	7141.98	2510.53		1.00		115	112
湛江市	52600.15	30097.16	1976.86	29.60	2.00			
茂名市	36812.71	16256.62	4086.66		19.00		391	341
肇庆市	6738.07	4713.02	2233.45		793		203	184
清远市	48992.75	30863.21	15553.84		7		4161	2690
潮州市	517.86	81.99	2.80				12	2
揭阳市								
云浮市	3662.61	2036.75	667.25					

3-17 续表2

(2022年)

市别	倒塌房屋户数(户)	其中：倒塌农房户数	严重损坏房屋间数(间)	其中：严重损坏农房间数	严重损坏房屋户数(户)	其中：严重损坏农房户数	一般损坏房屋间数(间)	其中：一般损坏农房间数
全省	**4012**	**3110**	**3090**	**2400**	**1863**	**1509**	**5372**	**4468**
广州市	4		9		4			
深圳市								
珠海市								
汕头市								
佛山市							16	
韶关市	301	270	460	129	213	42	754	616
河源市	174	137	410	410	195	105	3	2
梅州市	319	283	512	450	241	230	941	792
惠州市	5	5	3	3	1	1	263	263
汕尾市	1	1	3	2	3	2	6	4
东莞市								
中山市								
江门市								
阳江市	66	63	21	15	14	11	20	18
湛江市								
茂名市	106	106	48	48	34	34	2535	2201
肇庆市	62	57	16	4	9	3	3	3
清远市	2972	2186	1598	1332	1144	1078	823	561
潮州市	2	2	7	7	3	3	8	8
揭阳市								
云浮市			3		2			

3-17 续表3

(2022年)

市 别	一般损坏房屋户数(户)	其中：一般损坏农房户数	直接经济损失(万元)	其中：房屋及居民家庭财产损失	农林牧渔业损失	工矿商贸业损失	基础设施损失	公共服务损失	其他损失
全 省	**3554**	**3084**	**1917717.01**	**84590.94**	**704634.51**	**189633.22**	**854895.09**	**50378.09**	**33585.16**
广州市			3517.43	60.60	1731.52	910.90	614.41	100.00	100.00
深圳市									
珠海市			4466.16		4014.73		384.45	15.78	51.20
汕头市			20449.48		12403.37		7334.06	712.05	
佛山市			331.80	5.00	224.10	90.20	12.50		
韶关市	151	40	349476.77	10099.86	144461.74	56381.60	116747.69	9033.94	12751.94
河源市	2	2	229729.40	3946.40	33536.76	161.30	191745.44	339.50	
梅州市	609	493	68951.90	12023.73	11603.23	8806.60	35758.24	505.10	255.00
惠州市	174	174	32269.17	396.00	22191.41	285.78	9216.88	149.10	30.00
汕尾市	5	4	18067.09	83.68	9335.56	394.63	8054.94	14.78	183.50
东莞市			129.51		129.51				
中山市			544.20		514.20		30.00		
江门市			32530.43		21161.30	591.50	10140.77	306.86	330.00
阳江市	20	18	122000.42	802.50	101531.23	1674.35	10957.94	1528.07	5506.33
湛江市			78264.78		64491.07		13705.63		68.08
茂名市	2091	1953	275815.86	20897.91	73994.79	13846.88	150361.70	6610.11	10104.47
肇庆市	2	2	49813.90	362.50	16928.13		32038.70	445.57	39.00
清远市	493	391	624527.48	35789.56	182735.88	106267.59	265008.08	30570.73	4155.64
潮州市	7	7	3008.47	117.70	411.79	221.89	2210.59	46.50	
揭阳市									
云浮市			3822.76	5.50	3234.19		573.07		10.00

3-18 救灾工作情况

(2022年)

市 别	本级启动响应次数(次)	已救助人口(人)	已重建住房户数(户)	已重建住房间数(间)	已维修住房户数(户)	已维修住房间数(间)
全 省	**5**	**12965**	**907**	**2091**	**583**	**1205**
广州市						
韶关市			290	769	13	68
深圳市						
珠海市						
汕头市		1				
佛山市						
江门市						
湛江市						
茂名市			106	233	34	48
肇庆市		116	47	159	1	2
惠州市		10200	4	10		
梅州市	1	756	15	47	42	107
汕尾市						
河源市			149	278	283	580
阳江市			62	116	9	14
清远市	1	1892	234	479	198	380
东莞市	3					
中山市						
潮州市					1	3
揭阳市						
云浮市					2	3

3-18 续表

(2022年)

市 别	下级支出自然灾害生活补助资金（万元）	其中：已支出应急生活补助资金	已支出遇难人员家属抚慰金	已支出过渡期生活救助资金	已支出恢复重建补助资金	已支出旱灾救助资金
全 省	**3180.62**	**293.18**	**10.00**	**266.75**	**2678.14**	
广州市	59.54	45.00				
韶关市	571.80	139.80			514.00	
深圳市						
珠海市						
汕头市						
佛山市	32.51	32.51				
江门市						
湛江市	10.00	2.00	8.00			
茂名市	106.50				106.50	
肇庆市	97.98	3			94.50	
惠州市	54.00	42.00			12.00	
梅州市	31				31	
汕尾市						
河源市	602.00				602.00	
阳江市	126.50				126.50	
清远市	1488	28.39	2	266.75	1190.84	
东莞市						
中山市						
潮州市						
揭阳市						
云浮市	0.8				0.8	

四、农业技术装备与农村科技及教育

2 月 16 日　省农业农村厅在惠州市惠城区举办全省春季农业生产暨农机闹春耕现场会，现场会设“良机良种出好苗区”“良机耕良田区”“良技养良机区”“农技轻骑兵服务区”“农机作战军团区”等展示区。时任省委常委叶贞琴、省政府副秘书长郑伟仪出席现场会。

3 月 7 日　省农业农村厅在江门市启动首场以“稳粮保供，提质护农”为主题的省市联动农机“3·15”消费者权益日活动。

6 月 16 日　省农业农村厅在云浮郁南县举办 2022 年广东省农机安全生产宣传咨询日暨广东省“十四五”农机作业用油保障活动启动仪式。

6 月 26 日　省农业农村厅在江门台山市举办 2022 年广东省水稻机收减损激励机制试点暨大比武活动。

7 月 7–8 日　省农业农村厅在江门开平市举办以“助力救灾复产　防灾减灾”为主题的全省农机维修及机收减损工作培训班。

8 月 24–26 日　省农业农村厅在湛江市举办首期全省农机使用一线技能人才培训班。

9 月 23 日　省农业农村厅在珠海市举办广东省庆祝 2022 年“中国农民丰收节”活动，活动现场为 2022 年“全省十佳农机社会化服务组织”、“全省十大最美农机合作社理事长”、“全省十大最美基层农机使用一线专家”部分代表进行表彰。

10 月 20—21 日　省农业农村厅、省人力资源社会保障厅、省总工会在广州市联合举办 2022 年第五届全国农业行业职业技能大赛广东省农机修理工选拔赛。

4-1 农机化服务组织及人员

(2022年)

市 别	农机服务组织		农机户		农机维修厂及维修点		乡村农机从业人员年末人数(人)
	机构数(个)	人数(人)	机构数(个)	人数(人)	机构数(个)	人数(人)	
全 省	**2488**	**27618**	**1044740**	**1203562**	**6879**	**17615**	**1245603**
广 州	108	741	40580	44374	155	425	48372
珠 海	17	247	9217	20502	111	210	20899
汕 头	132	1257	3217	4022	34	113	3303
佛 山	5	70	62524	84268	89	205	52589
韶 关	93	1640	147966	152442	375	708	124838
河 源	79	632	22333	22343	280	535	47495
梅 州	118	3789	33584	40678	688	1724	54164
惠 州	71	648	39965	41551	179	611	44237
汕 尾	38	545	19979	21182	400	1006	29539
东 莞	8	40	5710	7344	8	24	3144
中 山	8	39	25254	26301	45	155	32743
江 门	199	2939	34377	46294	1115	2790	83694
阳 江	18	413	40161	46004	268	806	33675
湛 江	910	5613	202167	254858	852	2529	298306
茂 名	74	1840	134867	143471	684	1632	103420
肇 庆	274	2305	88034	94973	466	1135	116736
清 远	117	1759	60789	69053	333	426	58128
潮 州	48	720	3602	3938	193	650	5891
揭 阳	91	697	13421	15612	358	1178	19413
云 浮	80	1684	56993	64352	246	753	65017

4-2　农业机械作业情况

(2022年)　　单位：千公顷

市　别	农机化作业总体情况				
	机耕面积	机播面积	机电灌溉面积	机械植保面积	机收面积
全　省	**3980.79**	**721.93**	**1815.93**	**1683.73**	**2032.60**
广　州	206.45	11.62	162.93	31.67	34.74
珠　海	12.64	3.99	1.26	7.50	4.49
汕　头	93.46	14.88	41.58	52.25	45.52
佛　山	60.13	6.44	39.69	32.97	10.83
韶　关	223.31	33.31	33.26	85.75	126.30
河　源	156.66	20.75	13.52	21.74	106.01
梅　州	251.62	42.81	90.87	63.62	161.94
惠　州	268.72	54.70	107.74	201.12	126.97
汕　尾	167.17	31.67	40.80	61.29	81.83
东　莞	22.02	3.41	13.96	14.13	6.00
中　山	23.37	1.95	19.01	20.13	2.87
江　门	277.15	135.33	142.23	156.86	194.10
阳　江	196.19	35.61	87.49	63.23	108.64
湛　江	641.58	85.57	469.80	230.40	268.46
茂　名	404.39	64.11	157.70	238.75	230.22
肇　庆	265.28	74.83	178.16	178.52	179.77
清　远	324.65	30.23	21.80	90.93	153.98
潮　州	54.48	13.95	31.20	12.49	33.99
揭　阳	180.04	28.37	99.62	7.55	79.24
云　浮	151.51	28.39	63.32	112.84	76.69

4-2 续表 1

(2022年) 单位：千公顷

市别	主要农作物农机化作业情况					
	水稻机耕面积	水稻机械种植面积	水稻机收面积	玉米机耕面积	大豆机耕面积	花生机耕面积
全省	**1816.83**	**665.98**	**1764.30**	**98.41**	**25.03**	**281.96**
广州	23.75	10.67	23.64	3.21	0.33	2.92
珠海	4.38	3.99	4.28	0.10	0.17	0.07
汕头	45.83	14.88	45.52	2.20	0.40	1.15
佛山	6.97	3.88	6.94	0.73	0.03	1.00
韶关	101.75	30.11	101.39	5.26	2.83	35.90
河源	120.08	18.53	103.05	2.60	0.85	18.40
梅州	160.71	42.08	153.15	5.27	2.90	7.34
惠州	84.81	42.34	84.77	15.59	1.55	17.82
汕尾	68.76	29.69	68.70	3.37	1.27	11.15
东莞	1.44	1.45	1.45	0.21	0.07	
中山	2.38	1.72	2.38	0.20		
江门	169.75	127.53	169.35	2.86	1.85	8.59
阳江	106.99	35.55	106.78	4.63	3.06	18.88
湛江	224.94	78.19	224.77	20.84	1.54	71.74
茂名	208.05	62.80	200.61	5.33	1.41	29.48
肇庆	166.72	65.80	164.95	4.93	0.52	11.71
清远	121.55	28.20	120.52	11.33	2.78	27.05
潮州	31.54	13.36	31.37	1.44		0.36
揭阳	80.98	26.89	74.13	3.35	2.66	5.71
云浮	85.45	28.31	76.57	4.96	0.83	12.69

4-2 续表 2

(2022年) 单位：千公顷

市别	单项农机化作业情况				
	机械深松深耕面积	机械深松面积	机械深施化肥面积	机械铺膜面积	农田机械节水灌溉面积
全省	**446.93**	**7.41**	**11.72**	**2.56**	**255.63**
广州	0.06	0.00	0.05		14.94
珠海			1.29		
汕头					5.51
佛山	1.10	0.70	0.32	0.10	7.15
韶关	0.09	0.09			13.79
河源	0.04	0.04	0.11		0.01
梅州	26.24		7.12		9.83
惠州	107.96			0.31	9.71
汕尾	1.44	0.16			8.79
东莞	1.42				2.63
中山	6.62		1.62		10.79
江门					2.13
阳江	0.01	0.01			0.72
湛江	206.01	3.08	1.20	2.16	94.83
茂名	29.48	2.44			12.03
肇庆	23.37				16.24
清远	0.65	0.65			7.51
潮州	2.23	0.23			5.24
揭阳					18.72
云浮	40.21				15.08

4-2 续表 3

(2022年)

市别	单项农机化作业情况			
	机械化秸秆还田面积(千公顷)	机械脱出粮食数量(万吨)	机械化饲草料加工数量(万吨)	农机跨区作业面积(千公顷)
全省	**730.62**	**1272.30**	**452.12**	**460.71**
广州	11.27	49.72	3.52	3.73
珠海	0.10	2.84	0.48	
汕头	45.52	32.05	2.74	48.81
佛山	5.24	3.72	1.15	0.65
韶关	36.14	70.26	3.00	10.16
河源	39.46	111.37	1.92	3.22
梅州	103.69	109.79	7.05	43.84
惠州	33.01	54.94	21.27	32.64
汕尾	40.75	34.37	8.99	1.87
东莞		42.86		
中山	5.93	2.32		0.16
江门	139.92	92.66	2.43	19.42
阳江	95.84	58.67	42.27	20.70
湛江	7.46	142.74	23.54	39.44
茂名	2.17	148.68	174.96	22.27
肇庆	61.84	121.76	33.53	72.71
清远	27.38	67.72	1.18	41.59
潮州	18.49	24.29	4.06	5.20
揭阳	13.53	42.25	0.77	68.54
云浮	42.88	59.30	119.28	25.77

4-3 农业机械年末拥有量

(2022年)

项　　目	计算单位	数　量	项　　目	计算单位	数　量
农业机械总动力合计	万千瓦	2556.30	1.水泵	台	759212.00
1.柴油发动机动力	万千瓦	1600.61	2.节水灌溉机械	套	134186.00
2.汽油发动机动力	万千瓦	237.19	三、收获机械		
3.电动机动力	万千瓦	706.81	1.谷物联合收割机	台	29226.00
4.其他机械动力	万千瓦	11.70	2.机动脱粒机	台	502845.00
一、耕整地机械			3.秸秆粉碎还田机	台	8242.00
1.耕整机	万台(套)	14.43	四、水产机械		
	万千瓦	65.25	1.增氧机	台	1226187.00
2.微耕机	万台(套)	31.46	2.投饵机	台	124714.00
	万千瓦	135.82	五、农业航空器		
二、农用排灌机械			1.植保无人机	台	1954.00

4-4 各市农业机械年末拥有量

(2022年)

市 别	农业机械总动力(万千瓦)	1.柴油发动机动力(万千瓦)	2.汽油发动机动力(万千瓦)	3.电动机动力(万千瓦)	4、其他机械动力(万千瓦)
全 省	**2556.30**	**1600.61**	**237.19**	**706.81**	**11.70**
广州市	128.62	64.47	20.30	43.83	0.02
珠海市	27.65	4.86	1.39	21.40	
汕头市	31.10	19.79	2.76	7.80	0.75
佛山市	92.06	42.05	6.20	42.78	1.03
韶关市	177.29	138.46	7.97	30.20	0.66
河源市	82.27	56.71	11.19	14.37	
梅州市	137.77	78.00	22.41	34.96	2.39
惠州市	108.34	72.15	13.03	23.17	
汕尾市	112.77	90.04	5.69	16.66	0.39
东莞市	49.26	30.04	2.07	17.15	
中山市	81.53	33.18	8.24	40.11	
江门市	186.92	104.10	9.98	72.24	0.62
阳江市	115.80	88.77	5.55	21.48	
湛江市	443.36	337.21	6.24	98.24	1.68
茂名市	222.57	126.19	49.13	47.26	
肇庆市	184.00	74.62	26.17	83.21	
清远市	116.05	77.15	8.90	29.56	0.43
潮州市	45.94	15.01	12.07	15.95	2.91
揭阳市	57.42	43.49	1.36	12.57	
云浮市	106.92	76.71	10.79	19.31	0.11
农 垦	48.67	27.62	5.74	14.60	0.71

4-4 续表

(2022年)

市别	排灌机械		收获机械		渔业机械	
	农用水泵(台)	节水灌溉机械(套)	谷物联合收割机(万台)	机动脱粒机(万台)	增氧机(万台)	投饵机(万台)
全省	**759212**	**134186**	**2.92**	**50.28**	**122.62**	**12.47**
广州市	39646	13678	0.02	1.34	11.13	2.89
珠海市	52420	179	0.01		15.42	0.40
汕头市	5962	1200	0.01	0.00	3.24	0.03
佛山市	23526	1805	0.00	0.35	21.73	1.97
韶关市	27236	681	0.44	6.57	0.82	0.51
河源市	8572	3923	0.25	2.01	0.57	0.06
梅州市	38696	8700	0.22	4.69	1.33	0.48
惠州市	36498	4963	0.14	1.67	1.84	0.38
汕尾市	23193	4229	0.15	0.52	2.86	0.05
东莞市	3135	986	0.00	0.02	0.58	0.17
中山市	34236	10168	0.01	0.07	8.73	0.53
江门市	71139	2370	0.52	1.57	10.29	0.46
阳江市	24966	1123	0.17	2.36	6.58	0.16
湛江市	197674	70185	0.44	1.58	17.73	2.24
茂名市	87931	581	0.15	9.54	9.35	0.98
肇庆市	32908	2924	0.09	6.03	4.67	0.67
清远市	12788	1436	0.19	2.14	2.18	0.34
潮州市	9557	313	0.01	0.05	1.92	0.10
揭阳市	18389	3698	0.01	0.25	0.72	
云浮市	10740	1044	0.09	9.53	0.92	0.05
农垦						

4–5 农业科研和技术开发机构基本情况

项　　目	单位	2015	2016	2017	2018	2019	2020	2021	2022
一、机构与人员									
机构数	个	76	76	76	73	68	73	67	64
职工人数	人	4983	4781	4760	4289	4633	5193	5075	4983
从事科技活动人员	人	3502	3611	3651	3432	3995	4570	4873	4846
二、经费收入与支出									
经常费收入总额	万元	205404.7	218144.3	246696.6	212921.7	253409.3	284009.4	313128.7	306949.2
科技活动收入	万元	161821.6	171715.8	186499.3	175375.0	207241.0	234424.8	267905.9	267203.8
#政府资金	万元	147126.0	151235.2	164986.1	160117.9	178635.1	202991.6	231655.7	218553.9
经营活动收入	万元	15015.9	16039.4	10713.1	6345.2	2244.9	2007.1	2040.2	2431.5
其他收入	万元	28567.2	30389.1	49484.2	31201.5	43923.4	47577.5	43182.6	37313.9
经费支出总额	万元	184867.5	204384.9	228659.7	198783.3	276617.8	286968.7	318829.3	318612.0
科技经费内部支出	万元	135210.5	157153.9	173555.2	149799.5	222030.9	236889.9	271420.6	277231.6
生产性支出	万元	15114.8	13671.1	13758.1	14092.4	14874.4	7747.8	8726.7	11322.9
其他支出	万元	34542.2	33559.9	41346.4	34891.4	39712.5	42331.0	38682.0	30057.5
三、课题活动与产出									
科技活动课题数	个	1688	1813	1918	1631	2286	2334	2450	2465
课题投入人员	人年	2631	2636	2780	2390	2787	3171.5	3332.3	3233.3
课题投入经费	万元	50350.6	56237.8	56224.5	42623.5	68810.2	83641.3	71227.1	73224.8
科学论文合计	篇	1519	1680	1681	1383	1862	1944	2101	2324
#国外发表	篇	339	365	393	308	605	717	923	1186
科技著作合计	种	41	49	44	43	32	81	62	57

注：2019年起经常费收入总额数据中未包含科研基建中的政府资金。

4-6 各市农村专业技术协会情况

(2022年)

市　别	农村专业技术协会		市　别	农村专业技术协会	
	个数（个）	会员数（人）		个数（个）	会员数（人）
合　计	**332**	**29059**	东莞市		
省本级	1	90	中山市		
广州市	5	301	江门市	44	4324
深圳市			阳江市	9	2467
珠海市			湛江市	46	5221
汕头市	12	1260	茂名市	1	800
佛山市	14	1510	肇庆市	41	4305
韶关市	46	2798	清远市	16	1614
河源市	5	997	潮州市	2	230
梅州市	31	1188	揭阳市	24	857
惠州市	6	347	云浮市	2	131
汕尾市	27	619			

4-7 主要年份农业生产物质消耗情况

(2022年)

项　目	单位	1985	1990	1995	2000	2005	2010	2015	2020	2021	2022
一、化肥施用量											
折纯量	万吨	102.67	162.41	195.71	176.20	204.62	233.57	238.28	219.80	212.87	208.74
氮肥	万吨	69.37	95.82	99.49	95.89	93.78	94.93	90.78	84.11	80.06	78.26
磷肥	万吨	14.62	20.08	27.16	18.36	18.96	24.75	29.03	25.80	25.98	25.19
钾肥	万吨	13.97	27.57	34.14	35.84	41.54	46.74	47.00	41.68	40.80	40.21
复合肥	万吨	4.71	18.94	34.92	26.11	50.34	67.16	71.47	68.22	66.03	65.09
二、农药施用量	**万吨**	**7.27**	**7.95**	**8.05**	**8.47**	**8.50**	**9.79**	**9.75**	**8.32**	**7.74**	**7.60**

注：根据《农业综合统计报表制度》，2020年开始对表名进行修订，具体指标不变，数据可比。

4-8 农业生产物质消耗情况

(2022年)

项　　目	单位	数　量	项　　目	单位	数　量
一、农用化肥施用量			**二、农用塑料薄膜使用量**	**吨**	**45278**
按折纯量计算	吨	2087432	其中：地膜使用量	吨	25100
氮肥	吨	782619	地膜覆盖面积	公顷	142284
磷肥	吨	251858	**三、农药使用量**	**吨**	**76043**
钾肥	吨	402058	**四、农用柴油使用量**	**吨**	**859909**
复合肥	吨	650897			

4-9 各市农业生产物质消耗情况

(2022年)

市　别	农用化肥施用量					农用塑料薄膜使用量(吨)		农药使用量(吨)
	按折纯量计算(吨)	氮肥	磷肥	钾肥	复合肥		地膜使用量	
广州市	96891	17127	6637	11240	61887	2990	810	2610
深圳市	1549	27	41	25	1456	243	172	35
珠海市	5248	1838	532	760	2119	1851	109	186
汕头市	47387	21570	3414	7989	14414	878	163	909
佛山市	23651	7996	2235	2692	10728	1201	713	1004
韶关市	91209	31972	9642	14410	35186	3749	2618	3594
河源市	113501	43985	26890	17197	25429	1733	1334	2189
梅州市	139937	67028	9414	22496	40999	3378	2152	4289
惠州市	79681	30130	9878	19061	20612	2764	1919	3875
汕尾市	53823	24548	5847	12038	11389	1092	775	2199
东莞市	2874	1354	251	434	835	393	117	489
中山市	10263	2712	999	1622	4930	1429	602	495
江门市	120201	38074	8576	24469	49083	5910	3066	5621
阳江市	88434	27743	14358	16914	29419	1507	835	3501
湛江市	409016	152435	69308	90072	97202	2895	2374	15409
茂名市	303592	102187	23621	72485	105299	2921	941	7817
肇庆市	160785	72462	24483	28217	35623	2545	1542	4684
清远市	154389	53850	15979	25822	58738	4330	2594	6601
潮州市	39309	14627	4623	5654	14406	1100	722	2229
揭阳市	100952	55267	8813	21297	15575	1003	481	4491
云浮市	44739	15689	6316	7165	15569	1367	1061	3817

4-10 各县(市、区)农业生产物质消耗情况

(2022年)

市 别	农用化肥施用量					农用塑料薄膜使用量(吨)		农药使用量(吨)
	按折纯量计算(吨)	氮肥	磷肥	钾肥	复合肥		地 膜 使用量	
广州市	**96891**	**17127**	**6637**	**11240**	**61887**	**2990**	**810**	**2610**
越秀区								
海珠区	69	21	9	20	19			6
荔湾区	19				19	215		3
天河区	41				41			5
白云区	14333	5128	4112	5060	33	100	95	180
黄埔区	1785	535	79	100	1071	45	16	162
番禺区	4098	837	336	476	2450	210	100	284
花都区	9744	3021	195	585	5943	138	41	447
南沙区	16703	1429	178	893	14203	1655	194	404
从化区	17899	3580	1084	2496	10739	361	250	455
增城区	32200	2576	644	1610	27370	266	114	665
深圳市	**1549**	**27**	**41**	**25**	**1456**	**243**	**172**	**35**
福田区								
罗湖区	2				2	1	1	0
盐田区								
南山区	1				1			1
宝安区	283				283	30		6
龙岗区	349	6	13	6	324	47	33	4
龙华区	29				29	16		1
坪山区	120				120	9	4	7
光明区	400	21	28	19	332	130	130	9
深汕合作区	365				365	9	4	6
珠海市	**5248**	**1838**	**532**	**760**	**2119**	**1851**	**109**	**186**
香洲区	40	3	2	1	34	1	0	0
金湾区	1478	260	109	169	940	321	6	70
斗门区	3731	1575	421	590	1145	1529	102	115
汕头市	**47387**	**21570**	**3414**	**7989**	**14414**	**878**	**163**	**909**
金平区	855	543	90	92	130	29	2	36
龙湖区	2560	750	560	250	1000	48	0	31
澄海区	14875	4429	345	2266	7835	344	19	123
濠江区	2237	963	299	403	572	38	17	45
潮阳区	15306	7709	1141	2605	3851	310	64	427
潮南区	11325	7081	954	2319	971	100	61	235
南澳县	229	95	25	54	55	9		14
佛山市	**23651**	**7996**	**2235**	**2692**	**10728**	**1201**	**713**	**1004**
禅城区	42	14	2	8	18			
南海区	4746	991	246	393	3116	362	121	225
顺德区	5528	2058	265	287	2918	446	290	254
高明区	7906	2802	1583	1378	2143	192	153	152
三水区	5429	2131	139	626	2533	201	149	373
韶关市	**91209**	**31972**	**9642**	**14410**	**35186**	**3749**	**2618**	**3594**
浈江区	3828	971	901	394	1562	99	60	127
武江区	5069	2100	969	554	1446	85	80	200
曲江区	7433	3237	613	1277	2306	297	129	409
乐昌市	18433	5011	2133	1263	10026	285	258	767
南雄市	15665	5456	1287	2788	6134	901	621	528
仁化县	10271	2042	1189	2991	4049	479	404	516
始兴县	7067	2333	1010	1614	2110	443	363	254
翁源县	16810	7901	1146	2698	5065	699	453	468
新丰县	3130	1827	186	256	861	57	55	206
乳源县	3503	1094	208	575	1627	404	194	119

4-10 续表 1

(2022年)

市 别	农用化肥施用量 按折纯量计算(吨)	氮肥	磷肥	钾肥	复合肥	农用塑料薄膜使用量(吨)	地膜使用量	农药使用量(吨)
河源市	**113501**	**43985**	**26890**	**17197**	**25429**	**1733**	**1334**	**2189**
源城区	2092	793	515	298	486	15	14	40
东源县	13867	6259	2386	2807	2415	220	181	334
和平县	14484	5490	3498	1887	3609	345	246	323
龙川县	29952	13506	6479	3700	6267	503	503	593
紫金县	28252	8450	6480	4409	8913	218	177	599
连平县	24854	9487	7532	4096	3739	432	213	300
梅州市	**139937**	**67028**	**9414**	**22496**	**40999**	**3378**	**2152**	**4289**
梅江区	7763	2141	357	1069	4196	147	129	234
梅县区	36679	17801	1782	6790	10306	400	78	1338
兴宁市	22392	11879	1518	3957	5038	559	298	1104
平远县	8551	4943	752	1197	1659	375	286	265
蕉岭县	5389	1738	521	1810	1320	572	258	182
大埔县	19717	9444	1292	2867	6114	499	381	509
丰顺县	17342	6118	1567	1892	7765	115	52	363
五华县	22104	12964	1625	2914	4601	711	670	293
惠州市	**79681**	**30130**	**9878**	**19061**	**20612**	**2764**	**1919**	**3875**
惠城区	12918	5046	1432	2849	3591	239	210	413
惠阳区	5335	1462	383	947	2543	351	336	122
惠东县	20231	8578	3534	5452	2667	714	257	394
博罗县	29079	11284	3307	6778	7710	1014	922	2296
龙门县	12118	3760	1222	3035	4101	446	194	650
汕尾市	**53823**	**24548**	**5847**	**12038**	**11389**	**1092**	**775**	**2199**
市城区	3083	1098	427	233	1325	51	51	120
陆丰市	29348	12597	3497	6615	6640	407	311	1029
海丰县	16037	9511	1555	3881	1090	585	363	925
陆河县	5355	1342	368	1310	2335	50	50	125
东莞市	**2874**	**1354**	**251**	**434**	**835**	**393**	**117**	**489**
中山市	**10263**	**2712**	**999**	**1622**	**4930**	**1429**	**602**	**495**
江门市	**120201**	**38074**	**8576**	**24469**	**49083**	**5910**	**3066**	**5621**
蓬江区	2470	932	460	282	795	201	41	88
江海区	3939	908	487	524	2021	852	317	489
新会区	13326	3977	766	2288	6295	2346	978	1056
台山市	46531	16616	3026	12746	14143	865	461	2014
开平市	24994	7450	1855	4221	11468	886	638	1013
鹤山市	13165	5125	736	1354	5950	394	266	361
恩平市	15777	3065	1246	3054	8412	366	366	601
阳江市	**88434**	**27743**	**14358**	**16914**	**29419**	**1507**	**835**	**3501**
江城区	8655	2208	1017	1780	3650	184	66	470
阳东区	20740	4917	5774	3268	6781	437	249	1002
阳春市	42456	14151	3668	9373	15264	529	363	1410
阳西县	16583	6467	3899	2493	3724	357	157	619

4-10 续表 2

(2022年)

市别	农用化肥施用量					农用塑料薄膜使用量(吨)	地膜使用量	农药使用量(吨)
	按折纯量计算(吨)	氮肥	磷肥	钾肥	复合肥			
湛江市	**409016**	**152435**	**69308**	**90072**	**97202**	**2895**	**2374**	**15409**
赤坎区	424	72	85	90	177			7
霞山区	695	117	105	145	328	0	0	4
麻章区	32673	10872	6058	7641	8102	488	252	757
坡头区	8727	3016	570	2824	2317	28		264
雷州市	98045	34508	23001	17920	22615	969	922	4436
廉江市	71408	30473	8248	12783	19905	503	351	2256
吴川市	15330	4727	2436	4121	4046	134	110	1055
遂溪县	86770	28747	16095	21063	20865	469	456	4783
徐闻县	94945	39903	12710	23484	18848	304	282	1848
茂名市	**303592**	**102187**	**23621**	**72485**	**105299**	**2921**	**941**	**7817**
茂南区	15722	5620	1047	3214	5841	270	131	685
电白区	49799	15073	1614	10524	22588	741	206	1458
信宜市	52710	13950	4048	12878	21834	227	55	722
高州市	103918	35882	8918	27060	32058	1279	242	1716
化州市	81443	31662	7994	18809	22978	405	307	3236
肇庆市	**160785**	**72462**	**24483**	**28217**	**35623**	**2545**	**1542**	**4684**
端州区	17	9	3	2	3			
鼎湖区	4428	1630	1081	588	1129	98	65	217
高要区	27008	10866	2926	7580	5636	1138	754	770
四会市	21770	10491	1259	4232	5788	83	42	850
广宁县	14973	9165	1252	1402	3154	25	15	510
德庆县	24438	7402	6720	4033	6283	489	173	554
封开县	36731	17299	2062	5086	12284	278	213	1322
怀集县	31420	15600	9180	5294	1346	435	280	461
清远市	**154389**	**53850**	**15979**	**25822**	**58738**	**4330**	**2594**	**6601**
清城区	11670	2504	1505	1723	5938	96	61	482
清新区	30075	6540	3228	4742	15565	543	373	1185
英德市	51253	24268	3697	8740	14548	2270	1381	2366
连州市	20613	5015	2304	4315	8979	554	319	913
佛冈县	13601	4316	2775	1513	4997	202	86	513
阳山县	17923	6645	1807	3087	6384	315	146	775
连山县	5454	2615	271	1015	1553	164	81	203
连南县	3800	1947	392	687	774	186	147	164
潮州市	**39309**	**14627**	**4623**	**5654**	**14406**	**1100**	**722**	**2229**
湘桥区	5440	2275	436	974	1755	90	71	178
潮安区	4988	2364	471	930	1223	160	106	294
饶平县	28881	9988	3716	3750	11428	849	544	1757
揭阳市	**100952**	**55267**	**8813**	**21297**	**15575**	**1003**	**481**	**4491**
榕城区	5891	3428	564	758	1141	69	61	222
揭东区	14391	8214	1296	3389	1492	119	91	498
普宁市	28068	17317	2515	5811	2425	388	69	1790
揭西县	26303	14624	1936	5091	4652	159	96	605
惠来县	26299	11684	2502	6248	5865	267	164	1375
云浮市	**44739**	**15689**	**6316**	**7165**	**15569**	**1367**	**1061**	**3817**
云城区	2889	170	584	1077	1058	111	73	246
云安区	5345	1225	374	455	3291	27	24	203
罗定市	22669	10185	2481	3643	6360	309	284	1989
新兴县	7565	1746	1604	1293	2922	782	647	287
郁南县	6271	2363	1273	697	1938	138	33	1092

五、水利建设

珠江三角洲水资源配置工程－预应力内衬施工现场

环北部湾广东水资源配置工程－开工建设现场

广州市黄埔区南岗河幸福河湖 –《碧道》（摄影：吴伯钊）

茂名市锦江画廊碧道 – 乡村振兴

江门市锦江灌区续建配套与节水改造工程

揭阳市惠来县石榴潭灌区续建配套与节水改造工程

首批“粤美水站”－云浮市云安区东风水厂

陆河县水系连通及水美乡村建设试点县－南万镇长梅河生态清洁小流域治理工程(罗庚坝河段)

水利建设概述

【水利投入】2022年，广东省水利稳投资工作成效明显。年度落实中央水利资金55.6亿元、省级水利资金66.9亿元，争取地方政府专项债券228.9亿元，推动全省完成年度水利投资850亿元，比2021年增加125亿元。水利投资向珠江三角洲水资源配置、环北部湾广东水资源配置、西江干流治理、潖江蓄滞洪区建设与管理等国家水网骨干工程，以及中小河流治理、病险水库除险加固、灌区续建配套与节水改造、农村集中供水、水系连通及农村水系综合治理、水土流失治理、山洪灾害防治等民生水利项目倾斜。加快补齐水利基础设施短板，促进全省水利协调平衡发展。年度中央水利投资计划完成率达101.5%，完成进度位居全国前列。

【水利规划】全面开展省水网建设规划编制，优化省级水网建设总体布局，科学谋划省级水网重大骨干工程。2022年8月，广东省以排名第一的成绩成功入选全国第一批省级水网先导区，为加快完善全省水网布局提供重要契机。启动全省防洪规划修编工作，系统研究完善全省防洪体系布局，不断完善流域防洪工程体系。加快推进省临时滞洪区建设与管理规划编制，完善广东省蓄滞洪区顶层设计。配合省自然资源部门完成国土空间规划编制和"三区三线"划定工作，推动将省级以上规划重大水利项目纳入省国土空间规划"一张图"，完成河湖范围内根据淹没频次需退出的耕地划定工作。开展水利高质量发展指标体系研究，为地市开展水利高质量发展自评估提供技术指引。

【河湖长制】省第一总河长、总河长共同签发开展妨碍河道行洪突出问题排查整治工作的省总河长令。省委、省政府将"推进万里碧道建设"列入"2022年省十件民生实事"，将"因地制宜发展水经济"写入省《政府工作报告》。省委书记专题会、省政府常务会议多次研究解决涉河湖管理问题。年内，省级河湖长专门批示120次，省市县三级发出河长令35件，省市县镇村五级河湖长巡河湖265.5万次，问责河湖长266人次。

经省委编办批准同意，在省水利厅原有河湖管理处基础上，增设河湖长制工作处，强化组织保障。省领导小组新增省体育局作为成员单位。成员单位对主要涉河湖工作全面纳入监督检查范围，关键指标完成情况还纳入向省级河湖长"流域季报"范围。建立了河湖长岗位调整自然递补机制以及信息定期公告制度，并开展了对地级以上市党委政府和省级河湖长制工作成员单位的工作考核。联合省检察院、珠江委出台实施细则，率先在省级层面与水利部相关流域管理机构建立水行政执法与检察公益诉讼协作机制。

积极发动社会公众参与，全省护河志愿者注册人数增至98万人，受到水利部充分肯定。先后组织开展寻找"广东百名最美河湖卫士"、广东"益苗计划"护河类项目评选、"最生态碧道"评选、"广东露营亲水地图"发布等活动，参与人数众多，宣传效果显著。省河长办组织参加"守护幸福河湖"全国短视频征集活动，获得全部3项优秀组织奖。国庆期间中宣部组织的"江河奔腾看中国"特别节目和系列专题新闻聚焦我省河湖长制工作成效，有央视新闻联播、新华社客户端首页等16个央媒平台报道。广东省河湖长制工作群众满意程度逐年提高，公众信心度提升至91.9%。

【水利工程建设】2022年，全省32宗重点水利工程完成年度投资219亿元，占全省水利建设完成投资850亿元的26%。珠江三角洲水资源配置工程盾构隧洞全线贯通，总体建设进度和投资完成超六成；高陂水利枢纽工程最后一台机组于7月底投产发电，工程基本完工；潮州引韩济饶工程、湛江市引调水工程分别于7月、12月建成通水；粤东水资源优化配置一期工程基本完工，二期工程于9月29日举行开工建设大会，全线7个土建标已全部开工；环北部湾广东水资源配置工程先行建设项目于8月底开工，初步设计报告于2022年12月底获批。

【水旱灾害防御】2022年，广东省气象水文年景极为特殊，大旱大涝历史罕见，汛前东江、韩江流域及粤东地区 60 年来最严重旱情持续发展，汛期西江、北江、韩江发生 8 次编号洪水，北江流域出现超 100 年一遇特大洪水，为 1915 年以来最大洪水，水旱灾害防御形势异常严峻复杂。面对严重汛情旱情，全省水利系统坚持防汛抗旱两手抓，织密织牢水旱灾害防御网，夺取了防洪抗旱双胜利。汛情旱情灾情特点主要有：一是旱上加旱，旱上加咸，旱情持续发展历史罕见。年初东江、韩江及粤东地区水库蓄水持续偏少，大中型水库蓄水最低时较多年偏少27%，10 宗大中型水库处于死水位以下。其中东江骨干水库蓄水量最低时较多年同期偏少89%，新丰江水库持续25天利用死库容供水，深圳市水库蓄水量最低时仅维持供水14天。同时今年1–2月东江、西江河口连续遭受严重咸潮袭击，广州、东莞、珠海、中山等市生产生活用水受到影响。二是编号洪水多，主要江河发生编号洪水，北江汛情之猛历史罕见。全省共有125条河流172个站点395站次发生超警洪水，共有1233库次超汛限水位。5月下旬至7月上旬，主要江河接连发生8次编号洪水，为1949年以来最多。北江上游浈江洪水接近百年一遇，韶关、清远、河源、肇庆、茂名等地均有不同程度的山洪灾害发生。

据统计，全省水利部门共处置山洪灾害预警1514个，发出责任人预警短信76万条，未发生一例因山洪灾害造成的人员伤亡事件；安全高效完成了近30批次抢险物资调运及抢险任务，对广东、广西两省多地市提供物资及抢险支援，出动抢险人员400多人次，调运物资3600多万元，有力支援各地抢险救灾工作；省水利视频监控系统视频总播放量超180万次，单日播放量峰值达22.5万次。

【农村水利水电】2022年，省级建立了由省委常委和分管副省长共同担任总召集人的农田水利建设工作联席会议制度，设立大中型灌区建设与管理工作专班，加大力度推进灌区建设与管理。建立了“广东省中型灌区续建配套与节水改造项目储备库”，271宗中型灌区纳入储备库管理；推动57宗大中型灌区项目的改造实施，受益面积达367万亩，完成投资约15.8亿元；加速推进南雄盆地灌区、台山广海湾、恩平锦江源、雷州半岛灌区等大型灌区创（新）建；灌区管理日渐规范，累计创建标准化大中型灌区、泵站106宗，创建国家级节水型灌区2宗，省级17宗，基本绘制完成全省大中型灌区“一张图”。稳步推进小水电分类整改工作，积极推动小水电站绿色改造、转型升级。2022年完成8宗绿色小水电示范电站创建，关停或退出264宗小水电站；我省需落实生态流量的小水电站已全部完成生态流量核定和生态流量泄放设施改造。2022年，广东省建立分管省领导担任召集人的推进农村供水工作联席会议制度，组建工作专班，完成农村集中供水全覆盖攻坚行动收尾工作，接续开展农村供水“三同五化”改造提升、水质提升专项行动等工作，印发《广东省农村供水“三同五化”改造提升工作方案》，推动农村供水高质量发展。2022年度，广东省农村自来水普及率已达到99%以上，农村供水规模化供水工程覆盖农村人口的比例达到78.1%。

【万里碧道】截至2022年12月底，全省累计建成碧道超5200公里，实现“三年见雏形”目标，带动了河湖生态保护和修复，新增水质Ⅲ

类及以上河段470公里，新增生态岸线1867公里，新增绿化面积约6.9万亩，新建慢行道3578公里，串联特色文化资源点2001个，推动了周边生活、生产、生态环境改善和产业转型升级，水清岸绿的生态效益和水岸联动发展的经济效益逐渐显现。省财政安排2亿元，对2020、2021年度碧道建设成效突出的24个县（市、区、镇）予以激励。广州南岗河成功申报全国首批幸福河湖建设项目，2022年度建设任务和中央投资均100%完成。

【水土保持】 2022年广东省完成新增水土流失治理面积868.50平方公里，水土保持率为90.42%，较上年增加0.15%。全面完成8宗国家水土保持重点工程建设，新增高标准生态清洁小流域15个。印发了《广东省水土保持“十四五”实施方案》，明确了“十四五”期间，广东省水土保持工作的目标要求、重点任务和实施路径。水土流失动态监测结果显示：全省水土流失面积由2011年的21305.43平方公里减少为2022年度的17108.75平方公里，水土流失面积占全省国土面积的比例由11.93%下降到9.58%，减少2.35个百分点。中度及以上侵蚀强度占比下降到15.67%。水土流失状况持续好转，水土流失面积与强度持续实现“双降”。

2022年，广东省审批生产建设项目水土保持方案5429宗；接受生产建设项目水土保持设施验收报备 3188宗；对6049个疑似违法违规图斑进行复核，对认定的982个违法违规项目全部完成查处，实现2019—2021年遥感监管未整改和整改不到位的636 宗历史积案全面“清零”。严格执行生产建设项目监测评价“绿黄红”三色制和水土保持信用监管“两单”制度，共有178家水土保持市场主体列入水土保持“重点关注名单”，1家列入水土保持“黑名单”。联合水政执法部门从严打击水土保持违法行为，全省共立案查处93宗，结案77宗，罚款654.85万元。

2022年，在水利部牵头组织的2021年全国水土保持规划实施情况综合评估中，广东省取得“优秀”等次；完成对各地级以上市人民政府2021年度水土保持目标责任考核。2022年，深圳市光明区入选为国家水土保持示范县，河惠莞高速公路河源紫金至惠州惠阳段、汕（头）湛（江）高速公路惠州至清远段入选为国家水土保持示范工程。广东省水利厅水土保持处获得全国行政执法先进集体，深圳市坪山区水务局、东莞市水务局、广东省林业局生态保护修复处（省绿化委员会办公室）、惠州市水利局等4个集体获得全国水土保持工作先进集体，耿海波、龙文标、袁再健、田甜（女）、叶甫良、曾炎东、莫靖龙、黄君山、罗茂潭、王镇城等10位同志获得全国水土保持工作先进个人称号。

5-1 各市灌溉面积

(2022年) 单位：千公顷

市 别	灌溉面积	耕地灌溉面积(有效灌溉面积)	林地灌溉面积	园地灌溉面积
全 省	**1822.69**	**1560.23**	**55.30**	**204.59**
广州市	70.54	50.67	4.19	15.68
深圳市	15.03	4.47	9.79	0.77
珠海市	15.97	10.40	0.21	5.36
汕头市	40.00	25.92	1.41	12.67
佛山市	35.79	20.12	8.97	6.69
韶关市	148.30	143.15	0.60	4.55
河源市	108.46	97.51	0.35	10.60
梅州市	115.87	102.29	2.41	11.18
惠州市	77.88	69.55	1.96	6.37
汕尾市	64.22	62.56	1.10	0.57
东莞市	7.53	3.08		4.35
中山市	12.99	7.13	0.49	5.37
江门市	131.23	110.77	5.19	15.27
阳江市	86.02	77.83	1.77	6.42
湛江市	265.90	252.71	4.33	6.87
茂名市	188.65	154.04	2.51	32.10
肇庆市	119.91	98.56		21.35
清远市	143.16	135.83	2.32	5.02
潮州市	33.73	18.28	5.31	10.14
揭阳市	66.83	55.61	2.27	8.95
云浮市	74.68	59.75	0.15	14.31

5-2　各市2000亩以上灌区

(2022年)

市　别	灌区数量(处)						
	合计	50万亩以上	30～50万亩	10～30万亩	5～10万亩	1～5万亩	0.2～1万亩
全　省	**1843**	**2**	**2**	**24**	**45**	**304**	**1466**
广州市	103				1	8	94
深圳市	1						1
珠海市	14					4	10
汕头市	30		1		2	10	17
佛山市	33					1	32
韶关市	202		1		1	16	184
河源市	138					21	117
梅州市	112			1	2	18	91
惠州市	98			2	3	16	77
汕尾市	70			2	3	17	49
东莞市							
中山市							
江门市	141			4	3	24	110
阳江市	95			2	3	21	69
湛江市	135	1		5	5	28	96
茂名市	94	1		3	10	22	58
肇庆市	170				3	23	144
清远市	194				3	32	159
潮州市	35				1	11	23
揭阳市	76			4	2	20	50
云浮市	101				4	12	85

5-2 续表

(2022年)

市别	灌区耕地有效灌溉面积(千公顷)						
	合计	50万亩以上	30～50万亩	10～30万亩	5～10万亩	1～5万亩	0.2～1万亩
全 省	**1120.29**	**57.70**	**48.09**	**190.25**	**162.06**	**334.47**	**327.73**
广州市	40.25				1.53	15.12	23.60
深圳市							
珠海市	5.93					3.93	2.00
汕头市	30.93		7.01		8.65	11.27	4.00
佛山市	7.47					1.88	5.59
韶关市	94.42		31.54		3.83	20.44	38.61
河源市	47.31					19.52	27.80
梅州市	48.15			9.11	5.01	17.70	16.34
惠州市	72.19			15.60	12.62	23.09	20.88
汕尾市	58.38			19.47	6.87	20.98	11.07
东莞市							
中山市							
江门市	97.18			31.17	10.98	23.12	31.91
阳江市	51.36			14.47	8.41	16.96	11.52
湛江市	187.00	24.33		72.41	33.39	40.24	16.63
茂名市	90.44	33.37		13.88	19.86	13.60	9.72
肇庆市	61.90				10.66	21.56	29.68
清远市	82.00				7.54	27.92	46.54
潮州市	29.02		5.97		7.00	10.77	5.28
揭阳市	73.92		3.57	14.14	9.35	35.99	10.87
云浮市	42.45				16.37	10.39	15.70

5-3 各市已建堤防长度

(2022年)

市 别	堤防长度(公里)						
	合计	按等级分					
		1级江堤	2级江堤	3级江堤	4级江堤	5级江堤	海堤
全 省	**17625.71**	**387.55**	**1751.11**	**2782.32**	**5231.29**	**3063.95**	**4409.49**
广州市	1683.27	303.00	60.74	331.05	448.07	50.80	489.61
深圳市	150.20	16.20			11.61	3.66	118.73
珠海市	397.76						397.76
汕头市	774.23		104.06	196.10	184.98	55.60	233.49
佛山市	1128.69	49.17	344.14	193.98	475.61	64.79	
韶关市	485.20		65.21	147.61	161.20	111.18	
河源市	762.32		6.43	139.60	256.62	359.68	
梅州市	797.05		67.18	81.72	455.95	192.20	
惠州市	789.21		42.00	292.26	230.46	104.70	119.78
汕尾市	972.60			217.47	276.85	216.27	262.01
东莞市	938.10		322.13	188.15	69.30	4.70	353.82
中山市	430.92		61.50	91.84			277.59
江门市	1402.61		102.62	119.71	606.66	215.37	358.24
阳江市	686.10			24.73	134.63	145.53	381.21
湛江市	1349.23		30.59	49.28	180.97	79.05	1009.34
茂名市	1347.34		127.43	120.67	427.89	450.12	221.24
肇庆市	741.29		122.44	119.55	222.39	276.91	
清远市	759.45	19.18	65.18	169.09	292.73	213.28	
潮州市	644.28		64.54	74.16	247.79	179.25	78.55
揭阳市	951.54		155.53	123.08	337.12	227.67	108.14
云浮市	434.33		9.40	102.28	209.46	113.19	

注：数据来自《广东省堤防基础信息表》，包含全省1—5级防洪(潮)堤，不包含生产堤、渠堤和排涝堤。

5-3 续表

(2022年)

市别	达标堤防长度(公里)						
	合计	按等级分					
		1级江堤	2级江堤	3级江堤	4级江堤	5级江堤	海堤
全省	**12414.87**	**384.67**	**1556.26**	**2166.33**	**3745.73**	**1833.96**	**2727.93**
广州市	1516.59	303.00	60.74	302.85	412.43	50.80	386.77
深圳市	96.88	16.20					80.68
珠海市	364.94						364.94
汕头市	666.83		70.58	164.10	176.92	55.60	199.63
佛山市	1089.92	49.17	342.63	193.98	439.35	64.79	
韶关市	431.01		42.83	116.40	161.20	110.58	
河源市	281.00		3.12	54.88	93.05	129.95	
梅州市	596.65		59.20	69.34	345.59	122.52	
惠州市	418.79		35.48	188.63	104.40	38.64	51.64
汕尾市	528.26			115.97	112.83	148.46	151.00
东莞市	723.54		300.60	149.21	29.32		244.41
中山市	350.87		55.08	91.84			203.95
江门市	1245.95		102.62	119.71	521.68	192.34	309.59
阳江市	449.08			24.73	73.75	115.18	235.42
湛江市	581.15		30.59	20.03	148.16	22.53	359.84
茂名市	503.94		48.77	70.76	133.25	203.23	47.94
肇庆市	584.37		114.66	97.85	171.25	200.62	
清远市	588.59	16.30	65.18	155.14	198.20	153.78	
潮州市	318.53		61.20	22.43	145.37	53.88	35.65
揭阳市	765.87		155.53	118.83	314.39	120.65	56.48
云浮市	312.13		7.45	89.66	164.61	50.41	

注：数据来自《广东省堤防基础信息表》，包含全省1—5级防洪(潮)堤，不包含生产堤、渠堤和排涝堤。

5-4　各市河道治理及除涝面积

(2022年)

市　别	河道治理(公里)			除涝面积 (千公顷)			
	有防洪任务 河段长度	已治理 河段长度	治理达标 河段长度		3～5年 一遇标准	5～10年 一遇标准	10年以上 一遇标准
全　省	**19279.78**	**9399.02**	**5384.54**	**535.06**	**63.11**	**107.09**	**364.86**
广州市	1037.39	668.72	491.47	54.82	3.44	5.82	45.56
深圳市	98.50	103.32	88.51	6.25	1.04		5.21
珠海市	154.92	112.12	92.24	17.54	1.76	15.78	
汕头市	206.59	158.46	148.94	44.80	3.72	12.32	28.76
佛山市	531.93	531.93	525.10	59.98		8.90	51.08
韶关市	2360.54	1079.64	780.84	20.12	3.83	10.74	5.55
河源市	1518.59	758.51	229.13	0.84	0.15	0.52	0.17
梅州市	1701.38	1128.98	478.81	10.58	1.93	2.01	6.64
惠州市	916.85	505.88	236.11	35.03	3.97	1.22	29.84
汕尾市	259.51	25.00	25.00	21.44	3.72	1.86	15.86
东莞市	477.33						
中山市	191.91	191.91	191.91	30.73			30.73
江门市	1134.24	1324.64	496.13	51.17	14.01	7.44	29.72
阳江市	860.93	205.73	196.21	8.52	0.20	1.87	6.45
湛江市	986.59	379.35	264.57	31.77	5.69	11.82	14.26
茂名市	1550.45	505.48	75.14	15.74	7.82	7.59	0.33
肇庆市	663.83	306.94	104.14	45.01	1.52	6.83	36.66
清远市	2259.89	1011.39	600.45	27.45	5.25	2.69	19.51
潮州市	458.30	177.43	177.43	23.29	3.86	4.45	14.98
揭阳市	712.53	124.91	95.39	26.70	0.90	4.49	21.31
云浮市	1197.58	98.68	87.02	3.28	0.30	0.74	2.24

5-5 各市本年新增水土流失综合治理面积

(2022年)　　单位：千公顷

市　别	合计	梯田	水土保持林	经济林	种草	封禁治理	其他措施
全　省	**86.851**	**0.122**	**22.339**	**2.780**	**0.255**	**60.119**	**1.236**
广州市	1.500		0.427			0.997	0.076
深圳市	0.500		0.252		0.109	0.139	
珠海市	1.000		0.205			0.795	
汕头市	0.850		0.770			0.080	
佛山市	0.800		0.800				
韶关市	5.000		3.613	0.297		0.797	0.293
河源市	8.529		4.492			3.668	0.369
梅州市	18.500		0.020			18.480	
惠州市	6.300		0.425			5.875	
汕尾市	3.000		1.532			1.468	
东莞市	0.800		0.284			0.516	
中山市	0.800		0.151	0.005		0.644	
江门市	5.001		1.336			3.513	0.152
阳江市	1.999	0.116	0.919	0.595		0.363	0.006
湛江市	1.000		0.925	0.073	0.002		
茂名市	3.000		1.761	0.879		0.360	
肇庆市	8.800		0.854	0.007	0.003	7.832	0.104
清远市	5.999	0.006	1.721	0.924	0.139	2.980	0.229
潮州市	1.073		1.066				0.007
揭阳市	1.000		0.786			0.214	
云浮市	11.400				0.002	11.398	

5-6 各市已建水库、水电站数量

(2022年)

市别	水库数量(座)						水库总库容(万立方米)		
	合计	大(1)型	大(2)型	中型	小(1)型	小(2)型	合计	大(1)型	大(2)型
全省	**7450**	**7**	**33**	**337**	**1556**	**5517**	**4520296.77**	**2259200.00**	**687129.00**
广州市	296		1	16	71	208	103356.82		37820
深圳市	178		2	14	63	99	98608.91		32552
珠海市	62			4	22	36	15706.51		
汕头市	205			8	33	164	31060.09		
佛山市	114			3	21	90	10889.67		
韶关市	597	1	5	33	95	463	373429.22	128050	103148
河源市	641	2		15	90	534	1642132.8	1582800	
梅州市	714		4	20	139	551	175297.71		58500
惠州市	455	1	3	24	121	306	287818.8	115600	50005
汕尾市	288		2	18	56	212	125088.52		45469
东莞市	118			8	44	66	39064.18		
中山市	32			1	16	15	8734.32		
江门市	547		4	30	160	353	249665.73		108210
阳江市	237		2	21	77	137	129534.06		45920
湛江市	660	1	2	23	113	521	257068.41	114400	25151
茂名市	472	1	1	12	72	386	200737.99	127950	11473
肇庆市	438			26	79	333	124043.75		
清远市	507	1	4	23	106	373	402384.04	190400	104450
潮州市	199		1	7	30	161	71466.26		38100
揭阳市	461		2	19	98	342	112459.34		26331
云浮市	229			12	50	167	61749.66		

5-6 续表

(2022年)

市别	水库总库容(万立方米)			水电站数量(座)					
				合计					
	中型	小(1)型	小(2)型		大(1)型	大(2)型	中型	小(1)型	小(2)型
全　省	**946613.33**	**456820.32**	**170534.12**	**9620**	**2**	**1**	**7**	**87**	**9523**
广州市	37966.01	21021.08	6549.73	160	1			1	158
深圳市	41301.54	20660.68	4094.69	13					13
珠海市	8295.63	6334.78	1076.1						
汕头市	18960	7299.14	4800.95	18					18
佛山市	3594	4150.43	3145.24	1					1
韶关市	101761.24	26326.26	14143.72	2085			3	15	2067
河源市	23594.86	23385.16	12352.76	804		1	1	10	792
梅州市	66154.78	33087.12	17555.81	1582			3	15	1564
惠州市	73270.69	37677.81	11265.3	309	1			3	305
汕尾市	54103	18466.98	7049.54	142				1	141
东莞市	20475.52	15252.32	3336.34						
中山市	5151.53	3101.49	481.3						
江门市	77142.42	50932.34	13380.97	229				1	228
阳江市	55283.93	23796	4534.13	499				2	497
湛江市	64102.59	39211.94	14202.88	52					52
茂名市	29784	20816.6	10714.39	553				1	552
肇庆市	94577.74	20196.63	9269.38	701				16	685
清远市	59060	35229.82	13244.22	1501				11	1490
潮州市	19737	9376.68	4252.58	214				3	211
揭阳市	49655.85	27277	9195.49	350				8	342
云浮市	42641	13220.06	5888.6	407					407

5-7 各市已建泵站、水闸数量

(2022年)

市别	泵站数量(处)						水闸数量(座)					
	合计	大(1)型	大(2)型	中型	小(1)型	小(2)型	合计	大(1)型	大(2)型	中型	小(1)型	小(2)型
全省	**15334**	**3**	**34**	**529**	**2352**	**12416**	**15249**	**12**	**128**	**745**	**2745**	**11619**
广州市	1111		3	52	358	698	1169		11	72	409	677
深圳市	195		2	49	98	46	223			28	72	123
珠海市	264		2	13	69	180	224		1	25	180	18
汕头市	410			9	119	282	1011	2	6	39	185	779
佛山市	1483		8	137	299	1039	574		4	39	205	326
韶关市	852				11	841	47		7	11	1	28
河源市	462				18	444	10	2		1	1	6
梅州市	434		1	14	122	297	1057			17	35	1005
惠州市	721		6	40	86	589	679	2	8	43	119	507
汕尾市	401				47	354	1488		5	67	259	1157
东莞市	294	2		95	170	27	360		5	63	198	94
中山市	460	1	2	24	109	324	388		4	20	114	250
江门市	2000		1	17	279	1703	1991		11	39	278	1663
阳江市	375			2	46	327	643		2	33	78	530
湛江市	1101			1	25	1075	1492		11	55	118	1308
茂名市	1662		1	11	79	1571	1236		27	66	157	986
肇庆市	694		5	29	200	460	528		3	15	75	435
清远市	889		1	19	60	809	403	3	5	28	50	317
潮州市	469			3	36	430	520	2	6	15	43	454
揭阳市	635		1	11	91	532	846	1	9	34	159	643
云浮市	422		1	3	30	388	360		3	35	9	313

5-8 各市已建农村集中式供水工程、机电井数量

(2022年)

市别	农村集中式供水工程数量(处)					机电井数量(眼)					
	合计	城镇管网延伸工程	万人工程	千人工程	千人以下工程	合计	规模以上机电井	浅层地下水机电井	深层承压水机电井	规模以下机电井	浅层地下水机电井
全省	**20691**	**186**	**677**	**4608**	**15221**	**1228752**	**10236**	**8497**	**1739**	**1218516**	**1218368**
广州市	480	11	19	260	190	31729	1285	1278	7	30444	30444
深圳市						537	128	128		409	409
珠海市						753	46	46		707	707
汕头市	105	2	25	63	15	2197	48	48		2149	2149
佛山市	125	11	2		112	1134	67	63	4	1067	1067
韶关市	2366	10	36	224	2096	38891	118	118		38773	38773
河源市	1018	15	42	515	446	38837	92	51	41	38745	38597
梅州市	1697	7	65	426	1200	26336	112	112		26224	26224
惠州市	485	5	61	139	280	84502	314	314		84188	84188
汕尾市	146	4	25	117		45969	51	51		45918	45918
东莞市	18	18				1886	56	56		1830	1830
中山市						2705	24	24		2681	2681
江门市	429	1	38	82	308	11776	219	210	9	11557	11557
阳江市	82	16	48	18		93143	54	54		93089	93089
湛江市	5924	13	13	1539	4359	238208	6020	4347	1673	232188	232188
茂名市	481	6	82	150	243	353123	940	940		352183	352183
肇庆市	3149	11	63	171	2904	29355	332	330	2	29023	29023
清远市	2087	24	53	406	1604	109641	207	206	1	109434	109434
潮州市	244	12	21	140	71	20686	19	18	1	20667	20667
揭阳市	213	13	41	136	23	61898	27	27		61871	61871
云浮市	1642	7	43	222	1370	35446	77	76	1	35369	35369

5-9 各县(市、区)灌溉面积

(2022年)　　　　单位：千公顷

市　别	灌溉面积	耕地灌溉面积 (有效灌溉面积)	林地灌溉面积	园地灌溉面积
全　省	**1822.69**	**1560.23**	**55.30**	**204.59**
广州市	**70.54**	**50.67**	**4.19**	**15.68**
荔湾区	0.02	0.02		
越秀区				
海珠区	0.45	0.16	0.29	
天河区	0.32	0.22		0.10
白云区	6.79	6.74	0.01	0.04
黄埔区	2.31	1.90	0.10	0.31
番禺区	4.54	2.07	1.85	0.62
花都区	7.73	5.95		1.77
南沙区	9.71	9.31	0.17	0.22
增城区	19.76	14.24		5.52
从化区	18.92	10.06	1.77	7.09
深圳市	**15.03**	**4.47**	**9.79**	**0.77**
罗湖区	0.32	0.03	0.29	
福田区	0.15	0.01	0.14	
南山区	1.91	0.01	1.91	
宝安区	4.71	0.27	4.30	0.14
龙岗区	2.40	0.77	1.63	
盐田区	0.10	0.01	0.10	
光明区	1.01	1.01	0.00	
坪山区	0.56	0.28	0.28	
龙华区	0.69	0.06		0.63
大鹏新区	1.15	0.11	1.05	
深汕特别合作区	2.02	1.92	0.09	
珠海市	**15.97**	**10.40**	**0.21**	**5.36**
香洲区	0.93	0.51		0.42
斗门区	10.45	6.77		3.68
金湾区	4.59	3.12	0.21	1.26
汕头市	**40.00**	**25.92**	**1.41**	**12.67**
龙湖区	1.90	1.90		
金平区	0.81	0.68	0.06	0.07
濠江区	1.43	1.39	0.04	
潮阳区	17.32	9.67		7.65
潮南区	7.57	6.97	0.20	0.40
澄海区	10.42	5.02	0.98	4.42
南澳县	0.55	0.29	0.13	0.13
佛山市	**35.79**	**20.12**	**8.97**	**6.69**
禅城区	0.28	0.28		0.00
南海区	12.51	5.46	3.14	3.90
顺德区	5.06	1.57	2.02	1.47
三水区	7.11	5.91	1.20	
高明区	10.83	6.90	2.61	1.32
韶关市	**148.30**	**143.15**	**0.60**	**4.55**
武江区	5.39	4.36		1.03
浈江区	4.95	4.95		
曲江区	10.69	10.66		0.03
始兴县	14.45	14.45		
仁化县	12.74	10.16		2.58

5-9 续表 1

(2022年) 单位：千公顷

市 别	灌溉面积	耕地灌溉面积(有效灌溉面积)	林地灌溉面积	园地灌溉面积
翁源县	20.67	20.15		0.52
乳源瑶族自治县	10.83	10.54	0.29	
新丰县	7.81	7.81		
乐昌市	23.81	23.81		
南雄市	36.96	36.26	0.31	0.39
河源市	**108.46**	**97.51**	**0.35**	**10.60**
源城区	1.78	1.69		0.09
紫金县	22.25	18.37		3.87
龙川县	34.10	30.52		3.58
连平县	15.21	13.82	0.35	1.04
和平县	18.41	16.40		2.01
东源县	16.71	16.71		
梅州市	**115.87**	**102.29**	**2.41**	**11.18**
梅江区	5.08	1.87	0.27	2.93
梅县区	11.10	10.43	0.31	0.35
大埔县	10.37	8.30	0.83	1.24
丰顺县	13.59	10.21	0.77	2.61
五华县	30.60	28.10		2.50
平远县	11.55	10.51	0.22	0.83
蕉岭县	6.54	5.82		0.72
兴宁市	27.04	27.04		
惠州市	**77.88**	**69.55**	**1.96**	**6.37**
惠城区	15.76	14.43	1.33	
惠阳区	9.01	8.05	0.38	0.57
博罗县	18.97	15.19		3.78
惠东县	22.23	21.98	0.25	
龙门县	11.92	9.90		2.02
汕尾市	**64.22**	**62.56**	**1.10**	**0.57**
城区	4.75	4.73	0.01	0.01
海丰县	23.35	22.42	0.62	0.31
陆河县	4.61	4.61		
陆丰市	31.52	30.80	0.47	0.25
东莞市	**7.53**	**3.08**		**4.35**
中山市	**12.99**	**7.13**	**0.49**	**5.37**
江门市	**131.23**	**110.77**	**5.19**	**15.27**
蓬江区	1.14	1.06	0.05	0.03
江海区	1.61	1.35		0.26
新会区	19.78	8.55	1.53	9.70
台山市	52.12	48.07	0.83	3.22
开平市	24.17	22.60	0.68	0.89
鹤山市	10.63	8.77	0.99	0.87
恩平市	21.78	20.38	1.10	0.30
阳江市	**86.02**	**77.83**	**1.77**	**6.42**
江城区	10.76	10.18	0.03	0.55
阳西县	14.42	12.23	1.73	0.46
阳东区	16.70	16.70		
阳春市	44.14	38.73		5.41

5-9 续表 2

(2022年)　　单位：千公顷

市　别	灌溉面积	耕地灌溉面积（有效灌溉面积）	林地灌溉面积	园地灌溉面积
湛江市	**265.90**	**252.71**	**4.33**	**6.87**
赤坎区	0.90	0.35	0.35	0.20
霞山区	1.40	1.31	0.03	0.06
坡头区	9.32	8.87	0.45	
麻章区	13.97	12.85	0.80	0.32
遂溪县	46.95	45.69	0.76	0.50
徐闻县	36.45	33.39	0.58	0.48
廉江市	55.54	53.37	1.36	0.81
雷州市	64.77	60.28		4.49
吴川市	36.60	36.60		
茂名市	**188.65**	**154.04**	**2.51**	**32.10**
茂南区	13.59	13.13		0.46
电白区	44.69	38.48	0.25	5.96
高州市	55.62	36.41	0.93	18.28
化州市	46.84	39.49	1.33	6.02
信宜市	27.91	26.53		1.38
肇庆市	**119.91**	**98.56**		**21.35**
端州区				
鼎湖区	2.81	1.98		0.83
广宁县	14.40	13.31		1.09
怀集县	32.75	25.66		7.09
封开县	23.62	21.26		2.36
德庆县	12.66	11.02		1.64
高要区	25.26	19.80		5.46
四会市	8.41	5.53		2.89
清远市	**143.16**	**135.83**	**2.32**	**5.02**
清城区	15.30	14.57		0.73
佛冈县	8.92	7.99	0.89	0.04
阳山县	19.22	18.28	0.55	0.39
连山壮族瑶族自治县	6.99	6.68	0.10	0.21
连南瑶族自治县	5.21	5.13	0.08	
清新区	20.21	18.88		1.33
英德市	45.03	42.60	0.12	2.31
连州市	22.28	21.70	0.58	
潮州市	**33.73**	**18.28**	**5.31**	**10.14**
湘桥区	2.92	1.70	0.07	1.15
潮安区	11.06	7.37	2.44	1.25
饶平县	19.75	9.21	2.80	7.73
揭阳市	**66.83**	**55.61**	**2.27**	**8.95**
榕城区	3.59	3.59		
揭东区	10.30	8.51		1.79
揭西县	13.79	11.85	0.66	1.28
普宁市	18.80	15.55		3.25
惠来县	20.36	16.12	1.61	2.63
空港经济区				
云浮市	**74.68**	**59.75**	**0.15**	**14.31**
云城区	5.89	5.18		0.71
新兴县	12.68	12.14		0.54
郁南县	9.26	6.31	0.15	2.33
云安区	18.82	8.09		10.73
罗定市	28.03	28.03		

5-10　各县(市、区)2000亩以上灌区

(2022年)

市　别	灌区数量(处)						
	合计	50万亩以上	30～50万亩	10～30万亩	5～10万亩	1～5万亩	0.2～1万亩
全　省	**1843**	**2**	**2**	**24**	**45**	**304**	**1466**
广州市	**103**				**1**	**8**	**94**
荔湾区							
越秀区							
海珠区							
天河区							
白云区	8					1	7
黄埔区	6						6
番禺区							
花都区	19					3	16
南沙区							
增城区	52					1	51
从化区	18				1	3	14
深圳市	**1**						**1**
罗湖区							
福田区							
南山区	1						1
宝安区							
龙岗区							
盐田区							
光明区							
坪山区							
龙华区							
大鹏新区							
深汕特别合作区							
珠海市	**14**					**4**	**10**
香洲区							
斗门区	12					4	8
金湾区	2						2
汕头市	**30**		**1**		**2**	**10**	**17**
龙湖区	1						1
金平区	1						1
濠江区	3						3
潮阳区	11					8	3
潮南区	13				2	2	9
澄海区	1		1				
南澳县							
佛山市	**33**					**1**	**32**
禅城区							
南海区	12						12
顺德区							
三水区	12					1	11
高明区	9						9
韶关市	**202**		**1**		**1**	**16**	**184**
武江区	23						23
浈江区	11					1	10
曲江区	9					2	7
始兴县	10				1	2	7
仁化县	26					3	23
翁源县	15					4	11

5-10 续表 1

(2022年)

市 别	灌区数量(处)						
	合计	50万亩以上	30～50万亩	10～30万亩	5～10万亩	1～5万亩	0.2～1万亩
乳源瑶族自治县	22					2	20
新丰县	24						24
乐昌市	56					2	54
南雄市	6		1				5
河源市	**138**					**21**	**117**
源城区	3					1	2
紫金县	74					4	70
龙川县	9					5	4
连平县	16					3	13
和平县	17					5	12
东源县	19					3	16
梅州市	**112**			**1**	**2**	**18**	**91**
梅江区	14					1	13
梅县区	35					4	31
大埔县	2						2
丰顺县	7					3	4
五华县	8				1	2	5
平远县	4					2	2
蕉岭县	7				1	2	4
兴宁市	35			1		4	30
惠州市	**98**			**2**	**3**	**16**	**77**
惠城区	27					4	23
惠阳区	9					2	7
博罗县	31			1	1	6	23
惠东县	16			1	1	1	13
龙门县	15				1	3	11
汕尾市	**70**			**2**	**3**	**17**	**49**
城区	8					2	6
海丰县	31			1	2	5	24
陆河县	9					2	7
陆丰市	22			1	1	8	12
东莞市							
中山市							
江门市	**141**			**4**	**3**	**24**	**110**
蓬江区	4						4
江海区							
新会区	14					4	10
台山市	65			2	1	8	54
开平市	22			1	1	3	17
鹤山市	15					6	9
恩平市	21			1	1	3	16
阳江市	**95**			**2**	**3**	**21**	**69**
江城区	13			1		4	8
阳西县	19				1	8	10
阳东区	17			1		6	10
阳春市	46				2	3	41

5-10 续表 2

(2022年)

市 别	灌区数量(处)						
	合计	50万亩以上	30～50万亩	10～30万亩	5～10万亩	1～5万亩	0.2～1万亩
湛江市	**135**	**1**		**5**	**5**	**28**	**96**
赤坎区							
霞山区							
坡头区	2					1	1
麻章区	27					2	25
遂溪县	35	1				6	28
徐闻县	24			1	1	5	17
廉江市	7			2	1	1	3
雷州市	36			2	3	9	22
吴川市	4					4	
茂名市	**94**	**1**		**3**	**10**	**22**	**58**
茂南区	4					1	3
电白区	24			2	2	9	11
高州市	43	1		1	2	7	32
化州市	19				5	3	11
信宜市	4				1	2	1
肇庆市	**170**				**3**	**23**	**144**
端州区							
鼎湖区	5					2	3
广宁县							
怀集县	29				2	4	23
封开县	20					4	16
德庆县	30					6	24
高要区	57					3	54
四会市	29				1	4	24
清远市	**194**				**3**	**32**	**159**
清城区	21				1	2	18
佛冈县	29					1	28
阳山县	20					5	15
连山壮族瑶族自治县	24						24
连南瑶族自治县	8					3	5
清新区	18				1	3	14
英德市	56					12	44
连州市	18				1	6	11
潮州市	**35**				**1**	**11**	**23**
湘桥区	6					3	3
潮安区	7						7
饶平县	22				1	8	13
揭阳市	**76**			**4**	**2**	**20**	**50**
榕城区	2			1		1	
揭东区	9			2		2	5
揭西县	14				1	4	9
普宁市	29			1		5	23
惠来县	22				1	8	13
空港经济区							
云浮市	**101**				**4**	**12**	**85**
云城区	25					4	21
新兴县	18				1	2	15
郁南县	11					2	9
云安区	21					3	18
罗定市	26				3	1	22

5-10 续表 3

(2022年)

市 别	灌区耕地有效灌溉面积(千公顷)						
	合计	50万亩以上	30～50万亩	10～30万亩	5～10万亩	1～5万亩	0.2～1万亩
全 省	**1120.29**	**57.70**	**48.09**	**190.25**	**162.06**	**334.37**	**327.73**
广州市	**40.25**		**0.53**		**1.53**	**15.12**	**23.60**
荔湾区							
越秀区							
海珠区							
天河区							
白云区	5.39					4.20	1.19
黄埔区	1.90						1.90
番禺区							
花都区	8.64					5.92	2.72
南沙区							
增城区	16.34					2.14	14.20
从化区	7.98				1.53	2.86	3.59
深圳市							
罗湖区							
福田区							
南山区							
宝安区							
龙岗区							
盐田区							
光明区							
坪山区							
龙华区							
大鹏新区							
深汕特别合作区							
珠海市	**5.93**					**3.93**	**2.00**
香洲区							
斗门区	5.76					3.93	1.83
金湾区	0.17						0.17
汕头市	**30.93**		**7.01**		**8.65**	**11.27**	**4.00**
龙湖区	1.99		1.49				0.50
金平区	0.78		0.59				0.19
濠江区	1.17						1.17
潮阳区	12.80				3.65	8.72	0.43
潮南区	9.26				5.00	2.55	1.72
澄海区	4.93		4.93				
南澳县							
佛山市	**7.47**					**1.88**	**5.59**
禅城区							
南海区	3.67						3.67
顺德区							
三水区	2.68					1.88	0.80
高明区	1.12						1.12
韶关市	**94.42**		**31.54**		**3.83**	**20.44**	**38.61**
武江区	4.36						4.36
浈江区	3.12					0.79	2.33
曲江区	3.95					2.49	1.46
始兴县	6.63				3.83	1.83	0.97
仁化县	9.00					3.90	5.10
翁源县	4.82					3.00	1.82

5-10 续表 4

(2022年)

市别	灌区耕地有效灌溉面积(千公顷)						
	合计	50万亩以上	30～50万亩	10～30万亩	5～10万亩	1～5万亩	0.2～1万亩
乳源瑶族自治县	6.26					2.67	3.59
新丰县	6.29						6.29
乐昌市	17.42					5.76	11.66
南雄市	32.57		31.54				1.03
河源市	**47.31**					**19.52**	**27.80**
源城区	1.49					1.14	0.35
紫金县	21.93					3.93	18.00
龙川县	5.64					4.77	0.87
连平县	5.36					1.90	3.46
和平县	5.89					3.91	1.98
东源县	7.00					3.87	3.14
梅州市	**48.15**			**9.11**	**5.01**	**17.70**	**16.34**
梅江区	2.74					0.63	2.11
梅县区	9.78					5.56	4.22
大埔县	0.35						0.35
丰顺县	3.13					2.18	0.95
五华县	3.89				1.80	0.77	1.32
平远县	3.42					2.77	0.65
蕉岭县	5.63				3.21	1.42	1.01
兴宁市	19.21			9.11		4.37	5.73
惠州市	**72.19**			**15.60**	**12.62**	**23.09**	**20.88**
惠城区	8.04					3.27	4.77
惠阳区	5.33				1.00	2.09	2.24
博罗县	40.74			11.60	5.50	13.37	10.27
惠东县	9.31			4.00	2.16	1.21	1.94
龙门县	8.77				3.96	3.15	1.66
汕尾市	**58.38**			**19.47**	**6.87**	**20.98**	**11.07**
城区	3.79					2.85	0.95
海丰县	26.35			8.47	3.00	9.40	5.48
陆河县	3.04					1.15	1.89
陆丰市	25.20			11.00	3.87	7.58	2.75
东莞市							
中山市							
江门市	**97.18**			**31.17**	**10.98**	**23.12**	**31.91**
蓬江区	0.92						0.92
江海区							
新会区	3.88					1.66	2.22
台山市	47.09			14.80	3.40	9.53	19.36
开平市	20.25			8.37	4.05	3.93	3.89
鹤山市	7.63					5.47	2.17
恩平市	17.41			8.00	3.53	2.53	3.35
阳江市	**51.36**			**14.47**	**8.41**	**16.96**	**11.52**
江城区	9.69			5.53		3.06	1.10
阳西县	4.12				0.41	2.13	1.58
阳东区	16.42			8.94		6.34	1.14
阳春市	21.14				8.00	5.43	7.71

5-10 续表 5

(2022年)

市　别	灌区耕地有效灌溉面积(千公顷)						
	合计	50万亩以上	30～50万亩	10～30万亩	5～10万亩	1～5万亩	0.2～1万亩
湛江市	**187.00**	**24.33**		**72.41**	**33.39**	**40.24**	**16.63**
赤坎区	0.10	0.10					
霞山区	0.20	0.20					
坡头区	2.97	0.90				1.87	0.20
麻章区	5.70	1.00				3.20	1.50
遂溪县	30.26	22.13				3.29	4.84
徐闻县	25.10			12.41	1.51	6.88	4.30
廉江市	45.88			36.30	6.03	2.00	1.55
雷州市	49.44			23.70	7.70	13.80	4.24
吴川市	27.35				18.15	9.20	
茂名市	**90.44**	**33.37**		**13.88**	**19.86**	**13.60**	**9.72**
茂南区	10.89	9.87				0.39	0.63
电白区	28.63			13.33	5.78	6.20	3.32
高州市	22.10	11.93		0.55	2.98	2.73	3.91
化州市	24.03	11.57			8.31	2.43	1.73
信宜市	4.78				2.79	1.86	0.13
肇庆市	**61.90**				**10.66**	**21.56**	**29.68**
端州区							
鼎湖区	2.81					2.64	0.17
广宁县							
怀集县	14.24				7.11	2.06	5.07
封开县	7.87					4.15	3.72
德庆县	11.01					6.04	4.97
高要区	14.32					3.21	11.11
四会市	11.65				3.55	3.46	4.64
清远市	**82.00**				**7.54**	**27.92**	**46.54**
清城区	15.30				2.00	2.30	11.00
佛冈县	5.83					0.83	5.00
阳山县	8.27					5.10	3.17
连山壮族瑶族自治县	7.03						7.03
连南瑶族自治县	4.76					2.71	2.05
清新区	13.75				5.54	4.36	3.86
英德市	20.76					8.07	12.68
连州市	6.30					4.55	1.75
潮州市	**29.02**		**5.97**		**7.00**	**10.77**	**5.28**
湘桥区	2.02		0.32				1.70
潮安区	6.72		5.65				1.07
饶平县	20.28				7.00	10.77	2.51
揭阳市	**73.92**		**3.57**	**14.14**	**9.35**	**35.99**	**10.87**
榕城区	10.90		2.45	7.54		0.91	
揭东区	8.14		1.12			5.63	1.39
揭西县	11.44				3.35	6.71	1.38
普宁市	22.21			6.60		10.36	5.25
惠来县	21.23				6.00	12.38	2.85
空港经济区							
云浮市	**42.45**				**16.37**	**10.39**	**15.70**
云城区	4.80					2.75	2.06
新兴县	8.23				2.49	1.43	4.31
郁南县	3.72					2.17	1.55
云安区	6.69					2.65	4.04
罗定市	19.01				13.88	1.39	3.74

5-11 各县(市、区)已建堤防长度

(2022年)

市　别	堤防长度(公里)						
	合计	按等级分					
		1级江堤	2级江堤	3级江堤	4级江堤	5级江堤	海堤
全　省	**17625.71**	**387.55**	**1751.11**	**2782.32**	**5231.29**	**3063.95**	**4409.49**
广州市	**1683.27**	**303.00**	**60.74**	**331.05**	**448.07**	**50.80**	**489.61**
荔湾区	60.56	31.67	28.89				
越秀区	13.50	13.50					
海珠区	50.27	43.00			7.27		
天河区	13.63	12.63			1.00		
白云区	154.65	20.99		90.99	42.67		
黄埔区	172.78	44.33			128.45		
番禺区	228.48	136.88	31.85				59.75
花都区	166.50			49.50	84.98	32.02	
南沙区	429.86						429.86
增城区	265.76			112.19	151.65	1.92	
从化区	127.29			78.37	32.06	16.86	
深圳市	**150.20**	**16.20**			**11.61**	**3.66**	**118.73**
罗湖区							
福田区	1.90						1.90
南山区	19.16						19.16
宝安区	34.81	10.30					24.51
龙岗区							
盐田区	3.56						3.56
光明区	5.90	5.90					
坪山区							
龙华区							
大鹏新区	51.06						51.06
深汕特别合作区	33.82				11.61	3.66	18.55
珠海市	**397.76**						**397.76**
香洲区	19.27						19.27
斗门区	195.45						195.45
高新区	71.75						71.75
鹤洲新区	27.93						27.93
横琴粤澳深度合作区	49.91						49.91
金湾区	33.45						33.45
汕头市	**774.23**		**104.06**	**196.10**	**184.98**	**55.60**	**233.49**
龙湖区	64.47		18.63	23.94			21.90
金平区	78.69		25.35		2.10		51.24
濠江区	45.62						45.62
潮阳区	262.56		60.08	44.90	61.74	55.60	40.24
潮南区	140.86			19.72	121.14		
澄海区	149.98			107.54			42.44
南澳县	7.47						7.47
华侨试验区	24.59						24.59
佛山市	**1128.69**	**49.17**	**344.14**	**193.98**	**476.61**	**64.79**	
禅城区	88.41		18.45	67.33	2.63		
南海区	325.25	6.11	103.92		215.23		
顺德区	355.62	4.00	191.50	126.65	33.46		
三水区	266.79	39.06	30.27		132.67	64.79	
高明区	92.62				92.62		
韶关市	**485.20**		**65.21**	**147.61**	**161.20**	**111.18**	
武江区	22.67		7.40			15.27	
浈江区	57.81		57.81				
曲江区	66.53			31.21	19.41	15.91	
始兴县	43.67			13.00	25.25	5.42	
仁化县	94.91				53.13	41.79	

注：数据来自《广东省堤防基础信息表》，包含全省1-5级防洪(潮)堤，不包含生产堤、渠堤和排涝堤。

5-11 续表 1

(2022年)

市　别	堤防长度(公里)						
	合计	按等级分					
		1级江堤	2级江堤	3级江堤	4级江堤	5级江堤	海堤
翁源县	58.30			22.61	31.80	3.89	
乳源瑶族自治县	19.40			18.28		1.12	
新丰县	38.09			23.97	4.26	9.86	
乐昌市	45.22			14.71	20.06	10.45	
南雄市	38.60			23.83	7.29	7.48	
河源市	**762.32**		**6.43**	**139.60**	**256.62**	**359.68**	
源城区	31.02			8.07	18.74	4.21	
紫金县	196.63			32.00	57.27	107.36	
龙川县	270.10		6.43	38.00	129.52	96.15	
连平县	34.79			6.46	18.63	9.70	
和平县	112.60			45.78	3.00	63.82	
东源县	95.53			9.29	29.46	56.79	
江东新区	21.65					21.65	
梅州市	**797.05**		**67.18**	**81.72**	**455.95**	**192.20**	
梅江区	40.95		21.89	6.63	12.43		
梅县区	96.60		12.10		71.34	13.16	
大埔县	45.00			19.80	24.80	0.40	
丰顺县	138.90			32.40	61.90	44.60	
五华县	141.40		33.19		61.01	47.20	
平远县	55.57			13.63	31.08	10.86	
蕉岭县	69.02			9.25	59.77		
兴宁市	209.60				133.62	75.98	
惠州市	**789.21**		**42.00**	**292.26**	**230.46**	**104.70**	**119.78**
惠城区	207.22		25.15	114.54	67.53		
惠阳区	77.76			41.55	16.48	19.73	
博罗县	267.61		13.65	108.12	113.22	32.62	
惠东县	116.09		3.20		4.50	24.65	83.74
龙门县	45.19			22.36	10.53	12.30	
大亚湾	36.05						36.05
仲恺高新技术产业开发区	39.30			5.70	18.20	15.40	
汕尾市	**972.60**			**217.47**	**276.85**	**216.27**	**262.01**
城区	180.91					107.56	73.35
海丰县	340.40			86.00	120.00	90.00	44.40
陆河县	38.62			6.17	32.45		
陆丰市	399.88			125.30	124.40	18.71	131.47
红海湾	12.80						12.80
东莞市	**938.10**		**322.13**	**188.15**	**69.30**	**4.70**	**353.82**
中山市	**430.92**		**61.50**	**91.84**			**277.59**
江门市	**1402.61**		**102.62**	**119.71**	**606.66**	**215.37**	**358.24**
蓬江区	165.70		44.41	38.02	14.91	68.36	
江海区	44.71		13.21	31.50			
新会区	630.20		20.39		330.20	32.59	247.02
台山市	116.83			18.92			97.91
开平市	141.25			31.27	104.15	5.83	
鹤山市	144.87		24.61		70.98	49.28	
恩平市	159.05				86.42	59.31	13.31
阳江市	**686.10**			**24.73**	**134.63**	**145.53**	**381.21**
江城区	116.29				26.70		89.59
阳西县	149.63						149.63
阳东区	191.41			24.73		80.64	86.04
高新区	27.93						27.93
海陵岛	19.95						19.95
阳春市	158.15				93.26	64.89	

注：数据来自《广东省堤防基础信息表》，包含全省1—5级防洪(潮)堤，不包含生产堤、渠堤和排涝堤。

5-11 续表 2

(2022年)

市　别	堤防长度(公里)						
	合计	按等级分					
		1级江堤	2级江堤	3级江堤	4级江堤	5级江堤	海堤
湛江市	**1349.23**		**30.59**	**49.28**	**180.97**	**79.05**	**1009.34**
赤坎区	14.65		14.65				
霞山区	24.53		15.94				8.59
坡头区	101.85						101.85
麻章区	67.95						67.95
遂溪县	165.63				12.00	53.83	99.80
徐闻县	139.99						139.99
廉江市	273.82				117.53	22.13	134.16
东海岛	95.72						95.72
雷州市	318.82						318.82
吴川市	146.29			49.28	51.44	3.09	42.48
茂名市	**1347.34**		**127.43**	**120.67**	**427.89**	**450.12**	**221.24**
茂南区	133.81		32.22	45.54		56.05	
电白区	611.58				166.43	223.91	221.24
高州市	223.87				221.75	2.12	
化州市	220.93		95.21	30.00		95.72	
信宜市	157.16			45.13	39.71	72.32	
肇庆市	**741.29**		**122.44**	**119.55**	**222.39**	**276.91**	
端州区	16.70		16.70				
鼎湖区	83.87		49.30	18.20	16.37		
广宁县	60.46			23.07	37.39		
怀集县	62.25			28.90		33.35	
封开县	68.35			8.19	14.58	45.57	
德庆县	97.49			7.28	50.57	39.64	
高要区	111.38		23.70		34.81	52.87	
四会市	240.80		32.74	33.91	68.67	105.48	
清远市	**759.45**	**19.18**	**65.18**	**169.09**	**292.73**	**213.28**	
清城区	185.76	19.18	54.76	23.48	83.59	4.76	
佛冈县	103.34			20.18	69.11	14.05	
阳山县	18.62			12.93	5.69		
连山壮族瑶族自治县	34.70			13.60		21.10	
连南瑶族自治县	87.58			13.11	14.22	60.25	
清新区	113.74			3.15	86.09	24.50	
英德市	101.01		10.42	35.45	19.50	35.64	
连州市	114.70			47.19	14.53	52.98	
潮州市	**644.28**		**64.54**	**74.16**	**247.79**	**179.25**	**78.55**
湘桥区	97.13		7.87	27.66	28.17	33.43	
潮安区	117.27		30.36		69.81	17.10	
饶平县	429.89		26.31	46.50	149.81	128.72	78.55
揭阳市	**951.54**		**155.53**	**123.08**	**337.12**	**227.67**	**108.14**
榕城区	109.57		89.32		20.25		
揭东区	92.49		55.75		25.64	11.10	
揭西县	260.86			39.04	136.54	85.28	
普宁市	236.01		10.45	66.39	154.70	4.47	
惠来县	218.71			17.65		126.82	74.24
空港经济区	33.90						33.90
云浮市	**434.33**		**9.40**	**102.28**	**209.46**	**113.19**	
云城区	68.26			40.74	25.96	1.56	
新兴县	193.46			46.52	58.68	88.26	
郁南县	88.17			7.80	80.37		
云安区	35.44		9.40		25.66	0.38	
罗定市	49.00			7.22	18.79	22.99	

注：数据来自《广东省堤防基础信息表》，包含全省1—5级防洪(潮)堤，不包含生产堤、渠堤和排涝堤。

5-11 续表 3

(2022年)

市 别	达标堤防长度(公里)						
	合计	按等级分					
		1级江堤	2级江堤	3级江堤	4级江堤	5级江堤	海堤
全 省	**12414.87**	**384.67**	**1556.26**	**2166.33**	**3745.73**	**1833.96**	**2727.93**
广州市	**1516.59**	**303.00**	**60.74**	**302.85**	**412.43**	**50.80**	**386.77**
荔湾区	60.56	31.67	28.89				
越秀区	13.50	13.50					
海珠区	50.27	43.00			7.27		
天河区	13.63	12.63			1.00		
白云区	154.65	20.99		90.99	42.67		
黄埔区	172.78	44.33			128.45		
番禺区	228.48	136.88	31.85				59.75
花都区	166.50			49.50	84.98	32.02	
南沙区	327.02						327.02
增城区	201.91			83.99	116.00	1.92	
从化区	127.29			78.37	32.06	16.86	
深圳市	**96.88**	**16.20**					**80.68**
罗湖区							
福田区	1.90						1.90
南山区	18.34						18.34
宝安区	18.14	10.30					7.84
龙岗区							
盐田区	3.56						3.56
光明区	5.90	5.90					
坪山区							
龙华区							
大鹏新区	49.05						49.05
深汕特别合作区							
珠海市	**364.94**						**364.94**
香洲区	19.27						19.27
斗门区	192.90						192.90
高新区	64.15						64.15
鹤洲新区	27.93						27.93
横琴粤澳深度合作区	27.23						27.23
金湾区	33.45						33.45
汕头市	**666.83**		**70.58**	**164.10**	**176.92**	**55.60**	**199.63**
龙湖区	53.18		18.63	12.65			21.90
金平区	78.69		25.35		2.10		51.24
濠江区	43.09						43.09
潮阳区	185.98		26.60	31.69	61.74	55.60	10.36
潮南区	132.80			19.72	113.08		
澄海区	142.48			100.04			42.44
南澳县	6.03						6.03
华侨试验区	24.59						24.59
佛山市	**1089.92**	**49.17**	**342.63**	**193.98**	**439.35**	**64.79**	
禅城区	88.41		18.45	67.33	2.63		
南海区	325.25	6.11	103.92		215.23		
顺德区	354.11	4.00	190.00	126.65	33.46		
三水区	266.79	39.06	30.27		132.67	64.79	
高明区	55.36				55.36		
韶关市	**431.01**		**42.83**	**116.40**	**161.20**	**110.58**	
武江区	19.77		5.10			14.67	
浈江区	37.73		37.73				
曲江区	35.32				19.41	15.91	
始兴县	43.67			13.00	25.25	5.42	
仁化县	94.91				53.13	41.79	

注：数据来自《广东省堤防基础信息表》，包含全省1—5级防洪(潮)堤，不包含生产堤、渠堤和排涝堤。

5-11 续表 4

(2022年)

市别	达标堤防长度(公里)						
	合计	按等级分					
		1级江堤	2级江堤	3级江堤	4级江堤	5级江堤	海堤
翁源县	58.30			22.61	31.80	3.89	
乳源瑶族自治县	19.40			18.28		1.12	
新丰县	38.09			23.97	4.26	9.86	
乐昌市	45.22			14.71	20.06	10.45	
南雄市	38.60			23.83	7.29	7.48	
河源市	**762.32**		**3.12**	**54.88**	**93.05**	**129.95**	
源城区	31.02			2.71	1.94	4.21	
紫金县	196.63			32.00	11.30	26.83	
龙川县	270.10		3.12	4.00	29.38	26.56	
连平县	34.79			6.46	18.63	9.70	
和平县	112.60			8.56	2.34	15.90	
东源县	95.53			1.15	29.46	43.95	
江东新区	21.65					2.80	
梅州市	**797.05**		**59.20**	**69.34**	**345.59**	**122.52**	
梅江区	40.95		14.09	6.63	8.83		
梅县区	96.60		12.10		41.86		
大埔县	45.00			19.80	24.80	0.40	
丰顺县	138.90			20.02	47.68	43.90	
五华县	141.40		33.01		35.00	14.33	
平远县	55.57			13.63	31.08	10.86	
蕉岭县	69.02			9.25	59.77		
兴宁市	209.60				96.57	53.03	
惠州市	**789.21**		**35.48**	**188.63**	**104.40**	**38.64**	**51.64**
惠城区	207.22		25.15	74.22	33.42		
惠阳区	77.76			32.32	13.82	4.68	
博罗县	267.61		7.13	54.04	54.07	5.56	
惠东县	116.09		3.20			20.58	15.59
龙门县	45.19			22.36	3.09	7.82	
大亚湾	36.05						36.05
仲恺高新技术产业开发区	39.30			5.70			
汕尾市	**972.60**			**115.97**	**112.83**	**148.46**	**151.00**
城区	180.91					57.71	41.53
海丰县	340.40			86.00	77.00	90.00	44.40
陆河县	38.62			6.17	32.45		
陆丰市	399.88			23.80	3.38	0.75	54.17
红海湾	12.80						10.90
东莞市	**938.10**		**300.60**	**149.21**	**29.32**		**244.41**
中山市	**430.92**		**55.08**	**91.84**			**203.95**
江门市	**1402.61**		**102.62**	**119.71**	**521.68**	**192.34**	**309.59**
蓬江区	165.70		44.41	38.02	14.91	68.36	
江海区	44.71		13.21	31.50			
新会区	630.20		20.39		303.36	32.59	214.68
台山市	116.83			18.92			84.41
开平市	141.25			31.27	89.36	5.83	
鹤山市	144.87		24.61		70.98	49.28	
恩平市	159.05				43.07	36.28	10.51
阳江市	**686.10**			**24.73**	**73.75**	**115.18**	**235.42**
江城区	116.29				12.15		33.76
阳西县	149.63						110.99
阳东区	191.41			24.73		80.64	53.21
高新区	27.93						27.93
海陵岛	19.95						11.04
阳春市	158.15				61.60	34.54	

注：数据来自《广东省堤防基础信息表》，包含全省1—5级防洪(潮)堤，不包含生产堤、渠堤和排涝堤。

5-11 续表 5

(2022年)

市 别	达标堤防长度(公里)						
	合计	按等级分					
		1级江堤	2级江堤	3级江堤	4级江堤	5级江堤	海堤
湛江市	**581.15**		**30.59**	**20.03**	**148.16**	**22.53**	**359.84**
赤坎区	14.65		14.65				
霞山区	24.53		15.94				8.59
坡头区	56.87						56.87
麻章区	36.35						36.35
遂溪县	54.05				8.10		45.95
徐闻县	19.44						19.44
廉江市	242.42				117.53	22.13	102.77
东海岛	10.90						10.90
雷州市	53.81						53.81
吴川市	68.14			20.03	22.53	0.40	25.18
茂名市	**503.94**		**48.77**	**70.76**	**133.25**	**203.23**	**47.94**
茂南区	57.40			25.63		31.77	
电白区	60.69				6.25	13.80	40.64
高州市	92.30				90.19	2.12	
化州市	143.97		48.77			95.20	
信宜市	142.28			45.13	36.81	60.34	
肇庆市	**584.37**		**114.66**	**97.85**	**171.25**	**200.62**	
端州区	16.70		16.70				
鼎湖区	61.32		43.12	18.20			
广宁县	44.59			23.07	21.52		
怀集县	21.55			7.20		14.35	
封开县	53.30			8.19	14.58	30.53	
德庆县	96.30			7.28	50.57	38.45	
高要区	75.38		22.10		26.17	27.11	
四会市	215.23		32.74	33.91	58.40	90.18	
清远市	**588.59**	**16.30**	**65.18**	**155.14**	**198.20**	**153.78**	
清城区	149.20	16.30	54.76	23.48	52.60	2.06	
佛冈县	103.34			20.18	69.11	14.05	
阳山县	12.57			6.88	5.69		
连山壮族瑶族自治县	33.25			13.60		19.65	
连南瑶族自治县	50.48			12.61	8.36	29.51	
清新区	54.39			3.15	40.15	11.09	
英德市	79.56		10.42	28.05	7.76	33.33	
连州市	105.81			47.19	14.53	44.09	
潮州市	**318.53**		**61.20**	**22.43**	**145.37**	**53.88**	**35.65**
湘桥区	12.93		4.67	1.93	5.00	1.33	
潮安区	117.13		30.22		69.81	17.10	
饶平县	188.47		26.31	20.50	70.57	35.45	35.65
揭阳市	**765.87**		**155.53**	**118.83**	**314.39**	**120.65**	**56.48**
榕城区	108.96		89.33		19.64		
揭东区	90.79		55.75		23.94	11.10	
揭西县	183.89			39.04	116.12	28.73	
普宁市	236.01		10.45	66.39	154.70	4.47	
惠来县	112.33			13.40		76.35	22.58
空港经济区	33.90						33.90
云浮市	**312.13**		**7.45**	**89.66**	**164.61**	**50.41**	
云城区	68.26			40.74	25.96	1.56	
新兴县	83.68			34.80	23.40	25.48	
郁南县	78.60			7.80	70.80		
云安区	33.49		7.45		25.66	0.38	
罗定市	48.10			6.32	18.79	22.99	

注：数据来自《广东省堤防基础信息表》，包含全省1—5级防洪(潮)堤，不包含生产堤、渠堤和排涝堤。

5-12 各县(市、区)河道治理及除涝面积

(2022年)

市别	河道治理(公里)			除涝面积(千公顷)			
	有防洪任务河段长度	已治理河段长度	治理达标河段长度		3~5年一遇标准	5~10年一遇标准	10年以上一遇标准
全　省	**19279.78**	**9399.02**	**5384.54**	**535.06**	**63.11**	**107.09**	**364.86**
广州市	**1037.39**	**668.72**	**491.47**	**54.82**	**3.44**	**5.82**	**45.56**
荔湾区	24.87	24.87	24.87	1.46		0.43	1.03
越秀区							
海珠区	18.49	18.49	18.49	0.80		0.13	0.67
天河区		13.68	13.68	0.75		0.07	0.68
白云区	57.78	52.22	52.22	6.81			6.81
黄埔区	70.41	70.41	66.54	0.64			0.64
番禺区	192.33	192.33	192.33	22.29	2.20	1.82	18.27
花都区	66.35	63.84	63.84	5.49			5.49
南沙区	111.00	111.00		0.98	0.39	0.06	0.53
增城区	283.27	61.74	2.50	13.25	0.10	2.86	10.29
从化区	212.89	60.14	57.00	2.35	0.75	0.45	1.15
深圳市	**98.50**	**103.32**	**88.51**	**6.25**	**1.04**		**5.21**
罗湖区	9.76	9.76	4.35				
福田区	9.40	9.40		0.01	0.01		
南山区							
宝安区	59.44	59.44	59.44	6.23	1.02		5.21
龙岗区	19.90	19.90	19.90	0.01	0.01		
盐田区							
光明区							
坪山区		4.82	4.82				
龙华区							
大鹏新区							
深汕特别合作区							
珠海市	**154.92**	**112.12**	**92.24**	**17.54**	**1.76**	**15.78**	
香洲区	27.20	27.20	27.20	0.50	0.33	0.17	
斗门区	107.34	80.92	61.04	13.45		13.45	
金湾区	20.38	4.00	4.00	3.59	1.43	2.16	
汕头市	**206.59**	**158.46**	**148.94**	**44.80**	**3.72**	**12.32**	**28.76**
龙湖区	30.84	30.84	30.84	4.23	0.08	0.38	3.77
金平区	17.45	17.45	17.45	2.56	0.49	0.70	1.37
濠江区	23.34	15.50	15.50	8.59	0.39	8.00	0.20
潮阳区	27.03			10.80	1.73	2.10	6.97
潮南区	54.75	54.75	54.75	7.03	1.03	0.51	5.49
澄海区	53.18	39.92	30.40	11.52		0.63	10.89
南澳县				0.07			0.07
佛山市	**531.93**	**531.93**	**525.10**	**59.98**		**8.90**	**51.08**
禅城区	34.44	34.44	34.44	2.20			2.20
南海区	159.97	159.97	159.97	27.59		3.25	24.34
顺德区	176.17	176.17	176.17	12.15			12.15
三水区	103.28	103.28	96.45	10.01		2.80	7.21
高明区	58.07	58.07	58.07	8.03		2.85	5.18
韶关市	**2360.54**	**1079.64**	**780.84**	**20.12**	**3.83**	**10.74**	**5.55**
武江区	104.53	40.27	14.63	0.17	0.17		
浈江区	92.20	44.82	44.82	0.65	0.62	0.03	
曲江区	192.17	60.26	51.39	2.26	1.53	0.73	
始兴县	192.41	294.80	294.80	0.12		0.12	
仁化县	420.40	123.21	71.82				

5-12 续表 1

(2022年)

市　　别	河道治理(公里)			除涝面积(千公顷)	3～5年一遇标准	5～10年一遇标准	10年以上一遇标准
	有防洪任务河段长度	已治理河段长度	治理达标河段长度				
翁源县	145.00	208.51	35.78	1.76		1.76	
乳源瑶族自治县	153.91	121.96	121.96	10.80		5.77	5.03
新丰县	295.50	28.03	28.03	0.93	0.41		0.52
乐昌市	441.63	68.02	68.02				
南雄市	322.79	89.76	49.59	3.43	1.10	2.33	
河源市	**1518.59**	**758.51**	**229.13**	**0.84**	**0.15**	**0.52**	**0.17**
源城区	36.99	42.19	24.40				
紫金县	315.30	278.65	58.88				
龙川县	344.56	107.48	28.82	0.46	0.04	0.28	0.14
连平县	314.96	105.64	25.68				
和平县	387.91	138.24	65.14	0.38	0.11	0.24	0.03
东源县	118.87	86.31	26.21				
梅州市	**1701.38**	**1128.98**	**478.81**	**10.58**	**1.93**	**2.01**	**6.64**
梅江区	50.26	69.26	27.33	0.12			0.12
梅县区	201.27	126.59	84.80	1.23	0.06	0.73	0.44
大埔县	85.59	117.09	117.09	0.62	0.12		0.50
丰顺县	482.01	182.57	62.56	0.95	0.22	0.13	0.60
五华县	384.18	152.20	38.00	3.37	0.14	0.40	2.83
平远县	268.98	82.14	82.14	1.31	1.03	0.28	
蕉岭县	72.78	99.17	41.34	1.05	0.01	0.19	0.85
兴宁市	156.31	299.96	25.55	1.93	0.35	0.28	1.30
惠州市	**916.85**	**505.88**	**236.11**	**35.03**	**3.97**	**1.22**	**29.84**
惠城区	156.81	190.34	50.53	14.13			14.13
惠阳区	137.56	27.56	27.56	2.13	1.93	0.20	
博罗县	403.51	246.08	122.82	13.91		0.08	13.83
惠东县	58.14	16.20	10.20	3.24	2.04	0.49	0.71
龙门县	160.83	25.70	25.00	1.62		0.45	1.17
汕尾市	**259.51**	**25.00**	**25.00**	**21.44**	**3.72**	**1.86**	**15.86**
城区				1.05	0.27	0.17	0.61
海丰县	221.05	12.00	12.00	16.33	1.80	1.69	12.84
陆河县				0.05	0.05		
陆丰市	38.46	13.00	13.00	4.01	1.60		2.41
东莞市	**477.33**						
中山市	**191.91**	**191.91**	**191.91**	**30.73**			**30.73**
江门市	**1134.24**	**1324.64**	**496.13**	**51.17**	**14.01**	**7.44**	**29.72**
蓬江区	61.24	57.22	49.22	1.91			1.91
江海区	19.34	41.34	39.35	4.73			4.73
新会区	204.67	116.27	92.80	15.46			15.46
台山市	342.66	604.16	147.04	14.14	9.47	4.67	
开平市	258.37	273.23		6.61	4.54	2.07	
鹤山市	163.68	157.70	157.70	3.75			3.75
恩平市	84.28	74.72	10.02	4.57		0.70	3.87
阳江市	**860.93**	**205.73**	**196.21**	**8.52**	**0.20**	**1.87**	**6.45**
江城区	40.12	39.02	29.50	1.66		0.33	1.33
阳西县	116.53	22.50	22.50				
阳东区	122.93	122.93	122.93	3.59	0.20	0.62	2.77
阳春市	581.35	21.28	21.28	3.27		0.92	2.35

5−12 续表 2

(2022年)

市别	河道治理(公里)			除涝面积(千公顷)	3～5年一遇标准	5～10年一遇标准	10年以上一遇标准
	有防洪任务河段长度	已治理河段长度	治理达标河段长度				
湛江市	**986.59**	**379.35**	**264.57**	**31.77**	**5.69**	**11.82**	**14.26**
赤坎区	27.53	15.82	15.82	0.08	0.04	0.04	
霞山区							
坡头区	11.00	11.00	2.80	0.67		0.67	
麻章区				2.01	0.01	1.14	0.86
遂溪县	271.89	87.29	23.90	1.16	0.35	0.38	0.43
徐闻县	26.50	26.08	21.40	1.87	0.17	0.77	0.93
廉江市	425.81	138.10	138.10	8.47	0.33	4.95	3.19
雷州市	68.00	41.40	26.40	6.38	2.72	2.16	1.50
吴川市	155.86	59.66	36.15	11.13	2.07	1.71	7.35
茂名市	**1550.45**	**505.48**	**75.14**	**15.74**	**7.82**	**7.59**	**0.33**
茂南区	81.54	14.32	0.52	3.63		3.63	
电白区	243.76	300.14	16.90	4.36	1.33	3.03	
高州市	519.33	59.57	6.58	2.87	2.58	0.29	
化州市	291.73	23.54	23.54	3.91	3.91		
信宜市	414.09	107.91	27.60	0.97		0.64	0.33
肇庆市	**663.83**	**306.94**	**104.14**	**45.01**	**1.52**	**6.83**	**36.66**
端州区				2.29		0.32	1.97
鼎湖区	32.80	32.80	32.80	10.80		0.01	10.79
广宁县	26.47	23.05		2.00		0.90	1.10
怀集县	181.60	58.50	31.50				
封开县	156.31	16.11	16.11	1.24	0.33	0.67	0.24
德庆县	59.30	59.30		1.81	1.19	0.27	0.35
高要区	53.68	23.73	23.73	16.84		4.33	12.51
四会市	153.67	93.45		10.03		0.33	9.70
清远市	**2259.89**	**1011.39**	**600.45**	**27.45**	**5.25**	**2.69**	**19.51**
清城区	168.71	107.57	105.40	7.27		0.43	6.84
佛冈县	203.44	159.25	128.65	1.71		0.69	1.02
阳山县	350.32	40.82	15.30	1.40	1.00	0.40	
连山壮族瑶族自治县	104.62	94.26	88.14				
连南瑶族自治县	132.84	86.00	86.00				
清新区	380.83	383.48	65.25	12.03		0.61	11.42
英德市	411.95	9.48	9.48	3.83	3.60		0.23
连州市	507.18	130.53	102.23	1.21	0.65	0.56	
潮州市	**458.30**	**177.43**	**177.43**	**23.29**	**3.86**	**4.45**	**14.98**
湘桥区	62.13	52.47	52.47	4.50	3.73	0.77	
潮安区	146.04	69.06	69.06	13.80	0.13	2.26	11.41
饶平县	250.13	55.90	55.90	4.99		1.42	3.57
揭阳市	**712.53**	**124.91**	**95.39**	**26.70**	**0.90**	**4.49**	**21.31**
榕城区	48.89	45.87	23.31	2.22	0.03	0.26	1.93
揭东区	75.39	6.96		9.79	0.23	1.10	8.46
揭西县	210.07	72.08	72.08	2.64	0.30	0.37	1.97
普宁市	232.12			5.92		2.70	3.22
惠来县	146.06			6.13	0.34	0.06	5.73
空港经济区							
云浮市	**1197.58**	**98.68**	**87.02**	**3.28**	**0.30**	**0.74**	**2.24**
云城区	76.51	31.21	31.21	0.63		0.08	0.55
新兴县	115.11	12.10	12.10	0.60			0.60
郁南县	365.36	20.00	20.00	1.15	0.30	0.55	0.30
云安区	199.20	15.16	8.16	0.90		0.11	0.79
罗定市	441.40	20.21	15.55				

5-13 各县(市、区)本年新增水土流失综合治理面积

(2022年)

单位：千公顷

市　　别	合计	梯田	水土保持林	经济林	种草	封禁治理	其他
全　省	**86.85**	**0.12**		**22.34**	**2.78**	**0.26**	**60.12**
广州市	**1.50**		**0.43**			**1.00**	**0.08**
荔湾区							
越秀区							
海珠区							
天河区							
白云区	0.08						0.08
黄埔区	0.20					0.20	
番禺区	0.04					0.04	
花都区	0.27					0.27	
南沙区							
增城区	0.43		0.43				
从化区	0.48					0.48	
深圳市	**0.50**		**0.25**		**0.11**	**0.14**	
罗湖区	0.09		0.09				
福田区							
南山区	0.06				0.06		
宝安区	0.20		0.17		0.03		
龙岗区	0.14					0.14	
盐田区							
光明区	0.02				0.02		
坪山区	0.00				0.00		
龙华区							
大鹏新区							
深汕特别合作区							
珠海市	**1.00**		**0.21**			**0.80**	
香洲区	0.33		0.08			0.25	
斗门区	0.42		0.13			0.29	
金湾区	0.25					0.25	
汕头市	**0.85**		**0.77**			**0.08**	
龙湖区							
金平区							
濠江区	0.06		0.06				
潮阳区	0.38		0.38				
潮南区	0.36		0.28			0.08	
澄海区							
南澳县	0.05		0.05				
佛山市	**0.80**		**0.80**				
禅城区							
南海区							
顺德区							
三水区	0.04		0.04				
高明区	0.76		0.76				
韶关市	**5.00**		**3.61**	**0.30**		**0.80**	**0.29**
武江区	0.04						0.04
浈江区	0.20		0.06				0.14
曲江区	0.20		0.11			0.08	0.01
始兴县	0.43		0.19	0.20		0.01	0.03
仁化县	0.14		0.11				0.03

5-13 续表 1

(2022年) 单位：千公顷

市　　别	合计	梯田	水土保持林	经济林	种草	封禁治理	其他
翁源县	0.87		0.23	0.01		0.63	
乳源瑶族自治县	1.51		1.51				
新丰县	0.16		0.09			0.07	
乐昌市	0.69		0.63				0.06
南雄市	0.77		0.68	0.09			
河源市	**8.53**		**4.49**			**3.67**	**0.37**
源城区	0.31		0.27			0.04	
紫金县	1.10		1.08				0.03
龙川县	1.60		0.84			0.73	0.03
连平县	2.77		0.40			2.27	0.10
和平县	1.26		0.66			0.49	0.10
东源县	1.49		1.25			0.14	0.11
梅州市	**18.50**		**0.02**			**18.48**	
梅江区							
梅县区	4.40					4.40	
大埔县							
丰顺县	4.50					4.50	
五华县	6.20		0.02			6.18	
平远县	3.40					3.40	
蕉岭县							
兴宁市							
惠州市	**6.30**		**0.43**			**5.88**	
惠城区							
惠阳区	0.11		0.11				
博罗县	5.90		0.03			5.88	
惠东县							
龙门县	0.29		0.29				
汕尾市	**3.00**		**1.53**			**1.47**	
城区	0.37		0.37				
海丰县	1.47					1.47	
陆河县	0.38		0.38				
陆丰市	0.78		0.78				
东莞市	**0.80**		**0.28**			**0.52**	
中山市	**0.80**		**0.15**	**0.01**		**0.64**	
江门市	**5.00**		**1.34**			**3.51**	**0.15**
蓬江区	0.08		0.08				
江海区							
新会区	0.26		0.26				
台山市	2.18		0.23			1.94	0.01
开平市	1.54		0.33			1.21	
鹤山市	0.34		0.26			0.07	
恩平市	0.61		0.18			0.29	0.14
阳江市	**2.00**	**0.12**	**0.92**	**0.60**		**0.36**	**0.01**
江城区	0.17	0.05	0.11			0.01	
阳西县	0.22	0.07	0.05			0.10	
阳东区	0.47		0.21			0.26	
阳春市	1.15		0.54	0.60			0.01

5-13　续表 2

(2022年)　　单位：千公顷

市　　别	合计	梯田	水土保持林	经济林	种草	封禁治理	其他
湛江市	**1.00**		**0.93**	**0.07**	**0.00**		
赤坎区							
霞山区	0.07		0.07				
坡头区	0.33		0.33				
麻章区	0.01		0.01				
遂溪县	0.06		0.06				
徐闻县	0.12		0.12				
廉江市	0.30		0.23	0.07			
雷州市	0.04		0.04				
吴川市	0.09		0.09		0.00		
茂名市	**3.00**		**1.76**	**0.88**		**0.36**	
茂南区	0.12					0.12	
电白区	0.56		0.28	0.28			
高州市	0.99		0.48	0.49		0.03	
化州市	0.43		0.35	0.08			
信宜市	0.90		0.66	0.03		0.22	
肇庆市	**8.80**		**0.85**	**0.01**	**0.00**	**7.83**	**0.10**
端州区	0.10		0.10				
鼎湖区	0.17		0.06	0.01			0.10
广宁县	0.37					0.37	
怀集县	0.05					0.05	
封开县	6.80		0.00			6.80	
德庆县	0.55		0.55				
高要区	0.76		0.15		0.00	0.61	
四会市							
清远市	**6.00**	**0.01**	**1.72**	**0.92**	**0.14**	**2.98**	**0.23**
清城区	0.19		0.03			0.07	0.09
佛冈县	0.41		0.02			0.36	0.04
阳山县	0.91		0.50			0.41	
连山壮族瑶族自治县	0.75		0.17	0.53	0.04		
连南瑶族自治县	0.52		0.12	0.39			
清新区	0.88		0.19		0.02	0.67	
英德市	1.17		0.15		0.06	0.87	0.09
连州市	1.18	0.01	0.53		0.02	0.61	0.01
潮州市	**1.07**		**1.07**				**0.01**
湘桥区							
潮安区	0.34		0.34				0.01
饶平县	0.73		0.73				
揭阳市	**1.00**		**0.79**			**0.21**	
榕城区	0.01		0.01				
揭东区	0.01		0.01				
揭西县	0.37		0.31			0.06	
普宁市	0.43		0.28			0.16	
惠来县	0.18		0.18				
空港经济区							
云浮市	**11.40**				**0.00**	**11.40**	
云城区							
新兴县							
郁南县	6.10					6.10	
云安区							
罗定市	5.30				0.00	5.30	

5-14 各县(市、区)已建水库、水电站数量

(2022年)

市　别	水库数量(座)						水库总库容(万立方米)		
	合计	大(1)型	大(2)型	中型	小(1)型	小(2)型	合计	大(1)型	大(2)型
全　省	**7450**	**7**	**33**	**337**	**1556**	**5517**	**4520296.77**	**2259200.00**	**687129.00**
广州市	**296**		**1**	**16**	**71**	**208**	**103357**		**37820**
荔湾区									
越秀区									
海珠区									
天河区	5				1	4	372		
白云区	34			1	9	24	4505		
黄埔区	20			2	7	11	5445		
番禺区	5				1	4	322		
花都区	51			4	13	34	15243		
南沙区	3					3	131		
增城区	96			4	17	75	14522		
从化区	82		1	5	23	53	62817		37820
深圳市	**178**		**2**	**14**	**63**	**99**	**98609**		**32552**
罗湖区	7			1		6	4702		
福田区	4			1	1	2	1539		
南山区	2			2			5271		
宝安区	14			5	6	3	22578		
龙岗区	44		1	3	14	26	28247		18700
盐田区	12				4	8	2529		
光明区	13		1		7	5	15513		13852
坪山区	17			2	7	8	8736		
龙华区	16				9	7	2535		
大鹏新区	21				9	12	4127		
深汕特别合作区	28				6	22	2832		
珠海市	**62**			**4**	**22**	**36**	**15707**		
香洲区	20			2	9	9	5174		
斗门区	26			2	7	17	8380		
金湾区	16				6	10	2153		
汕头市	**205**			**8**	**33**	**164**	**31060**		
龙湖区									
金平区	3					3	200		
濠江区	25				5	20	1355		
潮阳区	89			1	15	73	7866		
潮南区	71			7	9	55	20599		
澄海区	7					7	170		
南澳县	10				4	6	870		
佛山市	**114**			**3**	**21**	**90**	**10890**		
禅城区									
南海区	29			1	8	20	3053		
顺德区									
三水区	20				6	14	1960		
高明区	65			2	7	56	5877		
韶关市	**597**	**1**	**5**	**33**	**95**	**463**	**373429**	**128050**	**103148**
武江区	23		1	1	2	19	22890		20400
浈江区	60			3	2	55	20058		
曲江区	34		2	2	3	27	44825		29416
始兴县	45			3	11	31	11703		
仁化县	54		1	4	6	43	33206		18943
翁源县	98			5	15	78	13422		

5-14 续表 1

(2022年)

市　别	水库数量(座)						水库总库容(万立方米)		
	合计	大(1)型	大(2)型	中型	小(1)型	小(2)型	合计	大(1)型	大(2)型
乳源瑶族自治县	60	1		4	15	40	148740	128050	
新丰县	35			1	14	20	6810		
乐昌市	70		1	4	15	50	48104		34389
南雄市	118			6	12	100	23673		
河源市	**641**	**2**		**15**	**90**	**534**	**1642133**	**1582800**	
源城区	25	1		1	5	18	1392914	1389600	
紫金县	72			3	11	58	9323		
龙川县	153	1		5	12	135	205149	193200	
连平县	99			1	17	81	11416		
和平县	132			2	8	122	8412		
东源县	158			3	37	118	14883		
江东新区	2					2	35		
梅州市	**714**		**4**	**20**	**139**	**551**	**175298**		**58500**
梅江区	34			2	6	26	8033		
梅县区	135			1	28	106	15440		
大埔县	46		1	3	8	34	35847		13200
丰顺县	69			2	11	56	9429		
五华县	193		1	5	29	158	42585		16500
平远县	52			2	11	39	12709		
蕉岭县	49		1	2	7	39	22720		17200
兴宁市	136		1	3	39	93	28536		11600
惠州市	**455**	**1**	**3**	**24**	**121**	**306**	**287819**	**115600**	**50005**
惠城区	71			7	20	44	26821		
惠阳区	62			4	19	39	15175		
博罗县	153		2	8	29	114	69895		25705
惠东县	101	1		2	30	68	129751	115600	
龙门县	68		1	3	23	41	46177		24300
汕尾市	**288**		**2**	**18**	**56**	**212**	**125089**		**45469**
城区	37			1	13	23	6101		
海丰县	56		1	10	7	38	70638		34880
陆河县	45			2	7	36	12902		
陆丰市	138		1	5	25	107	34649		10589
东莞市	**118**			**8**	**44**	**66**	**39064**		
中山市	**32**			**1**	**16**	**15**	**8734**		
江门市	**547**		**4**	**30**	**160**	**353**	**249666**		**108210**
蓬江区	16			1	5	10	3818		
江海区									
新会区	78			7	24	47	19113		
台山市	179		1	11	59	108	88886		29640
开平市	117		2	3	35	77	53937		36770
鹤山市	74			2	18	54	11560		
恩平市	83		1	6	19	57	72352		41800
阳江市	**237**		**2**	**21**	**77**	**137**	**129534**		**45920**
江城区	21			2	6	13	6689		
阳西县	45			4	17	24	17650		
阳东区	50		1	7	15	27	38605		12700
阳春市	121		1	8	39	73	66589		33220
阳江市属									
湛江市	**660**	**1**	**2**	**23**	**113**	**521**	**257068**	**114400**	**25151**
赤坎区	1				1		579		

5-14 续表 2

(2022年)

市别	水库数量(座)						水库总库容(万立方米)		
	合计	大(1)型	大(2)型	中型	小(1)型	小(2)型	合计	大(1)型	大(2)型
霞山区	1				1		307		
坡头区	19				1	18	1026		
麻章区	62			1	9	52	6250		
遂溪县	76			1	22	53	10954		
徐闻县	119		1	5	32	81	37060		12701
廉江市	232	1	1	3	10	217	147827	114400	12450
雷州市	113			13	33	67	51161		
吴川市	37				4	33	1905		
茂名市	**472**	**1**	**1**	**12**	**72**	**386**	**200738**	**127950**	**11473**
茂南区	35			1	8	26	3382		
电白区	78		1	4	13	60	29574		11473
高州市	234	1		2	27	204	144390	127950	
化州市	75			2	19	54	13390		
信宜市	50			3	5	42	10003		
高州水库									
肇庆市	**438**			**26**	**79**	**333**	**124044**		
端州区	1				1		175		
鼎湖区	7			1	1	5	4279		
广宁县	24			1	5	18	7862		
怀集县	109			6	15	88	36917		
封开县	81			7	17	57	34079		
德庆县	42			5	11	26	14233		
高要区	128			3	19	106	13746		
四会市	46			3	10	33	12754		
清远市	**507**	**1**	**4**	**23**	**106**	**373**	**402384**	**190400**	**104450**
清城区	53	1		3	17	32	206813	190400	
佛冈县	32			1	9	22	5487		
阳山县	61			3	12	46	10927		
连山壮族瑶族自治县	23			1	4	17	5240		
连南瑶族自治县	15			1	8	6	6223		
清新区	48			4	6	38	15650		
英德市	214		3	9	37	165	125969		86800
连州市	62		1	1	13	47	26075		17650
潮州市	**199**		**1**	**7**	**30**	**161**	**71466**		**38100**
湘桥区	18			1	2	15	5426		
潮安区	23			2	9	12	12768		
饶平县	158		1	4	19	134	53273		38100
揭阳市	**461**		**2**	**19**	**98**	**342**	**112459**		**26331**
榕城区	23			1		22	1943		
揭东区	53			2	9	42	12088		
揭西县	93		1	4	16	72	38331		15389
普宁市	148			5	38	105	21105		
惠来县	144		1	7	35	101	38992		10942
空港经济区									
云浮市	**229**			**12**	**50**	**167**	**61750**		
云城区	22			1	7	14	4237		
新兴县	40			3	12	25	19950		
郁南县	38			3	5	30	15161		
云安区	26			1	4	21	3407		
罗定市	103			4	22	77	18994		

5-14 续表 3

(2022年)

市别	水库总库容(万立方米)			水电站数量(座)					
	中型	小(1)型	小(2)型	合计	大(1)型	大(2)型	中型	小(1)型	小(2)型
全　省	**946613.33**	**456820.32**	**170534.12**	**9620**	**2**	**1**	**7**	**87**	**9523**
广州市	**37966**	**21021**	**6550**	**160**	**1**			**1**	**158**
荔湾区									
越秀区									
海珠区									
天河区		251	121						
白云区	1753	2195	557	2					2
黄埔区	2960	2180	305						
番禺区		124	198						
花都区	9606	4449	1188	8					8
南沙区			131						
增城区	6736	5770	2016	12					12
从化区	16911	6052	2034	138	1			1	136
深圳市	**41302**	**20661**	**4095**	**13**					**13**
罗湖区	4496		206	1					1
福田区	1307	190	42						
南山区	5271								
宝安区	19401	2938	239						
龙岗区	4978	3417	1153						
盐田区		2138	391						
光明区		1367	294						
坪山区	5849	2654	233	1					1
龙华区		2269	266						
大鹏新区		3783	344						
深汕特别合作区		1905	927	11					11
珠海市	**8296**	**6335**	**1076**						
香洲区	2884	2027	263						
斗门区	5412	2425	543						
金湾区		1883	271						
汕头市	**18960**	**7299**	**4801**	**18**					**18**
龙湖区				1					1
金平区			200						
濠江区		883	471						
潮阳区	1804	3790	2273	1					1
潮南区	17156	2079	1365	10					10
澄海区			170	3					3
南澳县		548	323	3					3
佛山市	**3594**	**4150**	**3145**	**1**					**1**
禅城区									
南海区	1028	1246	779						
顺德区									
三水区		1498	462						
高明区	2566	1407	1904	1					1
韶关市	**101761**	**26326**	**14144**	**2085**			**3**	**15**	**2067**
武江区	1086	454	950	91				2	89
浈江区	18067	570	1421	15				2	13
曲江区	13733	825	851	150			1		149
始兴县	7247	3529	927	221					221
仁化县	11360	1765	1137	256				3	253
翁源县	8146	2942	2335	190					190

5-14 续表 4

(2022年)

市别	水库总库容(万立方米)			水电站数量(座)					
	中型	小(1)型	小(2)型	合计	大(1)型	大(2)型	中型	小(1)型	小(2)型
乳源瑶族自治县	16731	2856	1102	420			2	6	412
新丰县	1250	4846	713	294					294
乐昌市	7122	4917	1676	263				2	261
南雄市	17019	3622	3032	185					185
河源市	**23595**	**23385**	**12353**	**804**		**1**	**1**	**10**	**792**
源城区	1798	1075	441	14		1		1	12
紫金县	4842	2991	1490	153					153
龙川县	5831	3632	2486	191			1	4	186
连平县	3200	5616	2600	234					234
和平县	3906	2802	1704	65				1	64
东源县	4018	7269	3596	143				4	139
江东新区			35	4					4
梅州市	**66155**	**33087**	**17556**	**1582**			**3**	**15**	**1564**
梅江区	5964	1255	814	29				2	27
梅县区	5100	6951	3389	187				5	182
大埔县	20164	1563	921	261			1	5	255
丰顺县	5436	2448	1545	284			1	3	280
五华县	13719	6619	5747	336					336
平远县	8008	3313	1388	159					159
蕉岭县	3243	1469	808	185			1		184
兴宁市	4521	9470	2945	141					141
惠州市	**73271**	**37678**	**11265**	**309**	**1**			**3**	**305**
惠城区	17940	7210	1672	5					5
惠阳区	7312	6507	1356						
博罗县	29468	10621	4101	59	1			1	57
惠东县	4962	6601	2587	142				1	141
龙门县	13589	6738	1550	103				1	102
汕尾市	**54103**	**18467**	**7050**	**142**				**1**	**141**
城区	1075	3908	1118						
海丰县	28828	5155	1775	27					27
陆河县	9634	2158	1111	95				1	94
陆丰市	14566	6635	2859	20					20
东莞市	**20476**	**15252**	**3336**						
中山市	**5152**	**3101**	**481**						
江门市	**77142**	**50932**	**13381**	**229**				**1**	**228**
蓬江区	1464	1856	498						
江海区									
新会区	11510	5780	1823	28					28
台山市	32379	21865	5002	45					45
开平市	7232	7400	2536	38					38
鹤山市	4474	5654	1432	18					18
恩平市	20083	8378	2091	100				1	99
阳江市	**55284**	**23796**	**4534**	**499**				**2**	**497**
江城区	4616	1736	338	1					1
阳西县	12123	4636	892	49					49
阳东区	18840	6130	936	58					58
阳春市	19705	11295	2370	384				1	383
阳江市属				7				1	6
湛江市	**64103**	**39212**	**14203**	**52**					**52**
赤坎区		579							

5-14 续表 5

(2022年)

市 别	水库总库容(万立方米)			水电站数量(座)					
	中型	小(1)型	小(2)型	合计	大(1)型	大(2)型	中型	小(1)型	小(2)型
霞山区		307							
坡头区		675	351						
麻章区	1559	2603	2088						
遂溪县	1626	7952	1376	3					3
徐闻县	11680	10459	2220	10					10
廉江市	13097	2364	5516	21					21
雷州市	36141	13256	1764	15					15
吴川市		1017	889	3					3
茂名市	**29784**	**20817**	**10714**	**553**				**1**	**552**
茂南区	1192	1478	711	1					1
电白区	14182	2208	1711	39					39
高州市	2364	8852	5224	214					214
化州市	4620	7076	1694	20					20
信宜市	7426	1203	1374	279				1	278
高州水库									
肇庆市	**94578**	**20197**	**9269**	**701**				**16**	**685**
端州区		175		3					3
鼎湖区	3964	130	185	5					5
广宁县	6300	1192	370	168				4	164
怀集县	29995	4286	2636	274				6	268
封开县	28412	4099	1568	117				3	114
德庆县	10783	2734	716	80					80
高要区	5155	5808	2783	29					29
四会市	9968	1773	1013	25				3	22
清远市	**59060**	**35230**	**13244**	**1501**				**11**	**1490**
清城区	11250	3569	1593	21					21
佛冈县	1652	3004	831	69					69
阳山县	5427	4009	1491	244				4	240
连山壮族瑶族自治县	2135	2381	724	258					258
连南瑶族自治县	3792	2110	321	240					240
清新区	12794	1698	1159	144				2	142
英德市	20159	13176	5834	324				4	320
连州市	1851	5283	1292	201				1	200
潮州市	**19737**	**9377**	**4253**	**214**				**3**	**211**
湘桥区	4613	410	403	11					11
潮安区	9290	2909	568	66				3	63
饶平县	5834	6057	3282	137					137
揭阳市	**49656**	**27277**	**9195**	**350**				**8**	**342**
榕城区	1288		655	1					1
揭东区	7144	3651	1293	36					36
揭西县	16556	4864	1522	128				8	120
普宁市	9742	8088	3276	145					145
惠来县	14926	10674	2450	40					40
空港经济区									
云浮市	**42641**	**13220**	**5889**	**407**					**407**
云城区	2398	1376	463	38					38
新兴县	15780	3177	993	99					99
郁南县	13184	789	1188	80					80
云安区	1401	1458	548	66					66
罗定市	9878	6420	2696	124					124

5-15 各县(市、区)已建泵站、水闸数量

(2022年)

市　　别	泵站数量(处)						水闸数量(座)					
	合计	大(1)型	大(2)型	中型	小(1)型	小(2)型	合计	大(1)型	大(2)型	中型	小(1)型	小(2)型
全　省	**15334**	**3**	**34**	**529**	**2352**	**12416**	**15249**	**12**	**128**	**745**	**2745**	**11619**
广州市	**1111**		**3**	**52**	**358**	**698**	**1169**		**11**	**72**	**409**	**677**
荔湾区	45			3	37	5	62			3	16	43
越秀区	2				2		13			1	2	10
海珠区	18			1	14	3	60			5	24	31
天河区	8			3	2	3	8			3	3	2
白云区	346		1	9	65	271	159		1	5	37	116
黄埔区	12				8	4	37			6	20	11
番禺区	119			7	55	57	190		1	14	83	92
花都区	57			4	17	36	174		1	7	14	152
南沙区	378		2	12	81	283	253		1	18	141	93
增城区	109			13	68	28	180		2	9	65	104
从化区	17				9	8	33		5	1	4	23
深圳市	**195**		**2**	**49**	**98**	**46**	**223**			**28**	**72**	**123**
罗湖区	20			7	9	4	6			4	1	1
福田区	6				5	1	4			3	1	
南山区	6			4	2		8			1	2	5
宝安区	136		1	28	70	37	144			13	45	86
龙岗区	8			3	4	1	4			2	1	1
盐田区	2					2						
光明区	7			3	3	1	14			1	5	8
坪山区	2			1	1							
龙华区	4			2	2		3			1	1	1
大鹏新区	3		1	1	1		8			3	3	2
深汕特别合作区	1				1		32				13	19
珠海市	**264**		**2**	**13**	**69**	**180**	**224**		**1**	**25**	**180**	**18**
香洲区	11			3	3	5	20			6	10	4
斗门区	230		2	6	53	169	116		1	9	96	10
金湾区	23			4	13	6	88			10	74	4
汕头市	**410**			**9**	**119**	**282**	**1011**	**2**	**6**	**39**	**185**	**779**
龙湖区	3				2	1	25		1	1	3	20
金平区	14				9	5	116		1	2	13	100
濠江区	6			1	3	2	100			2	7	91
潮阳区	174			3	74	97	218		2	15	80	121
潮南区	116			4	17	95	213			17	59	137
澄海区	97			1	14	82	325	2	2	2	14	305
南澳县							14				9	5
佛山市	**1483**		**8**	**137**	**299**	**1039**	**574**		**4**	**39**	**205**	**326**
禅城区	49			18	18	13	46			5	27	14
南海区	615		1	51	130	433	206		1	23	85	97
顺德区	165		5	47	78	35	201			8	75	118
三水区	619		1	12	54	552	65		2	2	15	46
高明区	35		1	9	19	6	56		1	1	3	51
韶关市	**852**				**11**	**841**	**47**		**7**	**11**	**1**	**28**
武江区	24					24						
浈江区	54				1	53						
曲江区	12				1	11						
始兴县	92				1	91	2		1			1
仁化县	81				5	76						
翁源县	36					36	1		1			

5-15 续表 1

(2022年)

市别	泵站数量(处)						水闸数量(座)					
	合计	大(1)型	大(2)型	中型	小(1)型	小(2)型	合计	大(1)型	大(2)型	中型	小(1)型	小(2)型
乳源瑶族自治县	6				1	5	16		2	1		13
新丰县	12					12	1		1			
乐昌市	222				2	220	12					12
南雄市	313					313	15		2	10	1	2
河源市	**462**				**18**	**444**	**10**	**2**		**1**	**1**	**6**
源城区	17				2	15						
紫金县	157					157						
龙川县	121					121						
连平县	14				2	12	1			1		
和平县	33				1	32	1					1
东源县	120				13	107	8	2			1	5
江东新区												
梅州市	**434**		**1**	**14**	**122**	**297**	**1057**			**17**	**35**	**1005**
梅江区	31		1	2	13	15	22			1	4	17
梅县区	113			2	17	94	79			2	3	74
大埔县	25			1	9	15	15					15
丰顺县	23				12	11	111				1	110
五华县	123			2	47	74	161				13	148
平远县	13					13	12			2		10
蕉岭县	38			1	16	21	137			7	6	124
兴宁市	68			6	8	54	520			5	8	507
惠州市	**721**		**6**	**40**	**86**	**589**	**679**	**2**	**8**	**43**	**119**	**507**
惠城区	234		5	21	31	177	144			13	40	91
惠阳区	68		1	3	9	55	53				10	43
博罗县	272			14	36	222	176	1	2	12	35	126
惠东县	77			2	5	70	141	1	1	16	24	99
龙门县	70				5	65	165		5	2	10	148
汕尾市	**401**				**47**	**354**	**1488**		**5**	**67**	**259**	**1157**
城区	13				3	10	307			30	99	178
海丰县	166				4	162	561		3	15	47	496
陆河县	30				1	29	214			6	70	138
陆丰市	192				39	153	406		2	16	43	345
东莞市	**294**	**2**		**95**	**170**	**27**	**360**		**5**	**63**	**198**	**94**
中山市	**460**	**1**	**2**	**24**	**109**	**324**	**388**		**4**	**20**	**114**	**250**
江门市	**2000**		**1**	**17**	**279**	**1703**	**1991**		**11**	**39**	**278**	**1663**
蓬江区	116			5	57	54	80			3	7	70
江海区	33			6	9	18	30			1	20	9
新会区	398			1	71	326	561		1	6	100	454
台山市	416			1	37	378	1000		1	19	117	863
开平市	733			2	49	682	259		1	3	19	236
鹤山市	213		1	2	37	173	15			2	3	10
恩平市	91				19	72	46		8	5	12	21
阳江市	**375**			**2**	**46**	**327**	**643**		**2**	**33**	**78**	**530**
江城区	120			1	6	113	157		1	17	32	107
阳西县	10				2	8	170			5	29	136
阳东区	22				3	19	172		1	10	10	151
阳春市	223			1	35	187	144			1	7	136
阳江市属												

5-15 续表 2

(2022年)

市别	泵站数量(处)						水闸数量(座)					
	合计	大(1)型	大(2)型	中型	小(1)型	小(2)型	合计	大(1)型	大(2)型	中型	小(1)型	小(2)型
湛江市	**1101**			**1**	**25**	**1075**	**1492**		**11**	**55**	**118**	**1308**
赤坎区	2					2	2					2
霞山区	60					60	15			1		14
坡头区	88				1	87	186			3	7	176
麻章区	19				1	18	300			6	25	269
遂溪县	23			1	5	17	90			2	24	64
徐闻县	15					15	216			3	13	200
廉江市	449					449	279		5	22	13	239
雷州市	129				14	115	120		1	14	9	96
吴川市	316				4	312	284		5	4	27	248
茂名市	**1662**		**1**	**11**	**79**	**1571**	**1236**		**27**	**66**	**157**	**986**
茂南区	270		1	3	21	245	141		3	5	4	129
电白区	299				3	296	390		3	9	84	294
高州市	420			8	16	396	329		5	13	32	279
化州市	615				39	576	148		6	17	30	95
信宜市	58					58	228		10	22	7	189
高州水库												
肇庆市	**694**		**5**	**29**	**200**	**460**	**528**		**3**	**15**	**75**	**435**
端州区	5		1	2	1	1	3				3	
鼎湖区	86			11	20	55	22			2	11	9
广宁县	48				27	21	43		3	2	11	27
怀集县	52					52	60					60
封开县	11			1	3	7	24			2	3	19
德庆县	49		1		17	31	102			2	6	94
高要区	322		2	11	85	224	238			3	38	197
四会市	121		1	4	47	69	36			4	3	29
清远市	**889**		**1**	**19**	**60**	**809**	**403**	**3**	**5**	**28**	**50**	**317**
清城区	278			9	33	236	136	1		2	25	108
佛冈县	13				2	11	11			2	1	8
阳山县	44					44	64			8	6	50
连山壮族瑶族自治县							3			3		
连南瑶族自治县	10				2	8	17			4		13
清新区	364		1	5	11	347	40		1	3	5	31
英德市	85			5	10	70	115	2	4	6	5	98
连州市	95				2	93	17				8	9
潮州市	**469**			**3**	**36**	**430**	**520**	**2**	**6**	**15**	**43**	**454**
湘桥区	85			1	12	72	124	1	2	4	10	107
潮安区	276			2	19	255	182	1		1	14	166
饶平县	108				5	103	214		4	10	19	181
揭阳市	**635**		**1**	**11**	**91**	**532**	**846**	**1**	**9**	**34**	**159**	**643**
榕城区	101			1	5	95	58			4	14	40
揭东区	51		1	4	6	40	90	1	1	2	11	75
揭西县	176			5	10	161	303		4	4	31	264
普宁市	121			1	28	92	164		2	13	49	100
惠来县	186				42	144	231		2	11	54	164
空港经济区												
云浮市	**422**		**1**	**3**	**30**	**388**	**360**		**3**	**35**	**9**	**313**
云城区	19				2	17	18				4	14
新兴县	119				1	118	212			30	2	180
郁南县	72			2	17	53	47			3		44
云安区	35		1	1	9	24	10			2	3	5
罗定市	177				1	176	73		3			70

5-16 各县(市、区)已建农村集中式供水工程、机电井数量

(2022年)

市别	农村集中式供水工程数量(处)					机电井数量(眼)					
	合计	城镇管网延伸工程	万人工程	千人工程	千人以下工程	合计	规模以上机电井			规模以下机电井	
								浅层地下水机电井	深层承压水机电井		浅层地下水机电井
全省	**20691**	**186**	**677**	**4608**	**15221**	**1228752**	**10236**	**8497**	**1739**	**1218516**	**1218368**
广州市	**480**	**11**	**19**	**260**	**190**	**31729**	**1285**	**1278**	**7**	**30444**	**30444**
荔湾区						409				409	409
越秀区											
海珠区											
天河区						426	16	16		410	410
白云区	5	5				21798	129	126	3	21669	21669
黄埔区	1	1				67	27	27		40	40
番禺区						1438				1438	1438
花都区	87	1	1	49	36	6502	154	154		6348	6348
南沙区	4		4			8				8	8
增城区	94	3	4	15	72	263	167	167		96	96
从化区	289	1	10	196	82	818	792	788	4	26	26
深圳市						**537**	**128**	**128**		**409**	**409**
罗湖区											
福田区											
南山区						2	2	2			
宝安区						116	6	6		110	110
龙岗区						123	54	54		69	69
盐田区											
光明区						149	13	13		136	136
坪山区						98	53	53		45	45
龙华区						49				49	49
大鹏新区											
深汕特别合作区											
珠海市						**753**	**46**	**46**		**707**	**707**
香洲区						662	19	19		643	643
斗门区						80	16	16		64	64
金湾区						11	11	11			
汕头市	**105**	**2**	**25**	**63**	**15**	**2197**	**48**	**48**		**2149**	**2149**
龙湖区						2	2	2			
金平区						88				88	88
濠江区						15	5	5		10	10
潮阳区	48	1	14	33							
潮南区	50		5	30	15	2090	39	39		2051	2051
澄海区	6		6			2	2	2			
南澳县	1	1									
佛山市	**125**	**11**	**2**		**112**	**1134**	**67**	**63**	**4**	**1067**	**1067**
禅城区	4	2	2								
南海区	1	1				398	3	2	1	395	395
顺德区	4	4				612	16	16		596	596
三水区	1	1				95	43	40	3	52	52
高明区	115	3			112	29	5	5		24	24
韶关市	**2366**	**10**	**36**	**224**	**2096**	**38891**	**118**	**118**		**38773**	**38773**
武江区	21	1	1	4	15	1499	32	32		1467	1467
浈江区	23		1	10	12	7515	11	11		7504	7504
曲江区	175	1	1	20	153	2570	33	33		2537	2537
始兴县	135	1	1	23	110	10885				10885	10885
仁化县	393	1		20	372	439	2	2		437	437
翁源县	173	2	7	3	161	1263	13	13		1250	1250

5-16 续表 1

(2022年)

市别	农村集中式供水工程数量(处)					机电井数量(眼)					
	合计	城镇管网延伸工程	万人工程	千人工程	千人以下工程	合计	规模以上机电井	浅层地下水机电井	深层承压水机电井	规模以下机电井	浅层地下水机电井
乳源瑶族自治县	101	1	2	13	85	220	3	3		217	217
新丰县	321	1	2	60	258	3958	24	24		3934	3934
乐昌市	807	1	9	28	769	3005				3005	3005
南雄市	217	1	12	43	161	7537				7537	7537
河源市	**1018**	**15**	**42**	**515**	**446**	**38837**	**92**	**51**	**41**	**38745**	**38597**
源城区	4	4				2	2	2			
紫金县	185	5	12	147	21	24718	33	31	2	24685	24685
龙川县	209	2	8	121	78	6800	15	11	4	6785	6785
连平县	193		1	80	112	2	2	2			
和平县	387			152	235	183	35		35	148	
东源县	35		20	15		7132	5	5		7127	7127
江东新区	5	4	1								
梅州市	**1697**	**7**	**65**	**426**	**1200**	**26336**	**112**	**112**		**26224**	**26224**
梅江区	64	1	2	13	49	564	1	1		563	563
梅县区	236		17	104	115	4025	40	40		3985	3985
大埔县	526		2	55	469	446	11	11		435	435
丰顺县	254	2	8	73	171	740	12	12		728	728
五华县	50		7	40	3	3022	11	11		3011	3011
平远县	381		5	27	349	282	12	12		270	270
蕉岭县	71		6	39	26	3349	6	6		3343	3343
兴宁市	115	4	18	75	18	13908	19	19		13889	13889
惠州市	**485**	**5**	**61**	**139**	**280**	**84502**	**314**	**314**		**84188**	**84188**
惠城区	11		11			23523	42	42		23481	23481
惠阳区	9		4	5		11378	26	26		11352	11352
博罗县	107	2	21	27	57	24509	91	91		24418	24418
惠东县	82	2	17	53	10	15419	93	93		15326	15326
龙门县	276	1	8	54	213	9673	62	62		9611	9611
汕尾市	**146**	**4**	**25**	**117**		**45969**	**51**	**51**		**45918**	**45918**
城区	9	1	3	5							
海丰县	45	2	8	35		11341	9	9		11332	11332
陆河县	73	1	14	58		1751	37	37		1714	1714
陆丰市	19			19		32877	5	5		32872	32872
东莞市	**18**	**18**				**1886**	**56**	**56**		**1830**	**1830**
中山市						**2705**	**24**	**24**		**2681**	**2681**
江门市	**429**	**1**	**38**	**82**	**308**	**11776**	**219**	**210**	**9**	**11557**	**11557**
蓬江区	3			3		460	2	2		458	458
江海区											
新会区	12		12			503	22	19	3	481	481
台山市	171		22	78	71	60	15	12	3	45	45
开平市	146				146	5023	80	80		4943	4943
鹤山市	68				68	5392	37	34	3	5355	5355
恩平市	29	1	4	1	23	338	63	63		275	275
阳江市	**82**	**16**	**48**	**18**		**93143**	**54**	**54**		**93089**	**93089**
江城区						15714	17	17		15697	15697
阳西县	12	12				13806	9	9		13797	13797
阳东区	53		35	18		24930	26	26		24904	24904
阳春市	17	4	13			38693	2	2		38691	38691
阳江市属											

5-16 续表 2

(2022年)

市别	农村集中式供水工程数量(处)					机电井数量(眼)					
	合计	城镇管网延伸工程	万人工程	千人工程	千人以下工程	合计	规模以上机电井			规模以下机电井	
								浅层地下水机电井	深层承压水机电井		浅层地下水机电井
湛江市	**5924**	**13**	**13**	**1539**	**4359**	**238208**	**6020**	**4347**	**1673**	**232188**	**232188**
赤坎区						1270	51	16	35	1219	1219
霞山区	153		2	151		3104	102	52	50	3002	3002
坡头区	405	3		91	311	16566	415	394	21	16151	16151
麻章区	112		1	72	39	30697	1524	638	886	29173	29173
遂溪县	1373	1	5	267	1100	33150	1648	1627	21	31502	31502
徐闻县	712	1	1	178	532	76930	654	250	404	76276	76276
廉江市	1148	6		156	986	17050	385	385		16665	16665
雷州市	1900			611	1289	40415	1067	811	256	39348	39348
吴川市	121	2	4	13	102	19026	174	174		18852	18852
茂名市	**481**	**6**	**82**	**150**	**243**	**353123**	**940**	**940**		**352183**	**352183**
茂南区	7	1	6			27623	17	17		27606	27606
电白区	7		7			87677	162	162		87515	87515
高州市	177	1	18	9	149	113630	188	188		113442	113442
化州市	23	2	18	3		88955	552	552		88403	88403
信宜市	267	2	33	138	94	35238	21	21		35217	35217
高州水库											
肇庆市	**3149**	**11**	**63**	**171**	**2904**	**29355**	**332**	**330**	**2**	**29023**	**29023**
端州区						1	1	1			
鼎湖区	68	1		5	62	2214	64	64		2150	2150
广宁县	2282	1	2	32	2247	2054	26	26		2028	2028
怀集县	256	1	19	68	168	8899	14	13	1	8885	8885
封开县	96	3	15	25	53	2207	4	3	1	2203	2203
德庆县	97	2	11	19	65	92	92	92			
高要区	281	1	8	19	253	284	112	112		172	172
四会市	69	2	8	3	56	13604	19	19		13585	13585
清远市	**2087**	**24**	**53**	**406**	**1604**	**109641**	**207**	**206**	**1**	**109434**	**109434**
清城区	4			4		61085	43	43		61042	61042
佛冈县	93	7	2	53	31	18108	33	33		18075	18075
阳山县	332	1	5	41	285	4507	7	7		4500	4500
连山壮族瑶族自治县	315	1		22	292						
连南瑶族自治县	243	1	2	44	196	23	2	2		21	21
清新区	156	5	9	53	89	19482	14	13	1	19468	19468
英德市	203		35	117	51	5452	108	108		5344	5344
连州市	741	9		72	660	984				984	984
潮州市	**244**	**12**	**21**	**140**	**71**	**20686**	**19**	**18**	**1**	**20667**	**20667**
湘桥区	22	6	2	12	2	4268				4268	4268
潮安区	98	6	9	21	62	11167	5	5		11162	11162
饶平县	124		10	107	7	5251	14	13	1	5237	5237
揭阳市	**213**	**13**	**41**	**136**	**23**	**61898**	**27**	**27**		**61871**	**61871**
榕城区	9	8	1								
揭东区	7	1	6			36899				36899	36899
揭西县	76	1	1	74		38				38	38
普宁市	79	3	22	45	9	13584	15	15		13569	13569
惠来县	42		11	17	14	11377	12	12		11365	11365
空港经济区											
云浮市	**1642**	**7**	**43**	**222**	**1370**	**35446**	**77**	**76**	**1**	**35369**	**35369**
云城区	429	2	2	72	353	401	13	13		388	388
新兴县	574		7	72	495	6528	36	36		6492	6492
郁南县	557		11	59	487	5704	5	5		5699	5699
云安区	44		5	4	35	39	7	7		32	32
罗定市	38	5	18	15		22774	16	15	1	22758	22758

六、国民经济概况

6-1　国民经济核算主要指标

指　　标	单位	2000	2015	2017	2018	2019	2020	2021	2022
地区生产总值	亿元	10810.21	74732.44	91648.73	99945.22	107986.92	111151.63	124719.53	129118.58
第一产业	亿元	986.32	3189.76	3611.44	3836.40	4350.61	4732.74	4984.70	5340.36
第二产业	亿元	5042.75	33913.76	38536.61	41398.45	43368.21	43868.05	50555.79	52843.51
第三产业	亿元	4781.15	37628.92	49500.68	54710.37	60268.10	62550.84	69179.04	70934.71
地区生产总值增长速度	%	11.7	8.0	7.5	6.8	6.2	2.3	8.1	1.9
第一产业	%	2.3	3.4	3.6	4.4	3.8	3.7	7.8	5.2
第二产业	%	12.3	7.0	6.5	5.9	4.2	1.9	9.2	2.5
第三产业	%	13.5	9.6	8.6	7.8	7.9	2.5	7.4	1.2
地区生产总值构成	%	100.0	100.0	100.0	100.0	100.0	100.0	100.0	100.0
第一产业	%	9.1	4.3	3.9	3.8	4.0	4.3	4.0	4.1
第二产业	%	46.7	45.4	42.1	41.4	40.2	39.5	40.5	40.9
第三产业	%	44.2	50.3	54.0	54.8	55.8	56.3	55.5	55.0
地区生产总值贡献率	%	100.0	100.0	100.0	100.0	100.0	100.0	100.0	100.0
第一产业	%	1.9	1.7	2.0	2.5	2.4	6.1	4.1	11.8
第二产业	%	59.7	42.7	39.0	38.2	30.4	36.1	44.8	52.9
第三产业	%	38.4	55.6	59.0	59.2	67.2	57.8	51.1	35.3
地区生产总值拉动率	%	11.7	8.0	7.5	6.8	6.2	2.3	8.1	1.9
第一产业	%	0.2	0.1	0.1	0.2	0.1	0.1	0.3	0.2
第二产业	%	7.0	3.4	2.9	2.6	1.9	0.8	3.7	1.0
第三产业	%	4.5	4.5	4.4	4.0	4.1	1.3	4.2	0.7
人均地区生产总值	元	44669	64516	76218	81625	86956	88521	98561	101905
人均地区生产总值增长速度	%	9.5	6.1	5.4	4.9	4.7	1.1	7.3	1.7

注：1.国民经济核算数据绝对数按当年价格计算，增长速度按不变价格计算。
2.2020年地区生产总值数据为初步核算数。
3.2020年，根据全国第七次人口普查结果，对2010年后的人均生产总值有关数据进行了修订。

6−2 地区生产总值

单位：亿元

年份	地区生产总值	第一产业	第二产业	第三产业
1978	185.85	55.31	86.62	43.92
1979	209.34	66.62	91.65	51.06
1980	249.65	82.97	102.53	64.14
1981	290.36	94.30	120.34	75.71
1982	339.92	118.17	135.37	86.39
1983	368.75	121.24	152.27	95.24
1984	458.74	145.25	187.55	125.93
1985	577.38	171.87	229.82	175.69
1986	667.53	188.37	255.88	223.28
1987	846.69	232.14	330.35	284.20
1988	1155.37	306.50	460.17	388.70
1989	1381.39	351.73	554.13	475.53
1990	1559.03	384.59	615.86	558.58
1991	1893.30	416.00	782.67	694.63
1992	2447.54	465.83	1098.75	882.96
1993	3469.28	558.70	1702.46	1208.12
1994	4619.02	692.25	2249.99	1676.77
1995	5940.34	864.49	2901.99	2173.86
1996	6848.22	935.23	3313.55	2599.44
1997	7792.97	978.32	3713.92	3100.73
1998	8555.33	994.55	4080.96	3479.82
1999	9289.64	1009.01	4384.22	3896.41
2000	10810.21	986.32	5042.75	4781.15
2001	12126.59	988.84	5564.66	5573.09
2002	13601.89	1015.08	6209.06	6377.76
2003	15979.77	1072.92	7684.41	7222.44
2004	18658.34	1219.83	9191.71	8246.80
2005	21962.99	1395.23	11049.21	9518.55
2006	25961.24	1494.69	13158.01	11308.54
2007	31742.61	1663.49	16022.56	14056.56
2008	36704.16	1920.80	18519.40	16263.96
2009	39464.69	1945.95	19439.71	18079.03
2010	45944.62	2199.60	22917.43	20827.59
2011	53072.79	2553.17	26161.08	24358.54
2012	57007.74	2711.32	27346.12	26950.30
2013	62503.41	2876.42	29342.97	30284.02
2014	68173.03	3038.71	31930.37	33203.95
2015	74732.44	3189.76	33913.76	37628.92
2016	82163.22	3500.49	35499.24	43163.49
2017	91648.73	3611.44	38536.61	49500.68
2018	99945.22	3836.40	41398.45	54710.37
2019	107986.92	4350.61	43368.21	60268.10
2020	111151.63	4732.74	43868.05	62550.84
2021	124719.53	4984.70	50555.79	69179.04
2022	129118.58	5340.36	52843.51	70934.71

注：1.2004年及以前年份第一产业不包括农林牧渔服务业，交通运输仓储和邮政业包括电信业，但不包括城市公共交通业，批发与零售业包括餐饮业(以下相关表同)。

2.2013年起，三次产业分类依据国家统计局2012年制定的《三次产业划分规定》执行(以下相关表同)。

6-3 地区生产总值指数

年份	地区生产总值(上年=100)	第一产业	第二产业	第三产业	地区生产总值(1978年=100)	第一产业	第二产业	第三产业
1978	101.0	105.2	98.0	102.1	100.0	100.0	100.0	100.0
1979	108.5	106.6	104.7	118.1	108.5	106.6	104.7	118.1
1980	116.6	112.4	116.6	121.7	126.5	119.8	122.1	143.7
1981	109.0	104.6	112.3	109.4	137.9	125.3	137.1	157.2
1982	112.0	112.0	111.5	112.6	154.4	140.4	152.9	177.0
1983	107.3	103.2	109.6	108.5	165.6	144.9	167.7	192.0
1984	115.6	112.0	118.3	115.2	191.4	162.3	198.4	221.2
1985	118.0	105.7	120.2	128.1	225.7	171.5	238.4	283.5
1986	112.7	106.2	108.6	125.4	254.5	182.2	259.0	355.4
1987	119.6	108.6	126.2	119.4	304.5	197.8	326.9	424.5
1988	115.8	105.3	123.4	112.4	352.5	208.2	403.3	477.0
1989	107.2	107.0	108.3	105.5	377.9	222.9	437.0	503.1
1990	111.6	107.1	112.5	113.2	421.6	238.7	491.4	569.3
1991	117.7	105.5	123.7	119.4	496.1	251.8	608.0	679.7
1992	122.1	105.6	133.6	119.0	605.8	266.0	812.3	809.2
1993	123.0	102.6	136.4	116.8	745.1	272.9	1108.1	945.0
1994	119.7	103.2	125.8	118.5	891.9	281.5	1393.9	1119.5
1995	115.7	105.4	119.0	114.7	1031.9	296.8	1658.4	1284.3
1996	111.3	104.9	112.7	111.5	1148.9	311.3	1869.5	1432.3
1997	111.2	104.7	113.0	110.7	1278.1	325.9	2111.8	1585.8
1998	110.9	103.8	112.5	110.4	1416.9	338.3	2376.1	1751.2
1999	110.3	103.9	110.8	111.3	1562.4	351.5	2633.4	1949.3
2000	111.7	102.3	112.3	113.5	1745.4	359.7	2956.2	2213.4
2001	110.5	102.2	110.8	112.0	1929.2	367.7	3274.5	2478.9
2002	112.4	104.3	113.7	112.5	2167.8	383.5	3722.3	2789.5
2003	114.8	102.2	120.2	111.3	2488.6	392.1	4474.4	3104.6
2004	113.2	103.8	116.8	110.5	2816.2	407.1	5227.8	3429.6
2005	114.2	104.8	115.3	114.3	3215.4	426.5	6026.3	3919.2
2006	114.9	103.9	117.2	113.8	3693.6	443.2	7060.6	4460.8
2007	115.0	103.1	117.3	113.9	4247.7	456.9	8280.0	5080.1
2008	110.5	103.8	111.6	110.0	4693.4	474.2	9238.0	5587.0
2009	109.9	105.1	109.1	111.4	5156.0	498.6	10077.6	6221.5
2010	112.5	104.5	114.5	110.9	5800.4	521.2	11541.2	6898.3
2011	110.2	104.3	110.4	110.7	6392.9	543.8	12736.5	7635.2
2012	108.3	103.9	107.3	109.8	6920.7	564.8	13661.5	8382.1
2013	108.5	102.4	108.0	109.7	7511.9	578.5	14750.3	9197.8
2014	107.8	103.3	108.0	108.0	8098.3	597.6	15924.1	9937.5
2015	108.0	103.4	107.0	109.6	8749.5	617.8	17033.6	10888.2
2016	107.5	103.1	106.1	109.2	9407.4	637.2	18073.6	11885.9
2017	107.5	103.6	106.5	108.6	10112.3	660.0	19254.1	12914.0
2018	106.8	104.4	105.9	107.8	10801.1	688.9	20383.9	13922.2
2019	106.2	103.8	104.2	107.9	11465.5	715.4	21249.5	15025.9
2020	102.3	103.7	101.9	102.5	11723.4	741.6	21648.6	15394.4
2021	108.1	107.8	109.2	107.4	12677.6	799.3	23650.8	16531.7
2022	101.9	105.2	102.5	101.2	12912.5	840.6	24232.2	16725.2

6-4 地区生产总值产业构成

单位：%

年份	地区生产总值	第一产业	第二产业	第三产业
1978	100.0	29.8	46.6	23.6
1979	100.0	31.8	43.8	24.4
1980	100.0	33.2	41.1	25.7
1981	100.0	32.5	41.4	26.1
1982	100.0	34.8	39.8	25.4
1983	100.0	32.9	41.3	25.8
1984	100.0	31.7	40.9	27.4
1985	100.0	29.8	39.8	30.4
1986	100.0	28.2	38.3	33.5
1987	100.0	27.4	39.0	33.6
1988	100.0	26.5	39.8	33.7
1989	100.0	25.5	40.1	34.4
1990	100.0	24.7	39.5	35.8
1991	100.0	22.0	41.3	36.7
1992	100.0	19.0	44.9	36.1
1993	100.0	16.1	49.1	34.8
1994	100.0	15.0	48.7	36.3
1995	100.0	14.6	48.8	36.6
1996	100.0	13.6	48.4	38.0
1997	100.0	12.5	47.7	39.8
1998	100.0	11.6	47.7	40.7
1999	100.0	10.9	47.2	41.9
2000	100.0	9.1	46.7	44.2
2001	100.0	8.1	45.9	46.0
2002	100.0	7.5	45.6	46.9
2003	100.0	6.7	48.1	45.2
2004	100.0	6.5	49.3	44.2
2005	100.0	6.4	50.3	43.3
2006	100.0	5.7	50.7	43.6
2007	100.0	5.2	50.5	44.3
2008	100.0	5.2	50.5	44.3
2009	100.0	4.9	49.3	45.8
2010	100.0	4.8	49.9	45.3
2011	100.0	4.8	49.3	45.9
2012	100.0	4.7	48.0	47.3
2013	100.0	4.6	46.9	48.5
2014	100.0	4.5	46.8	48.7
2015	100.0	4.3	45.4	50.3
2016	100.0	4.3	43.2	52.5
2017	100.0	3.9	42.1	54.0
2018	100.0	3.8	41.4	54.8
2019	100.0	4.0	40.2	55.8
2020	100.0	4.2	39.5	56.3
2021	100.0	4.0	40.5	55.5
2022	100.0	4.1	40.9	55.0

6-5 三次产业贡献率及三次产业对地区生产总值增长的拉动

年份	三次产业贡献率(%)				三次产业对地区生产总值增长的拉动(百分点)			
	地区生产总值	第一产业	第二产业	第三产业	地区生产总值	第一产业	第二产业	第三产业
1979	100.0	23.9	25.7	50.4	8.5	2.0	2.2	4.3
1980	100.0	22.4	44.2	33.5	16.6	3.7	7.3	5.6
1981	100.0	17.0	56.2	26.8	9.0	1.5	5.1	2.4
1982	100.0	32.1	40.8	27.1	12.0	3.8	4.9	3.2
1983	100.0	14.1	55.7	30.2	7.3	1.0	4.1	2.2
1984	100.0	23.7	50.7	25.6	15.6	3.7	7.9	4.0
1985	100.0	9.5	49.6	41.0	18.0	1.7	8.9	7.4
1986	100.0	13.0	30.4	56.6	12.7	1.7	3.9	7.2
1987	100.0	11.0	57.8	31.2	19.6	2.2	11.4	6.1
1988	100.0	7.6	67.7	24.7	15.8	1.2	10.7	3.9
1989	100.0	20.3	56.5	23.3	7.2	1.5	4.1	1.7
1990	100.0	12.7	53.0	34.3	11.6	1.5	6.1	4.0
1991	100.0	7.6	53.0	39.3	17.7	1.4	9.4	7.0
1992	100.0	5.6	63.0	31.4	22.1	1.2	13.9	6.9
1993	100.0	2.2	71.9	25.9	23.0	0.5	16.5	6.0
1994	100.0	2.6	65.9	31.6	19.7	0.5	13.0	6.2
1995	100.0	4.8	63.9	31.3	15.7	0.7	10.0	4.9
1996	100.0	5.4	61.0	33.6	11.3	0.6	6.9	3.8
1997	100.0	4.9	63.5	31.6	11.2	0.6	7.1	3.5
1998	100.0	3.9	64.4	31.7	10.9	0.4	7.0	3.4
1999	100.0	4.0	59.8	36.2	10.3	0.4	6.1	3.7
2000	100.0	1.9	59.7	38.4	11.7	0.2	7.0	4.5
2001	100.0	1.9	47.7	50.4	10.5	0.2	5.0	5.3
2002	100.0	2.9	51.7	45.4	12.4	0.4	6.4	5.6
2003	100.0	1.2	64.6	34.3	14.8	0.2	9.6	5.1
2004	100.0	2.0	63.4	34.6	13.2	0.3	8.3	4.6
2005	100.0	2.1	55.1	42.8	14.2	0.3	7.8	6.1
2006	100.0	1.7	58.1	40.3	14.9	0.2	8.6	6.0
2007	100.0	1.2	59.1	39.7	15.0	0.2	8.9	6.0
2008	100.0	1.9	57.7	40.4	10.5	0.2	6.1	4.2
2009	100.0	2.5	48.7	48.8	9.9	0.2	4.8	4.8
2010	100.0	1.7	61.0	37.3	12.5	0.2	7.6	4.7
2011	100.0	2.0	50.6	47.4	10.2	0.2	5.2	4.8
2012	100.0	2.1	43.9	53.9	8.3	0.2	3.6	4.5
2013	100.0	1.2	46.2	52.6	8.5	0.1	3.9	4.5
2014	100.0	1.7	50.2	48.1	7.8	0.1	3.9	3.8
2015	100.0	1.7	42.7	55.6	8.0	0.1	3.4	4.5
2016	100.0	1.8	36.8	61.4	7.5	0.1	2.8	4.6
2017	100.0	2.0	39.0	59.0	7.5	0.1	2.9	4.4
2018	100.0	2.5	38.2	59.2	6.8	0.2	2.6	4.0
2019	100.0	2.4	30.4	67.2	6.2	0.1	1.9	4.1
2020	100.0	6.1	36.1	57.8	2.3	0.2	0.8	1.3
2021	100.0	4.1	44.8	51.1	8.1	0.3	3.7	4.2
2022	100.0	11.8	52.9	35.3	1.9	0.2	1.0	0.7

注：1.三次产业贡献率指各产业增加值增量与GDP增量之比。
2.三次产业拉动指GDP增长速度与各产业贡献率之乘积。

6-6 人均地区生产总值及人均消费水平

年份	人均地区生产总值		人均消费水平					
			全体居民		农村居民		城镇居民	
	绝对数(元)	增长速度(%)	绝对数(元)	增长速度(%)	绝对数(元)	增长速度(%)	绝对数(元)	增长速度(%)
1978	370		222		171		466	
1979	410	6.9	252	8.3	196	9.8	507	2.6
1980	481	14.8	302	14.9	228	14.1	620	12.7
1981	550	7.1	332	7.9	260	13.3	627	-1.9
1982	633	10.0	377	10.3	298	10.4	696	8.3
1983	675	5.6	403	7.2	310	5.1	764	8.5
1984	827	13.8	453	10.3	334	7.8	878	9.7
1985	1026	16.2	529	5.7	372	-2.6	1038	10.2
1986	1164	10.6	609	9.5	430	6.3	1146	8.4
1987	1443	17.0	754	6.4	515	4.9	1382	1.1
1988	1926	13.2	944	-3.5	651	0.5	1716	-6.8
1989	2251	4.8	1212	19.7	831	23.1	2188	15.0
1990	2484	9.1	1287	9.3	896	12.9	2263	4.7
1991	2941	14.7	1434	8.3	906	0.2	2712	14.8
1992	3699	18.8	1690	14.7	1023	9.7	3210	15.7
1993	5085	19.3	2308	20.5	1347	17.6	4280	17.0
1994	6530	15.5	3234	17.8	1831	14.3	5870	15.7
1995	8139	12.1	3991	10.1	2206	8.4	7091	7.6
1996	9157	8.7	4470	6.9	2547	11.6	7660	2.3
1997	10154	8.4	4612	-2.1	2597	-0.4	7807	-4.8
1998	10850	7.9	4796	4.2	2681	5.8	8054	2.2
1999	11463	7.3	5025	4.5	2661	0.8	8598	5.9
2000	12817	7.3	5305	0.2	2680	-1.3	9189	0.2
2001	13952	7.3	5445	1.9	2759	3.0	9312	0.3
2002	15478	11.1	6199	13.2	2904	5.7	10358	10.2
2003	17950	13.3	7342	17.0	3032	3.4	11136	6.4
2004	20647	11.5	8800	15.9	3386	8.2	12409	7.9
2005	23997	12.7	9799	10.0	3915	13.2	13609	8.6
2006	27861	12.8	10619	7.4	4010	2.2	14695	6.9
2007	33236	12.2	12336	12.9	4401	5.0	16982	12.6
2008	37543	7.9	13911	7.1	4975	5.6	19101	7.1
2009	39418	7.3	15243	10.9	5533	6.9	20852	11.3
2010	44669	9.5	17211	9.3	6255	9.4	23159	7.5
2011	50076	7.0	19186	5.8	7722	12.2	24943	2.9
2012	52308	5.3	21123	6.9	8663	6.7	27218	6.3
2013	56029	6.0	21208	10.0	10543	10.9	26206	9.6
2014	59909	5.7	23446	7.6	12206	12.3	28586	6.3
2015	64516	6.1	25138	6.8	12980	8.5	30472	5.6
2016	69671	5.6	27156	5.6	14356	6.8	32602	4.8
2017	76218	5.4	29364	5.4	15473	7.6	35110	4.5
2018	81625	4.9	31837	5.7	18241	15.2	37175	3.1
2019	86956	4.7	33885	5.6	19797	4.7	39188	5.1
2020	88521	1.1	33348	-3.9	20273	-1.6	37906	-5.3
2021	98561	7.3	36879	9.1	22662	13.8	41773	7.5
2022	101905	1.7						

注：2006—2009 年根据2010年全国人口普查快速汇总数据进行平滑调整，本表人均地区生产总值是人口平滑后的数据(以下相关表同)。

6-7 人均地区生产总值及人均消费水平指数

年份	人均地区生产总值		人均消费水平					
			全体居民		农村居民		城镇居民	
	绝对数(元)	1978年为100(%)	绝对数(元)	1978年为100(%)	绝对数(元)	1978年为100(%)	绝对数(元)	1978年为100(%)
1978	370	100.0	222	100.0	171	100.0	466	100.0
1979	410	106.9	252	108.3	196	109.8	507	102.6
1980	481	122.6	302	124.4	228	125.2	620	115.6
1981	550	131.3	332	134.2	260	141.9	627	113.4
1982	633	144.4	377	148.1	298	156.7	696	122.8
1983	675	152.4	403	158.7	310	164.8	764	133.3
1984	827	173.5	453	175.0	334	177.6	878	146.3
1985	1026	201.6	529	184.9	372	172.9	1038	161.2
1986	1164	223.1	609	202.5	430	183.7	1146	174.7
1987	1443	260.9	754	215.6	515	192.6	1382	176.6
1988	1926	295.4	944	208.1	651	193.6	1716	164.6
1989	2251	309.6	1212	249.0	831	238.2	2188	189.3
1990	2484	337.7	1287	272.1	896	269.0	2263	198.2
1991	2941	387.4	1434	294.7	906	269.5	2712	227.5
1992	3699	460.3	1690	338.1	1023	295.7	3210	263.2
1993	5085	549.0	2308	407.5	1347	347.8	4280	308.1
1994	6530	633.9	3234	480.2	1831	397.6	5870	356.5
1995	8139	710.7	3991	528.9	2206	430.8	7091	383.5
1996	9157	772.3	4470	565.4	2547	480.6	7660	392.3
1997	10154	837.2	4612	553.4	2597	478.6	7807	373.4
1998	10850	903.3	4796	576.9	2681	506.5	8054	381.6
1999	11463	969.2	5025	602.6	2661	510.6	8598	404.2
2000	12817	1040.3	5305	603.5	2680	503.8	9189	405.0
2001	13952	1115.8	5445	615.2	2759	519.0	9312	406.3
2002	15478	1240.1	6199	696.1	2904	548.8	10358	447.6
2003	17950	1405.3	7342	814.5	3032	567.2	11136	476.2
2004	20647	1566.6	8800	944.4	3386	613.6	12409	513.8
2005	23997	1766.1	9799	1039.2	3915	694.5	13609	557.8
2006	27861	1992.7	10619	1116.5	4010	709.8	14695	596.5
2007	33236	2235.7	12336	1260.3	4401	745.1	16982	671.5
2008	37543	2413.3	13911	1350.1	4975	787.1	19101	719.3
2009	39418	2588.9	15243	1496.8	5533	841.2	20852	800.5
2010	44669	2834.9	17211	1636.4	6255	920.5	23159	860.4
2011	50076	3032.2	19186	1730.9	7722	1033.1	24943	885.0
2012	52308	3192.2	21123	1850.9	8663	1101.9	27218	940.9
2013	56029	3385.1	21208	2035.2	10543	1222.5	26206	1031.1
2014	59909	3577.5	23446	2190.0	12206	1372.6	28586	1095.8
2015	64516	3797.1	25138	2338.3	12980	1489.9	30472	1157.7
2016	69671	4010.1	27156	2469.4	14356	1591.5	32602	1213.6
2017	76218	4227.6	29364	2602.2	15473	1711.8	35110	1268.1
2018	81625	4434.4	31837	2750.1	18241	1971.7	37175	1307.9
2019	86956	4641.2	33885	2903.7	19797	2063.7	39188	1375.3
2020	88521	4693.5	33348	2790.0	20273	2029.6	37906	1302.6
2021	98561	5036.4	36879	3043.1	22662	2310.2	41773	1400.7
2022	101905	5123.0						

6-8　各市地区生产总值及增长速度

(2022年)

市　　别	地区生产总值(亿元)	第一产业	第二产业	第三产业	地区生产总值增长速度(%)	第一产业	第二产业	第三产业
广　　州	28839.00	318.31	7909.29	20611.40	1.0	3.2	1.1	1.0
深　　圳	32387.68	25.64	12405.88	19956.16	3.3	0.8	4.8	2.4
珠　　海	4045.45	60.52	1808.08	2176.86	2.3	7.2	7.1	-1.4
汕　　头	3017.44	136.96	1446.43	1434.05	1.0	4.4	0.1	1.6
佛　　山	12698.39	221.13	7129.80	5347.46	2.1	6.3	2.8	1.0
韶　　关	1563.93	224.56	556.69	782.67	0.2	4.9	-2.5	0.7
河　　源	1294.57	162.41	469.15	663.01	1.0	4.7	0.5	0.5
梅　　州	1318.21	257.91	407.69	652.60	0.5	4.7	-3.5	1.3
惠　　州	5401.24	277.45	3019.87	2103.91	4.2	6.9	7.2	0.0
汕　　尾	1322.02	187.40	490.90	643.72	1.5	7.2	-0.7	1.5
东　　莞	11200.32	36.50	6513.64	4650.18	0.6	0.3	0.8	0.3
中　　山	3631.28	89.20	1795.25	1746.83	0.5	5.9	0.0	0.8
江　　门	3773.41	324.61	1723.64	1725.16	3.3	7.0	4.6	1.3
阳　　江	1535.02	251.44	596.35	687.23	0.8	2.1	-0.5	1.4
湛　　江	3712.56	682.78	1457.77	1572.00	1.2	4.5	-0.9	1.4
茂　　名	3904.63	699.01	1421.12	1784.51	0.5	5.6	-1.4	-0.3
肇　　庆	2705.05	486.46	1126.94	1091.65	1.1	3.9	1.1	-0.3
清　　远	2032.02	330.61	767.59	933.83	1.0	7.2	-0.9	0.4
潮　　州	1312.98	124.88	625.52	562.59	2.3	5.4	2.4	1.6
揭　　阳	2260.98	223.68	793.61	1243.70	-1.3	5.5	-8.7	2.7
云　　浮	1162.43	218.91	378.32	565.20	2.1	4.4	2.7	0.9
按经济区域分								
珠 三 角	104681.81	1839.82	43432.38	59409.60	2.1	5.1	3.1	1.3
东　　翼	7913.42	672.91	3356.46	3884.06	0.6	5.7	-1.9	2.0
西　　翼	9152.20	1633.23	3475.24	4043.73	0.8	4.6	-1.0	0.6
山　　区	7371.15	1194.40	2579.43	3597.31	0.9	5.4	-0.9	0.7

6-9 各市地区生产总值产业构成

(2022年)

单位：%

市　别	地区生产总值	第一产业	第二产业	第三产业
广　州	100.0	1.1	27.4	71.5
深　圳	100.0	0.1	38.3	61.6
珠　海	100.0	1.5	44.7	53.8
汕　头	100.0	4.5	47.9	47.5
佛　山	100.0	1.7	56.1	42.1
韶　关	100.0	14.4	35.6	50.0
河　源	100.0	12.5	36.2	51.2
梅　州	100.0	19.6	30.9	49.5
惠　州	100.0	5.1	55.9	39.0
汕　尾	100.0	14.2	37.1	48.7
东　莞	100.0	0.3	58.2	41.5
中　山	100.0	2.5	49.4	48.1
江　门	100.0	8.6	45.7	45.7
阳　江	100.0	16.4	38.8	44.8
湛　江	100.0	18.4	39.3	42.3
茂　名	100.0	17.9	36.4	45.7
肇　庆	100.0	18.0	41.7	40.4
清　远	100.0	16.3	37.8	46.0
潮　州	100.0	9.5	47.6	42.8
揭　阳	100.0	9.9	35.1	55.0
云　浮	100.0	18.8	32.5	48.6
按经济区域分				
珠三角	100.0	1.8	41.5	56.8
东　翼	100.0	8.5	42.4	49.1
西　翼	100.0	17.8	38.0	44.2
山　区	100.0	16.2	35.0	48.8

6-10 各县(市、区)三次产业地区生产总值

地 区	地区生产总值(亿元)		第一产业(亿元)		第二产业(亿元)		第三产业(亿元)		人均地区生产总值(元)	
	2021	2022	2021	2022	2021	2022	2021	2022	2021	2022
广州市										
越秀区	3606.39	3650.18			136.74	126.05	3469.65	3524.13	345837	351402
海珠区	2405.20	2502.52	1.21	1.16	411.99	450.69	1992.00	2050.68	132096	138257
荔湾区	1203.11	1215.57	5.16	5.54	338.30	351.46	859.65	858.57	101477	107892
天河区	6004.16	6215.72	2.36	2.58	439.86	447.33	5561.94	5765.81	267470	278713
白云区	2532.84	2476.20	32.84	36.55	593.50	563.98	1906.49	1875.67	68012	67599
黄埔区	4187.89	4313.76	4.44	5.19	2461.60	2529.15	1721.85	1779.42	339499	361029
花都区	1802.98	1770.81	50.27	52.06	793.82	762.20	958.88	956.54	107314	103692
番禺区	2657.70	2705.47	38.45	39.75	972.20	1016.19	1647.05	1649.53	96804	96182
南沙区	2153.65	2252.58	70.29	72.28	926.08	995.50	1157.28	1184.81	246216	246211
从化区	415.92	410.92	33.08	35.79	135.89	130.04	246.95	245.09	57480	56018
增城区	1255.36	1325.27	61.63	67.40	526.14	536.71	667.59	721.16	83694	86068
深圳市										
福田区	5319.86	5514.49	1.59	1.73	522.84	504.29	4795.43	5008.47	341411	358433
罗湖区	2508.23	2630.19	0.40	0.47	167.24	155.56	2340.59	2474.16	218516	242839
盐田区	759.28	820.62	0.14	0.32	127.25	151.43	631.89	668.87	353402	384455
南山区	7708.74	8035.88	1.08	1.08	2215.27	2459.85	5492.39	5574.95	426097	443469
宝安区	4419.06	4701.61	0.85	0.90	2233.45	2371.83	2184.77	2328.88	98486	104154
龙岗区	4968.61	5142.22	2.08	2.61	3328.66	3460.03	1637.87	1679.57	119286	122221
龙华区	2807.32	2951.67	0.57	0.60	1404.34	1494.22	1402.41	1456.85	110561	117477
坪山区	910.09	1079.64	1.13	1.25	612.82	754.27	296.14	324.12	162399	183737
光明区	1348.43	1427.10	2.37	2.33	969.95	1016.97	376.10	407.81	121524	125924
珠海市										
香洲区	2612.85	2682.23	2.12	2.12	869.13	938.93	1741.60	1741.17	187295	191123
金湾区	814.85	861.96	12.29	13.78	556.83	616.50	245.73	231.68	180997	190468
斗门区	468.34	501.27	39.78	44.62	225.15	252.65	203.41	204.00	76414	81374
汕头市										
金平区	594.30	611.33	2.81	3.09	233.46	238.47	358.03	369.77	76536	78830
龙湖区	605.58	614.37	8.03	8.50	218.35	214.07	379.19	391.80	95067	95421
澄海区	489.66	513.28	42.40	46.78	253.62	271.02	193.64	195.48	55885	58507
濠江区	185.45	184.92	7.76	8.53	101.69	100.52	75.99	75.88	68748	68427
潮阳区	533.02	534.77	32.35	35.00	308.18	301.82	192.49	197.95	32145	32137
潮南区	506.55	522.84	20.80	22.71	301.41	314.73	184.33	185.40	41021	42137
南澳县	35.02	35.93	12.26	12.36	5.31	5.81	17.45	17.77	54258	55797
佛山市										
禅城区	2156.42	2283.81	0.60	0.64	745.03	792.59	1410.79	1490.58	161276	170854
南海区	3565.66	3730.59	59.47	66.24	1893.83	2006.09	1612.36	1658.26	96406	101178
顺德区	4073.44	4166.39	69.95	71.27	2398.24	2478.63	1605.25	1616.49	125240	128517
高明区	983.01	1045.18	29.82	37.32	734.58	783.85	218.61	224.01	208907	220921
三水区	1407.20	1472.43	42.82	45.66	1009.26	1068.65	355.12	358.12	174386	174541
韶关市										
浈江区	228.78	226.81	8.36	8.17	65.47	61.38	154.95	157.25	62987	62579
武江区	305.61	306.87	8.91	8.68	122.08	122.76	174.62	175.43	81083	80403
曲江区	216.09	209.27	21.22	21.58	123.33	115.46	71.54	72.23	74410	72021
乐昌市	137.23	137.84	31.88	31.66	28.61	28.52	76.74	77.66	35821	36111
南雄市	131.05	132.25	36.89	37.49	29.59	29.23	64.58	65.53	36981	37438
仁化县	111.98	119.26	23.87	24.55	45.65	51.45	42.47	43.26	60261	64198
始兴县	98.64	101.89	25.85	28.37	30.99	31.01	41.81	42.50	49799	51358
翁源县	129.35	132.08	33.07	34.80	35.27	35.02	61.01	62.25	40099	40871
新丰县	81.89	82.97	15.64	18.16	24.89	23.04	41.36	41.77	41881	42389
乳源县	109.44	114.70	9.35	11.09	53.47	58.82	46.62	44.79	58306	60914

6-10 续表 1

地 区	地区生产总值(亿元)		第一产业(亿元)		第二产业(亿元)		第三产业(亿元)		人均地区生产总值(元)	
	2021	2022	2021	2022	2021	2022	2021	2022	2021	2022
河源市										
源城区	522.71	532.23	3.57	3.94	245.31	250.55	273.83	277.74	74059	75062
东源县	167.18	172.31	28.59	30.74	62.98	65.27	75.62	76.29	47834	48931
和平县	127.86	128.98	26.63	27.68	33.31	32.21	67.93	69.08	36151	36517
龙川县	170.24	171.41	31.43	32.40	40.09	39.32	98.72	99.69	28642	28891
紫金县	188.10	189.39	42.27	44.61	56.05	54.73	89.78	90.04	34207	34494
连平县	97.82	100.26	20.72	23.03	26.70	27.06	50.39	50.16	34322	35234
梅州市										
梅江区	287.34	287.73	8.35	9.37	124.85	123.58	154.14	154.79	65782	65775
梅县区	237.83	238.26	57.11	59.96	81.46	78.62	99.26	99.68	42698	42840
兴宁市	196.44	200.99	50.25	53.53	36.03	37.10	110.17	110.37	25248	25965
平远县	85.85	86.57	15.08	15.24	24.31	23.79	46.47	47.54	45268	46037
蕉岭县	106.56	105.68	17.12	18.70	48.35	45.54	41.09	41.43	57976	58001
大埔县	100.38	100.81	28.55	30.82	21.37	18.80	50.46	51.19	30440	30909
丰顺县	118.92	119.29	23.98	26.99	45.79	42.37	49.15	49.93	24798	24842
五华县	176.08	178.88	40.64	43.31	40.48	37.88	94.96	97.68	19152	19377
惠州市										
惠城区	1809.06	1935.64	39.62	44.86	883.08	969.30	886.36	921.48	86222	92299
惠阳区	1588.24	1719.23	24.28	25.37	1094.77	1242.13	469.20	451.73	112335	121651
惠东县	700.98	741.77	70.75	80.74	259.74	288.35	370.49	372.68	68801	72848
博罗县	745.58	801.39	80.42	88.50	397.78	436.48	267.38	276.41	61544	66206
龙门县	189.19	203.21	33.31	37.98	83.38	83.61	72.49	81.61	59251	63701
汕尾市										
市城区	356.50	371.17	37.07	41.40	110.45	118.23	208.98	211.54	78916	81873
陆丰市	423.03	418.02	73.55	84.32	168.90	146.72	180.58	186.98	34179	33710
海丰县	405.31	426.81	40.27	44.81	184.25	196.04	180.79	185.97	54794	57511
陆河县	100.56	106.01	15.58	16.87	27.88	29.91	57.10	59.23	40387	42542
东莞市	**10931.69**	**11200.32**	**34.83**	**36.50**	**6359.21**	**6513.64**	**4537.66**	**4650.18**	**104010**	**106803**
中山市	**3578.88**	**3631.28**	**84.71**	**89.20**	**1777.09**	**1795.25**	**1717.08**	**1746.83**	**80442**	**81620**
江门市										
蓬江区	828.79	870.92	6.40	7.40	312.19	330.69	510.20	532.84	96315	100453
江海区	289.77	302.10	6.25	7.91	176.87	184.29	106.65	109.90	78178	80335
新会区	898.48	951.63	57.23	66.31	451.67	484.67	389.58	400.65	98447	104220
台山市	500.38	516.50	108.74	113.35	193.99	203.86	197.65	199.29	55190	57259
开平市	435.90	456.07	52.26	56.50	208.23	217.57	175.40	181.99	58108	60984
鹤山市	436.82	458.51	31.90	36.46	222.32	240.53	182.60	181.52	81671	84980
恩平市	207.91	217.68	32.11	36.68	57.99	62.03	117.30	118.97	42943	45063
阳江市										
江城区	567.28	579.92	52.96	57.24	222.77	225.07	291.55	297.61	69266	70589
阳东区	342.01	341.44	59.30	58.91	180.70	178.78	102.01	103.75	71230	70890
阳春市	366.26	357.62	68.23	66.55	113.74	107.30	184.28	183.77	41677	40567
阳西县	235.63	256.02	65.09	68.73	72.90	85.19	97.54	102.11	54125	58620

6-10 续表 2

地区	地区生产总值(亿元)		第一产业(亿元)		第二产业(亿元)		第三产业(亿元)		人均地区生产总值(元)	
	2021	2022	2021	2022	2021	2022	2021	2022	2021	2022
湛江市										
赤坎区	355.04	362.48	1.40	1.47	77.15	79.09	276.50	281.91	84504	85120
霞山区	427.80	429.10	3.11	2.90	188.31	181.53	236.37	244.67	64975	64673
麻章区	636.69	718.94	49.46	53.13	463.91	539.42	123.32	126.39	119948	134181
坡头区	350.86	347.53	23.56	24.18	226.00	219.78	101.30	103.57	103317	101736
雷州市	354.03	367.28	146.58	153.64	40.18	44.31	167.28	169.33	26766	27725
廉江市	513.18	533.14	132.33	138.82	172.22	180.33	208.62	213.99	37598	39001
吴川市	302.02	298.20	37.40	37.87	103.50	96.57	161.11	163.75	33238	32746
遂溪县	408.24	426.61	142.24	154.73	89.78	92.49	176.22	179.39	49424	51511
徐闻县	217.60	229.27	108.32	116.03	21.21	24.24	88.07	89.00	34308	36058
茂名市										
茂南区	1095.25	1160.99	36.14	38.11	602.76	659.57	456.36	463.30	104834	109983
电白区	765.51	812.50	156.84	165.40	267.91	302.58	340.77	344.52	50738	53623
信宜市	524.80	553.89	142.54	158.04	86.72	99.58	295.53	296.26	51489	53975
高州市	685.43	725.68	165.87	185.17	166.53	184.44	353.03	356.08	51540	54632
化州市	624.91	651.57	147.47	152.29	153.35	172.73	324.10	326.55	48174	49979
肇庆市										
端州区	473.49	468.92	0.23	0.26	144.33	135.83	328.93	332.83	77935	77113
鼎湖区	144.96	153.29	11.34	11.92	63.59	70.43	70.03	70.94	68932	71747
高要区	513.21	542.12	108.51	114.51	269.34	289.21	135.36	138.40	69198	72969
四会市	722.50	743.54	70.41	72.71	386.14	406.22	265.94	264.62	112119	114904
广宁县	176.22	180.58	57.37	61.35	54.97	54.36	63.88	64.87	43201	44710
德庆县	171.62	150.93	41.20	44.30	68.15	43.68	62.28	62.96	51763	45088
封开县	163.87	170.98	59.96	61.61	54.80	58.69	49.12	50.68	43751	45305
怀集县	279.94	294.68	113.16	119.81	65.05	68.52	101.72	106.35	34755	36775
清远市										
清城区	709.19	717.85	28.00	30.38	308.41	311.24	372.79	376.23	62944	63591
清新区	305.54	306.98	55.93	60.09	128.72	124.46	120.90	122.42	49465	49640
英德市	400.30	405.19	79.97	87.61	159.66	157.16	160.66	160.43	42476	42925
连州市	178.63	180.39	46.76	51.38	49.83	46.14	82.03	82.87	47306	47748
佛冈县	158.51	161.34	22.71	25.85	75.50	74.23	60.31	61.26	50153	50978
阳山县	137.06	140.25	47.18	50.26	24.35	22.94	65.53	67.05	37291	38127
连山县	45.32	46.93	11.03	11.70	9.92	10.63	24.37	24.60	47553	49170
连南县	66.14	72.82	12.24	13.32	17.82	20.78	36.09	38.72	48959	53761
潮州市										
湘桥区	305.48	318.73	9.35	9.91	84.87	91.71	211.26	217.11	52993	55197
潮安区	618.97	651.67	27.65	28.98	393.36	418.58	197.96	204.11	52607	55287
饶平县	320.07	342.58	78.98	85.99	103.72	115.23	137.37	141.37	39150	41832
揭阳市										
榕城区	595.41	588.80	13.71	14.22	246.92	230.76	334.78	343.82	63653	62639
揭东区	507.96	495.29	43.40	45.77	234.99	216.04	229.56	233.48	54365	52845
普宁市	622.93	629.50	44.21	47.91	206.01	198.96	372.71	382.63	31015	31148
揭西县	261.71	261.11	48.46	52.84	75.74	67.10	137.52	141.17	38827	38694
惠来县	292.96	286.28	58.51	62.94	96.33	80.74	138.12	142.60	28021	27203
云浮市										
云城区	248.91	256.80	19.61	21.14	79.92	86.64	149.39	149.02	60822	62611
云安区	130.23	134.29	16.84	18.73	68.30	69.17	45.09	46.39	55183	56720
罗定市	312.06	319.19	64.24	68.11	83.16	83.80	164.67	167.29	33210	33857
新兴县	308.60	311.70	76.01	77.49	106.73	107.51	125.86	126.70	71543	72127
郁南县	138.06	140.45	33.51	33.44	30.30	31.20	74.26	75.81	37088	37645

6-11 各县(市、区)三次产业地区生产总值指数

单位：%

地 区	地区生产总值增长速度		第一产业增长速度		第二产业增长速度		第三产业增长速度		人均地区生产总值增长速度	
	2021	2022	2021	2022	2021	2022	2021	2022	2021	2022
广州市										
越秀区	6.0	0.1			0.8	-7.6	6.2	0.4	5.2	0.5
海珠区	9.3	1.4	-24.1	-8.2	12.2	5.5	8.8	0.6	8.8	2.0
荔湾区	8.4	1.1	8.5	2.2	7.0	3.8	8.9	0.1	12.3	6.4
天河区	8.2	2.4	3.4	20.5	5.6	-0.4	8.4	2.6	7.0	3.1
白云区	8.0	-3.3	-5.2	5.2	11.2	-4.0	7.3	-3.3	7.7	-1.7
黄埔区	8.2	1.5	19.3	10.3	7.3	1.2	9.4	1.9	10.0	4.8
花都区	6.6	-1.1	11.7	4.4	6.0	-3.3	6.8	0.3	2.9	-2.7
番禺区	9.0	1.4	7.2	-2.4	14.6	5.6	6.1	-0.8	4.3	-1.0
南沙区	9.6	4.2	7.5	5.2	8.9	6.3	10.4	2.5	5.3	-0.4
从化区	3.6	-1.9	10.6	2.9	-1.1	-3.9	5.3	-1.5	2.2	-3.2
增城区	10.7	4.0	4.8	1.5	10.5	2.2	11.4	5.6	7.6	1.3
深圳市										
福田区	8.6	3.0	2.9	1.4	41.5	-1.9	6.0	3.6	7.6	4.4
罗湖区	6.1	3.4	-33.2	-6.1	3.8	-4.6	6.3	4.0	4.6	9.6
盐田区	10.9	5.4	20.3	1541.5	34.1	8.5	7.0	4.3	10.9	6.0
南山区	9.6	3.3	37.7	-0.6	11.9	5.9	8.7	2.2	7.2	3.1
宝安区	11.3	3.5	25.8	-6.5	15.7	4.5	7.0	2.4	11.1	2.8
龙岗区	-5.4	3.1	0.5	10.6	-9.1	4.1	3.1	1.0	-7.3	2.1
龙华区	9.8	3.1	14.3	-11.3	8.1	4.4	11.7	1.7	7.5	4.1
坪山区	11.7	14.0	15.6	5.3	17.5	18.8	1.3	4.2	7.8	8.7
光明区	16.1	6.5	1.8	-14.8	24.1	6.2	-0.2	7.1	10.7	4.2
珠海市										
香洲区	6.6	1.6	-26.6	4.8	8.9	5.8	5.6	-0.5	3.8	0.9
金湾区	11.3	3.5	26.7	4.5	8.5	8.3	17.4	-7.0	7.2	3.0
斗门区	3.8	4.5	4.1	8.2	7.0	9.4	0.5	-1.4	1.4	4.0
汕头市										
金平区	6.3	1.6	6.7	6.3	2.3	0.6	9.0	2.1	6.8	1.7
龙湖区	6.7	0.2	6.3	1.3	2.3	-3.7	9.4	2.4	5.1	-0.9
澄海区	6.1	3.5	3.3	4.8	5.8	5.8	7.0	0.1	5.8	3.3
濠江区	6.8	-1.6	3.3	6.4	5.7	-3.1	8.8	-0.2	6.7	-1.8
潮阳区	6.1	-0.9	0.6	5.5	5.6	-3.7	7.9	2.2	5.7	-1.3
潮南区	6.7	2.0	2.0	4.9	5.6	2.4	9.2	0.9	6.5	1.5
南澳县	6.0	1.3	1.9	-0.5	6.9	7.7	8.8	0.8	5.6	1.5
佛山市										
禅城区	8.4	3.1	14.2	6.2	9.7	2.1	7.7	3.7	7.5	3.2
南海区	9.0	2.2	7.9	7.0	8.8	3.1	9.2	1.1	7.7	2.6
顺德区	8.4	0.8	4.8	2.3	9.3	2.1	7.2	-1.0	7.5	1.2
高明区	7.3	3.5	10.1	16.3	6.3	3.9	10.1	0.3	6.7	3.0
三水区	8.7	2.1	20.7	5.1	9.3	3.0	5.6	-0.7	7.8	-2.3
韶关市										
浈江区	6.1	-0.8	9.5	0.1	2.8	-7.4	7.2	1.7	6.6	-0.6
武江区	5.0	-0.3	14.3	1.3	4.9	-1.6	4.5	0.4	3.1	-1.6
曲江区	8.4	-4.3	18.6	2.3	5.0	-8.5	11.0	0.0	8.8	-4.4
乐昌市	9.4	0.7	18.7	2.2	2.2	-2.0	8.2	0.9	9.7	1.0
南雄市	6.7	0.7	7.1	2.3	-5.1	-2.7	12.3	1.1	6.3	1.0
仁化县	8.6	6.9	6.2	13.2	10.8	8.8	8.0	1.3	8.7	6.9
始兴县	14.0	2.1	9.6	6.9	18.4	-1.7	14.0	1.6	14.0	2.0
翁源县	14.6	1.1	17.4	3.2	15.1	-2.7	12.8	2.0	14.5	0.9
新丰县	9.1	-0.7	15.4	6.7	-2.3	-9.1	13.7	0.9	9.3	-0.8
乳源县	14.3	3.2	18.0	15.8	12.0	7.4	16.0	-4.0	13.8	2.8

6-11 续表 1

单位：%

地 区	地区生产总值增长速度		第一产业增长速度		第二产业增长速度		第三产业增长速度		人均地区生产总值增长速度	
	2021	2022	2021	2022	2021	2022	2021	2022	2021	2022
河源市										
源城区	10.3	1.3	8.1	4.8	16.0	1.5	5.8	1.0	6.5	0.8
东源县	12.6	2.7	19.1	8.0	17.3	3.2	7.0	0.2	14.6	1.9
和平县	2.1	0.1	7.5	1.9	-9.9	-3.7	6.7	1.1	2.2	0.2
龙川县	2.9	0.2	-5.9	3.1	-4.1	-2.4	9.3	0.2	4.6	0.3
紫金县	8.7	0.2	14.5	5.3	9.8	-2.7	5.9	-0.2	10.5	0.4
连平县	5.5	0.9	7.2	5.0	5.6	1.4	4.8	-1.2	6.3	1.0
梅州市										
梅江区	4.3	0.2	5.5	6.9	3.2	-1.0	5.2	0.7	4.2	0.0
梅县区	6.3	0.1	5.1	4.3	5.6	-4.7	7.5	1.4	6.0	0.2
兴宁市	8.9	1.1	5.6	4.5	15.3	1.2	8.6	-0.6	10.4	1.6
平远县	6.0	0.6	3.0	3.8	0.8	-4.2	9.9	1.9	7.2	1.4
蕉岭县	5.1	-0.4	7.8	7.3	0.6	-6.3	9.5	2.9	5.9	0.5
大埔县	6.8	0.4	4.5	4.4	10.5	-9.6	6.5	2.4	7.6	1.5
丰顺县	2.4	0.2	1.1	4.5	-3.7	-6.1	9.0	3.2	2.3	0.0
五华县	5.2	1.6	8.0	4.6	-6.9	-2.6	9.4	1.8	5.9	1.2
惠州市										
惠城区	11.8	4.4	20.4	7.4	19.0	6.6	5.3	2.2	11.5	4.5
惠阳区	7.9	5.0	10.8	2.2	16.9	9.1	-8.6	-4.3	5.6	5.0
惠东县	10.7	2.3	18.4	7.0	11.2	8.0	9.1	-2.3	10.2	2.3
博罗县	12.8	3.7	19.5	6.7	18.0	5.4	4.3	0.4	12.2	3.8
龙门县	9.0	5.1	8.1	10.4	13.4	-3.1	4.7	11.5	8.9	5.2
汕尾市										
市城区	11.0	3.2	15.9	7.8	11.2	5.5	10.0	1.1	11.1	2.8
陆丰市	13.9	-2.7	6.8	7.4	18.9	-12.6	12.9	1.7	14.3	-2.9
海丰县	13.5	3.8	8.0	7.1	14.6	4.9	13.8	1.8	13.1	3.4
陆河县	10.9	4.1	7.5	5.2	13.5	7.2	10.9	2.2	10.9	4.0
东莞市	**8.5**	**0.6**	**12.3**	**0.3**	**10.9**	**0.8**	**5.3**	**0.3**	**8.1**	**0.8**
中山市	**8.4**	**0.5**	**13.1**	**5.9**	**11.3**	**0.0**	**5.3**	**0.8**	**7.4**	**0.5**
江门市										
蓬江区	9.1	3.4	9.9	7.4	12.5	3.4	7.0	3.3	7.1	2.6
江海区	9.9	2.4	10.6	7.7	13.7	2.3	4.4	2.1	6.2	0.9
新会区	8.9	4.0	9.4	7.4	10.3	5.5	7.2	1.9	8.1	4.0
台山市	8.5	3.5	11.0	7.4	8.8	4.5	6.8	0.1	8.9	4.0
开平市	8.3	2.8	10.3	6.8	12.2	2.6	3.6	1.7	7.8	3.1
鹤山市	9.7	2.8	6.3	6.5	14.1	5.4	5.4	-1.1	8.4	1.9
恩平市	7.1	2.6	10.8	5.0	3.1	4.5	7.9	0.9	7.0	2.8
阳江市										
江城区	10.4	1.2	-1.0	1.0	21.6	-0.5	5.9	2.4	9.4	0.9
阳东区	7.9	0.2	2.8	2.2	10.8	-0.8	6.1	0.7	7.2	-0.1
阳春市	5.7	-1.0	4.7	3.4	2.4	-4.7	8.0	-0.9	5.2	-1.3
阳西县	8.5	3.8	-2.5	0.4	19.5	7.7	10.4	3.7	8.3	3.5

6-11 续表 2

单位：%

地区	地区生产总值增长速度		第一产业增长速度		第二产业增长速度		第三产业增长速度		人均地区生产总值增长速度	
	2021	2022	2021	2022	2021	2022	2021	2022	2021	2022
湛江市										
赤坎区	7.1	1.2	64.7	31.6	2.8	0.5	8.1	1.2	4.4	-0.2
霞山区	3.0	-1.5	20.9	-11.6	-0.6	-7.1	5.9	3.1	1.1	-2.3
麻章区	39.7	2.5	2.6	7.0	60.4	2.5	9.7	0.8	38.2	1.5
坡头区	3.3	-2.0	10.7	3.8	-4.1	-6.1	21.1	5.2	2.7	-2.6
雷州市	7.4	2.1	5.5	3.8	9.7	7.4	8.7	-0.6	7.5	2.0
廉江市	7.0	2.0	6.7	2.9	10.1	2.5	4.7	0.8	7.0	1.8
吴川市	7.2	-1.5	0.0	2.9	18.1	-6.5	2.7	0.6	7.2	-1.8
遂溪县	8.4	2.2	9.7	5.9	8.2	0.1	7.4	0.3	8.7	2.0
徐闻县	8.1	3.0	4.9	4.3	12.7	9.3	11.2	-0.1	8.5	2.7
茂名市										
茂南区	6.0	-3.1	0.7	3.8	0.5	-7.3	13.8	1.3	4.4	-4.1
电白区	8.9	3.0	7.3	4.7	11.1	6.1	8.2	0.1	8.5	2.6
信宜市	7.1	2.1	6.4	5.1	-0.3	4.2	9.8	0.0	5.9	1.4
高州市	7.6	2.3	7.1	6.1	6.3	3.2	8.4	-0.1	7.2	2.4
化州市	8.4	1.6	10.4	5.8	10.0	0.8	6.8	-0.1	7.3	1.1
肇庆市										
端州区	7.5	-1.6	32.0	9.6	11.5	-5.9	5.9	0.2	5.6	-1.7
鼎湖区	6.4	2.8	-4.4	3.0	18.0	7.5	-0.3	-1.3	4.2	1.2
高要区	13.5	3.5	11.0	2.6	18.3	5.9	7.3	-0.2	13.6	3.3
四会市	12.6	2.5	-2.2	4.4	20.5	5.2	7.2	-1.8	11.4	2.1
广宁县	8.0	2.3	11.3	9.0	5.8	-1.8	6.9	-0.4	8.2	3.3
德庆县	5.8	-13.3	11.3	4.6	0.1	-36.4	8.7	-1.0	5.9	-14.1
封开县	10.0	2.4	10.4	0.8	11.0	5.4	8.4	1.2	10.3	1.6
怀集县	12.2	3.6	7.9	3.6	25.7	4.8	10.0	2.7	12.3	4.1
清远市										
清城区	5.4	1.1	3.1	6.8	8.4	-0.5	3.3	1.9	4.0	0.9
清新区	5.3	0.3	5.9	4.0	-0.5	-1.5	11.7	0.2	6.1	0.1
英德市	11.0	1.7	15.5	11.0	8.9	-1.8	10.8	0.0	10.9	1.5
连州市	9.1	0.6	8.1	7.2	15.7	-5.4	6.3	-0.2	9.1	0.5
佛冈县	12.8	1.6	16.1	9.7	15.2	-1.9	8.9	2.4	12.7	1.4
阳山县	9.7	1.6	6.3	5.0	36.3	-3.2	5.1	0.6	9.7	1.5
连山县	7.6	2.3	8.5	2.6	45.2	6.9	-2.3	0.3	7.5	2.1
连南县	9.8	4.3	6.2	5.7	12.4	3.3	10.0	4.3	9.6	4.1
潮州市										
湘桥区	9.8	2.5	4.9	11.5	5.5	3.2	11.9	1.8	10.0	2.3
潮安区	8.2	1.4	6.4	3.5	6.3	1.2	12.2	1.7	8.3	1.2
饶平县	10.3	3.7	11.7	5.3	9.2	5.7	10.2	1.4	10.7	3.6
揭阳市										
榕城区	5.4	-1.3	-0.7	3.1	4.0	-7.3	6.8	3.0	5.4	-1.8
揭东区	6.1	-2.0	3.5	4.6	6.0	-6.7	6.8	1.7	6.2	-2.3
普宁市	6.8	-0.5	5.4	5.5	6.2	-9.3	7.3	2.8	6.8	-1.1
揭西县	7.1	-0.9	7.6	7.9	10.8	-12.3	4.8	2.6	8.3	-1.0
惠来县	7.6	-1.7	3.7	4.8	10.2	-13.2	7.6	3.5	7.7	-2.3
云浮市										
云城区	8.1	2.5	11.6	2.9	7.7	8.5	7.9	-0.5	7.0	2.3
云安区	9.2	2.5	9.4	5.4	8.2	0.9	10.9	3.8	9.3	2.1
罗定市	6.0	1.8	7.7	5.2	-4.0	0.2	11.1	1.3	5.8	1.5
新兴县	9.9	1.7	9.0	3.6	11.2	1.7	9.5	0.4	9.8	1.5
郁南县	8.1	2.9	14.3	5.3	-1.4	1.8	9.6	2.3	8.2	2.7

七、农村经济综合

7-1 历年农林牧渔业总产值及增加值

单位：亿元

年份	农林牧渔业总产值	农业	林业	牧业	渔业	农林牧渔专业及辅助性活动	农林牧渔业增加值
1978	85.94	59.56	4.98	15.98	5.42		55.31
1979	91.53	67.19	7.67	13.58	3.09		66.62
1980	126.25	97.15	6.83	17.75	4.52		82.97
1981	133.85	99.33	7.81	21.62	5.09		94.30
1982	135.52	98.33	8.33	21.73	7.13		118.17
1983	169.96	120.06	10.72	28.57	10.61		121.24
1984	200.07	141.22	12.13	33.81	12.91		145.25
1985	245.21	149.09	21.09	54.68	20.35		171.87
1986	279.15	168.68	24.38	60.74	25.35		188.37
1987	348.61	214.47	16.74	78.26	39.14		232.14
1988	473.78	277.38	27.66	114.28	54.46		306.50
1989	548.60	323.15	28.00	134.60	62.85		351.73
1990	600.71	359.39	28.46	143.68	69.18		384.59
1991	654.82	388.90	29.64	156.08	80.20		416.00
1992	737.11	428.99	32.86	175.36	99.90		471.85
1993	899.03	486.46	35.51	223.16	153.90		566.76
1994	1151.38	628.17	41.07	279.98	202.16		702.18
1995	1445.48	777.72	46.12	349.11	272.53		876.14
1996	1577.89	825.60	49.64	398.12	304.53		948.19
1997	1656.46	851.35	52.10	425.67	327.34		993.23
1998	1705.44	861.97	54.65	441.61	347.21		1010.79
1999	1745.02	859.66	58.77	457.51	369.08		1027.07
2000	1701.18	807.94	59.64	450.18	383.42		1005.14
2001	1722.35	817.95	56.78	457.56	390.06		1010.58
2002	1781.06	841.77	57.09	465.91	416.29		1037.93
2003	1908.66	851.72	55.72	482.83	432.74	85.65	1097.28
2004	2154.79	959.97	61.72	571.09	466.45	95.56	1248.59
2005	2447.57	1109.18	66.25	638.61	523.79	109.74	1428.27
2006	2536.27	1235.40	67.60	623.34	519.03	90.90	1532.17
2007	2810.45	1268.70	116.96	781.97	540.58	102.24	1705.69
2008	3276.02	1398.82	125.23	983.84	650.23	117.89	1969.46
2009	3301.86	1442.40	139.95	939.67	657.65	122.18	1996.38
2010	3697.18	1668.66	180.20	978.33	737.01	132.97	2254.49
2011	4301.86	1910.21	213.71	1193.73	835.41	148.80	2614.59
2012	4550.29	2060.91	228.75	1189.80	908.12	162.71	2778.48
2013	4802.01	2229.64	256.99	1168.73	968.42	178.23	2949.99
2014	5053.72	2357.16	289.66	1145.87	1068.00	193.03	3118.39
2015	5303.63	2490.20	308.72	1195.97	1102.12	206.62	3275.05
2016	5817.55	2763.79	330.04	1318.89	1179.15	225.68	3593.64
2017	5969.87	2889.97	356.14	1202.30	1276.11	245.34	3712.71
2018	6318.12	3089.57	390.62	1184.72	1383.81	269.39	3948.88
2019	7175.89	3530.21	408.48	1404.13	1524.78	308.30	4478.28
2020	7901.92	3769.26	414.29	1778.18	1581.54	358.64	4880.83
2021	8305.84	3951.14	495.44	1707.82	1747.34	404.10	5151.27
2022	8892.29	4308.23	549.15	1680.24	1898.24	456.43	5531.56

注：1.本表按当年价格计算。
2.从2010年起，农业产值、林业产值统计范围作了调整，原农业中的野生植物采集归入林业，原林业中板栗、桂皮等归入农业。
3.1991年及以前的农林牧渔业增加值不包括农林牧渔专业及辅助性活动。

7-2 主要年份农林牧渔业总产值及增加值指数(1949年=100)

单位：%

年份	农林牧渔业总产值	农业	林业	牧业	渔业	农林牧渔专业及辅助性活动	农林牧渔业增加值
1949	100.0	100.0	100.0	100.0	100.0		100.0
2005	1554.5	1046.3	16475.0	2630.0	6748.0	120.5	976.1
2006	1616.7	1083.5	15652.7	2710.7	7153.1	132.3	1017.1
2007	1669.8	1113.2	16116.9	2792.4	7446.1	143.1	1050.1
2008	1736.7	1133.3	16160.1	2990.0	7796.6	155.0	1091.1
2009	1823.4	1196.3	17312.7	3103.4	8195.6	163.2	1147.2
2010	1901.2	1253.8	18089.6	3201.4	8562.8	171.4	1199.4
2011	1975.7	1324.3	19569.0	3168.4	9017.2	180.8	1251.7
2012	2049.5	1375.5	20792.7	3230.9	9463.6	191.1	1300.6
2013	2095.6	1417.6	21943.9	3173.1	9857.1	203.1	1333.4
2014	2158.6	1481.0	23032.7	3140.0	10214.1	213.5	1378.0
2015	2225.5	1542.1	24391.5	3128.5	10560.5	224.6	1425.3
2016	2290.6	1601.6	26038.2	3097.1	10923.1	238.3	1470.5
2017	2367.1	1675.9	27318.7	3073.2	11328.8	255.2	1525.5
2018	2465.6	1761.1	29088.2	3108.4	11742.5	274.2	1593.3
2019	2551.4	1864.1	30569.3	2946.4	12185.2	303.5	1657.9
2020	2653.9	1968.9	30945.3	2852.7	12883.8	344.8	1723.9
2021	2843.0	2061.1	31183.2	3283.7	13475.3	385.5	1860.5
2022	2978.3	2147.8	33631.0	3411.6	14093.1	427.0	1958.8

注：指数按可比价格计算。

7-3 农林牧渔业总产值及增加值指数（上年=100）

单位：%

年份	农林牧渔业总产值	农业	林业	牧业	渔业	农林牧渔专业及辅助性活动	农林牧渔业增加值
1979	99.2	99.4	85.1	104.6	93.7		106.6
1980	111.1	112.5	127.3	99.8	109.7		112.4
1981	102.4	98.7	110.4	117.6	108.9		104.6
1982	116.3	115.5	111.5	120.9	120.6		112.0
1983	102.6	99.9	105.2	107.6	121.7		103.2
1984	109.3	109.2	105.1	109.8	112.9		112.0
1985	107.3	104.8	104.9	115.2	116.5		105.7
1986	106.1	103.8	112.0	108.6	118.9		106.2
1987	109.6	109.8	96.3	108.2	121.9		108.6
1988	107.7	104.6	133.7	109.0	111.8		105.3
1989	107.8	107.8	104.1	107.8	111.3		107.0
1990	107.4	107.8	92.9	109.6	110.1		107.1
1991	106.2	105.1	99.1	108.6	109.5		105.5
1992	106.0	103.9	102.4	107.6	114.1		105.7
1993	103.8	97.0	101.7	111.5	120.1		102.7
1994	104.4	102.7	102.2	104.1	111.1		103.2
1995	108.3	108.0	105.3	106.8	111.7		105.4
1996	106.0	103.3	102.9	109.6	110.3		104.8
1997	106.8	107.6	101.1	104.8	108.0		104.7
1998	104.8	103.4	103.6	105.2	108.4		103.9
1999	105.5	105.2	105.3	105.2	106.6		104.0
2000	102.7	100.6	103.5	102.8	107.5		102.3
2001	102.8	102.4	104.5	102.2	103.8		102.4
2002	106.5	109.4	97.2	101.5	106.5		104.3
2003	102.8	102.5	97.2	102.2	104.3		102.3
2004	104.5	105.7	103.4	101.8	104.8	107.8	104.1
2005	104.8	103.4	102.9	105.5	105.7	111.8	104.9
2006	104.0	103.6	95.0	103.1	106.0	109.8	104.2
2007	103.3	102.7	103.0	103.0	104.1	108.2	103.2
2008	104.0	101.8	100.3	107.1	104.7	108.3	103.9
2009	105.0	105.6	107.1	103.8	105.1	105.3	105.1
2010	104.3	104.8	104.5	103.2	104.5	105.0	104.5
2011	103.9	105.6	108.2	99.0	105.3	105.5	104.4
2012	103.7	103.9	106.3	102.0	105.0	105.7	103.9
2013	102.3	103.1	105.5	98.2	104.2	106.3	102.5
2014	103.0	104.5	105.0	99.0	103.6	105.1	103.3
2015	103.1	104.1	105.9	99.6	103.4	105.2	103.4
2016	102.9	103.9	106.8	99.0	103.4	106.1	103.2
2017	103.3	104.6	104.9	99.2	103.7	107.1	103.7
2018	104.2	105.1	106.5	101.1	103.7	107.4	104.4
2019	103.5	105.8	105.1	94.8	103.8	110.7	104.1
2020	104.0	105.6	101.2	96.8	105.7	113.6	104.0
2021	107.1	104.7	100.8	115.1	104.6	111.8	107.9
2022	104.8	104.2	107.8	103.9	104.6	110.8	105.3

注：本表按可比价格计算。

7-4　农林牧渔业总产值

项　　目	按现行价格计算(亿元)		2022比2021增长(%)
	2021年	2022年	
甲	1	2	3
农林牧渔业总产值	8305.84	8892.29	4.8
一、农业产值	3951.14	4308.23	4.2
(一)谷物及其他作物	783.80	812.49	0.7
1.谷　物	390.66	401.97	
稻　谷	363.79	373.42	
2.薯　类	98.32	106.71	
3.油　料	110.10	111.67	
4.豆　类	9.33	9.93	
大　豆	7.02	7.65	
5.生　麻	2.02	2.37	
6.糖　料	82.02	82.72	
7.烟　草	9.59	10.51	
8.其他农作物	81.75	86.62	
(二)蔬菜、食用菌及花卉盆景园艺产品	1834.07	1972.57	4.3
1.蔬菜(含菜用瓜)	1525.50	1634.19	
2.食用菌	48.69	46.36	
3.花卉	183.63	207.80	
4.盆景及园艺产品	76.25	84.22	
(三)水果、坚果、茶、饮料和香料	1208.42	1372.15	4.9
1.水果	1045.34	1173.73	
2.坚果	12.18	13.38	
3.茶及饮料原料	141.91	176.02	
4.香料原料	8.99	9.02	
(四)中草药材	124.85	151.03	18.3
二、林业产值	495.44	549.15	7.8
(一)林木的培育和种植	32.49	35.75	2.6
(二)竹木采运	165.29	174.51	3.1
(三)林产品	297.67	338.89	11.1
三、牧业产值	1707.82	1680.24	3.9
(一)牲畜饲养	56.49	63.03	6.6
1.牛的饲养	24.57	28.52	
2.羊的饲养	14.10	15.05	
3.奶产品	17.82	19.46	
(二)猪的饲养	940.13	874.34	5.0
(三)家禽饲养	633.00	670.02	3.6
1.肉禽	584.64	616.13	
2.禽蛋	48.36	53.88	
(四)其他畜牧业	78.19	72.85	-8.4
四、渔业产值	1747.34	1898.24	4.6
(一)海水产品	909.96	997.50	5.1
其中：养殖	632.71	692.74	
(二)淡水产品	837.38	900.73	4.0
其中：养殖	824.03	888.45	
五、农林牧渔专业及辅助性活动产值	404.10	456.43	10.8

注：2022比2021年增长(%)按可比价格计算。

7–5　各市农林牧渔业总产值及增加值

(2022年)　　单位：亿元

市　别	农林牧渔业总产值	农业	林业	牧业	渔业	农林牧渔专业及辅助性活动	农林牧渔业增加值
广东省	**8892.29**	**4308.23**	**549.15**	**1680.24**	**1898.24**	**456.43**	**5531.56**
广州市	568.77	312.13	4.61	36.32	129.54	86.17	354.65
深圳市	48.26	15.67	0.36	3.15	26.86	2.23	26.63
珠海市	121.41	15.02	0.03	3.78	91.76	10.82	65.08
汕头市	254.95	124.89	0.41	32.73	79.79	17.13	144.94
佛山市	429.40	146.72	1.42	62.36	185.41	33.50	235.20
韶关市	375.39	211.61	35.64	109.29	14.23	4.62	226.50
河源市	253.75	144.76	43.73	53.89	7.10	4.27	164.20
梅州市	410.94	274.11	20.64	91.76	13.43	10.99	262.54
惠州市	434.25	288.28	15.69	65.66	57.94	6.68	280.24
汕尾市	309.24	121.64	7.56	34.59	129.12	16.34	194.37
东莞市	55.08	40.71	0.27	1.18	11.24	1.68	37.21
中山市	146.79	50.89	0.10	3.22	89.35	3.24	90.56
江门市	595.20	178.47	13.41	127.62	251.71	23.99	334.60
阳江市	420.33	116.74	13.20	80.82	194.14	15.44	257.85
湛江市	1104.08	597.79	21.37	161.54	274.44	48.95	703.37
茂名市	1130.02	594.59	97.01	266.31	133.52	38.59	713.71
肇庆市	759.42	344.61	116.59	164.79	94.81	38.60	502.71
清远市	552.45	271.98	55.93	164.13	22.41	38.01	346.55
潮州市	209.99	126.56	2.17	23.17	46.16	11.92	129.90
揭阳市	354.38	206.92	40.22	52.39	30.66	24.18	233.86
云浮市	358.19	124.15	58.79	141.55	14.63	19.08	226.87

注：本表产值按现行价格计算。

7–6 各县(市、区)农林牧渔业总产值

单位：万元

地　区	合计	农业	林业	牧业	渔业	农林牧渔专业及辅助性活动
广州市	**5687687**	**3121255**	**46101**	**363193**	**1295395**	**861742**
海珠区	20798	7059			11705	2035
荔湾区	82830	71302			6816	4712
天河区	103492	3235	76		38822	61358
白云区	682812	450920	1576	25647	44404	160265
黄埔区	95125	50889	4168		18022	22047
番禺区	650739	215216	846	32415	335309	66953
花都区	926465	582427	7194	52359	161615	122870
南沙区	1330324	561376	681	32082	593185	143000
从化区	615819	385966	16946	130129	13848	68929
增城区	1179282	792865	14614	90561	71670	209573
深圳市	**482643**	**156714**	**3567**	**31455**	**268565**	**22342**
福田区	44157		30		44128	
罗湖区	8459	172	549		7737	
盐田区	5146	3	22		5121	
南山区	25784	6064	125		19405	190
宝安区	21473	10778	224		10471	
龙岗区	49675	26729	520		20102	2324
龙华区	10123	9832	291			
坪山区	22437	21762	675			
光明区	43080	35960	258	6862		
深汕合作区	252310	45415	873	24593	161601	19828
珠海市	**1214146**	**150181**	**295**	**37832**	**917619**	**108219**
香洲区	65021	7531	125		50445	6919
金湾区	231526	65232	76	3600	150780	11837
斗门区	917599	77418	94	34231	716393	89463
汕头市	**2549536**	**1248896**	**4136**	**327311**	**797887**	**171306**
金平区	60639	27186	49	4	25373	8028
龙湖区	169427	96111		35192	15964	22160
澄海区	902866	459302	1105	173010	184383	85066
濠江区	157950	42657	71	10088	100309	4824
潮阳区	623568	336437	1197	45947	215203	24784
潮南区	398312	275904	374	59854	47476	14704
南澳县	236775	11299	1340	3216	209179	11740
佛山市	**4294041**	**1467167**	**14241**	**623614**	**1854054**	**334965**
禅城区	14241	1530			10923	1788
南海区	1259584	538700	1356	56420	550133	112975
顺德区	1340028	455047	104	31161	769992	83724
高明区	737042	240788	11744	187185	232425	64899
三水区	943145	231102	1037	348848	290580	71579
韶关市	**3753850**	**2116070**	**356412**	**1092903**	**142292**	**46174**
浈江区	151187	67692	17802	41593	16880	7221
武江区	143054	70307	13475	52081	5382	1809
曲江区	359711	181474	17752	131076	25509	3900
乐昌市	525444	349540	31111	120396	10214	14183
南雄市	631070	365482	61399	166677	31393	6119
仁化县	416771	247630	67545	80894	16236	4466
始兴县	443435	303626	47023	77772	11890	3124
翁源县	615996	281958	36229	281782	12357	3669
新丰县	289241	170201	19914	91847	6384	895
乳源县	177942	78161	44162	48785	6047	788

7-6 续表 1

单位：万元

地 区	合计	农业	林业	牧业	渔业	农林牧渔专业及辅助性活动
河源市	**2537526**	**1447649**	**437284**	**538881**	**71028**	**42685**
源城区	65661	38258	1071	24221	1919	192
东源县	491799	264346	78245	115017	22303	11888
和平县	430776	215843	101815	100568	7338	5212
龙川县	509657	269444	109884	105732	16827	7770
紫金县	689815	415892	118962	126261	12174	16527
连平县	349818	243866	27307	67082	10467	1096
梅州市	**4109361**	**2741062**	**206423**	**917641**	**134308**	**109926**
梅江区	142427	106300	7056	16685	9443	2944
梅县区	947985	731576	10194	140361	49164	16691
兴宁市	869357	616390	14102	207564	18712	12589
平远县	254743	157802	19159	52898	11853	13030
蕉岭县	297652	148256	62124	75021	6691	5560
大埔县	449403	356858	13206	63375	6801	9164
丰顺县	439792	231975	30256	149965	12362	15234
五华县	708005	391899	50329	211781	19282	34714
惠州市	**4342498**	**2882824**	**156924**	**656559**	**579432**	**66759**
惠城区	675434	417725	12874	102283	138024	4528
惠阳区	384621	336402	2927	10254	31798	3239
惠东县	1257747	752964	66975	150943	264952	21913
博罗县	1421942	922407	45832	310724	125153	17826
龙门县	602754	453326	28316	82354	19505	19253
汕尾市	**3092424**	**1216367**	**75597**	**345893**	**1291168**	**163399**
市城区	656257	69877	1488	23488	559190	2214
陆丰市	1377875	569545	10183	168404	553403	76340
海丰县	764918	399793	22286	94318	174449	74072
陆河县	293380	177153	41641	59688	4126	10773
东莞市	**550829**	**407107**	**2722**	**11759**	**112393**	**16847**
中山市	**1467873**	**508891**	**975**	**32165**	**893478**	**32364**
江门市	**5951956**	**1784698**	**134075**	**1276222**	**2517083**	**239878**
蓬江区	161354	41487	2807	3339	92897	20824
江海区	128165	37782	3	284	88226	1870
新会区	1128277	336297	14766	171585	539712	65917
台山市	2252867	515692	35482	268252	1406633	26808
开平市	1092619	370293	30108	471656	141696	78866
鹤山市	635771	249283	29705	162268	157574	36941
恩平市	552904	233863	21205	198839	90344	8652
阳江市	**4203252**	**1167365**	**131974**	**808181**	**1941364**	**154368**
江城区	930471	97837	4806	57712	731222	38894
阳东区	1000475	247964	37376	201372	485833	27930
阳春市	1188256	609647	62523	420440	43369	52277
阳西县	1084063	211918	27270	128668	680940	35267

7−6 续表 2

单位：万元

地 区	合计	农业	林业	牧业	渔业	农林牧渔专业及辅助性活动
湛江市	**11040798**	**5977894**	**213659**	**1615351**	**2744358**	**489535**
赤坎区	23216	10155	96	440	12086	438
霞山区	46361	8092	8	1009	35177	2074
麻章区	868130	231424	2143	71547	524714	38302
坡头区	395580	117204	1291	67358	198257	11470
雷州市	2425851	1551376	56073	217676	515413	85313
廉江市	2287562	1271737	86750	494902	320946	113227
吴川市	706942	230874	4262	166561	230357	74887
遂溪县	2480945	1197161	55528	484668	646479	97109
徐闻县	1806211	1359870	7508	111190	260928	66715
茂名市	**11300240**	**5945947**	**970082**	**2663148**	**1335206**	**385856**
茂南区	602374	285722	4009	247954	36053	28636
电白区	2766526	959342	161542	455712	1056860	133070
信宜市	2459654	1496383	229778	655717	34695	43081
高州市	3020354	1979946	210655	649342	82335	98076
化州市	2451331	1224554	364098	654423	125264	82993
肇庆市	**7594177**	**3446131**	**1165947**	**1647929**	**948137**	**386034**
端州区	4019	3007	710		298	4
鼎湖区	243253	94406	5524	33434	100038	9851
高要区	1806470	826815	117166	434440	364846	63203
四会市	1182059	373711	71839	309665	344080	82764
广宁县	867470	340804	256595	237936	10167	21969
德庆县	702527	487672	92091	63103	21358	38303
封开县	997761	562786	199500	148112	57017	30346
怀集县	1790619	756930	422521	421242	50333	139594
清远市	**5524450**	**2719789**	**559259**	**1641272**	**224062**	**380068**
清城区	566028	172165	31913	239494	66364	56092
清新区	973175	501799	76062	262364	88838	44113
英德市	1577607	560978	252197	556237	36988	171207
连州市	841342	523790	59568	172479	11299	74205
佛冈县	401171	266000	24355	89776	7698	13342
阳山县	791633	463012	53784	255035	7765	12037
连山县	175517	107074	28049	33702	2634	4058
连南县	197977	124972	33331	32185	2475	5014
潮州市	**2099904**	**1265646**	**21719**	**231665**	**461631**	**119243**
湘桥区	155873	119836	646	26277	7103	2012
潮安区	484629	378434	6677	35298	21408	42812
饶平县	1459396	767376	14395	170085	433121	74419
揭阳市	**3543769**	**2069158**	**402216**	**523932**	**306636**	**241827**
榕城区	214398	150128	8378	15478	22063	18351
揭东区	706573	476421	66913	86478	36231	40530
普宁市	709331	507226	58047	99880	11927	32251
揭西县	891755	464759	121336	193141	27511	85009
惠来县	1021712	470625	147542	128955	208905	65686
云浮市	**3581949**	**1241535**	**587933**	**1415474**	**146254**	**190753**
云城区	330863	132440	44112	134686	14119	5506
云安区	288350	134526	38369	99116	11653	4686
罗定市	1045061	344236	337092	279534	49494	34705
新兴县	1385381	357213	139364	697857	59505	131441
郁南县	532232	273122	29003	204209	11484	14415

7-7 各市农林牧渔业总产值及增加值发展速度

(2022年)

单位：%

市别	农林牧渔业总产值	农业	林业	牧业	渔业	农林牧渔专业及辅助性活动	农林牧渔业增加值
广东省	**104.8**	**104.2**	**107.8**	**103.9**	**104.6**	**110.8**	**105.3**
广州市	102.7	101.6	83.2	100.5	103.8	107.6	103.4
深圳市	101.2	100.0	62.4	102.6	102.3	109.0	101.0
珠海市	106.5	92.0	146.6	148.6	108.4	106.1	107.0
汕头市	105.5	102.8	72.3	104.8	109.8	108.6	104.5
佛山市	106.5	102.7	82.5	110.5	107.4	113.0	106.6
韶关市	104.3	103.4	109.1	104.8	101.2	108.5	104.9
河源市	104.7	103.2	106.9	106.4	107.5	107.5	104.7
梅州市	104.1	104.4	101.7	103.4	101.9	109.2	104.7
惠州市	107.7	106.3	130.3	107.5	109.4	114.2	107.0
汕尾市	106.2	104.9	110.8	103.5	107.5	109.3	107.2
东莞市	97.5	97.3	428.9	108.2	95.4	99.3	100.2
中山市	105.4	110.0	51.2	94.9	103.6	103.6	105.9
江门市	104.9	105.5	108.2	106.2	103.0	111.1	107.1
阳江市	101.7	102.0	102.6	101.0	103.3	125.1	102.6
湛江市	104.1	104.0	106.3	105.0	102.6	109.5	104.6
茂名市	105.1	103.5	116.5	101.6	109.5	116.2	105.7
肇庆市	103.4	103.1	103.5	101.1	104.2	114.9	104.1
清远市	106.6	105.2	123.5	103.8	101.6	111.4	107.3
潮州市	105.5	108.1	77.7	101.4	102.7	106.4	105.4
揭阳市	105.0	105.2	107.1	100.8	104.8	110.9	105.7
云浮市	104.3	103.5	107.6	104.2	95.5	107.2	104.4

注：发展速度按可比价格计算。

7-8 农村居民消费价格分类指数

(2022年) (上年=100)

项　　目	指　数	项　　目	指　数
居民消费价格指数	**102.3**	**生活用品及服务**	**101.8**
非食品烟酒价格指数	**102.0**	家具及室内装饰品	101.0
服务价格指数	**100.3**	家具	101.0
消费品价格指数	**103.5**	室内装饰品	98.8
扣除鲜菜鲜果价格指数	**101.8**	家用器具	102.2
食品烟酒	**103.0**	家用纺织品	100.6
食品	103.8	家庭日用杂品	100.5
粮食	100.4	个人护理用品	103.0
#大米	99.2	家庭服务	105.1
粮食制品	102.5	**交通通信**	**105.6**
薯类	112.9	交通	108.6
豆类	104.7	交通工具	96.7
食用油	105.8	交通工具用燃料	121.1
菜及食用菌	114.3	交通工具使用和维修	101.0
#鲜　菜	115.4	交通费	102.4
畜肉类	95.0	通信	98.3
猪　肉	92.4	通信工具	97.5
禽肉类	105.3	通信服务	98.5
水产品	105.2	邮递服务	99.5
蛋类	107.7	**教育文化娱乐**	**102.2**
奶类	96.7	教育	102.9
干鲜瓜果类	110.7	教育用品	101.4
#鲜　果	112.3	教育服务	102.9
糖果糕点类	103.0	#学前教育	103.0
调味品	103.0	小学初中教育	109.2
其他食品类	102.2	高中中职教育	101.4
茶及饮料	101.4	文化娱乐	100.7
烟酒	102.2	文娱耐用消费品	100.4
卷烟	102.4	其他文娱用品	100.8
酒类	101.4	文化娱乐服务	100.7
在外餐饮	100.3	旅游	100.9
衣着	**99.2**	**医疗保健**	**99.7**
服装	99.1	药品及医疗器具	100.5
衣着材料及配件	102.9	中药	100.4
衣着服务费	101.5	西药	100.5
鞋类	99.6	滋补保健品	101.9
鞋类服务	102.8	医疗卫生器具	97.0
居住	**101.2**	保健器具	100.0
租赁房房租	100.1	医疗服务	99.6
住房保养维修及管理	102.3	**其他用品及服务**	**102.3**
水电燃料	105.9	其他用品	102.7
自有住房	98.9	其他服务	101.9

7–9 农产品生产者价格指数

(上年=100)

项　　目	2017	2018	2019	2020	2021	2022
农产品生产者价格指数	**99.4**	**101.3**	**107.3**	**104.7**	**98.8**	**100.1**
农业产品	**100.9**	**100.1**	**103.5**	**99.8**	**100.8**	**102.8**
谷物	100.5	101.0	98.3	100.5	104.1	101.8
#稻谷	100.5	101.0	98.3	100.5	104.1	101.6
薯类	107.6	106.3	103.1	99.4	95.5	98.8
油料	98.8	102.2	103.8	106.2	100.9	101.0
豆类	96.4	102.2	99.4	102.3	106.6	102.2
糖料	114.4	91.4	93.6	105.0	101.0	104.0
未加工烟草	99.4	97.5	102.8	101.8	104.9	102.1
蔬菜及食用菌	95.6	101.1	102.3	100.4	103.3	101.6
#叶菜类蔬菜	90.9	103.1	103.2	99.0	102.8	103.6
白菜类蔬菜	90.3	100.6	102.3	101.0	102.6	101.3
芥菜类蔬菜	95.1	99.2	100.7	101.3	106.5	100.8
甘蓝类蔬菜	85.9	100.7	98.6	102.8	103.6	97.4
根茎类蔬菜	93.9	104.9	92.8	98.5	102.7	101.0
瓜菜类蔬菜	104.8	98.6	104.8	101.5	100.4	101.9
豆类蔬菜	102.8	99.2	105.6	97.7	108.8	102.1
茄果类蔬菜	101.7	103.0	113.1	94.3	102.7	102.6
莴苣及菊苣类蔬菜	94.5	102.9	101.3	108.7	100.0	102.5
葱蒜类蔬菜	98.9	102.1	97.1	101.7	106.9	100.1
花卉	104.4	101.6	94.5	102.3	96.0	99.5
盆景及园艺产品	94.7	99.2	94.1	93.2	98.8	100.8
水果及坚果	106.1	95.0	124.0	96.7	93.7	105.2
茶及饮料原料	103.7	104.6	102.2	99.8	101.6	102.6
林业产品	**102.0**	**99.4**	**98.0**	**99.5**	**109.3**	**99.8**
育种和育苗	93.5	100.1	98.2	103.9	102.0	99.9
木材采伐产品	100.5	101.2	99.9	98.4	108.0	97.8
竹材采伐产品	99.8	100.5	100.1	96.1	102.5	100.5
林产品	117.1	93.2	91.2	99.4	127.1	100.1
饲养动物及其产品	**92.0**	**101.6**	**121.0**	**119.5**	**88.2**	**92.0**
活牲畜	89.1	89.7	140.5	157.9	69.1	83.5
#猪	89.1	89.7	140.5	157.9	69.1	83.5
活家禽	96.7	107.5	109.3	89.0	103.1	102.0
#鸡	98.6	103.9	108.8	92.0	103.2	102.1
鸭	99.7	111.9	107.5	89.3	107.0	101.5
畜禽产品	87.6	120.3	95.7	88.7	104.3	103.5
#鸡蛋	81.2	112.9	99.7	94.7	100.4	103.1
鸭蛋	103.1	138.4	85.9	74.0	113.9	110.7
渔业产品	**103.9**	**103.6**	**102.1**	**99.2**	**105.0**	**101.6**
海水养殖产品	104.9	103.2	103.5	97.3	102.4	101.3
#海水养殖鱼	104.8	104.6	105.1	99.3	101.3	98.1
海水养殖虾	103.1	100.3	99.1	99.6	101.5	103.5
海水捕捞产品	104.7	105.6	105.2	101.2	106.0	101.6
#海水捕捞鲜鱼	104.3	106.3	105.7	100.5	101.4	100.9
海水捕捞虾	107.4	103.4	105.0	105.8	105.8	119.4
淡水养殖产品	103.0	101.9	100.4	98.5	104.3	101.9
#养殖淡水鱼	103.2	102.0	99.4	101.5	105.2	101.3
淡水养殖虾	102.0	101.3	104.0	87.1	100.6	103.6
淡水捕捞产品	102.8	109.9	100.2	106.2	110.1	
#捕捞淡水鱼	101.7	112.4	100.0	107.0	102.3	
淡水捕捞鲜虾	105.9	106.7	100.1	102.5	110.1	

八、种植业

种植业

【概况】2022 年，全省粮食作物播种面积 3345.43 万亩，增长 0.8%；粮食总产量 1291.54 万吨，增长 0.9%；粮食单产 386.1 公斤 / 亩，增长 0.1%。面积、单产、产量实现“四连增”，产量为近 10 年来最高水平。蔬菜种植面积 2142.56 万亩，增长 2.6%；蔬菜及食用菌产量 3999.11 万吨，增长 3.7%。园林水果面积 1603.68 万亩，增长 1.7%，水果产量 1895.18 万吨，增长 3.7%。实有茶园面积 149.19 万亩，增长 11.4%；茶叶产量 16.08 万吨，增长 15.3%。鲜切花产量增长 3.5%，盆栽观赏植物产量 7.15 亿盆，增长 14.2%。中草药面积 102.74 万亩，增长 21.5%；产量 49.15 万吨，增长 18.3%。

【粮食生产实现“三增”】2022 年，国家下达全省粮食播种面积 3313.3 万亩，大豆播种面积 48.9 万亩的粮食生产目标任务，要求“产量不降低，力争有增产”。全省各地充分利用撂荒耕地复耕复种、种植结构调整、发展冬种生产等途径增加粮食种植面积，克服超强“龙舟水”和台风“暹芭”的严重影响，加大对粮食烘干设施支持和政策性保险理赔力度，减少粮食因灾损失，提高灾后复产能力。落实“以晚补早”措施，出台《广东省支持 2022 年晚造粮食生产 12 条措施》，对晚稻统防统治、机收减损等予以补助，安排省级实际种粮农民一次性补贴资金 2.9 亿元。在 33 个县（市、区）开展高产攻关竞赛活动，把小面积攻关产量转化成大田产量，带动大面积平衡增产。推进双季稻轮作试点面积 100 万亩，在 17 个地市推广“稻稻薯”“稻稻菜”“稻稻油”等双季稻轮作模式。全省粮食播种面积 3345.43 万亩，增加 25.89 万亩，大豆播种面积 52.05 万亩，增加 3.1 万亩，超额完成国家下达我省任务；粮食产量 1291.5 万吨，增加 11.6 万吨，实现国家要求“产量不下降，力争有增产”的目标；粮食单产 386.05 公斤 / 亩，增加 0.48 公斤 / 亩。

【荔枝龙眼产业大会】2022 年 5 月 29 日，2022 年中国荔枝龙眼产业大会在我省茂名市成功举办。大会以“放‘眼’世界，全链引领，‘荔’开新局”为主题，以打好“四张牌”、推动全链条发展为重点，抢抓 RCEP 生效东风，邀请 RCEP 成员国驻广州领事馆领事代表参会，农业农村部副部长张桃林作视频讲话，省人大常委会副主任叶贞琴出席会议并作讲话，全国荔枝龙眼主产区相关负责人以及国内荔枝龙眼专家学者、客商代表、种植大户等 500 多人参加大会。

【第四届茶产业大会】2022 年 8 月 20 日，第四届广东茶叶产业大会暨广东省农业龙头企业大会在广东珠西国际会展中心召开。大会以“五邑茶，和天下；聚龙头，促振兴”为口号，全面打造广东茶叶产业发展交流平台，展示我省茶叶产业链成果、农业龙头企业建设成果，继续做强做优广东茶产业及其他农业产业，使广东率先成为全国生态茶叶大省，加快迈向农业强省，赢得了广大市民的热情参与和点赞。本届大会在前三届广东茶叶产业大会上再升级，与广东省农业龙头企业大会两会合一，多角度展示广东乡村振兴的发展成果。本次大会邀请了中国工程院院士刘仲华视频致辞，为广东茶叶、江门茶叶点赞。

【推进撂荒耕地复耕复种】将推进撂荒耕地复耕复种纳入乡村振兴考核重要内容，压实市、县党政责任。出台《广东省支持 2022 年晚造粮食生产12条措施》等政策文件，《广东省乡村振兴促进条例》首次对撂荒耕地复耕复种作出制度性安排，规定了代耕、引导流转、生产托管、停发补贴等推进撂荒耕地复耕复种的具体规范。继续利用卫星遥感等现代信息技术对全省疑似撂荒耕地进行精准识别、实地核查并指导复耕，引导撂荒耕地经营权通过转包（出租）、代耕代种、联耕联种等多种方式向新型经营主体进行流转承包，推广生产全程托管服务。省级出台撂荒耕地复耕复种奖补政策，统筹安排省级涉农资金3亿元，对2022年撂荒耕地复耕复种实施主体给予适当奖补。指导各地主动对接金融机构，多渠道助农助推复耕复种。2022年全年复耕复种可复耕撂荒耕地72.72万亩。

8-1 主要年份农作物播种面积及构成

年份	农作物播种面积	一、粮食作物	稻谷	薯类	大豆
一、绝对数(千公顷)					
1949	5285.95	4782.80	4126.20	495.80	92.58
1952	5608.83	4942.60	4053.60	665.60	93.81
1957	6326.93	5386.67	4040.93	817.45	95.87
1962	5687.57	4767.53	3655.80	787.50	77.33
1965	5799.75	4589.60	3609.07	655.65	75.33
1970	6254.66	4638.80	3771.79	601.62	77.63
1975	6836.83	5037.54	3914.25	612.29	131.73
1978	6641.64	5068.98	3860.66	582.01	109.14
1980	5969.89	4605.35	3730.73	533.78	132.12
1985	5357.88	3833.84	3210.54	487.22	116.81
1990	5671.56	3881.37	3175.78	501.13	114.96
1995	5304.80	3368.16	2701.42	515.01	103.90
2000	5156.90	3099.89	2412.70	426.76	96.97
2005	4815.37	2786.50	2137.60	386.50	83.80
2010	4262.77	2386.33	1918.14	261.77	48.44
2015	4194.55	2193.30	1804.76	213.19	34.47
2017	4227.51	2169.73	1805.42	200.02	31.16
2018	4279.36	2151.04	1787.39	199.81	31.79
2019	4357.38	2160.64	1793.67	202.49	32.57
2020	4451.81	2204.69	1834.44	202.89	32.61
2021	4498.36	2213.04	1827.42	211.39	32.63
2022	4553.47	2230.29	1835.89	216.34	34.70
二、构成(%)					
1949	100.0	90.5	78.1	9.4	1.8
1952	100.0	88.1	72.3	11.9	1.7
1957	100.0	85.1	63.9	12.9	1.5
1962	100.0	83.8	64.3	13.8	1.4
1965	100.0	79.1	62.2	11.3	1.3
1970	100.0	74.2	60.3	9.6	1.2
1975	100.0	73.7	57.3	9.0	1.9
1978	100.0	76.3	58.1	8.8	1.6
1980	100.0	77.1	62.5	8.9	2.2
1985	100.0	71.6	59.9	9.1	2.2
1990	100.0	68.4	56.0	8.8	2.0
1995	100.0	63.5	50.9	9.7	2.0
2000	100.0	60.1	46.8	8.3	1.9
2005	100.0	57.9	44.4	8.0	1.7
2010	100.0	56.0	45.0	6.1	1.1
2015	100.0	52.3	43.0	5.1	0.8
2017	100.0	51.3	42.7	4.7	0.7
2018	100.0	50.3	41.8	4.7	0.7
2019	100.0	49.6	41.2	4.6	0.7
2020	100.0	49.5	41.2	4.6	0.7
2021	100.0	49.2	40.6	4.7	0.7
2022	100.0	49.0	40.3	4.8	0.8

注：2007年起经济作物播种面积为甘蔗、油料作物、麻类、烟叶、药材、蔬菜、瓜果类、其他农作物面积之和，2005年起大豆统计在粮食作物分类中，下表同。

8-1 续表

年　份	二、经济作物	糖　蔗	花　生	黄红麻	红(土)烟	黄(烤)烟
一、绝对数(千公顷)						
1949	410.57	28.93	75.33	3.72	5.00	3.00
1952	572.42	59.93	133.58	8.07	10.87	4.82
1957	844.39	96.95	201.69	22.50	16.07	6.69
1962	842.71	61.49	195.95	12.89	15.54	4.13
1965	1134.82	148.55	287.89	17.31	15.07	5.12
1970	1538.23	170.03	310.05	23.09	14.09	7.67
1975	1667.56	184.28	316.87	46.21	22.85	15.35
1978	1463.52	172.64	324.41	63.29	18.17	27.96
1980	1232.43	145.71	368.83	28.03	14.58	11.17
1985	1407.23	295.22	363.85	38.87	19.13	17.71
1990	1675.23	279.82	323.97	4.84	14.59	31.11
1995	1832.74	213.45	330.07	2.70	5.62	23.93
2000	1960.04	159.74	331.07	1.03	5.32	25.78
2005	2028.87	125.39	309.41	0.53	5.10	26.54
2010	1876.45	136.72	307.38	0.19	2.12	19.57
2015	2001.26	143.57	316.58	0.10	1.97	16.30
2017	2057.78	146.24	319.10	0.08	1.80	15.61
2018	2128.32	148.78	332.48	0.07	2.05	15.42
2019	2196.74	147.06	340.52	0.07	1.99	14.74
2020	2247.12	136.79	347.57	0.06	1.93	14.56
2021	2285.32	128.40	349.68	0.06	1.78	14.06
2022	2323.18	126.10	346.79	0.04	1.35	13.97
二、构成(%)						
1949	7.8	0.5	1.4	0.1	0.1	0.1
1952	10.2	1.1	2.4	0.1	0.2	0.1
1957	13.3	1.5	3.2	0.4	0.3	0.1
1962	14.8	1.1	3.4	0.2	0.3	0.1
1965	19.6	2.6	5.0	0.3	0.3	0.1
1970	24.6	2.7	5.0	0.4	0.2	0.1
1975	24.4	2.7	4.6	0.7	0.3	0.2
1978	22.0	2.6	4.9	1.0	0.3	0.4
1980	20.6	2.4	6.2	0.5	0.2	0.2
1985	26.3	5.5	6.8	0.7	0.4	0.3
1990	29.5	4.9	5.7	0.1	0.3	0.5
1995	34.5	4.0	6.2	0.1	0.1	0.5
2000	38.0	3.1	6.4	…	0.1	0.5
2005	42.1	2.6	6.4	…	0.1	0.6
2010	44.0	3.2	7.2	…	…	0.5
2015	47.7	3.4	7.5	…	…	0.4
2017	48.7	3.5	7.5	…	…	0.4
2018	49.7	3.5	7.8	…	…	0.4
2019	50.4	3.4	7.8	…	…	0.3
2020	50.5	3.1	7.8	…	…	0.3
2021	50.8	2.9	7.8	…	…	0.3
2022	51.0	2.8	7.6	…	…	0.3

8-2 主要年份农作物产量及指数

年 份	粮食				糖蔗	花生	黄红麻	红(土)烟	黄(烤)烟
		稻谷	薯类	大豆					
一、绝对数(万吨)									
1949	685.85	621.35	55.85	4.62	66.91	6.63	0.48	0.58	0.23
1952	797.40	707.15	76.50	5.41	265.47	13.20	1.44	1.29	0.34
1957	1007.15	849.10	130.15	4.39	429.72	16.86	3.98	1.63	0.49
1962	929.60	820.25	89.15	3.84	180.60	15.60	2.22	1.15	0.26
1965	1227.65	1098.60	106.90	4.74	637.93	25.97	3.99	1.49	0.59
1970	1283.82	1157.04	103.10	5.79	656.93	32.16	6.24	1.60	0.70
1975	1464.58	1301.35	122.27	9.13	711.61	31.84	13.77	2.52	1.54
1978	1509.51	1328.56	121.04	7.99	835.42	35.17	18.07	1.97	2.76
1980	1681.91	1523.92	123.68	11.47	734.73	50.00	10.18	1.68	1.04
1985	1604.37	1454.29	131.88	11.32	1831.40	57.07	11.30	2.60	2.29
1990	1896.29	1687.00	167.05	13.87	2093.46	57.95	1.04	2.44	4.64
1995	1803.33	1553.90	209.40	16.50	1472.21	69.98	0.79	1.08	3.96
2000	1822.33	1528.53	199.05	18.73	1137.59	77.68	0.27	1.26	4.95
2005	1394.97	1116.99	185.48	18.87	946.03	75.86	0.14	1.24	5.06
2010	1249.15	1041.80	129.01	11.20	1064.09	81.59	0.03	0.56	4.44
2015	1211.66	1040.82	102.34	9.03	1093.58	94.48	0.02	0.39	3.95
2017	1208.56	1046.34	95.43	8.48	1144.14	98.42	0.02	0.52	3.74
2018	1193.49	1032.07	94.67	8.71	1207.97	104.40	0.02	0.58	3.75
2019	1240.80	1075.05	97.41	9.04	1241.64	108.69	0.02	0.57	3.60
2020	1267.56	1099.58	97.29	9.10	1176.25	112.05	0.02	0.55	3.57
2021	1279.87	1104.41	102.72	8.64	1118.20	115.87	0.02	0.48	3.39
2022	1291.54	1108.63	107.01	9.27	1107.76	115.93	0.01	0.38	3.34
二、指数									
1949	100.0	100.0	100.0	100.0	100.0	100.0	100.0	100.0	100.0
1952	116.3	113.8	137.0	117.1	396.8	199.1	300.0	222.4	147.8
1957	146.8	136.7	233.0	95.0	642.2	254.3	829.2	281.0	213.0
1962	135.5	132.0	159.6	83.1	269.9	235.3	462.5	198.3	113.0
1965	179.0	176.8	191.4	102.6	953.4	391.7	831.3	256.9	256.5
1970	187.2	186.2	184.6	125.3	981.8	485.1	1300.0	275.9	304.3
1975	213.5	209.4	218.9	197.6	1063.5	480.2	2868.8	434.5	669.6
1978	220.1	213.8	216.7	172.9	1248.6	530.5	3764.6	339.7	1200.0
1980	245.2	245.3	221.5	248.3	1098.1	754.1	2120.8	289.7	452.2
1985	233.9	234.1	236.1	245.0	2737.1	860.8	2354.2	448.3	995.7
1990	276.5	271.5	299.1	300.2	3128.8	874.1	216.7	420.7	2017.4
1995	262.9	250.1	374.9	357.1	2200.3	1055.5	164.6	186.2	1721.7
2000	265.7	246.0	356.4	405.4	1700.2	1171.6	56.3	217.2	2152.2
2005	203.4	179.8	332.1	408.4	1413.9	1144.2	29.2	213.8	2200.0
2010	182.1	167.7	231.0	242.4	1590.3	1230.6	6.5	95.9	1930.8
2015	176.7	167.5	183.2	195.5	1634.4	1425.1	3.4	66.4	1715.7
2017	176.2	168.4	170.9	183.5	1710.0	1484.4	4.3	90.3	1625.1
2018	174.0	166.1	169.5	188.5	1805.4	1574.7	4.0	100.1	1631.1
2019	180.9	173.0	174.4	195.7	1855.7	1639.3	3.9	97.7	1565.0
2020	184.8	177.0	174.2	197.0	1758.0	1690.1	4.2	94.0	1553.8
2021	186.6	177.7	183.9	187.0	1671.2	1747.7	4.1	83.3	1476.0
2022	188.3	178.4	191.6	200.6	1655.6	1748.5	3.0	65.3	1450.0

8-3 主要农作物播种面积、单产及总产量

单位：千公顷、千克、万吨

项　目	2020年			2021年			2022年		
	面积	亩产	总产量	面积	亩产	总产量	面积	亩产	总产量
农作物总播种面积									
一、粮食作物	**2204.69**	**383**	**1267.56**	**2213.04**	**386**	**1279.87**	**2230.29**	**386**	**1291.54**
1.稻谷	1834.44	400	1099.58	1827.42	403	1104.41	1835.89	403	1108.63
早稻	869.14	398	518.52	858.56	407	524.15	864.23	401	520.09
晚稻	965.30	401	581.06	968.86	399	580.26	971.67	404	588.54
2.小麦	0.38	244	0.14	0.25	243	0.09	0.42	235	0.15
3.玉米	123.14	315	58.15	129.79	312	60.80	131.91	320	63.41
4.薯类(五折一)	202.89	320	97.29	211.39	324	102.72	216.34	330	107.01
番薯	154.71	317	73.65	164.87	327	80.86	172.34	331	85.66
马铃薯	48.17	327	23.64	46.52	313	21.86	44.00	323	21.35
5.大豆	32.61	186	9.10	32.63	177	8.64	34.70	178	9.27
二、经济作物	**2247.12**			**2285.32**			**2323.18**		
1.甘蔗	158.92	5734	1366.81	150.11	5803	1306.60	147.20	5852	1292.05
糖蔗	136.79	5733	1176.25	128.40	5806	1118.20	126.10	5857	1107.76
果蔗	22.14	5739	190.55	21.71	5786	188.39	21.10	5823	184.30
2.油料作物	355.29	213	113.52	357.44	219	117.30	355.21	220	117.43
其中：花生	347.57	215	112.05	349.68	221	115.87	346.79	223	115.93
芝麻	3.24	128	0.62	3.22	131	0.63	3.24	131	0.64
油菜籽	4.36	123	0.81	4.42	115	0.76	5.08	109	0.83
3.麻类	0.06	206	0.02	0.06	212	0.02	0.04	245	0.01
其中：黄红麻	0.06	206	0.02	0.05	219	0.02	0.04	205	0.01
4.烟叶	16.49	167	4.12	15.85	163	3.88	15.32	162	3.71
烤烟	14.56	164	3.57	14.06	161	3.39	13.97	159	3.34
红烟	1.93	188	0.55	1.78	181	0.48	1.35	187	0.38
5.药材	53.07			56.38			68.49		
6.蔬菜(含菜用瓜)	1363.55	1812	3706.85	1392.25	1846	3855.73	1428.38	1867	3999.11
7.瓜果类	42.38	1988	126.41	43.13	2026	131.06	43.27	2052	133.20
8.其他农作物	257.36			270.11			265.28		
木薯	63.97	1416	135.83	63.61	1429	136.33	60.98	1450	132.67

8-4 各市粮食作物播种面积和产量

(2022年)　　单位：公顷、千克、吨

市　别	粮食作物			#稻谷			#晚稻		
	播种面积	亩产	总产量	播种面积	亩产	总产量	播种面积	亩产	总产量
全　省	**2230286**	**386**	**12915441**	**1835893**	**403**	**11086285**	**971667**	**404**	**5885385**
广州市	29881	343	153841	23814	352	125878	11636	354	61808
深圳市	1871	340	9552	766	323	3711	541	326	2641
珠海市	5484	364	29948	4518	390	26402	2259	369	12509
汕头市	68806	448	462245	46134	468	323649	23398	487	171016
佛山市	9343	353	49508	6971	374	39083	3070	358	16497
韶关市	122263	414	759026	103602	435	676732	65235	454	444308
河源市	134092	405	815442	122962	420	774792	63598	432	412541
梅州市	184218	412	1137704	162526	434	1057183	82744	441	547854
惠州市	113851	363	619501	85135	373	476905	46605	376	262609
汕尾市	83041	357	444580	69498	369	384239	35439	389	206681
东莞市	1999	336	10067	1451	367	7997	742	359	3998
中山市	2927	347	15240	2385	355	12693	1106	343	5695
江门市	187141	353	990323	169789	362	921591	87043	349	455389
阳江市	121522	349	635310	107529	362	583130	59074	360	319132
湛江市	283867	363	1546427	225432	376	1270376	126100	363	687328
茂名市	251164	407	1531722	210555	424	1337728	114109	424	726554
肇庆市	200368	410	1233610	168666	430	1087835	85146	433	553006
清远市	150997	325	736291	121790	348	636528	61562	353	326128
潮州市	42625	436	278446	32117	470	226274	15460	456	105770
揭阳市	131931	411	814174	82044	427	526036	42269	418	264821
云浮市	102895	416	642486	88208	444	587523	44529	448	299100

8-4 续表

(2022年)　　单位：公顷、千克、吨

市　别	#小麦			#薯类			#大豆		
	播种面积	亩产	总产量	播种面积	亩产	总产量	播种面积	亩产	总产量
全　省	**423**	**235**	**1489**	**216343**	**330**	**1070067**	**34700**	**178**	**92661**
广州市	11	199	32	2594	285	11100	383	185	1062
深圳市				601	321	2894	27	161	64
珠海市				448	166	1116	133	166	330
汕头市				19838	405	120499	429	184	1180
佛山市	43	298	191	1364	282	5768	79	180	213
韶关市	10	231	33	4443	342	22822	3154	178	8417
河源市	64	322	309	3812	233	13341	2652	182	7223
梅州市	4	149	10	8864	263	35007	4081	172	10499
惠州市				11494	328	56621	1321	169	3346
汕尾市	9	252	33	8509	302	38520	1339	186	3741
东莞市	6	398	33	243	268	979	72	147	160
中山市				295	320	1415	41	178	110
江门市				10262	257	39506	2208	185	6117
阳江市				5615	259	21814	3314	174	8634
湛江市				33485	332	166512	1848	188	5205
茂名市	129	296	574	22940	321	110563	2907	166	7241
肇庆市				19365	319	92707	2353	178	6292
清远市	121	100	182	7311	219	24013	3443	183	9436
潮州市				6493	320	31128	707	187	1989
揭阳市				42759	398	255546	2743	182	7485
云浮市	26	235	92	5608	216	18196	1465	178	3917

8-5 各市农作物播种面积和产量

(2022年)　　单位：公顷、千克、吨

市　别	甘蔗			糖蔗			油料		
	播种面积	亩产	总产量	播种面积	亩产	总产量	播种面积	亩产	总产量
全　省	**147195**	**5852**	**12920546**	**126095**	**5857**	**11077591**	**355212**	**220**	**1174268**
广州市	4230	8292	526096				3221	194	9370
深圳市	27	3806	1549	8	3112	361	238	105	377
珠海市	8	6000	750				174	257	671
汕头市	89	8046	10782				1204	168	3037
佛山市	23	2765	943				670	204	2054
韶关市	2602	7394	288625	299	5674	25481	40336	231	139690
河源市	676	5023	50959	340	5008	25546	24503	216	79528
梅州市	1246	2550	47644	74	2050	2265	12938	195	37873
惠州市	921	6878	94996	483	7380	53502	17064	205	52433
汕尾市	332	4311	21464	69	4821	5023	14350	172	36934
东莞市	25	5395	2023				28	214	89
中山市	23	4453	1563	1	4600	46	15	311	69
江门市	2333	5175	181111	788	6423	75938	12479	182	34130
阳江市	933	3017	42232	179	4636	12466	20714	159	49371
湛江市	120420	5834	10537235	115320	5857	10131424	65972	257	253892
茂名市	7529	5065	571982	6856	5160	530687	45733	232	159426
肇庆市	1533	4810	110563	151	5102	11521	28431	217	92604
清远市	3309	7356	365120	1527	8879	203331	38749	221	128494
潮州市	169	7037	17839				1987	180	5371
揭阳市	504	4511	34129				8501	275	35093
云浮市	261	3303	12941				17906	200	53762

8-5 续表 1

(2022年)　　单位：公顷、千克、吨

市　别	# 花生			麻类			烟叶		
	播种面积	亩产	总产量	播种面积	亩产	总产量	播种面积	亩产	总产量
全　省	**346794**	**223**	**1159262**	**40**	**245**	**146**	**15320**	**162**	**37137**
广州市	3211	194	9349						
深圳市	157	128	300						
珠海市	169	261	663						
汕头市	1204	168	3037						
佛山市	668	204	2050				2	593	16
韶关市	36682	244	134448				8394	154	19438
河源市	24377	217	79265						
梅州市	12675	195	37169				4344	160	10414
惠州市	17064	205	52433						
汕尾市	13078	176	34454						
东莞市	28	214	89						
中山市	14	316	68						
江门市	12389	183	33959				0	200	1
阳江市	20669	159	49310				4	200	11
湛江市	64517	259	250763				118	202	358
茂名市	45548	233	158873				780	209	2445
肇庆市	28402	217	92574	13	133	26	1065	183	2929
清远市	38235	223	127662				609	165	1505
潮州市	1896	180	5113						
揭阳市	8208	280	34497	27	301	120	5	286	20
云浮市	17603	201	53186	0					

8-5 续表 2

(2022年)　　单位：公顷、千克、吨

市别	药材面积	蔬菜			瓜类		
		播种面积	亩产	总产量	播种面积	亩产	总产量
全　省	**68492**	**1428375**	**1867**	**39991095**	**43271**	**2052**	**1331955**
广州市	263	149368	1837	4115685	335	1171	5885
深圳市	44	8885	1290	171964	233	719	2512
珠海市	26	7146	1306	140024	259	801	3107
汕头市	45	46563	2586	1806333	667	2290	22921
佛山市	303	33480	1696	851627	2168	1509	49089
韶关市	2968	62425	1601	1499562	5218	1902	148885
河源市	1370	40790	1358	831102	519	1576	12271
梅州市	5813	74703	2313	2592263	3514	2024	106673
惠州市	932	127158	1857	3542043	1733	1681	43707
汕尾市	87	56038	1778	1494858	2458	2289	84411
东莞市	73	20044	1367	410887	87	1015	1329
中山市	4	15133	1643	372920	133	1256	2511
江门市	3012	77036	1709	1974455	1697	1656	42167
阳江市	4602	56735	1156	983673	2178	1736	56718
湛江市	4037	163057	1856	4539338	9586	2195	315547
茂名市	22168	127714	2021	3871504	1050	1140	17960
肇庆市	7786	96086	2233	3218728	7433	2682	299050
清远市	2785	163766	1648	4047773	2691	2118	85479
潮州市	388	16361	2322	569957	125	1788	3357
揭阳市	1108	58138	2630	2293892	287	2356	10146
云浮市	10676	27748	1592	662506	898	1354	18230

8-5 续表 3

(2022年)　　单位：公顷、千克、吨

市别	其他农作物	#木薯			#青饲料	#绿肥
	面　积	播种面积	亩产	总产量	面　积	面　积
全　省	**265276**	**60979**	**1450**	**1326724**	**43387**	**35761**
广州市	25013	107	1125	1811	264	1033
深圳市	245	10	2263	344		
珠海市	2345	3	846	44	347	25
汕头市	1437	20	3433	1030	111	765
佛山市	17770	10	1748	250	4234	246
韶关市	12532	579	1692	14693	3006	6576
河源市	5097	2057	999	30824	839	2056
梅州市	26755	6710	1129	113647	10450	5393
惠州市	3196	55	1675	1390	460	98
汕尾市	2464	1671	2325	58272	374	118
东莞市	2125				53	112
中山市	9595	7	1470	147	10	
江门市	33228	2185	1572	51530	3177	877
阳江市	5151	3349	1071	53797	40	7
湛江市	23666	9606	1921	276839	779	15
茂名市	11444	5137	1377	106123	1902	1266
肇庆市	34766	15271	1355	310436	6035	4154
清远市	25809	4560	1329	90938	7337	10776
潮州市	2549	169	1205	3047	1064	6
揭阳市	4389	553	1651	13688	1216	197
云浮市	15702	8920	1479	197874	1690	2040

8–6 各县(市、区)粮食作物播种面积和产量

(2022年)　　单位：公顷、千克、吨

地 区	粮食作物			#稻谷			#薯类(五折一)		
	播种面积	亩产	总产量	播种面积	亩产	总产量	播种面积	亩产	总产量
广州市	**29881**	**343**	**153841**	**23814**	**352**	**125878**	**2594**	**285**	**11100**
越秀区									
海珠区									
荔湾区									
天河区									
白云区	567	369	3141	362	385	2090	77	350	402
黄埔区	549	329	2706	358	330	1772	102	172	263
番禺区	308	283	1304	135	272	553	94	244	345
花都区	2339	319	11206	685	357	3668	303	272	1235
南沙区	1491	323	7221	1010	331	5021	166	232	578
从化区	14239	343	73218	12411	349	64900	1117	303	5075
增城区	10388	353	55044	8852	361	47874	735	291	3203
深圳市	**1871**	**340**	**9552**	**766**	**323**	**3711**	**601**	**321**	**2894**
福田区									
罗湖区									
盐田区									
南山区									
宝安区									
龙岗区	57	340	289	15	373	82	25	320	118
龙华区									
坪山区									
光明区	236	265	940	21	355	110	166	178	444
深汕合作区	1578	352	8323	731	321	3519	410	379	2332
珠海市	**5484**	**364**	**29948**	**4518**	**390**	**26402**	**448**	**166**	**1116**
香洲区	57	195	166	15	216	47	28	120	50
金湾区	661	283	2810	276	393	1629	224	68	229
斗门区	4766	377	26972	4227	390	24726	196	285	837
汕头市	**68806**	**448**	**462245**	**46134**	**468**	**323649**	**19838**	**405**	**120499**
金平区	1524	465	10623	1486	467	10403	37	393	220
龙湖区	2802	482	20243	2062	507	15688	400	401	2408
澄海区	12588	487	91947	9716	498	72508	1109	455	7570
濠江区	2349	432	15219	1199	480	8633	1061	393	6251
潮阳区	25033	435	163382	15622	460	107894	9207	389	53754
潮南区	24000	436	156976	15799	451	106765	7774	414	48291
南澳县	511	503	3855	249	471	1758	251	533	2005
佛山市	**9343**	**353**	**49508**	**6971**	**374**	**39083**	**1364**	**282**	**5768**
禅城区									
南海区	941	355	5017	651	374	3658	149	280	624
顺德区	39	364	213				6	250	22
高明区	6128	351	32238	4877	371	27147	795	259	3084
三水区	2235	359	12040	1443	383	8278	415	328	2038
韶关市	**122263**	**414**	**759026**	**103602**	**435**	**676732**	**4443**	**342**	**22822**
浈江区	3087	430	19913	2764	444	18413	76	294	335
武江区	3926	420	24724	3501	437	22948	88	332	440
曲江区	12070	420	76042	10755	433	69824	261	402	1575
乐昌市	14561	414	90494	10474	461	72358	666	394	3932
南雄市	35110	398	209679	30153	424	191783	1911	272	7791
仁化县	10129	456	69308	8007	483	58065	250	463	1740
始兴县	10936	456	74831	9810	469	68971	184	416	1152
翁源县	15762	403	95324	14350	409	88119	427	396	2537
新丰县	9146	399	54690	7972	414	49456	212	428	1360
乳源县	7536	389	44022	5816	422	36795	367	356	1961

8-6 续表 1

(2022年)　　单位：公顷、千克、吨

地　区	粮食作物			# 稻谷			# 薯类(五折一)		
	播种面积	亩产	总产量	播种面积	亩产	总产量	播种面积	亩产	总产量
河源市	**134092**	**405**	**815442**	**122962**	**420**	**774792**	**3812**	**233**	**13341**
源城区	1941	391	11370	1667	408	10198	122	256	469
东源县	25674	401	154443	23681	415	147276	733	228	2505
和平县	21226	373	118869	19638	384	113215	502	222	1672
龙川县	35441	450	239223	31878	475	227059	917	240	3305
紫金县	33708	397	200643	31376	406	190966	1060	234	3719
连平县	16103	376	90895	14721	390	86077	478	233	1671
梅州市	**184218**	**412**	**1137704**	**162526**	**434**	**1057183**	**8864**	**263**	**35007**
梅江区	3834	401	23034	2640	452	17914	380	269	1533
梅县区	24091	448	161811	21119	475	150524	1059	307	4883
兴宁市	43206	453	293531	40424	467	282978	931	298	4163
平远县	14620	369	80819	12096	386	70097	489	354	2600
蕉岭县	10718	423	68008	9332	448	62643	441	282	1866
大埔县	8635	353	45783	6996	384	40336	864	212	2753
丰顺县	22927	347	119304	18214	373	101877	3115	246	11484
五华县	56187	410	345414	51705	427	330814	1584	241	5725
惠州市	**113851**	**363**	**619501**	**85135**	**373**	**476905**	**11494**	**328**	**56621**
惠城区	16790	379	95371	11556	394	68216	685	309	3175
惠阳区	7985	374	44821	4064	410	24996	947	267	3798
惠东县	38183	358	205269	27199	367	149812	7843	349	41018
博罗县	30187	356	161227	23058	368	127216	1162	278	4851
龙门县	20706	363	112814	19259	369	106665	856	294	3779
汕尾市	**83041**	**357**	**444580**	**69498**	**369**	**384239**	**8509**	**302**	**38520**
市城区	4852	351	25510	4022	367	22136	741	277	3081
陆丰市	35826	339	182120	28785	358	154707	4695	265	18689
海丰县	31557	380	179950	27411	381	156632	2397	377	13542
陆河县	10807	352	57000	9280	365	50764	677	316	3208
东莞市	**1999**	**336**	**10067**	**1451**	**367**	**7997**	**243**	**268**	**979**
中山市	**2927**	**347**	**15240**	**2385**	**355**	**12693**	**295**	**320**	**1415**
江门市	**187141**	**353**	**990323**	**169789**	**362**	**921591**	**10262**	**257**	**39506**
蓬江区	494	315	2331	248	338	1258	90	225	305
江海区	125	340	639	112	349	586	4	232	13
新会区	27049	336	136350	21839	359	117462	3337	221	11048
台山市	74744	360	404140	69878	366	384048	2658	288	11474
开平市	44080	355	234877	40268	363	219289	1940	269	7832
鹤山市	11671	350	61280	10039	360	54191	968	267	3883
恩平市	28978	347	150706	27406	352	144757	1265	261	4951
阳江市	**121522**	**349**	**635310**	**107529**	**362**	**583130**	**5615**	**259**	**21814**
江城区	19179	323	93002	18038	328	88755	640	253	2428
阳东区	27074	337	136966	23599	350	123753	1035	241	3745
阳春市	51260	359	275747	44444	376	250912	2429	251	9153
阳西县	24010	360	129595	21448	372	119710	1511	286	6488

8-6 续表 2

(2022年) 单位：公顷、千克、吨

地 区	粮食作物			# 稻谷			# 薯类(五折一)		
	播种面积	亩产	总产量	播种面积	亩产	总产量	播种面积	亩产	总产量
湛江市	**283867**	**363**	**1546427**	**225432**	**376**	**1270376**	**33485**	**332**	**166512**
赤坎区	348	366	1913	285	389	1661	63	264	251
霞山区	833	370	4626	728	336	3673	95	625	886
麻章区	15900	363	86511	13180	381	75239	1156	252	4363
坡头区	13000	337	65711	10550	356	56364	2138	254	8153
雷州市	68549	381	391372	59136	386	342570	7303	350	38300
廉江市	78898	368	435450	63344	381	362123	10540	330	52239
吴川市	31085	355	165619	28340	357	151602	1729	368	9541
遂溪县	48561	356	259217	36585	364	199753	9350	339	47595
徐闻县	26691	340	136008	13283	388	77391	1112	311	5184
茂名市	**251164**	**407**	**1531722**	**210555**	**424**	**1337728**	**22940**	**321**	**110563**
茂南区	24384	372	136127	21246	375	119507	1416	383	8125
电白区	50515	395	299186	44146	402	266266	4195	378	23772
信宜市	55615	413	344800	38752	447	259893	8072	333	40296
高州市	60475	447	405147	55992	460	386350	2846	272	11629
化州市	60175	384	346463	50419	404	305712	6411	278	26741
肇庆市	**200368**	**410**	**1233610**	**168666**	**430**	**1087835**	**19365**	**319**	**92707**
端州区									
鼎湖区	6157	387	35713	4823	413	29858	521	268	2095
高要区	37535	427	240599	33066	439	217754	3527	363	19184
四会市	20614	397	122827	14127	435	92222	4565	330	22595
广宁县	29201	414	181273	23286	441	154143	3858	315	18235
德庆县	23978	388	139544	21479	400	128976	1487	271	6046
封开县	33699	433	218907	29095	448	195728	2583	341	13207
怀集县	49185	400	294747	42790	419	269154	2825	268	11345
清远市	**150997**	**325**	**736291**	**121790**	**348**	**636528**	**7311**	**219**	**24013**
清城区	15795	292	69232	14779	298	65985	356	190	1013
清新区	25680	340	131120	22736	358	121984	1100	240	3955
英德市	39009	329	192305	32318	349	169267	1404	223	4696
连州市	21032	348	109746	16580	382	94902	1148	218	3756
佛冈县	11815	326	57770	11077	333	55324	370	209	1158
阳山县	22287	304	101495	13367	346	69463	1741	213	5559
连山县	7547	360	40745	6791	372	37889	252	249	940
连南县	7830	288	33878	4142	350	21714	941	208	2936
潮州市	**42625**	**436**	**278446**	**32117**	**470**	**226274**	**6493**	**320**	**31128**
湘桥区	3741	454	25457	2833	481	20427	462	384	2660
潮安区	14656	455	100009	10812	480	77765	2072	370	11512
饶平县	24228	421	152980	18472	462	128082	3959	286	16956
揭阳市	**131931**	**411**	**814174**	**82044**	**427**	**526036**	**42759**	**398**	**255546**
榕城区	9684	495	71942	7695	494	57011	1648	531	13119
揭东区	25687	473	182283	15191	487	110878	7727	503	58263
普宁市	33389	394	197204	21697	410	133502	10851	371	60459
揭西县	30048	394	177459	19996	402	120490	8535	368	47135
惠来县	33123	373	185287	17465	398	104155	13998	365	76570
云浮市	**102895**	**416**	**642486**	**88208**	**444**	**587523**	**5608**	**216**	**18196**
云城区	8000	423	50776	6844	448	45990	551	235	1943
云安区	12378	381	70765	8568	435	55950	1420	233	4957
罗定市	39515	418	247945	34535	447	231528	1366	165	3375
新兴县	20995	444	139900	19319	460	133176	929	247	3443
郁南县	22007	403	133100	18943	425	120879	1342	223	4479

8-7 各县(市、区)农作物播种面积和产量

(2022年)　　单位：公顷、千克、吨

地　区	糖蔗			花生			蔬菜			瓜类		
	播种面积	亩产	总产量	播种面积	亩产	总产量	播种面积	亩产	总产量	播种面积	亩产	总产量
广州市				**3211**	**194**	**9349**	**149368**	**1837**	**4115685**	**335**	**1171**	**5885**
越秀区												
海珠区							190	1021	2913			
荔湾区							612	1439	13220			
天河区							476	899	6424	6	304	28
白云区				7	282	29	37142	1520	846669	92	1219	1690
黄埔区				23	241	83	3395	1087	55332	9	993	137
番禺区				4	370	20	8183	1479	181504	32	705	339
花都区				181	185	504	21203	1701	541002	89	1326	1761
南沙区				8	298	34	21466	2233	718948	22	1305	436
从化区				2343	190	6688	13896	1540	321094	24	725	259
增城区				646	205	1991	42803	2225	1428580	61	1355	1236
深圳市	**8**	**3112**	**361**	**157**	**128**	**300**	**8885**	**1290**	**171964**	**233**	**719**	**2512**
福田区												
罗湖区							16	381	94	3	333	13
盐田区							0	500	2			
南山区							11	821	133	2	556	20
宝安区				0	500	1	1426	1173	25095	75	485	547
龙岗区	8	3112	361	8	222	26	1041	1462	22830	100	702	1052
龙华区				0			525	1123	8852	7	717	71
坪山区							1718	1539	39646	15	974	223
光明区				0	333	1	2800	973	40845	31	1255	586
深汕合作区				148	122	272	1348	1705	34467			
珠海市				**169**	**261**	**663**	**7146**	**1306**	**140024**	**259**	**801**	**3107**
香洲区							272	1122	4580	4	1385	90
金湾区				52	260	203	2692	1148	46359	210	734	2315
斗门区				117	262	460	4182	1420	89085	44	1062	702
汕头市				**1204**	**168**	**3036.8**	**46563**	**2586**	**1806333**	**667**	**2290**	**22921**
金平区				2	257	9	1317	2366	46738	3	1477	65
龙湖区				56	214	180	5167	2776	215102	9	2129	296
澄海区				86	262	338	18693	2639	739918	514	2344	18059
濠江区				287	164	707	1672	2485	62310	22	2771	901
潮阳区				4	217	13	9417	2446	345478	11	1422	229
潮南区				739	152	1682	10032	2555	384427	92	1992	2741
南澳县				28	254	108	266	3094	12360	17	2423	630
佛山市				**668**	**204**	**2050**	**33480**	**1696**	**851627**	**2168**	**1509**	**49089**
禅城区							140	1594	3344			
南海区							12998	1584	308797	169	1150	2914
顺德区							4274	1196	76689	10	1046	158
高明区				478	212	1524	7939	1519	180911	335	1846	9276
三水区				190	185	526	8129	2312	281886	1654	1481	36741
韶关市	**299**	**5674**	**25481**	**36682**	**244**	**134448**	**62425**	**1601**	**1499562**	**5218**	**1902**	**148885**
浈江区				1572	282	6651	2104	2150	67858	274	1927	7911
武江区				1057	226	3580	2794	2152	90197	282	1983	8388
曲江区				3171	213	10143	3246	2268	110415	81	2075	2527
乐昌市	0	4000	20	3567	310	16588	13251	1397	277689	583	1977	17288
南雄市				7865	233	27525	10454	1614	253031	645	1928	18644
仁化县				6135	270	24844	4886	1838	134714	1603	2340	56265
始兴县	5	5254	373	3760	233	13169	5926	2076	184525	1297	1414	27513
翁源县	286	5771	24744	4399	263	17337	7290	1199	131093	54	871	712
新丰县	8	2709	344	3368	193	9759	8855	1409	187138	183	1819	5001
乳源县				1788	181	4852	3618	1159	62902	215	1435	4636

8-7 续表 1

(2022年) 单位：公顷、千克、吨

地区	糖蔗			花生			蔬菜			瓜类		
	播种面积	亩产	总产量	播种面积	亩产	总产量	播种面积	亩产	总产量	播种面积	亩产	总产量
河源市	**340**	**5008**	**25546**	**24377**	**217**	**79265**	**40790**	**1358**	**831102**	**519**	**1576**	**12271**
源城区				604	233	2109	2250	1349	45545	12	6420	1162
东源县	340	5008	25546	6549	230	22607	6908	1234	127826	193	1408	4077
和平县				2443	214	7840	6225	1539	143702			
龙川县				4962	180	13377	8337	1286	160809	80	1692	2041
紫金县				4740	232	16460	10345	1518	235567	181	1526	4136
连平县				5078	222	16872	6725	1166	117653	53	1075	855
梅州市	**74**	**2050**	**2265**	**12675**	**195**	**37169**	**74703**	**2313**	**2592263**	**3514**	**2024**	**106673**
梅江区				353	199	1053	4995	1630	122149	94	1571	2223
梅县区				2483	231	8613	11350	3054	519971	1266	2363	44892
兴宁市				1860	165	4608	18943	3078	874518	220	1756	5799
平远县				988	178	2632	4344	1146	74697	500	1419	10640
蕉岭县	74	2050	2265	2077	165	5143	6100	1575	144163	224	1935	6493
大埔县				609	168	1535	8729	1638	214423	884	2064	27360
丰顺县				1539	218	5033	6884	2255	232890	150	2030	4574
五华县				2767	206	8552	13358	2043	409452	176	1778	4692
惠州市	**483**	**7380**	**53502**	**17064**	**205**	**52433**	**127158**	**1857**	**3542043**	**1733**	**1681**	**43707**
惠城区	34	5300	2735	3038	211	9599	20431	1987	608786	123	1450	2676
惠阳区				1141	187	3205	20295	1810	550982	50	1903	1437
惠东县				5156	237	18319	33482	1836	921842	1290	1695	32790
博罗县	411	7410	45656	5797	181	15733	40528	1809	1100032	188	1723	4872
龙门县	38	8920	5111	1933	192	5577	12423	1934	360401	81	1582	1932
汕尾市	**69**	**4821**	**5023**	**13078**	**176**	**34454**	**56038**	**1778**	**1494858**	**2458**	**2289**	**84411**
市城区				877	151	1991	3408	1558	79644	21	3415	1062
陆丰市				8182	172	21164	30055	1663	749809	929	2243	31242
海丰县	69	4821	5023	2468	162	6015	17443	2116	553540	1352	2358	47836
陆河县				1550	227	5284	5132	1453	111865	156	1821	4271
东莞市				**28**	**214**	**89**	**20044**	**1367**	**410887**	**87**	**1015**	**1329**
中山市	**1**	**4600**	**46**	**14**	**316**	**68**	**15133**	**1643**	**372920**	**133**	**1256**	**2511**
江门市	**788**	**6423**	**75938**	**12389**	**183**	**33959**	**77036**	**1709**	**1974455**	**1697**	**1656**	**42167**
蓬江区				81	231	281	3111	1731	80766	70	2335	2451
江海区				2	583	21	2183	1658	54274	206	1494	4626
新会区	35	4863	2587	238	252	902	8130	1766	215338	202	1278	3882
台山市	3	3732	153	4645	206	14371	24790	1727	642101	943	1813	25646
开平市				3553	160	8532	17663	1665	441062	97	998	1459
鹤山市				969	168	2436	13077	1656	324808	171	1528	3911
恩平市	750	6507	73198	2900	170	7416	8082	1783	216106	7	1778	192
阳江市	**179**	**4636**	**12466**	**20669**	**159**	**49310**	**56735**	**1156**	**983673**	**2178**	**1736**	**56718**
江城区				1319	204	4027	5948	1110	99002	44	1666	1101
阳东区	67	3951	3967	4873	156	11407	11821	1257	222841	153	1273	2913
阳春市	112	5044	8499	11981	157	28268	28250	1057	447914	101	1663	2514
阳西县				2496	150	5608	10716	1331	213916	1881	1779	50190

8-7 续表 2

(2022年)　　　　单位：公顷、千克、吨

地　区	糖蔗			花生			蔬菜			瓜类		
	播种面积	亩产	总产量	播种面积	亩产	总产量	播种面积	亩产	总产量	播种面积	亩产	总产量
湛江市	**115320**	**5857**	**10131424**	**64517**	**259**	**250763**	**163057**	**1856**	**4539338**	**9586**	**2195**	**315547**
赤坎区				61	198	182	897	1374	18497			
霞山区				102	259	397	762	1073	12269	2	310	9
麻章区	3407	6077	310607	2591	211	8215	7023	1278	134612	447	1432	9596
坡头区	248	4414	16411	3565	228	12185	4475	1609	107970	168	2763	6961
雷州市	52038	5444	4249447	15485	270	62722	39002	1779	1040896	5523	2158	178768
廉江市	4290	4758	306156	16103	248	59972	41633	1793	1119521	608	2054	18734
吴川市	1032	5263	81442	6336	265	25193	7664	1651	189783	153	1770	4075
遂溪县	41999	6712	4228545	14653	286	62828	29185	2360	1033314	2649	2421	96195
徐闻县	12307	5086	938816	5620	226	19069	32417	1815	882476	35	2273	1209
茂名市	**6856**	**5160**	**530687**	**45548**	**233**	**158873**	**127714**	**2021**	**3871504**	**1050**	**1140**	**17960**
茂南区	419	3788	23817	3815	232	13282	12878	2061	398074	28	1826	765
电白区	80	4180	5003	14716	214	47305	36292	1930	1050524	67	1474	1492
信宜市				6637	230	22936	20719	2031	631344	596	917	8195
高州市	207	3273	10146	8073	286	34669	27180	2464	1004753	29	1510	651
化州市	6150	5330	491721	12307	220	40681	30646	1712	786809	330	1385	6857
肇庆市	**151**	**5102**	**11521**	**28402**	**217**	**92574**	**96086**	**2233**	**3218728**	**7433**	**2682**	**299050**
端州区							160	2120	5102	1	1250	10
鼎湖区				373	220	1231	4308	1916	123795	227	2549	8679
高要区				3428	234	12018	35010	2145	1126697	2731	2587	105954
四会市				5840	209	18337	11173	1999	335055	319	1575	7540
广宁县				3389	200	10174	10926	1739	284994	1042	1978	30906
德庆县				4097	243	14942	8374	2407	302325	124	2899	5383
封开县	148	5107	11328	6616	233	23084	10108	2448	371197	899	3640	49112
怀集县	3	4825	193	4658	183	12788	16026	2785	669564	2091	2916	91466
清远市	**1527**	**8879**	**203331**	**38235**	**223**	**127662**	**163766**	**1648**	**4047773**	**2691**	**2118**	**85479**
清城区	23	9557	3345	3744	237	13330	10424	1844	288365	91	1289	1755
清新区				6151	190	17497	25950	1821	708760	199	1873	5583
英德市	1500	8883	199815	10453	206	32321	28910	1899	823625	576	1849	15966
连州市	0	2167	13	4639	219	15220	33410	1729	866682	1374	2380	49033
佛冈县				3046	276	12610	12520	1408	264396	10	986	141
阳山县	3	3160	158	6388	202	19362	36629	1426	783424	318	1903	9079
连山县				1521	265	6049	7395	1406	155929	103	1894	2922
连南县				2293	328	11273	8529	1224	156592	22	3086	1000
潮州市				**1896**	**180**	**5113**	**16361**	**2322**	**569957**	**125**	**1788**	**3357**
湘桥区				169	192	486	2046	2370	72713	1	1222	22
潮安区				426	178	1135	5187	2276	177084	43	1490	967
饶平县				1302	179	3492	9129	2338	320160	81	1957	2368
揭阳市				**8208**	**280**	**34497**	**58138**	**2630**	**2293892**	**287**	**2356**	**10146**
榕城区				53	357	284	5661	2532	214991			
揭东区				1809	362	9836	19383	2376	690756	4	1000	56
普宁市				981	216	3179	13752	2440	503286	22	3240	1066
揭西县				2018	337	10212	8687	3120	406562	36	1233	673
惠来县				3347	219	10986	10655	2993	478297	225	2474	8351
云浮市				**17603**	**201**	**53186**	**27748**	**1592**	**662506**	**898**	**1354**	**18230**
云城区				917	197	2703	1667	1477	36919	54	1478	1196
云安区				3138	180	8477	3937	1264	74668	391	1526	8943
罗定市				2974	296	13215	11231	2316	390177	23	1456	492
新兴县				7226	182	19759	8224	986	121689	289	1382	5993
郁南县				3349	180	9032	2690	968	39053	142	756	1606

8-8　主要年份茶叶、桑叶、水果面积及产量

项　　目	单位	1990	1995	2000	2005	2010	2015	2020	2021	2022	2022年比上年增长(%)
一、茶叶年末实有面积	**千公顷**	**42.95**	**45.83**	**43.2**	**36.03**	**41.84**	**52.05**	**78.19**	**89.27**	**99.46**	**11.4**
茶叶总产量	万吨	2.59	3.96	4.21	4.45	5.38	8.07	12.82	13.95	16.08	15.3
二、桑叶年末实有面积	**千公顷**	**19.81**	**25.17**	**17.93**	**29.67**	**28.45**	**34.17**	**26.41**	**20.67**	**20.79**	**0.6**
桑叶总产量	万吨			51.25	81.34	94.35	113.54	105.62	87.77	90.05	2.6
三、水果年末实有面积	**千公顷**	**644.74**	**735.64**	**1001.6**	**996.91**	**1007.07**	**968.47**	**1031.31**	**1050.76**	**1069.12**	**1.7**
水果总产量	万吨	328.58	414.51	643.52	831.69	1049.21	1298.52	1756.16	1826.73	1895.18	3.7
#柑桔橙年末实有面积	千公顷	192.66	113.23	82.23	166.02	217.88	197.75	194.98	191.97	191.55	-0.2
柑桔橙总产量	万吨	151.42	107.43	81.06	143.02	259.34	317.53	388.20	399.72	420.18	5.1
香(大)蕉年末实有面积	千公顷	68.73	87.61	101.01	128.39	114.57	108.15	111.26	111.42	110.64	-0.7
香(大)蕉总产量	万吨	105.39	157.6	235.3	330.23	334.13	357.83	478.73	483.30	488.55	1.1
菠萝年末实有面积	千公顷	34.10	25.74	29.72	27.13	25.88	29.72	38.96	39.25	39.16	-0.2
菠萝总产量	万吨	21.47	26.30	47.53	52.10	63.21	83.76	121.02	125.98	129.47	2.8
荔枝年末实有面积	千公顷	119.33	196.11	316.56	278.14	260.66	247.88	254.14	262.65	271.23	3.3
荔枝总产量	万吨	9.73	26.91	64.75	86.21	96.53	116.18	135.09	151.62	146.74	-3.2

8-9　水果、桑叶和茶叶生产情况

(2022年)　　单位：千公顷、万吨

项　　目	年末实有面积	总产量	项　　目	年末实有面积	总产量
一、水果	**1069.12**	**1895.18**	12.青梅	20.30	10.84
1.柑桔橙	191.55	420.18	13.火龙果	18.51	50.28
2.香(大)蕉	110.64	488.55	14.黄皮	15.13	25.30
3.菠萝	39.16	129.47	15.杨桃	7.05	14.02
4.荔枝	271.23	146.74	16.其他杂果	148.00	183.59
5.龙眼	115.09	96.05	**二、桑叶**	**20.79**	**90.05**
6.梨	9.10	12.98	**三、茶叶**	**99.46**	**16.08**
7.柿子	10.42	13.16	1.绿茶		6.37
8.李子	57.78	80.99	2.青茶(乌龙茶)		7.08
9.番石榴	14.83	54.94	3.红茶		2.06
10.芒果	12.26	18.18	4.黄茶		0.10
11.柚子	55.33	124.96	5.其他茶		0.47

8-10　各市水果、桑叶和茶叶生产情况

(2022年)　　　　单位：公顷、吨

市　别	一、水果合计		1.柑、桔、橙		2.香(大)蕉	
	年末实有面　积	总产量	年末实有面　积	总产量	年末实有面　积	总产量
全　省	**1069122**	**18951826**	**191552**	**4201773**	**110636**	**4885476**
广州市	70456	818558	3970	88238	5003	280366
深圳市	4067	32680	285	4894	121	2763
珠海市	5546	100076	46	770	763	32441
汕头市	14135	312598	864	30159	2104	64071
佛山市	1747	41278	114	2723	564	26003
韶关市	48144	714362	23235	376732	446	6347
河源市	37911	472283	9133	133649	891	12385
梅州市	84695	1608981	7635	172578	3721	81294
惠州市	68093	1024137	18727	301637	9933	396102
汕尾市	37371	367287	1033	42125	2359	43531
东莞市	13600	65474	19	157	1615	37843
中山市	3536	116570	166	3356	989	49650
江门市	25069	402987	8809	186449	3167	88041
阳江市	49877	419416	4624	95626	5016	109569
湛江市	115170	3289562	6201	113029	27966	1297194
茂名市	244758	4575346	9747	166977	29198	1916015
肇庆市	80678	2176955	55793	1711631	6733	180109
清远市	48593	857838	22986	421492	1946	49715
潮州市	16522	292221	1444	35632	588	31364
揭阳市	57785	734834	4471	90494	4142	116369
云浮市	41370	528384	12250	223425	3370	64304

8-10　续表 1

(2022年)　　　　单位：公顷、吨

市　别	3.菠萝		4.荔枝		5.龙眼	
	年末实有面　积	总产量	年末实有面　积	总产量	年末实有面　积	总产量
全　省	**39155**	**1294669**	**271229**	**1467448**	**115092**	**960549**
广州市	30	1365	37626	112911	8092	42952
深圳市	110	1345	2564	8040	375	2621
珠海市	25	1349	2807	4951	513	2307
汕头市	3	34	3293	11277	398	5654
佛山市	4	229	133	1153	485	1708
韶关市	2	16	3	72	144	1304
河源市			3541	9355	1139	7429
梅州市	154	1315	2995	20064	3454	31068
惠州市	252	5305	21919	100315	7987	62518
汕尾市	1407	12419	16491	118499	2437	26785
东莞市	0	1	10386	17699	1075	3249
中山市	252	5901	696	5381	435	5808
江门市	35	1552	5377	26553	3578	18798
阳江市	33	504	21542	81748	9976	53592
湛江市	32180	1161950	24286	221906	4491	43225
茂名市	35	582	92813	550630	53976	491782
肇庆市	491	6093	1846	29079	2219	25507
清远市	7	60	1603	11684	987	9324
潮州市	407	7645	1918	25808	3618	57938
揭阳市	3635	84489	12045	75827	5688	34911
云浮市	94	2515	7345	34496	4023	32069

8-10 续表 2

(2022年) 单位：公顷、吨

市 别	6.梨		7.柿子(鲜)		8.李子	
	年末实有面 积	总产量	年末实有面 积	总产量	年末实有面 积	总产量
全 省	**9101**	**129845**	**10420**	**131639**	**57776**	**809934**
广州市	55	368	1175	11725	2528	13245
深圳市	40	110	22	165	62	2433
珠海市					0	2
汕头市	21	41	135	1249	32	609
佛山市	3	49	4	5	3	32
韶关市	741	9329	215	1328	9783	146346
河源市	245	3350	1820	18975	7421	112608
梅州市	1065	7982	3302	37982	5895	97197
惠州市	35	417	176	1238	727	6108
汕尾市	180	1024	946	6684	1487	15285
东莞市					3	8
中山市			0		3	25
江门市	1	31	0	8	17	157
阳江市	141	418	164	959	1275	7292
湛江市			4	104	30	331
茂名市	441	5701	704	13747	21921	299311
肇庆市	850	19367	894	26352	1914	35500
清远市	4612	76478	355	5175	1971	27440
潮州市	40	241	117	1812	38	651
揭阳市	515	3411	179	1768	2131	37810
云浮市	117	1528	208	2363	536	7544

8-10 续表 3

(2022年) 单位：公顷、吨

市 别	9.其他		二、桑叶		三、茶叶	
	年末实有面 积	总产量	年末实有面 积	总产量	年末实有面 积	总产量
全 省	**148002**	**1835914**	**20790**	**900547**	**99463**	**160837**
广州市	6251	41628			186	142
深圳市	177	3125			352	248
珠海市	145	4564			14	1
汕头市	3963	78482			890	1044
佛山市	124	2277	3	8	66	69
韶关市	17273	234717	1912	37292	5592	5817
河源市	16627	224088	17	511	10014	8227
梅州市	16035	232303	106	484	21965	27710
惠州市	2280	22247	8	58	4530	3677
汕尾市	12187	88210			3407	6523
东莞市	172	2540			157	15
中山市	152	4566			23	9
江门市	920	23661	5	99	3773	4196
阳江市	4166	12048	673	19155	234	479
湛江市	1781	21606	1941	94330	2738	9780
茂名市	24786	390423	7074	471276	1858	2203
肇庆市	5970	88906	558	16912	2686	7497
清远市	9374	143546	4088	98827	13125	17128
潮州市	3429	40950			16079	30052
揭阳市	16284	110937			9810	32494
云浮市	5907	65090	4405	161595	1961	3526

8-11 各县(市、区)水果、桑叶和茶叶生产情况

(2022年) 单位：公顷、吨

地 区	一、水果合计		1.柑、桔、橙		2.香(大)蕉		3.菠萝	
	年末实有面积	总产量	年末实有面积	总产量	年末实有面积	总产量	年末实有面积	总产量
广州市	**70456**	**818558**	**3970**	**88238**	**5003**	**280366**	**30**	**1365**
越秀区								
海珠区	338	3210			4	148		
荔湾区								
天河区	37	228			0	4		
白云区	1661	10987	14	37	64	1909	1	6
黄埔区	2681	17519	27	441	121	1456	7	14
番禺区	321	7987	1	14	46	1644		
花都区	3769	26293	10	8	112	3839		
南沙区	5611	261774	45	1085	2925	172238	1	
从化区	32249	137530	2438	28253	330	4342		
增城区	23790	353030	1436	58400	1400	94786	20	1345
深圳市	**4067**	**32680**	**285**	**4894**	**121**	**2763**	**110**	**1345**
福田区								
罗湖区	86	12						
盐田区	77	1						
南山区	599	4368						
宝安区	426	1234	3	1	0	4		
龙岗区	97	512			4	9	2	1
龙华区	0	4			0	2		
坪山区	222	429	2					
光明区	934	232	2	30	1	9	3	16
深汕合作区	1625	25888	278	4863	117	2739	106	1328
珠海市	**5546**	**100076**	**46**	**770**	**763**	**32441**	**25**	**1349**
香洲区	467	3397	3	10	6	116		
金湾区	2953	77156	16	289	503	25397	22	1256
斗门区	2126	19523	27	471	254	6928	3	93
汕头市	**14135**	**312598**	**864**	**30159**	**2104**	**64071**	**3**	**34**
金平区	37	1084						
龙湖区	14	330	3	122				
澄海区	2400	112690	61	5639	283	14032		
濠江区	53	905	2	27	4	156		
潮阳区	5892	151686	275	11282	1291	37240	3	34
潮南区	5342	40675	367	10762	454	11018		
南澳县	397	5228	157	2327	72	1625		
佛山市	**1747**	**41278**	**114**	**2723**	**564**	**26003**	**4**	**229**
禅城区								
南海区	82	3705	5	81	9	1449		
顺德区	123	6698			115	6208		
高明区	807	11856	103	2495	146	4139	4	210
三水区	736	19019	6	147	294	14207		19
韶关市	**48144**	**714362**	**23235**	**376732**	**446**	**6347**	**2**	**16**
浈江区	880	20353	461	11381	43	732		
武江区	1012	12918	501	6212	35	760		
曲江区	3449	39690	2251	29910	52	274		
乐昌市	9143	192216	3560	93531	44	1020		
南雄市	5016	63951	2329	31355	71	1051	2	16
仁化县	10255	137006	7076	110148	57	1377		

8-11 续表 1

(2022年) 单位：公顷、吨

地　区	一、水果合计		1.柑、桔、橙		2.香(大)蕉		3.菠萝	
	年末实有面积	总产量	年末实有面积	总产量	年末实有面积	总产量	年末实有面积	总产量
始兴县	8063	132068	3747	58188	24	308		
翁源县	3700	57561	408	7345	12	124		
新丰县	4746	35578	1837	12377	99	600		
乳源县	1878	23021	1063	16285	10	101		
河源市	**37911**	**472283**	**9133**	**133649**	**891**	**12385**		
源城区	798	5118	25	973	24	320		
东源县	4197	42132	918	12113	134	1300		
和平县	5654	49037	548	6281	12	497		
龙川县	6089	85648	2126	33846	126	2063		
紫金县	13902	160315	3925	46061	541	6757		
连平县	7272	130033	1591	34375	53	1448		
梅州市	**84695**	**1608981**	**7635**	**172578**	**3721**	**81294**	**154**	**1315**
梅江区	2554	41915	377	4171	55	1824		
梅县区	26173	836594	2264	68707	897	24913		
兴宁市	6092	178861	444	24698	165	12638		
平远县	5507	94121	2386	45047	311	3704		
蕉岭县	3153	61334	293	6274	264	5899		
大埔县	14792	228195	190	3645	739	10570	54	783
丰顺县	6907	68339	315	5058	687	13368	42	411
五华县	19516	99622	1367	14978	603	8378	58	121
惠州市	**68093**	**1024137**	**18727**	**301637**	**9933**	**396102**	**252**	**5305**
惠城区	5486	52269	297	2544	675	15705		
惠阳区	9977	47869	128	2422	327	8371	19	909
惠东县	15255	147386	1501	23132	440	7719	206	4081
博罗县	14393	259902	2922	49518	2474	109553	25	291
龙门县	22982	516711	13878	224021	6016	254754	3	24
汕尾市	**37371**	**367287**	**1033**	**42125**	**2359**	**43531**	**1407**	**12419**
市城区	1124	14519	1		37	462		
陆丰市	13698	148886	222	2638	527	9568	1105	9700
海丰县	8086	77106	305	10629	694	13776	50	769
陆河县	14464	126776	506	28858	1101	19725	251	1950
东莞市	**13600**	**65474**	**19**	**157**	**1615**	**37843**	**0**	**1**
中山市	**3536**	**116570**	**166**	**3356**	**989**	**49650**	**252**	**5901**
江门市	**25069**	**402987**	**8809**	**186449**	**3167**	**88041**	**35**	**1552**
蓬江区	108	3160	42	730	31	1754	0	
江海区	238	7114	79	2323	62	2144		
新会区	6666	179514	4744	130054	921	27444	7	248
台山市	6986	77611	804	10308	646	18734	12	1171
开平市	4596	57590	1365	14463	779	17305	5	64
鹤山市	1797	22790	481	5556	162	6032	8	44
恩平市	4678	55208	1293	23015	566	14628	1	25
阳江市	**49877**	**419416**	**4624**	**95626**	**5016**	**109569**	**33**	**504**
江城区	2547	17344	84	1283	446	5430	1	21
阳东区	16247	70210	1429	19582	1009	11698		
阳春市	21633	284062	3021	73826	3331	86210	10	302
阳西县	9450	47800	90	935	231	6231	22	181
湛江市	**115170**	**3289562**	**6201**	**113029**	**27966**	**1297194**	**32180**	**1161950**
赤坎区	13	314	0	1	4	117	1	22
霞山区	39	488	7		6	153		

8-11 续表 2

(2022年)

单位：公顷、吨

地　区	一、水果合计		1.柑、桔、橙		2.香(大)蕉		3.菠萝	
	年末实有面积	总产量	年末实有面积	总产量	年末实有面积	总产量	年末实有面积	总产量
麻章区	2887	89034	23	185	1804	70958	0	10
坡头区	1025	20354	7	181	215	13246		
雷州市	26446	864445	170	1881	8821	402563	10755	376190
廉江市	33913	522964	5443	99216	1855	88607	18	662
吴川市	2619	77072	216	6425	819	40013		
遂溪县	15032	484951	309	4897	6235	294205	262	5041
徐闻县	33196	1229940	27	243	8207	387332	21144	780025
茂名市	**244758**	**4575346**	**9747**	**166977**	**29198**	**1916015**	**35**	**582**
茂南区	6077	47927	50	889	62	2537		
电白区	38548	442851	857	12564	1555	101739	6	110
信宜市	60412	1255110	5560	111521	5716	347403		
高州市	86936	1981291	633	10448	17246	1186978		
化州市	52784	848167	2646	31555	4619	277358	29	472
肇庆市	**80678**	**2176955**	**55793**	**1711631**	**6733**	**180109**	**491**	**6093**
端州区	63	764			3	62		
鼎湖区	1020	25929	125	1063	743	22840		
高要区	10872	224586	5321	118953	1353	39589	423	5703
四会市	10569	186363	7099	118729	2174	47807		
广宁县	11486	181213	8397	133941	297	6997	11	106
德庆县	18861	545199	15875	522922	306	9168	14	171
封开县	15536	477508	10421	353152	1402	41146	43	113
怀集县	12271	535393	8556	462871	455	12500		
清远市	**48593**	**857838**	**22986**	**421492**	**1946**	**49715**	**7**	**60**
清城区	1469	41153	247	6379	163	3656	1	15
清新区	11150	287403	7995	180511	715	30493		
英德市	4545	45806	2366	34832	720	4618		
连州市	10466	161291	3107	51704	2			
佛冈县	10880	154259	4007	55008	332	10832	6	45
阳山县	6777	99211	4085	71603	7	61		
连山县	2100	42109	1014	17889	6	39		
连南县	1205	26606	165	3566	1	16		
潮州市	**16522**	**292221**	**1444**	**35632**	**588**	**31364**	**407**	**7645**
湘桥区	2074	85447	154	5405	201	11241	1	51
潮安区	4389	47245	388	7163	232	9528	266	5581
饶平县	10059	159529	901	23064	155	10595	139	2013
揭阳市	**57785**	**734834**	**4471**	**90494**	**4142**	**116369**	**3635**	**84489**
榕城区	1921	42460	78	2114	603	31984	47	1585
揭东区	4030	44449	114	1794	423	10962	134	2025
普宁市	26943	290778	2996	64358	1774	30215	1397	19554
揭西县	10873	206355	1154	20089	934	33449	119	3343
惠来县	14018	150792	130	2139	408	9759	1937	57982
云浮市	**41370**	**528384**	**12250**	**223425**	**3370**	**64304**	**94**	**2515**
云城区	2933	42718	1834	21967	188	2525	24	1051
云安区	4616	65120	2064	42138	364	5827	12	145
罗定市	8032	87244	1775	21487	547	10414	46	1058
新兴县	7130	134579	318	15623	1204	30525	13	261
郁南县	18658	198723	6260	122210	1068	15013		

8-11　续表 3

（2022年）　　单位：公顷、吨

地　区	4.荔枝		5.龙眼		6.梨		7.柿子(鲜)	
	年末实有面积	总产量	年末实有面积	总产量	年末实有面积	总产量	年末实有面积	总产量
广州市	**37626**	**112911**	**8092**	**42952**	**55**	**368**	**1175**	**11725**
越秀区								
海珠区	14	32	105	411				
荔湾区								
天河区	16	129	15	82				
白云区	777	3046	422	1548				
黄埔区	1574	6405	554	3733			1	7
番禺区	16	105	73	1015				
花都区	1549	7839	1484	8285	12	60	6	23
南沙区	933	2531	129	673				
从化区	19598	46590	2509	11559	40	308	934	6992
增城区	13149	46234	2802	15646	3		234	4703
深圳市	**2564**	**8040**	**375**	**2621**	**40**	**110**	**22**	**165**
福田区								
罗湖区	79	4	7	8				
盐田区	64	1	13					
南山区	511	3379	88	989				
宝安区	365	943	50	221				
龙岗区	64	90	11	83				
龙华区								
坪山区	104	1	85	1				
光明区	910	96	11	33				
深汕合作区	468	3526	109	1286	40	110	22	165
珠海市	**2807**	**4951**	**513**	**2307**				
香洲区	289	140	118	1252				
金湾区	1147	983	239	456				
斗门区	1370	3828	156	599				
汕头市	**3293**	**11277**	**398**	**5654**	**21**	**41**	**135**	**1249**
金平区								
龙湖区								
澄海区	124	1546	97	2421			2	23
濠江区	8	68	2	30				
潮阳区	94	736	37	335			82	860
潮南区	3039	8771	179	2393	18	23	48	319
南澳县	28	156	81	475	3	18	3	47
佛山市	**133**	**1153**	**485**	**1708**	**3**	**49**	**4**	**5**
禅城区								
南海区								
顺德区			5	72				
高明区	88	491	198	716	3	19	4	5
三水区	45	662	282	920		30		
韶关市	**3**	**72**	**144**	**1304**	**741**	**9329**	**215**	**1328**
浈江区			0	5				
武江区			0	3	14			
曲江区	2	39	7	74	19	231	5	72
乐昌市			7	56	338	3622	10	125
南雄市					93	1291	1	24
仁化县					2	13	0	4

8-11 续表 4

(2022年) 单位：公顷、吨

地区	4.荔枝		5.龙眼		6.梨		7.柿子(鲜)	
	年末实有面积	总产量	年末实有面积	总产量	年末实有面积	总产量	年末实有面积	总产量
始兴县					57	1152	7	91
翁源县	1	31	124	1161	99	1342	24	317
新丰县	0	2	4	3	59	913	152	519
乳源县			2	2	60	765	16	176
河源市	**3541**	**9355**	**1139**	**7429**	**245**	**3350**	**1820**	**18975**
源城区	343	1151	258	1089				
东源县	93	403	161	672	92	1115	342	5142
和平县					38	586	56	718
龙川县	17	300	125	904	62	1256	1374	12582
紫金县	3089	7501	594	4764	42	238	3	29
连平县					12	155	44	504
梅州市	**2995**	**20064**	**3454**	**31068**	**1065**	**7982**	**3302**	**37982**
梅江区			65	628	16	133	82	2024
梅县区	128	2684	421	6897	71	1616	360	10836
兴宁市	167	2248	1532	6034	52	575	249	4211
平远县			8	85	26	152	311	3611
蕉岭县	50	698	424	4817	6	170	63	1326
大埔县	98	1041	71	681	72	1007	375	4861
丰顺县	702	6665	614	9250	14	165	48	548
五华县	1851	6728	321	2676	807	4164	1814	10565
惠州市	**21919**	**100315**	**7987**	**62518**	**35**	**417**	**176**	**1238**
惠城区	2741	8888	814	4789			7	99
惠阳区	6793	12054	2080	7300	…		15	82
惠东县	7342	34981	1890	22086			119	701
博罗县	4488	42251	2391	21507	20	12	1	27
龙门县	556	2141	812	6836	15	405	33	329
汕尾市	**16491**	**118499**	**2437**	**26785**	**180**	**1024**	**946**	**6684**
市城区	896	11714	96	1183			32	353
陆丰市	8986	77886	1169	12695	36	71	2	58
海丰县	4767	17774	448	4379	9	48	21	127
陆河县	1842	11125	723	8528	135	905	891	6146
东莞市	**10386**	**17699**	**1075**	**3249**				
中山市	**696**	**5381**	**435**	**5808**			…	
江门市	**5377**	**26553**	**3578**	**18798**	**1**	**31**	…	**8**
蓬江区	5	50	8	42				
江海区			1	20				
新会区	542	7130	138	2732	1	31		2
台山市	3133	8641	837	3618				
开平市	699	2119	588	1287				
鹤山市	348	3609	262	930	…		…	6
恩平市	650	5004	1745	10169				
阳江市	**21542**	**81748**	**9976**	**53592**	**141**	**418**	**164**	**959**
江城区	994	5215	793	1723				
阳东区	9281	25387	3126	9254				
阳春市	3742	29864	4826	36921	141	418	164	959
阳西县	7525	21282	1231	5694				
湛江市	**24286**	**221906**	**4491**	**43225**			**4**	**104**
赤坎区	2	37	2	8				
霞山区	4	7	5	18				

8-11 续表 5

(2022年) 单位：公顷、吨

地 区	4.荔枝		5.龙眼		6.梨		7.柿子(鲜)	
	年末实有面积	总产量	年末实有面积	总产量	年末实有面积	总产量	年末实有面积	总产量
麻章区	113	1804	16	194				
坡头区	564	2250	63	503				
雷州市	2246	20594	533	4062			4	102
廉江市	17635	167441	2777	30782				2
吴川市	329	4084	529	2965				
遂溪县	2163	20078	466	4082				
徐闻县	1229	5611	100	611				
茂名市	**92813**	**550630**	**53976**	**491782**	**441**	**5701**	**704**	**13747**
茂南区	4156	22002	1453	15549				
电白区	23599	176518	7822	57053				
信宜市	9080	72970	9084	100145	441	5701	694	13702
高州市	39355	214087	21626	183506			10	45
化州市	16624	65053	13992	135529				
肇庆市	**1846**	**29079**	**2219**	**25507**	**850**	**19367**	**894**	**26352**
端州区								
鼎湖区	32	298	52	551	10	119	3	69
高要区	955	19753	759	11941			71	943
四会市	139	2222	328	3239	…		21	371
广宁县	38	524	18	158	84	1415	95	1595
德庆县	559	3848	480	1984	84	579	51	1067
封开县	122	2423	507	6883	555	14497	495	17612
怀集县	1	11	75	751	117	2757	157	4695
清远市	**1603**	**11684**	**987**	**9324**	**4612**	**76478**	**355**	**5175**
清城区	101	1214	196	2197	1	2	16	97
清新区	10	65	91	562	40	56	37	700
英德市	1		75	630	80	75	4	18
连州市	5		4		3496	70387	140	2253
佛冈县	1486	10405	620	5933	363	1681	109	1000
阳山县			2	2	540	2529	2	14
连山县					17	62	4	13
连南县					74	1686	43	1080
潮州市	**1918**	**25808**	**3618**	**57938**	**40**	**241**	**117**	**1812**
湘桥区	57	2178	128	1829			6	175
潮安区	226	4983	216	2023	16	91	14	156
饶平县	1635	18647	3274	54086	24	150	97	1481
揭阳市	**12045**	**75827**	**5688**	**34911**	**515**	**3411**	**179**	**1768**
榕城区	224	2110	746	2324	49	105	5	31
揭东区	638	6328	2000	12078	19	149	8	81
普宁市	2495	24717	1274	7095	436	3055	112	790
揭西县	1100	6524	749	4802	11	100	52	838
惠来县	7589	36148	918	8612	1	2	3	28
云浮市	**7345**	**34496**	**4023**	**32069**	**117**	**1528**	**208**	**2363**
云城区	72	964	89	1249			7	109
云安区	528	3542	546	2790	16	125	57	518
罗定市	1624	7118	1493	11907	81	912	76	1253
新兴县	1677	13378	1304	12241	12	469	28	256
郁南县	3445	9494	591	3882	9	22	41	227

8-11　续表 6

(2022年)　　　　单位：公顷、吨

地　区	8.李子		9.其他		二、桑叶		三、茶叶	
	年末实有面积	总产量	年末实有面积	总产量	年末实有面积	总产量	年末实有面积	总产量
广州市	**2528**	**13245**	**6251**	**41628**			**186**	**142**
越秀区								
海珠区								
荔湾区								
天河区								
白云区			34	308				
黄埔区			250	2058			17	5
番禺区			12	348				
花都区	2	12	261	1991				
南沙区	3	29	81	2325				
从化区	2455	11940	4973	25076			152	136
增城区	68	1264	641	9522			18	1
深圳市	**62**	**2433**	**177**	**3125**			**352**	**248**
福田区								
罗湖区								
盐田区							5	
南山区								
宝安区			3	14				
龙岗区	…	1	10	175			2	2
龙华区			0	1				
坪山区			19	50				
光明区			3	31				
深汕合作区	61	2432	142	2854			346	246
珠海市	**…**	**2**	**145**	**4564**			**14**	**1**
香洲区								
金湾区			114	4173				
斗门区	…	2	31	391			14	1
汕头市	**32**	**609**	**3963**	**78482**			**890**	**1044**
金平区								
龙湖区			5					
澄海区	…	20	470	14041				
濠江区			2	31				
潮阳区	8	183	2677	61057				
潮南区	21	385	782	3057			686	836
南澳县	2	21	28	296			204	208
佛山市	**3**	**32**	**124**	**2277**	**3**	**8**	**66**	**69**
禅城区								
南海区			29	682				
顺德区				354				
高明区	3	32	70	447	3	8	66	69
三水区			25	794				
韶关市	**9783**	**146346**	**17273**	**234717**	**1912**	**37292**	**5592**	**5817**
浈江区	23	345	132	2494	1	14		
武江区	95	1947	314	4113	14	103	15	37
曲江区	162	1739	698	3829			733	397
乐昌市	2990	67686	4760	85951			1291	1234
南雄市	1588	22758	2152	27386	8	34	549	751
仁化县	445	3205	966	7446			953	858

8-11 续表 7

(2022年) 单位：公顷、吨

地 区	8.李子		9.其他		二、桑叶		三、茶叶	
	年末实有面积	总产量	年末实有面积	总产量	年末实有面积	总产量	年末实有面积	总产量
始兴县	1260	27318	2898	50299	647	10073	376	807
翁源县	1055	1610	2332	29513	1242	27068	406	121
新丰县	2009	18034	2508	19157			693	1239
乳源县	155	1704	513	4529			577	373
河源市	**7421**	**112608**	**16627**	**224088**	**17**	**511**	**10014**	**8227**
源城区	31	353	81	843			83	27
东源县	981	10247	1409	16447			3101	2262
和平县	271	5557	3373	23333			1343	971
龙川县	1554	22224	3273	41269			1318	1084
紫金县	3215	54620	3297	56744			2921	3158
连平县	1369	19607	5193	85452	17	511	1247	725
梅州市	**5895**	**97197**	**16035**	**232303**	**106**	**484**	**21965**	**27710**
梅江区	135	3112	391	8285			1696	2718
梅县区	1608	42069	3856	102394			1399	1474
兴宁市	1061	19260	1625	39584	56	234	1897	2862
平远县	1142	20909	1663	28654			997	1021
蕉岭县	295	4006	572	11473			881	3289
大埔县	586	4241	1372	11540			3932	6725
丰顺县	26	211	1341	9827			6536	4552
五华县	1043	3389	5216	20546	50	250	4627	5069
惠州市	**727**	**6108**	**2280**	**22247**	**8**	**58**	**4530**	**3677**
惠城区	80	580	173	2166			53	8
惠阳区	141	959	247	3841			91	27
惠东县	241	1454	771	4293			1685	1030
博罗县	195	2548	427	5581			2207	2239
龙门县	70	567	662	6366	8	58	495	373
汕尾市	**1487**	**15285**	**12187**	**88210**			**3407**	**6523**
市城区	9	217	47	604				
陆丰市	181	1136	1403	32747			300	291
海丰县	687	10545	1422	20696			2325	2837
陆河县	611	3387	9315	34163			782	3395
东莞市	**3**	**8**	**172**	**2540**			**157**	**15**
中山市	**3**	**25**	**152**	**4566**			**23**	**9**
江门市	**17**	**157**	**920**	**23661**	**5**	**99**	**3773**	**4196**
蓬江区			7	132			3	
江海区			79	1979				
新会区	…	61	25	1975			26	90
台山市			311	12051			301	240
开平市	8	39	434	6842			2755	3186
鹤山市	8	57	64	682	5	99	558	540
恩平市							130	140
阳江市	**1275**	**7292**	**4166**	**12048**	**673**	**19155**	**234**	**479**
江城区			8	111				
阳东区	3	12	77	140	15	154		
阳春市	1258	7063	4067	11580	658	19001	154	463
阳西县	13	217	13	217			80	16
湛江市	**30**	**331**	**1781**	**21606**	**1941**	**94330**	**2738**	**9780**
赤坎区			2	84				
霞山区			6	3				

8-11　续表 8

(2022年)　　　　　　　　　　　　单位：公顷、吨

地　区	8.李子		9.其他		二、桑叶		三、茶叶	
	年末实有面积	总产量	年末实有面积	总产量	年末实有面积	总产量	年末实有面积	总产量
麻章区			63	1031			5	21
坡头区	…	9	15	317				
雷州市	3	55	1369	15987	210	4975	22	71
廉江市	26	267	232	3058	223	12032	2471	9564
吴川市			11	133			1	
遂溪县			84	993	433	30217		5
徐闻县					1075	47106	239	119
茂名市	**21921**	**299311**	**24786**	**390423**	**7074**	**471276**	**1858**	**2203**
茂南区			18	367				
电白区	1	2	331	2693				
信宜市	21806	297809	23893	372978	1	16	1105	1133
高州市	43	969	212	7832	24	108	271	720
化州市	69	531	332	6553	7049	471152	481	350
肇庆市	**1914**	**35500**	**5970**	**88906**	**558**	**16912**	**2686**	**7497**
端州区								
鼎湖区	7	61	13	178			17	20
高要区	78	1689	447	5954			174	611
四会市	8	46	367	4776			161	339
广宁县	200	2336	1681	20931	20	2985	473	2051
德庆县	246	1948	1069	3356	521	13899	236	394
封开县	880	19462	1555	37890	3	26	529	1459
怀集县	497	9958	838	15821	13	2	1095	2623
清远市	**1971**	**27440**	**9374**	**143546**	**4088**	**98827**	**13125**	**17128**
清城区	7	137	498	22210			311	146
清新区	185	5644	871	26530	24	328	1759	1362
英德市	216	864	662	3340	2879	76498	6955	13737
连州市	237	2731	3195	30488			940	168
佛冈县	294	4451	1804	26748			4	18
阳山县	779	5117	1294	11416	525	9245	582	173
连山县	160	4926	245	5493			594	547
连南县	93	3570	804	17321	660	12756	1980	977
潮州市	**38**	**651**	**3429**	**40950**			**16079**	**30052**
湘桥区	6	363	269	13075			656	1850
潮安区	1	5	384	2864			6434	9473
饶平县	31	283	2776	25011			8989	18729
揭阳市	**2131**	**37810**	**16284**	**110937**			**9810**	**32494**
榕城区	3	3	42	217				
揭东区	51	885	197	2009			3933	6731
普宁市	813	12990	10795	52025			1182	2607
揭西县	610	9638	2591	35978			4387	21388
惠来县	654	14294	2660	20708			309	1768
云浮市	**536**	**7544**	**5907**	**65090**	**4405**	**161595**	**1961**	**3526**
云城区	17	240	198	4475	1	17	62	119
云安区	104	725	355	2360	312	11392	224	214
罗定市	223	3239	325	4887	3149	141200	1245	2570
新兴县	53	848	1696	39907	39	1890	288	284
郁南县	139	2492	3332	13461	904	7096	142	339

8-12　全省水稻品种种植面积

(2022年)　　单位：万亩

品　种	面积(早稻)	品　种	面积(晚稻)
总面积	**1296.3**	**总面积**	**1457.5**
1.常规稻	509.6	1.常规稻	586.7
其中：美香占2号	65.1	其中：美香占2号	82.2
19香	36.6	象牙香占	42.8
象牙香占	30.0	19香	38.9
粤禾丝苗	25.8	美巴香占	19.0
南晶香占	15.1	粤禾丝苗	17.7
象竹香丝苗	14.0	象竹香丝苗	14.3
莉香占	12.9	南晶香占	13.8
五山丝苗	12.8	金农丝苗	12.8
粤农丝苗	12.7	特籼占25	12.5
美巴香占	11.8	五山丝苗	10.8
2.杂交稻	786.7	2.杂交稻	870.8
其中：泰丰优208	26.6	其中：吉丰优1002	73.8
广8优金占	23.7	广8优165	29.8
野香优莉丝	18.1	广泰优1002	22.1
深优9516	15.4	野香优莉丝	21.5
软华优1179	15.3	泰丰优208	17.4
Y两优1173	14.2	广泰优天弘丝苗	15.2
Y两优3088	13.3	Y两优1378	14.3
Y两优3089	12.6	广8优169	13.3
恒丰优387	11.8	吉优5618	12.9
广8优2168	11.7	野香优9号	12.1
3.优质稻(含国标、省标优质、部标优质三级，以及外观一级以上品种)	915.1	3.优质稻(含国标、省标优质、部标优质三级，以及外观一级以上品种)	1034.4
其中：美香占2号	65.1	其中：美香占2号	82.2
19香	36.6	象牙香占	42.8
象牙香占	30.0	19香	38.9
泰丰优208	26.6	广泰优1002	22.1
粤禾丝苗	25.8	野香优莉丝	21.5
广8优金占	23.7	美巴香占	19.0
野香优莉丝	18.1	粤禾丝苗	17.7
深优9516	15.4	泰丰优208	17.4
软华优1179	15.3	广泰优天弘丝苗	15.2
南晶香占	15.1	Y两优1378	14.3

8-13　主要农作物病虫草鼠螺发生、防治面积及挽回损失

(2022年)　　单位：万亩次；吨

项　目	发生面积	防治面积	挽回损失	实际损失	发生程度
生物灾害总计	**28141.95**	**35632.37**	**8526102.18**	**1194906.32**	**4**
一、病虫害合计	**20395.23**	**26999.00**	**6830015.21**	**955981.89**	**4**
1.病害小计	5921.95	8146.72	2237287.45	317702.87	4
2.虫害小计	14473.27	18852.28	4592727.76	638279.02	3
二、农田草害合计	**4645.63**	**5134.32**	**1094355.83**	**114633.16**	**4**
三、农田鼠害合计	**2192.67**	**2509.37**	**469340.51**	**110493.23**	**3**
四、农田螺害合计	**908.43**	**989.67**	**132390.64**	**13798.03**	**3**

注：发生程度：1——轻发生；2——中偏轻；3——中等；4——中等偏重；5——大发生，下同。

8-14 各市农作物病虫草鼠螺发生面积、防治面积及挽回损失

(2022年)

市别	病虫草鼠螺总计					病虫害合计				
	发生面积(万亩次)	防治面积(万亩次)	挽回损失(吨)	实际损失(吨)	发生程度	发生面积(万亩次)	防治面积(万亩次)	挽回损失(吨)	实际损失(吨)	发生程度
全省	**28141.95**	**35632.37**	**8526102.18**	**1194906.32**	**4**	**20395.23**	**26999.00**	**6830015.21**	**955981.89**	**4**
广州	904.41	1107.67	168771.03	25522.42		489.49	682.72	124069.85	21405.62	
韶关	2086.81	2860.88	935286.78	90347.41		1600.94	2250.12	727431.12	58513.13	
深圳	25.66	69.30	712.76	21.52		25.66	69.30	712.76	21.52	
珠海	31.63	50.05	57912.03	5112.31		26.51	42.25	56796.03	4914.11	
汕头	439.79	929.13	145167.84	9079.55		351.53	803.55	123249.87	5168.43	
佛山	465.08	640.01	137233.32	20191.55		366.30	545.97	115560.00	16440.64	
江门	2016.06	2539.47	448800.87	61413.55		1060.86	1514.99	388786.96	47010.82	
湛江	3818.35	5342.52	1648982.17	242187.49		2735.15	4063.54	1368016.08	195506.06	
茂名	2926.56	2859.27	715778.14	120272.81		2176.13	2124.94	597447.14	96720.39	
肇庆	1465.94	2170.19	489247.61	42154.93		1088.13	1681.39	415769.13	37012.27	
惠州	2047.09	2473.98	517313.80	98532.58		1537.02	1911.25	437964.56	85311.19	
梅州	1321.93	1651.38	418137.90	36016.27		1058.07	1380.38	376051.59	32371.11	
汕尾	1395.94	1950.50	344917.64	61714.39		956.68	1373.36	231590.15	47253.58	
河源	2024.24	2288.98	570338.53	70366.73		1620.31	1840.55	462623.71	59942.71	
阳江	1487.52	1604.22	306076.52	57345.27		1078.74	1193.10	220813.63	42278.31	
清远	2668.71	3121.25	881845.58	70881.89		1993.66	2372.16	623248.40	54063.51	
东莞	306.29	378.03	4140.54	819.38		248.29	302.29	2625.49	329.18	
中山	53.97	53.60	28002.33	9372.35		32.24	31.37	15967.83	5360.85	
潮州	401.68	499.23	179974.20	107143.12		255.07	369.51	147910.60	93343.62	
揭阳	1415.34	1933.59	406860.29	45417.65		1058.68	1519.72	297686.85	38017.50	
云浮	838.93	1109.11	120602.30	20993.14		635.77	925.35	95693.48	14997.36	

8-14 续表 1

(2022年)

市别	病害合计					虫害合计				
	发生面积(万亩次)	防治面积(万亩次)	挽回损失(吨)	实际损失(吨)	发生程度	发生面积(万亩次)	防治面积(万亩次)	挽回损失(吨)	实际损失(吨)	发生程度
全省	**5921.95**	**8146.72**	**2237287.45**	**45386.12**	**4**	**14473.27**	**18852.28**	**4592727.76**	**91182.72**	**3**
广州	131.60	195.42	38133.58	914.05		357.90	487.29	85936.27	2143.90	
韶关	480.19	773.37	191444.29	2704.32		1120.75	1476.75	535986.83	5654.70	
深圳	4.61	12.69	118.54	1.87		21.05	56.61	594.22	3.56	
珠海	6.92	9.69	8160.52	91.91		19.59	32.55	48635.52	610.10	
汕头	71.25	181.46	16185.59	226.71		280.28	622.19	107064.29	511.64	
佛山	77.14	109.09	26287.13	1213.47		289.16	436.88	89272.87	2074.65	
江门	307.01	453.02	105358.27	1702.97		753.85	1061.97	283428.69	5012.86	
湛江	745.39	1135.35	546137.88	11656.78		1989.75	2928.28	821878.19	16272.65	
茂名	651.06	637.73	239259.48	6401.44		1525.07	1487.21	358187.66	7415.76	
肇庆	375.58	608.82	139621.98	1525.11		712.55	1072.57	276147.15	3762.36	
惠州	438.40	578.52	161912.20	4024.03		1098.61	1332.73	276052.36	8163.28	
梅州	349.51	448.90	109168.73	1714.27		708.57	931.48	266882.86	2910.18	
汕尾	320.94	474.89	72921.25	2669.39		635.74	898.98	158668.90	5206.21	
河源	604.92	687.10	165094.29	3227.96		1015.39	1153.45	297529.42	5335.29	
阳江	273.39	302.13	50897.15	1245.20		805.35	890.97	169916.48	4794.56	
清远	528.90	660.26	220169.63	3054.71		1464.76	1711.90	403078.78	4668.65	
东莞	51.11	62.76	537.58	23.13		197.19	239.53	2087.91	51.96	
中山	7.76	7.69	4180.80	200.11		24.48	24.18	11787.03	565.72	
潮州	49.48	79.59	21959.45	1357.74		205.59	289.92	125951.15	11977.06	
揭阳	280.82	415.41	96273.59	1896.29		777.85	1104.31	201413.25	4439.96	
云浮	165.97	312.82	23465.53	548.17		469.80	612.53	72227.95	1594.31	

8-14 续表 2

(2022年)

市 别	农田草害合计					农田鼠害合计				
	发生面积(万亩次)	防治面积(万亩次)	挽回损失(吨)	实际损失(吨)	发生程度	发生面积(万亩次)	防治面积(万亩次)	挽回损失(吨)	实际损失(吨)	发生程度
全 省	**4645.63**	**5134.32**	**1094355.83**	**114633.16**	**4**	**2192.67**	**2509.37**	**469340.51**	**110493.23**	**3**
广 州	211.02	192.50	19868.37	2403.56		182.81	207.88	21515.42	1577.27	
韶 关	330.34	411.96	148947.65	10075.45		105.15	117.71	52230.84	20634.74	
深 圳										
珠 海	1.00	1.35	540.00	58.00		3.80	6.00	420.00	135.00	
汕 头	47.30	53.04	7441.02	620.91		39.86	70.59	14299.32	3242.50	
佛 山	34.24	37.06	6826.32	1054.12		61.64	52.28	14382.00	2582.78	
江 门	453.10	480.88	31111.91	5289.73		385.00	424.00	24006.00	8641.00	
湛 江	460.34	550.83	107058.41	10305.20		484.24	586.95	157927.63	34573.74	
茂 名	481.11	471.21	79964.40	15022.42		165.40	160.50	27422.90	7441.30	
肇 庆	272.48	345.80	50662.54	3629.42		84.45	110.06	19825.57	1259.07	
惠 州	335.44	376.36	48500.46	8185.58		114.52	121.31	20980.88	3306.59	
梅 州	184.55	187.45	32396.92	2009.39		33.82	35.03	8525.71	1366.38	
汕 尾	308.31	342.91	93250.46	6700.71		110.50	211.79	18080.54	7502.52	
河 源	298.58	330.41	72214.43	8586.30		59.44	68.71	29806.80	1059.78	
阳 江	264.43	265.09	61635.88	10496.72		59.67	63.15	9589.23	2466.02	
清 远	444.32	524.00	197774.13	8163.04		115.69	94.73	16427.62	6007.75	
东 莞	43.17	56.47	1411.57	454.40		12.63	16.42	31.98	10.23	
中 山	16.68	16.68	10519.50	3506.50		2.53	2.53	759.00	253.00	
潮 州	99.16	88.72	26523.60	10976.80		40.88	33.18	4828.00	2649.00	
揭 阳	245.96	293.51	89452.25	5392.89		73.68	77.98	14361.41	1605.26	
云 浮	114.10	108.10	8256.02	1702.00		56.98	48.58	13919.66	4179.30	

8-14 续表 3

(2022年)

市 别	农田螺害合计					水稻病虫害合计				
	发生面积(万亩次)	防治面积(万亩次)	挽回损失(吨)	实际损失(吨)	发生程度	发生面积(万亩次)	防治面积(万亩次)	挽回损失(吨)	实际损失(吨)	发生程度
全 省	**908.43**	**989.67**	**132390.64**	**13798.03**	**3**	**7954.27**	**10430.87**	**1879298.15**	**236830.83**	**3**
广 州	21.09	24.57	3317.40	135.97		50.98	72.08	16296.16	1241.41	
韶 关	50.39	81.08	6677.17	1124.09		482.19	676.51	148628.98	11375.09	
深 圳										
珠 海	0.32	0.45	156.00	5.20		12.90	16.60	11126.03	423.23	
汕 头	1.11	1.86	177.64	47.70		169.19	404.78	28507.52	2003.70	
佛 山	2.90	4.70	465.00	114.00		52.90	93.50	13935.30	1131.30	
江 门	117.10	119.60	4896.00	472.00		614.49	981.89	157261.28	20413.19	
湛 江	138.62	141.10	15980.07	1802.49		992.21	1079.17	196510.21	39918.07	
茂 名	103.92	102.62	10943.70	1088.70		845.05	840.06	310609.38	37107.68	
肇 庆	20.88	32.94	2990.37	254.18		437.71	690.46	80159.90	6382.81	
惠 州	60.12	65.06	9867.90	1729.22		426.78	537.73	114380.01	24698.74	
梅 州	45.49	48.53	1163.67	269.39		485.61	662.04	169469.95	14178.87	
汕 尾	20.45	21.94	1996.50	257.59		385.14	471.56	52667.40	8155.17	
河 源	45.91	49.31	5693.60	777.95		774.65	911.92	162370.60	20773.38	
阳 江	84.68	82.88	14037.78	2104.22		402.34	416.91	93228.21	7494.98	
清 远	115.04	130.36	44395.42	2647.60		769.37	927.69	131461.07	10496.23	
东 莞	2.20	2.86	71.50	25.57		10.50	13.45	1528.00	196.00	
中 山	2.52	2.52	756.00	252.00		18.00	17.64	5292.00	1800.00	
潮 州	6.57	7.82	712.00	173.70		110.35	151.19	14324.45	4423.42	
揭 阳	37.03	42.39	5359.79	402.00		531.48	843.36	131051.55	20983.71	
云 浮	32.08	27.08	2733.14	114.48		382.43	622.34	40490.17	3633.87	

8-14 续表 4

(2022年)

市别	水稻病害小计					水稻稻瘟病				
	发生面积（万亩次）	防治面积（万亩次）	挽回损失（吨）	实际损失（吨）	发生程度	发生面积（万亩次）	防治面积（万亩次）	挽回损失（吨）	实际损失（吨）	发生程度
全省	**2601.08**	**3487.24**	**692279.61**	**92743.76**	**4**	**334.61**	**513.13**	**91544.94**	**12109.65**	**2**
广州	21.38	28.44	5064.51	511.35		0.03	0.08	4.68	1.23	1
韶关	163.34	234.21	39308.44	3707.76		41.40	66.28	13396.89	1728.91	2
深圳										
珠海	4.14	4.16	4006.02	173.62						
汕头	54.13	139.24	9932.39	976.83		0.02	4.80	26.40	1.70	1
佛山	9.70	15.40	3036.10	357.10		2.50	5.00	576.50	63.40	2
江门	186.55	308.58	60849.19	6560.51		8.55	26.32	4156.25	697.50	3
湛江	331.99	360.80	97189.59	18503.13		11.53	13.45	4272.84	971.58	2
茂名	267.52	265.83	138233.58	21941.12		24.16	24.10	13036.88	1660.11	3
肇庆	180.83	279.27	35718.13	2991.70		29.72	68.88	11384.84	1041.64	3
惠州	126.10	166.74	31481.83	6310.66		13.08	31.88	3721.25	522.82	3
梅州	174.86	224.64	49806.34	6056.74		28.21	35.63	6205.80	1504.10	2
汕尾	149.53	198.95	29693.67	3445.93		12.09	16.92	2213.20	173.53	2
河源	297.22	352.56	62950.33	8238.30		88.53	108.80	21278.03	2590.30	2
阳江	122.25	123.26	26415.05	2378.46		7.46	7.86	1646.04	136.92	2
清远	236.53	285.96	35150.30	2873.14		36.67	46.99	2428.33	255.61	3
东莞	2.20	2.85	318.00	41.00						
中山	3.60	3.53	1058.40	360.00						
潮州	30.42	37.00	6315.40	562.62		5.12	6.52	807.00	234.00	3
揭阳	130.77	222.00	43642.00	5332.18		3.45	7.78	2023.52	229.25	2
云浮	108.03	233.84	12110.36	1421.63		22.10	41.84	4366.50	297.05	3

8-14 续表 5

(2022年)

市别	水稻纹枯病					水稻白叶枯病				
	发生面积（万亩次）	防治面积（万亩次）	挽回损失（吨）	实际损失（吨）	发生程度	发生面积（万亩次）	防治面积（万亩次）	挽回损失（吨）	实际损失（吨）	发生程度
全省	**1851.16**	**2400.72**	**464925.93**	**55354.27**	**4**	**96.51**	**127.18**	**30260.51**	**3931.96**	**3**
广州	20.71	27.58	4713.48	431.39	2	0.02	0.04	28.00	2.00	1
韶关	103.43	130.78	21274.73	1311.34	3	1.30	1.32	269.00	50.00	1
深圳										
珠海	4.10	4.10	4000.02	172.02	3	0.04	0.06	6.00	1.60	3
汕头	32.84	69.21	5949.75	446.90	2	5.10	13.50	752.00	75.20	3
佛山	6.40	9.60	2379.60	268.70	4					
江门	171.89	270.87	54758.14	5436.49	3	4.00	8.30	1280.00	289.00	2
湛江	208.84	229.37	45578.45	7634.94	3	31.23	34.44	13406.73	1570.44	4
茂名	202.20	201.40	90029.99	12708.41	4	8.23	7.93	2324.87	490.49	3
肇庆	104.98	131.42	16745.30	1178.56	3	14.55	20.90	1583.12	195.74	3
惠州	104.87	124.29	25975.87	5510.71	4	0.20	0.26	33.49	25.16	2
梅州	124.71	163.39	40102.90	3606.00	4	5.91	7.42	1268.20	286.10	2
汕尾	85.85	123.14	22859.18	2560.11	4	10.60	12.63	1038.44	174.21	3
河源	188.46	222.26	38402.30	5201.38	4					
阳江	107.68	107.38	23709.21	2093.62	3	2.10	2.57	311.82	39.32	2
清远	161.70	190.89	24428.44	1586.93	3	5.89	7.05	2110.18	135.09	2
东莞	2.20	2.85	318.00	41.00	3					
中山	3.60	3.53	1058.40	360.00	2					
潮州	24.70	29.10	5404.00	278.40	2	0.10	0.10	4.00	1.20	2
揭阳	109.48	185.18	30398.17	3922.38	3	7.25	10.67	5844.66	596.42	2
云浮	82.52	174.40	6840.00	605.00	4					

8-14　续表 6

(2022年)

市　别	水稻虫害小计					水稻三化螟				
	发生面积（万亩次）	防治面积（万亩次）	挽回损失（吨）	实际损失（吨）	发生程度	发生面积（万亩次）	防治面积（万亩次）	挽回损失（吨）	实际损失（吨）	发生程度
全　省	**5353.19**	**6943.63**	**1187018.54**	**144087.062**	**3**	**183.779**	**276.391**	**51509.513**	**6250.304**	**2**
广　州	29.60	43.64	11231.66	730.066		0.070	0.110	12.000	0.650	1
韶　关	318.85	442.30	109320.54	7667.330		2.300	7.090	424.000	102.000	1
深　圳										
珠　海	8.75	12.43	7120.02	249.615						
汕　头	115.06	265.54	18575.13	1026.861		9.375	34.033	688.408	16.645	2
佛　山	43.20	78.10	10899.20	774.200						
江　门	427.95	673.31	96412.09	13852.678		4.270	9.670	1406.800	220.200	2
湛　江	660.22	718.37	99320.62	21414.943		19.900	25.700	8477.239	2003.261	3
茂　名	577.53	574.23	172375.80	15166.560		6.770	6.370	563.200	91.600	2
肇　庆	256.88	411.19	44441.77	3391.113		25.090	43.000	4195.550	313.620	3
惠　州	300.68	370.99	82898.18	18388.079		7.580	9.484	1192.716	522.808	3
梅　州	310.75	437.40	119663.61	8122.130		53.560	63.220	16108.810	1358.500	4
汕　尾	235.61	272.61	22973.72	4709.240		0.400	0.400	67.000	12.000	1
河　源	477.43	559.36	99420.27	12535.073		34.734	40.774	5962.950	730.450	3
阳　江	280.09	293.65	66813.16	5116.520		0.300	0.340	92.120	11.380	1
清　远	532.84	641.73	96310.77	7623.082		9.250	16.300	11019.720	722.190	3
东　莞	8.30	10.60	1210.00	155.000						
中　山	14.40	14.11	4233.60	1440.000						
潮　州	79.93	114.19	8009.05	3860.800		0.500	1.000	60.000	55.000	1
揭　阳	400.71	621.36	87409.55	15651.532		6.100	6.100	813.000	61.000	1
云　浮	274.40	388.50	28379.81	2212.240		3.580	12.800	426.000	29.000	2

8-14　续表 7

(2022年)

市　别	水稻稻纵卷叶螟					水稻稻飞虱				
	发生面积（万亩次）	防治面积（万亩次）	挽回损失（吨）	实际损失（吨）	发生程度	发生面积（万亩次）	防治面积（万亩次）	挽回损失（吨）	实际损失（吨）	发生程度
全　省	**1855.39**	**2344.94**	**390333.76**	**48403.15**	**3**	**2307.06**	**2980.86**	**527902.61**	**61366.32**	**3**
广　州	14.69	21.28	4753.33	314.92	2	10.78	14.26	5978.54	313.42	2
韶　关	101.73	147.67	25382.51	1898.72	2	145.01	197.28	36666.49	2843.36	2
深　圳										
珠　海	4.51	6.76	4210.02	99.02	4	3.81	5.01	2755.00	120.10	
汕　头	47.06	106.16	10761.01	460.67	2	32.11	72.20	3163.81	218.63	2
佛　山	25.00	46.20	5997.60	507.00	4	16.70	24.40	4777.10	238.40	3
江　门	160.51	267.16	38486.93	5915.10	3	152.46	248.32	49107.71	5936.33	3
湛　江	257.08	270.52	30883.82	6149.51	3	259.11	287.47	27508.60	5822.29	3
茂　名	234.40	233.80	88737.80	7317.90	3	247.70	246.50	76257.05	6551.03	3
肇　庆	100.14	138.89	17819.86	1311.62	3	96.04	155.89	15665.70	1274.19	3
惠　州	103.48	129.29	26329.99	6436.47	4	158.98	193.53	48218.16	9822.18	4
梅　州	83.29	120.21	14468.90	1318.10	3	137.78	184.03	78894.80	4583.08	3
汕　尾	62.43	67.40	5086.40	1084.76	3	68.03	83.59	10202.31	1797.26	4
河　源	138.10	162.27	27850.62	3837.72	3	237.73	278.05	50048.20	5575.83	3
阳　江	128.83	132.56	30114.06	1908.47	4	140.66	147.55	33925.58	2967.97	4
清　远	141.83	161.56	15902.18	1217.11	3	217.52	254.03	22536.67	2190.47	3
东　莞	2.80	3.45	414.00	53.00	3	4.40	5.70	636.00	81.50	3
中　山	5.40	5.29	1587.60	540.00	4	7.20	7.06	2116.80	720.00	
潮　州	34.40	43.68	2617.20	1604.00	4	41.55	64.26	4970.60	1993.50	3
揭　阳	128.01	180.09	30121.54	5691.46	4	157.78	255.24	36078.09	6957.14	3
云　浮	81.70	100.70	8808.41	737.60	3	171.72	256.50	18395.40	1359.64	3

8-14 续表 8

(2022年)

市别	花生病虫害合计					柑桔病虫害合计				
	发生面积(万亩次)	防治面积(万亩次)	挽回损失(吨)	实际损失(吨)	发生程度	发生面积(万亩次)	防治面积(万亩次)	挽回损失(吨)	实际损失(吨)	发生程度
全省	**1085.75**	**1424.40**	**128038.43**	**20411.03**	**3**	**2184.54**	**2969.73**	**693533.59**	**95645.92**	**3**
广州	7.77	12.08	1315.25	203.90		16.02	25 22	3317.49	787.10	
韶关	119.53	154.74	21727.60	1421.01		473.56	700 00	112104.56	12131.44	
深圳										
珠海	0.29	0.42	190.00	16.00						
汕头	1.39	1.56	141.00	9.70		20.67	45 42	7122.58	129.73	
佛山	2.12	3.13	196.75	92.10						
江门	17.96	20.09	641.20	117.14		61.42	71 67	41577.87	5161.15	
湛江	186.83	331.95	16575.29	3163.61		100.37	136.20	7566.00	1201.50	
茂名	118.21	113.99	14285.35	1963.30		66.58	67.51	10013.00	6069.42	
肇庆	39.17	67.52	4995.93	588.72		255.46	443.05	136530.93	14011.45	
惠州	109.30	133.79	14422.02	2952.48		240.16	274.43	72266.58	8880.23	
梅州	27.97	31.06	2280.09	514.81		278.94	366.89	67079.15	5732.51	
汕尾	55.05	102.82	6866.90	1334.92		7.70	10.13	4872.93	832.64	
河源	118.91	126.13	14385.40	2250.49		168.65	196.34	64673.77	8745.42	
阳江	116.64	136.15	12235.96	3566.67		79.47	96.12	19312.54	4435.46	
清远	116.97	130.24	9436.39	1166.33		277.38	327.06	87076.69	8463.55	
东莞										
中山										
潮州	2.75	2.97	619.50	198.25		30.92	72.10	24151.00	12122.00	
揭阳	26.97	36.47	5510.06	442.59		22.89	28.46	22854.50	4444.73	
云浮	17.91	19.30	2213.74	409.01		84.37	109.12	13014.00	2497.60	

8-14 续表 9

(2022年)

市别	蔬菜病虫害合计				
	发生面积(万亩次)	防治面积(万亩次)	挽回损失(吨)	实际损失(吨)	发生程度
全省	**5280.556735**	**7020.400751**	**2225563.426**	**353133.989**	**4**
广州	294.0543348	402.632342	77589.31189	16644.67214	
韶关	310.96	424.92	288897.89	21221.98	
深圳	19.314	55.002	593.56	17.89	
珠海	8.4	15.86	39205	4176.8	
汕头	138.051	312.169	37280.807	2485.085	
佛山	303.291	438.218	96991.696	14024.258	
江门	279.162	329.897	136506.83	14114.07	
湛江	789.527	1299.767	310536.7503	59208.52494	
茂名	270.3	257.38	74077.36	20147	
肇庆	264.507	321.007	169021.407	12685.76	
惠州	517.354	636.5050085	142949.242	27841.0801	
梅州	170.651	216.782	100573.081	8786.009	
汕尾	138.354	197.948	96813.047	24143.191	
河源	266.776	301.687	115190	14586.285	
阳江	339.04	386.346	68819.1	23027.49	
清远	611.974	724.369	294972.154	25114.144	
东莞	154.59	200.967	293.0000386	37.67980497	
中山	9.5794	9.5794	7184.55	2394.85	
潮州	49.612	68.123	73325.6	50875.4	
揭阳	235.057	301.712	62991.42	4381.95	
云浮	110.003	119.53	31751.62	7219.87	

九、林业

2022年7月10日国家林业和草原局关志鸥局长来广东调研指导林业工作

2022年3月22日，广东省关注森林活动组织委员会在广州召开第二次会议

2022 年 2 月 18 日，广东省林业局召开全省林业工作视频会议

2022 年 7 月，广东省林业局陈俊光局长指导调研林草湿调查监测工作

2022 年 2 月 18 日，广东省林业局举办 2022 年世界湿地日活动

2022 年 6 月 8 日召开科学绿化看广东暨广东“双碳”达标先锋战略研讨会

广东万山朝王国家石漠公园

广东省九连山林场森林万亩红锥林基地

油茶果丰收——金黄铺满地

护林员开展早期处理火情演练

林　业

2022 年，全省各级林业部门坚持以习近平新时代中国特色社会主义思想为指导，深入践行绿水青山就是金山银山理念，紧紧围绕省委省政府决策部署，坚持一手抓新冠肺炎疫情防控，一手抓林业重点工作，国土绿化、生态修复、自然保护地建设管理、森林资源保护监管和林业生态惠民等工作取得新成效。截至年末全林业总产值 8713 亿元。

一、生态建设成效显著

（一）营造林总体情况。

2022 年，全省完成造林 177240 公顷，其中：人工造林 10318 公顷，封山（沙）育林 29386 公顷，退化林修复 44282 公顷，人工更新 93253 公顷。完成中幼龄林抚育 202038 公顷。

人工造林按区域划分：珠三角九市完成人工造林面积 639 公顷，占全省 6%。山区五市完成人工造林面积 7835 公顷，占全省 76%。东西两翼完成人工造林面积 1844 公顷，占全省 18%。

（二）林业重点工程。

2022 年全省共完成高质量水源林工程和沿海防护林体系工程 70928 公顷。其中高质量水源林 68461 公顷，沿海防护林体系工程 10127 公顷。

二、林业产业持续发展

2022 年，我省持续实施乡村振兴林业行动，着力发展绿色惠民产业，助力广东脱贫攻坚和全面建成小康社会。以扶持发展林下经济、木本粮油为重点，因地制宜发展花卉苗木、林果、林药、森林旅游等特色产业，推进木材加工等传统优势产业转型升级。

（一）林业产业总产值小幅增长。2022 年全省林业产业总产值达 8713 亿元，增长 1.23%。

从产业结构上看，第一产业产值 1487 亿元，第二产业产值 5590 亿元，第三产业产值 1636 亿元，一、二、三产业占比分别为 17.07%、64.16%、18.77%，产业结构基本同上年持平。

从行业增长上看，一产、二产稍有增长，但三产有所下降。

分行业看，2022 年，以包括干鲜果品、含油果、茶、中药材以及森林食品等在内的经济林产品、花卉及其他观赏植物种植的第一产业产值为 1487 亿元，增长 4.35%。以家具制造、造纸和纸制品制造、木本油料、果蔬、茶饮料等加工制造的第二产业产值为 5590 亿元，增长 2.76%。而以森林旅游、休闲服务、专业技术服务为主体的第三产业产值为 1636 亿元，下降 6.08%。

分地区看，珠三角地区林业产业产值为 6630 亿元，占全省林业产业产值的 76.09%，同比减少 0.58%；山区韶关、河源、梅州、清远和云浮五市林业产业产值为 1008 亿元，占全省林业产业产值的 11.57%，同比增长 7.49%；东西两翼地区林业产业产值为 1027 亿元，占全省林业产业产值的 11.79%，同比增长 2.80%。林业产业主要还是集中在珠三角地区。

2022 年，林业产业产值超过 300 亿元的地市共有 8 个，分别是广州、深圳、佛山、惠州、东莞、江门、肇庆、清远。8 市林业产业产值合计 6531 亿元，占全省林业产业总产值的 74.95%。

（二）2022 年全省木材总产量 1254 万立方米，比上年减少 0.79%。其中原木 1064 万立方米，减少 5.64%；薪材 190 万立方米，增加 34.75%。2022 年全省人造板产量 614 万立方米，比上年下降 41.36%。其中胶合板 280 万立方米，纤维板 149 万立方米，刨花板 82 万立方米，其他人造板 87.64 万立方米。

（三）2022 年全省大径竹产量为 36178 万根，比上年增长 17.05%。其中毛竹 13671 万根，占比 37.79%；其他竹 22507 万根，占比 62.21%。

（四）2022 年全省各类经济林产品总量达到 1130.7 万吨，比上年减少 10.1%。其中水果产量 922.7 万吨,比上年减少 21.1%；干果产量 19.3 万吨，比上年增加 128.6%；林产饮料产品产量 12.9 万吨，比上年增加 108%;林产调料产品产量 9.9 万吨，比上年增加 50%;竹笋干、食用菌等森林食品产量 32.8 万吨，比上年增加 277%;森林药材产量 29.2 万吨,比上年增加 151.7%；木本油料产量 18 万吨，比上年下降 7.2%;林产工业原料产量 84 万吨，比上年增加 209%。

（五）2022 年末全省实有油茶林面积 18.1 万公顷，比上年增长 4%。当年油茶籽产量 18 万吨，比上年增长 1.1%。

（六）2022 年全省松香及其深加工产品产量 15 万吨，比上年下降 21%。

三、林业投资稳定增长

2022 年全省林业累计完成投资 111.6 亿元，比上年增长了 5.7 亿元，增长 5.38%。

（一）按资金来源分，其中中央财政资金 10.7 亿元，占总资金的 9.59%；地方财政资金 83.5 亿元，占总资金的 74.82%；自筹资金 13.1 亿元，占总资金 11.74%；利用外资 0.3 亿元，占总资金 0.27%；其他社会资金 2.1 亿元，占总资金 1.88%。

（二）分区域看，2022 年珠三角地区累计完成林业投资 41.89 亿元，占全部林业投资完成额的 37.54%；山区五市林业完成投 41.86 亿元，占全部林业投资完成额的 37.51%；东西两翼林业完成投资 27.21 亿元，占全部林业投资完成额 24.38%。各区域与上年完成投资额相比，珠三角地区下降 1.23%，山区五市下降 10.86%，东西两翼增长 64.81%。

四、林业系统从业人员情况

截至 2022 年底，全省林业系统各种经济类型单位共计 1011 个，其中企业 25 家、事业单位 819 家、机关 167 家。

2022 年全省林业系统在岗职工 17824 人，其中高中及高中以下学历 5086 人，中专及大专学历 6144 人，大学本科学历 5789 人，研究生学历 805 人。

2022 年全省林业系统在岗职工年平均工资 135205 元，比上年增长 10.47%。

9-1 主要年份林业主要指标

年份	林业用地面积（千公顷）	有林地面积（千公顷）	活立木总蓄积量（万m3）	森林覆盖率（%）
1965	10855	4214	15186	24.1
1975	10973	5198	16737	29.9
1978	10518	5165	16894	30.2
1980	10518	5165	16894	30.2
1985	10204	4638	14983	27.2
1990	10713	7998	21243	48.4
1995	10848	9083	27313	55.9
2000	10823	9226	31634	56.9
2005	11022	9212	36459	59.1
2010	10981	9532	43936	57.0
2015	10959	9954	56636	58.9
2020	10571	9158*	60422*	58.66
2021	10560*	9171*	62370*	58.74*
2022				

注：2022年森林资源数据尚未发布。

9-1 续表 1

年份	造林面积（千公顷）	人工造林	飞机造林	迹地更新面积（千公顷）	人工更新
1970	474	279	195	11	7.3
1975	359	288	71	35	34.7
1978	301	301		41	38
1980	371	201	170	46	39
1985	612	353	259	77	64
1990	312	259	53	52	51
1995	21	21		87	83
2000	17	17		106	97
2005	18	18		96	92
2010	95	92		48	48
2015	123	118		81	81
2020	43	20		75	75
2021	94	20		41	41
2022	177	10		138	93

注：本表2022年造林面积包含人工造林、退化林修复(含人工更新)和封山育林。
2022年迹地更新面积为退化林修复(含人工更新)。

9-1　续表 2

年份	低效林 改造面积 （千公顷）	育苗面积 （本年新育） （千公顷）	幼林抚育 实际面积 （千公顷）	幼林抚育 作业面积 （千公顷）	成林抚育 面积 （千公顷）
1970	1	1.6	281	339	147
1975	8	2.85	331	390	96
1978	17	2.57	439	506	123
1980	23	1.82	314	367	159
1985	33	3.19	331	403	152
1990	113	5.47	536	652	268
1995	109	1.88	390	453	274
2000	125	1.83	222	294	288
2005	46	1.00	146	175	122
2010	19	0.96	173	207	182
2015	71	7.93			
2020	64	2.38	—	—	520
2021	41	2.42	—	—	296
2022	44	1.8	75	75	202

注：1.从2002年起，森林资源数据包括红树林。
2.从2006年起，森林覆盖率采用新的计算方法。
3.从2019年起，林业统计制度修订后，打“—”线的项目没有纳入统计指标，没有数据。
4.从2019年起,成林抚育面积数值为中、幼龄林抚育面积

9-1　续表 3

年份	零星植树 （万株）	油桐籽 （吨）	油茶籽 （吨）	棕片 （吨）	松脂 （吨）	竹笋干 （吨）
1970	1120	3001	30649			
1975	5384	1780	17985	327	90654	74
1978	6975	1231	11721	381	96680	55
1980	5425	976	13109	340	119829	125
1985	8252	865	16303	248	95917	249
1990	8834	2622	23736	466	100230	2770
1995	8232	3536	24997	606	114568	9004
2000	6653	3817	26268	663	110877	14132
2005	6201	5193	30470	1640	154593	17825
2010	6923	6050	82417	2536	181141	30291
2015	8066	7500	149374	3463	235109	39805
2020	—	—	162656	—	—	55591
2021	—	—	177662	—	—	66153
2022	—	—	179745	—	—	88340

9-1 续表 4

年份	板栗（吨）	乌桕籽（吨）	木材总产量（万立方米）		
				原木	薪材
1970	245	108	213.90	173.50	40.40
1975	303	39	252.00	217.10	34.90
1978	400	20	305.80	240.80	65.00
1980	589	68	306.40	259.50	46.90
1985	1614	5	403.90	314.40	89.50
1990	3577	59	211.60	188.00	23.60
1995	5440	70	306.70	275.40	31.30
2005	8637	253	362.15	323.97	38.18
2010	10616	527	654.91	611.56	43.35
2015	21229	900	790.83	711.74	79.09
2020	46006	—	1010.54	887.59	122.96
2021	55592	—	1263.71	1122.53	141.17
2022	55092		1253.80	1064.03	189.82

9-1 续表 5

年份	人造板产量（万立方米）				松香类产品（万吨）
		胶合板	纤维板	刨花板	
1970	1.21	0.73	0.48		7.11
1975	2.70	0.94	1.56	0.20	8.63
1978	4.06	1.05	2.90	0.11	8.97
1980	5.23	1.39	3.53	0.31	10.18
1985	6.10	1.26	4.60	0.24	8.89
1990	21.39	7.80	4.30	9.30	9.42
1995	89.06	24.99	27.09	23.38	11.11
2005	340.05	58.55	261.60	15.69	7.38
2010	784.11	208.53	387.48	94.65	12.91
2015	1815.92	1108.40	552.01	138.30	14.00
2020	1059.46	218.10	501.61	215.12	18.90
2021	1046.80	307.82	363.53	259.54	18.64
2022	614.08	279.60	148.54	82.37	14.61

9-2　林业主要指标

项　　目	计算单位	1995	2000	2005	2010	2015	2020	2021	2022
一、森林资源									
有林地面积	千公顷	9083	9226	9212	9532	9954	9158*	9171*	
活立木总蓄积量	万m³	27313	31634	36459	43936	56636	60422*	62823*	
森林覆盖率	%	55.9	56.9	59.1	57.0	58.9	58.66	58.74*	
二、营林生产									
造林面积	千公顷	21	17	18	95	123	260	176	177
人工造林	千公顷	21	17	18	92	118	20	20	10
飞播造林	千公顷								
新育苗面积	千公顷	1.9	1.9	1.0	0.96		2.38	2.42	
幼林抚育实际面积	千公顷	390	236	146	173		—	—	75
成林抚育面积	千公顷	274	289	122	182		521	296	202
迹地更新面积	千公顷	87	115	96	48	81	75	41	138
其中：人工更新	千公顷	83	106	92	48	81	75	41	93
低效林改造面积	千公顷	109	127	46	19	71	64	41	44
三、主要林产品产量									
油桐籽	吨	3536	3817	5193	6050	7500	—	—	—
油茶籽	吨	24997	26268	30407	82417	149374	162656	177662	179745
松脂	吨	114568	113118	154593	181141	235109	—	—	
竹笋干	吨	9004	14132	17825	30291	39805	55591	66153	88340
板栗	吨	3936	5440	8637	10616	21229	46006	55592	64510
四、森工主要产品产量									
木材	万m³	307	275	362	655	791	1011	1264	1254
原木	万m³	275	256	324	612	712	888	1124	1064
薪材	万m³	31	19	38	43	79	123	141	190
大径竹	万根	7180	6809	11180	13252	12754	25737	30907	36178
毛竹	万根	2451	2889	2669	3478	4094	8530	8021	13671
其它	万根	4729	3921	8510	9774	8660	17203	22886	22507
人造板	万m³	89	145	340	784	1816	1059	1047	614
胶合板	万m³	25	66	59	209	1108	218	308	280
纤维板	万m³	27	51	262	387	552	502	364	149
刨花板	万m³	23	28	16	95	138	215	260	82
松香类产品	万吨	11	10	7	13	14	19	19	15
紫胶	吨	395		20	357	1119	636	760	—
五、林业系统机构人员									
单位个数	个	2062	2002	1871	2159	1810	1333	1221	1011
在岗职工人数	人	79952	52227	37232	35916	30424	21273	18285	17824

注：2022年森林资源数据尚未发布。

9-3 各市全部林业生产情况

(2022年) 单位：公顷

市别	当年造林面积				
	总计	人工造林	当年新封山(沙)育林面积	退化林修复	人工更新
全省	177240	10318	29386	44282	93253
广州	4607		1330	1835	1441
深圳	466	12		454	
珠海	738	18	259	461	
汕头	1575	39	597	938	
佛山	3180	140	503	2373	165
韶关	17986	3480	3675	4081	6749
河源	14516	1619	3560	5805	3533
梅州	15645	1778	4100	7595	2172
惠州	14121	447	2188	1521	9965
汕尾	7466	705	1711	2203	2847
东莞	426			426	
中山	434	22		413	
江门	14537		439	1113	12985
阳江	5969	68	1021	134	4745
湛江	10491	179	70	548	9694
茂名	9112	377	467	4523	3744
肇庆	18540		1477	1464	15599
清远	18872	618	3893	2306	12055
潮州	3226	123	193	999	1911
揭阳	5211	352	881	2337	1642
云浮	7570	54	1686	2317	3513
中林雷州林业公司					
省属林场	2550	288	1334	436	492
国家级保护区					

9-3 续表 1

（2022年） 单位：公顷

市别	育苗面积	其中：国有育苗面积	中、幼龄林抚育
全省	1799	248	
广州	228	99	4512
深圳	128		
珠海	38		
汕头	60	2	733
佛山	28	3	3692
韶关	187	33	23593
河源	71	14	1072
梅州	39	4	12429
惠州	138	2	15520
汕尾	21	7	2781
东莞	5	1	
中山	0	0	
江门	60	24	16370
阳江	18	9	9078
湛江	447	12	13280
茂名	72	15	9852
肇庆	112	12	38339
清远	85	7	30271
潮州	5	3	2455
揭阳	45	2	2143
云浮	11		11623
中林雷州林业公司			
省直属林场			4293
国家级保护区			

9-3 续表 2

（2022年） 单位：吨

市别	2. 油茶籽	5. 竹笋干	6. 板栗
全省	179,744.74	88,339.50	64,509.60
广州	533.50	2,001.00	
深圳			
珠海			
汕头	51.00		
佛山			
韶关	16,553.60	11,357.00	1,385.00
河源	85,350.00		20,664.00
梅州	24,458.00	1,103.00	756
惠州	2,477.50	25.00	23.6
汕尾	532.00		
东莞			
中山			
江门	1.60		
阳江	353.00	5.00	5,760.00
湛江	98.00		
茂名	23,361.54	451.00	
肇庆	12,062.00	6,359.50	19,665.00
清远	11,794.00	48,617.00	12,598.00
潮州	10.00	2,900.00	
揭阳	736.00	6,052.00	
云浮	1,348.00	9,469.00	3,658.00
中林雷州林业公司			
省属林场	25.00		
国家级保护区			

9-4 各县(市、区)造林更新低产林改造面积

(2022年)　　单位：公顷

县(市、区)别	人工造林	人工更新	退化林修复
广东省	**11806.23**	**84871.07**	**37365.98**
广州市		**1441.03**	**1835.35**
市局本部			
荔湾区			
天河区			
白云区			86.66
黄埔区			
番禺区			71.30
花都区		800.60	137.21
南沙区			
增城区			1167.20
从化区		640.43	372.98
流溪河林场			
大岭山林场			
增城林场			
梳脑林场			
深圳市	**1.33**		**638.83**
市局本部			
罗湖区			36.33
福田区			3.33
南山区			8.53
宝安区			146.67
龙岗区	1.33		287.04
盐田区			14.52
光明区			32.47
坪山区			47.40
龙华区			39.13
大鹏新区			23.40
大鹏半岛国家地质公园管理处			
市野生动植物保护管理处			
市野生动物救护中心			
广东内伶仃福田国家级自然保护区管理局			
市梧桐山风景区管理处			
珠海市	**18.00**		**461.40**
珠海市自然资源局			
珠海市自然资源局香洲分局	6.33		31.87
珠海市自然资源局斗门分局	11.67		123.67
珠海市自然资源局金湾分局			58.67
万山海洋开发实验区			
高新技术产业开发区			60.87
高栏港经济区海洋和农业局			110.07
横琴新区			76.27
广东淇澳-担杆岛自然保护区管理处			
汕头市	**166.87**		**721.87**
市局本部			
龙湖区			
金平区自然资源分局	4.93		6.67
汕头市濠江区自然资源局	11.00		40.47

9-4 续表 1

(2022年) 单位：公顷

县(市、区)别	人工造林	人工更新	退化林修复
潮阳区	61.93		419.20
潮南区	52.80		158.67
澄海区	13.27		33.53
南澳县自然资源局	22.93		63.33
市林科所			
佛山市	**166.00**	**21.13**	**1245.06**
市局本部			77.60
佛山市自然资源局禅城分局			
佛山市自然资源局南海分局	8.87		81.67
佛山市自然资源局顺德分局			6.67
自然资源局三水分局三水区	26.67	21.13	107.73
佛山市自然资源局高明分局	130.47		971.40
云勇林场			
市林科所			
韶关市	**2633.93**	**3106.13**	**1661.67**
市局本部			
武江区			33.33
浈江区			66.67
曲江区自然资源局		66.67	
始兴县林业局	66.67		312.67
仁化县	63.93	100.00	33.33
翁源县林业局	133.33	1362.33	
乳源瑶族自治县	1266.67	133.33	333.33
新丰县林业局	54.33	891.53	49.00
乐昌市	782.33		100.00
南雄市	266.67	333.33	733.33
韶关林场		34.47	
曲江林场		55.33	
仁化林场		53.33	
韶关市国有河口林场		10.67	
九曲水林场		55.13	
华溪林场		10.00	
市林科所			
市野生动植物和自然保护区办			
韶关市国有林场事务中心			
广东丹霞山国家级自然保护区			
广东曲江罗坑鳄蜥省级自然保护区管理处			
广东仁化高坪省级自然保护区			
广东新丰云髻山省级自然保护区管理处			
广东乳源大峡谷省级自然保护区管理处			
广东乐昌大瑶山省级自然保护区管理处			
广东翁源青云山省级自然保护区管理处			
广东粤北华南虎省级自然保护区管理处			
广东曲江沙溪省级自然保护区管理处			
广东乐昌杨东山十二度水省级自然保护区管理处			
广东始兴南山省级自然保护区管理处			

9-4 续表 2

（2022年） 单位：公顷

县(市、区)别	人工造林	人工更新	退化林修复
广东南雄小流坑-青嶂山省级自然保护区管理处			
广东南雄恐龙化石群省级自然保护区管理处			
河源市	**1067.53**	**1647.80**	**4721.07**
市局本部			
市江东新区	41.67		511.67
源城区		66.67	73.33
紫金县林业局		480.00	1280.00
龙川县	220.00	537.47	283.20
连平县	58.27	195.93	773.00
和平县	247.60	221.07	554.40
东源县	500.00	73.33	766.67
新丰江林管局			478.80
牛岭水林场		20.00	
下石林场			
黎明林场			
桂山林场			
红星林场		53.33	
坪山林场			
广东河源大桂山省级自然保护区管理处			
广东东源康禾省级自然保护区管理处			
广东河源新港省级自然保护区管理处			
广东连平黄牛石省级自然保护区管理处			
广东和平黄石坳省级自然保护区管理处			
广东紫金白溪省级自然保护区管理处			
广东龙川枫树坝省级自然保护区管理处			
广东河源恐龙化石省级自然保护区管理处			
梅州市	**1776.93**	**2171.67**	**7597.03**
市局本部			60.00
梅州市梅江区林业局	86.67	333.33	
梅县区			949.15
大埔县	753.20		1110.67
丰顺县	20.20		1004.93
五华县林业局	148.67	1333.33	1458.54
平远县林业局	233.33		1000.00
蕉岭县		374.53	
兴宁市林业局	534.87	130.47	2013.73
梅南林场			
洲瑞林场			
大埔林场			
梅州市国有水口林场			
七畲径林场			
梅州市农林科学院林业研究所			
广东梅县阴那山省级自然保护区管理处			
广东兴宁铁山渡田河省级自然保护区管理处			
广东蕉岭长潭省级自然保护区管理处			
广东平远龙文-黄田省级自然保护区管理处			
广东大埔丰溪省级自然保护区管理处			

9-4 续表 3

(2022年) 单位：公顷

县(市、区)别	人工造林	人工更新	退化林修复
广东五华七目嶂省级自然保护区管理处			
惠州市	**969.07**	**1164.40**	**1521.87**
市局本部	62.73	218.67	
惠城区自然资源局	62.60	79.07	209.47
惠阳区	12.53		289.87
大亚湾区			
仲恺区			
博罗县林业事务中心	151.00	366.67	
惠东县	447.47	433.33	665.33
龙门县林业局	232.73	66.67	357.20
梁化林场			
惠州市国有九龙峰林场			
惠州市国有罗浮山林场			
象头山林场			
惠州市国有汤泉林场(广东汤泉森林公园管理处)			
平安林场			
鸡笼山林场			
水东陂林场			
油田林场			
东江林场			
惠州市林业科学研究所(惠州植物园管理服务中心)			
罗浮山省级自然保护区			
广东龙门南昆山省级自然保护区管理处			
广东古田省级自然保护区管理处			
广东惠东莲花山白盆珠省级自然保护区管理处			
广东大亚湾水产资源省级自然保护区管理处			
汕尾市	**1008.13**		**3413.73**
市局本部			
汕尾市城区自然资源局	110.33		393.73
红海湾开发区	81.73		139.33
海丰县	300.00		1366.67
陆河县林业局	129.73		479.00
陆丰市	386.33		891.67
黄羌林场			66.67
吉溪林场			
汕尾市国有红岭林场			
罗经嶂林场			10.00
东海岸林场			66.67
湖东林场			
东莞市			**425.53**
市局本部			
东莞市自然保护地服务中心			
银瓶山森林公园			
大岭山森林公园			
大屏嶂森林公园			
市林科所			

9-4 续表 4

（2022年） 单位：公顷

县(市、区)别	人工造林	人工更新	退化林修复
中山市	**21.54**		**412.88**
市局本部			
广东中山香山省级自然保护区			
江门市	**563.73**	**12150.47**	
市局本部	53.27	241.33	
蓬江区	16.47	66.40	
江海区			
新会区	83.53	1241.47	
台山市林业局	120.67	3843.87	
开平市林业局	90.53	493.40	
鹤山市林业局	88.93	4259.80	
恩平市林业局	110.33	2004.20	
古兜山林场			
江门市大沙林场			
狮山林场			
河排林场			
江门市西坑林场			
古斗林场			
四堡林场			
市林科所			
广东江门古兜山省级自然保护区管理处			
广东台山上川岛猕猴省级自然保护区管理处			
广东恩平七星坑省级自然保护区管理处			
广东江门中华白海豚省级自然保护区管理处			
阳江市	**355.80**	**4570.47**	**89.07**
市局本部			
阳江市自然资源局江城分局	40.00	39.80	22.40
阳江市自然资源局海陵分局		20.93	
阳江高新区		23.33	23.33
阳西县自然资源局	31.87	740.40	43.33
阳东区	110.20	887.47	
阳春市林业局	173.73	2279.93	
阳江林场		504.40	
花滩林场		74.20	
广东阳江森林公园管理处			
河尾山林场			
阳江市林业有害生物防治检疫管理站			
阳江市野生动植物保护管理站			
广东阳春百涌省级自然保护区管理处			
广东阳春鹅凰嶂省级自然保护区管理处			
湛江市	**110.47**	**16532.73**	**832.47**
市局本部			66.67
坡头区	66.67	173.93	232.13
麻章区	7.40	242.93	75.93
开发区农管局		74.93	66.67
遂溪县		1308.07	82.87
徐闻县自然资源局		173.60	136.13
廉江市自然资源局	26.67	4090.40	66.67

9-4 续表 5

(2022年)　　　　单位：公顷

县(市、区)别	人工造林	人工更新	退化林修复
雷州市自然资源局			
吴川市			
国营防护林场			
国营东海林场			
国营吴川林场			
市林业良种场			
市林科所			
茂名市	**377.08**	**4341.10**	**3894.06**
市林业局本部		641.07	105.34
广东茂名滨海新区管理委员会农业农村局			
茂南区		76.21	
茂名高新技术产业开发区管理委员会政法和社会事务局			
高州市		207.20	2611.56
化州市林业局	49.61	2286.58	819.75
信宜市林业局	139.11	935.77	100.00
电白区	188.36	194.27	257.41
八一林场			
厚元林场			
大雾岭林场			
东镇林场			
新田林场			
荷塘林场			
文楼林场			
播扬林场			
平定林场			
丽岗林场			
电白林场			
河尾山林场			
茂名市林业科学研究所			
市森林公园管理处			
市野生动物救护中心			
市林业事务中心			
广东云开山国家级自然保护区管理处			
广东茂名林洲顶鳄蜥省级自然保护区管理处			
市辖区			
肇庆市	**861.20**	**15550.20**	**863.13**
市局本部	9.87	294.27	
肇庆市端州区农业农村局			
肇庆市自然资源局鼎湖分局			26.20
大旺综合经济开发区农林水利管理中心			
广宁县林业局	104.60	2608.53	166.67
怀集县林业局	279.13	2634.87	
封开县林业局	212.07	4338.13	
德庆县	130.67	225.07	203.60
肇庆市自然资源局高要分局	61.87	4084.00	133.33
四会市林业局	63.00	1365.33	333.33
肇庆市国有北岭山林场			

9-4 续表 6

(2022年) 单位：公顷

县(市、区)别	人工造林	人工更新	退化林修复
清桂林场			
葵洞林场			
大南山林场			
肇庆市国有大水口林场			
大坑山林场			
新岗林场			
市国有林业总场			
市林科所			
广东怀集三岳省级自然保护区管理处			
广东怀集大稠顶省级自然保护区管理处			
广东封开黑石顶省级自然保护区管理处			
清远市	**1007.17**	**12557.56**	**1118.27**
市局本部	179.91	40.65	
清城区	7.07	1198.67	
佛冈县	66.66	2272.51	
阳山县林业局	209.80	664.60	209.06
连山壮族瑶族自治县		334.15	68.36
连南瑶族自治县自然资源局(林业局)	257.33	606.67	
清远市清新区林业局	33.33	2501.95	69.99
英德市林业局	142.13	3759.47	770.87
连州市	110.93	1178.89	
清远市银盏林场			
清远市笔架山林场			
清远市天堂山林场			
清远市英德林场			
清远市金鸡林场			
清远市羊角山林场			
清远市小龙林场			
清远市龙坪林场			
清远市杨梅林场			
潮州市	**297.33**	**26.00**	**1157.46**
市局本部			
湘桥区	23.33		60.73
枫溪区			
潮安区自然资源局	146.60		370.73
饶平县	119.33	26.00	658.00
潮州市国有韩江林场	8.07		66.67
广东潮安凤凰山省级自然保护区			
市野生动物救护中心			
市林业科技推广中心			
广东饶平海山海滩岩田省级自然保护区			
广东潮安海蚀地貌省级自然保护区			
潮州韩江鼋花鳗鲡市级自然保护区			
潮州市国有红山林场			1.33
揭阳市	**350.20**	**1439.20**	**2393.93**
揭阳市			
市局本部			

9-4 续表 7

(2022年) 单位：公顷

县(市、区)别	人工造林	人工更新	退化林修复
榕城区			17.93
揭东区	21.47	173.47	187.20
揭西县林业局		917.07	
惠来县自然资源局	224.40	801.53	492.73
普宁市	47.27	464.20	779.00
空港经济区			
广东揭东桑浦山-双坑省级自然保护区管理处			
云浮市	**53.90**	**3511.44**	**2314.31**
市局本部			
云城区			333.33
新兴县林业局	0.37	40.21	470.64
郁南县		949.33	527.13
云浮市云安区林业局	14.87	1420.00	350.73
罗定市	38.67	975.53	632.47
大云雾林场			
云浮市国有龙埇林场		76.22	
飞马林场			
云浮市国有同乐林场		16.93	
水台林场		33.21	
林科中心			
省属林场			
广东省乳阳林场			
广东省沙头角林场			
广东省龙眼洞林场			
广东省天井山林场			
广东省樟木头林场			
广东省乐昌林场			
广东省连山林场			
广东省东江林场			
广东省九连山林场			
广东省西江林场			
广东省德庆林场			
广东省郁南林场			
广东省云浮林场			
国家级自然保护区			
广东南岭国家级自然保护区管理局			
广东车八岭国家级自然保护区管理局			
广东象头山国家级自然保护区管理局			
广东湛江红树林国家级自然保护区管理局			
广东石门台国家级自然保护区管理局			
广东南澎列岛海洋生态国家级自然保护区管理局			
广东雷州珍稀海洋生物国家级自然保护区管理局			
广东徐闻珊瑚礁国家级自然保护区管理局			
广东珠江口中华白海豚国家级自然保护区管理局			
广东惠东海龟国家级自然保护区管理局			
中林集团雷州林业公司		**4639.73**	**47.00**

9–5 主要经济林产品生产情况

单位：吨

项　　目	2020	2021	2022
主要经济林产品生产情况	**12365344**	**12583471**	**8567859**
一、水果产量	**11466068**	**11703482**	**7427511**
二、干果产量	**91387**	**84410**	**98692**
其中：板栗	46006	55592	55092
枣(干重)	80	70	162
三、林产饮料产品(干重)	**63346**	**61619**	**108436**
四、林产调料产品(干重)	**67747**	**66268**	**56003**
五、森林食品(干重)	**88013**	**87244**	**162051**
其中：竹笋干	55591	66153	88340
六、森林药材	**117600**	**115672**	**250895**
七、木本油料	**167524**	**193700**	**180060**
其中：油茶籽	162656	177662	179745
其他木本油料	4868	16038	198
八、林产工业原料	**303659**	**271076**	**284211**
其中：紫胶(原胶)	636	760	

9-6 全部林业产业产值

（2022年）　　　　单位：万元

指　　　标	总产值	指　　　标	总产值
林业产业产值	**87137919**	(2)人造板制造	
一、第一产业	**14871540**	(3)木质制品制造	
(一)涉林产业合计	14320919	(4)竹、藤、棕、苇制品制造	
1.林木育种和育苗	274418.65	2.木、竹、藤家具制造	18448294
(1)林木育种		3.木、竹、苇浆造纸和纸制品	24716849
(2)林木育苗		(1)木、竹、苇浆制造	
2.营造林	791223.92	(2)造纸	
3.木材和竹材采运	1540401.8	(3)纸制品制造	
(1)木材采运		4.林产化学产品制造	499667.07
(2)竹材采运		5.木质工艺品和木质文教体育用品制造	341763.89
4.经济林产品的种植与采集	9033988.5	6.非木质林产品加工制造业	4093444.81
(1)水果、坚果、含油果和香料作物种植		(1)木本油料、果蔬、茶饮料等加工制造	
(2)坚果、含油果和香料作物种植		(2)森林药材加工制造	
(3)茶及其他饮料作物的种植		(3)其他	
(4)森林药材、食品种植		7.其他	2930442.06
(5)森林食品种植		(二)林业系统非林产业	30
(6)林产品采集		**三、第三产业**	**16364073.9**
5.花卉及其他观赏植物种植	2657832.1	(一)涉林产业合计	15812900.5
6.陆生野生动物繁育与利用	23053.73	1.林业生产服务	299168.65
(二)林业系统非林产业	550621.32	2.林业旅游与休闲服务	14948422.3
二、第二产业	**55902305**	3.林业生态服务	146008.44
(一)涉林产业合计	55902275	4.林业专业技术服务	138957.12
1.木材加工和木、竹、藤、棕、苇制品制造	4871814.3	5.林业公共管理及其他组织服务	280343.99
(1)木材加工		(二)林业系统非林产业	551173.34

注：1.水果种植产值包含了坚果、含油果和香料作物种植产值，统计数值未进一步细分；
2.森林药材种植产值包含了森林食品种植产值，统计数数未进一步细分。

9-7 各市全部林业产业产值

（2022年） 单位：万元

市 别	林业产业产值	第一产业	第二产业	第三产业
全 省	87137918.95	14871539.92	55902305.15	16364073.88
广 州	13551501.01	1380251.12	10283887.75	1887362.14
深 圳	11796844.92	1192655.14	5853882.34	4750307.44
珠 海	1207127.92	17831.06	145700	1043596.86
汕 头	202455.71	47570.20	39807	115078.51
佛 山	8702696.67	311175.38	8084325.29	307196
韶 关	2449275	1029299	467968	952008
河 源	1588691.17	918756.63	117011.64	552922.9
梅 州	2103464.53	790685.62	438569	874209.91
惠 州	3064620.31	419228.55	1922043.23	723348.53
汕 尾	839187.27	310320.17	366617	162250.1
东 莞	15348297.1	67987.75	14773465.85	506843.5
中 山	2863282.32	284978.6	2496208	82095.72
江 门	4691188.53	495961.81	3878775.21	316451.51
阳 江	2192320.55	331424.55	1134017	726879
湛 江	2707738.94	797778.08	1345490.07	564470.79
茂 名	2715843.88	1620357.13	410605	684881.75
肇 庆	5081956.5	2239884.55	2493962.93	348109.02
清 远	3073070	1311979	1191821	569270
潮 州	504789.9	218144	25131	261514.9
揭 阳	1110350.76	236058	354807.84	519484.92
云 浮	865617.93	680187.58	64213	121217.35
中林雷州林业公司	380908	156873	7752	216283
省属林场	72270.68	12064	6245	53961.68
国家级自然保护区	20603.2	89		20514.2
省属其他林业单位	3816.15			3816.15

注：省属其他林业单位不包括省级自然保护区管护机构。

9-8 各市商品材产量

（2022年）　　单位：立方米

市　　别	商品材总产量		
	合　计	原 木	薪 材
全　　省	12538492	10640322	1898170
广　　州	370110	370039	71
深　　圳	11700		11700
珠　　海			
汕　　头	8814	6214	2600
佛　　山			
韶　　关	1402847	1105609	297238
河　　源	1194710	1019198	175512
梅　　州	733122	733122	
惠　　州	926157	657971	268186
汕　　尾	96329	76173	20156
东　　莞	28547		28547
中　　山	10422	10422	
江　　门	1096323	1096323	
阳　　江	500710	376079	124631
湛　　江	531894	434627	97267
茂　　名	370915	340418	30497
肇　　庆	2088180	1692830	395350
清　　远	1705029	1484826	220203
潮　　州	139727	99536	40191
揭　　阳	182605	156303	26302
云　　浮	532160	484523	47637
中林雷州林业公司	550199	438458	111741
省属林场	59894	59553	341
国家级保护区			

9-9 各市大径竹生产情况

(2022年)　　单位：根

市别	大径竹总产量		
	合计	毛竹	其他
全省	361777360	136707000	225070360
广州	100000	100000	
深圳			
珠海			
汕头			
佛山			
韶关	40732600	30558000	10174600
河源	7338200	6208200	1130000
梅州	2556000	2535000	21000
惠州	6781360	6,250,000	531,360
汕尾			
东莞			
中山			
江门			
阳江	27560000	2180000	25380000
湛江			
茂名	92915900	21,300,000	71615900
肇庆	116025700	5,961,900	110063800
清远	15732100	10738400	4993700
潮州	180000		180000
揭阳	1800000	850000	950000
云浮	50055500	50025500	30000
中林雷州林业公司			
省属林场			
国家级保护区			

9-10 林产工业主要产品产量

项　　目	计量单位	2020	2021	2022
木材加工及竹藤棕草制品				
一、锯材	立方米	2741757	4043942	1747778
1. 普通锯材	立方米	2736857	4043942	1747778
2. 特种锯材	立方米	4900		
二、人造板	立方米	10594583	10468017	6140750
(一)胶合板	立方米	2180963	3078240	2796040
其中：竹胶合板	立方米	8945	56820	
(二)纤维板	立方米	5016095	3635308	1485352
1. 木质纤维板	立方米	4993836	3623233	1485352
其中：中密度纤维板	立方米	2819811	2341588	
2. 非木质纤维板	立方米	22259	12075	—
(三)刨花板	立方米	2151161	2595351	823672
三、木竹地板	平方米	28260753	37749226	12445784
1. 实木地板	平方米	1590130	9211251	1945848
2. 实木复合木地板	平方米	14819360	16208004	632638
林产化学产品				
一、松香类产品	吨	188730	186350	146122
1. 松香	吨	122125	131176	146122
2. 松香油深加工	吨	66605	55174	
六、紫胶类产品	吨	636	760	—

9-11　各市林产工业主要产品产量

(2022年)　　单位：立方米

市　别	锯材	人造板		
		合 计	胶合板	纤维板
全　省	1747778	4281392	2796040	1485352
广　州		139623	24324	115299
深　圳	112000	60500	45500	15000
珠　海				
汕　头				
佛　山		291	291	
韶　关	183036			
河　源	55509	164443	164443	
梅　州	30609	31421	31421	
惠　州	116100			
汕　尾				
东　莞		223130	222953	177
中　山				
江　门	391424	28000		28000
阳　江	6500			
湛　江	810	124690	124690	
茂　名	27072	326334	38613	287721
肇　庆	410517	1093538	122383	971155
清　远	362227			
潮　州	4710			
揭　阳	5630			
云　浮	41634	2089422	2021422	68000
中林雷州林业公司				

注：本表人造板只包括胶合板和纤维板，纤维板只包括木质纤维板。

9-11　续表

市　别	人造板		木竹地板	松香类产品	
	刨花板	其它		(吨)	松香
全　省	**823672**	**876411**	**25326211**	**146122**	**146122**
广　州	149822	624754	1974560		
深　圳	6500		265000		
珠　海					
汕　头					
佛　山					
韶　关			1548000		
河　源	27222		10500	14399	14399
梅　州	4048	7500	49050	103	103
惠　州		133100			
汕　尾					
东　莞	46260		78464		
中　山			12605946		
江　门	300000		1046708		
阳　江			19522		
湛　江	226805	78370			
茂　名	46223			10686	10686
肇　庆	16792	7687	7720360	112988	112988
清　远					
潮　州					
揭　阳			3201		
云　浮		25000	4900	7946	7946
中林雷州林业公司					

9-12 各县(市、区)主要林产品产量

(2022年)

县(市、区)别	商品材(立方米)			大径竹(根)			松香类产品(吨)
	合计	原木	薪材	合计	毛竹	其他	
广东省	**12538492**	**10640322**	**1898170**	**361777360**	**136707000**	**225070360**	**146140**
广州市	**370110**	**370039**	**71**	**100000**	**100000**		
市局本部							
荔湾区							
天河区							
白云区	9608	9537	71				
黄埔区	39740	39740					
番禺区	158	158					
花都区	64787	64787					
南沙区	57	57					
增城区	118577	118577					
从化区	127057	127057					
流溪河林场	15	15					
大岭山林场	28	28					
增城林场	10083	10083					
梳脑林场							
深圳市	**11700**		**11700**				
市局本部							
罗湖区							
福田区							
南山区							
宝安区							
龙岗区							
盐田区							
光明区							
坪山区							
龙华区							
大鹏半岛国家地质公园管理处							
市野生动植物保护管理处							
市野生动物救护中心							
广东内伶仃福田国家级自然保护区管理局							
市梧桐山风景区管理处							
珠海市							
珠海市自然资源局							
珠海市自然资源局香洲分局							
珠海市自然资源局斗门分局							
珠海市自然资源局金湾分局							
万山海洋开发实验区							
高新技术产业开发区							
高栏港经济区海洋和农业局							
横琴新区							
广东淇澳-担杆岛自然保护区管理处							
汕头市	**8814**	**6214**	**2600**				
市局本部							
龙湖区							
金平区自然资源分局							
汕头市濠江区自然资源局							

9-12 续表 1

县(市、区)别	商品材(立方米)			大径竹(根)			松香类产品(吨)
	合计	原木	薪材	合计	毛竹	其他	
潮阳区							
潮南区							
澄海区	6214	6214					
南澳县自然资源局	2600		2600				
市林科所							
佛山市							
市局本部							
佛山市自然资源局禅城分局							
佛山市自然资源局南海分局							
佛山市自然资源局顺德分局							
自然资源局三水分局三水区							
佛山市自然资源局高明分局							
云勇林场							
市林科所							
韶关市	**1402847**	**1105609**	**297238**	**40732600**	**30558000**	**10174600**	
市局本部	55561	40743	14818				
武江区	112916	85816	27100				
浈江区	105848	80656	25192				
曲江区自然资源局	226873	198365	28508				
始兴县林业局	134546	100944	33602				
仁化县	74982	60770	14212				
翁源县林业局	267484	230992	36492				
乳源瑶族自治县	116000	88310	27690				
新丰县林业局	178630	118357	60273				
乐昌市	99507	76544	22953				
南雄市	30500	24112	6388				
韶关林场							
曲江林场							
仁化林场							
韶关市国有河口林场							
九曲水林场							
华溪林场							
市林科所							
市野生动植物和自然保护区办							
韶关市国有林场事务中心							
广东丹霞山国家级自然保护区							
广东曲江罗坑鳄蜥省级自然保护区管理处							
广东仁化高坪省级自然保护区							
广东新丰云髻山省级自然保护区管理处							
广东乳源大峡谷省级自然保护区管理处							
广东乐昌大瑶山省级自然保护区管理处							
广东翁源青云山省级自然保护区管理处							
广东粤北华南虎省级自然保护区管理处							
广东曲江沙溪省级自然保护区管理处							
广东乐昌杨东山十二度水省级自然保护区管理处							
广东始兴南山省级自然保护区管理处							
广东南雄小流坑-青嶂山省级自然保护区管理处							
广东南雄恐龙化石群省级自然保护区管理处							

9-12 续表 2

县(市、区)别	商品材(立方米)			大径竹(根)			松香类产品(吨)
	合计	原木	薪材	合计	毛竹	其他	
河源市	**1194710**	**1019198**	**175512**	**7338200**	**6208200**	**1130000**	**14399**
市局本部							
市江东新区	61098	61098					
源城区	5944	5944					
紫金县林业局	462205	365000	97205				6075
龙川县	177030	136177	40853				285
连平县	85433	47979	37454				196
和平县	77000	77000					
东源县	326000	326000					7803
新丰江林管局							
牛岭水林场							
下石林场							
黎明林场							
桂山林场							
红星林场							
坪山林场							
广东河源大桂山省级自然保护区管理处							
广东东源康禾省级自然保护区管理处							
广东河源新港省级自然保护区管理处							
广东连平黄牛石省级自然保护区管理处							
广东和平黄石坳省级自然保护区管理处							
广东紫金白溪省级自然保护区管理处							
广东龙川枫树坝省级自然保护区管理处							
广东河源恐龙化石省级自然保护区管理处							
梅州市	**733122**	**733122**					**103**
市局本部	6813	6813					
梅州市梅江区林业局	28000	28000					
梅县区	66834	66834					
大埔县	154875	154875					
丰顺县	148010	148010					
五华县林业局	161692	161692					
平远县林业局	40022	40022					103
蕉岭县	31589	31589					
兴宁市林业局	95287	95287					
梅南林场							
洲瑞林场							
大埔林场							
梅州市国有水口林场							
七畲径林场							
梅州市农林科学院林业研究所							
广东梅县阴那山省级自然保护区管理处							
广东兴宁铁山渡田河省级自然保护区管理处							
广东蕉岭长潭省级自然保护区管理处							
广东平远龙文-黄田省级自然保护区管理处							
广东大埔丰溪省级自然保护区管理处							
广东五华七目嶂省级自然保护区管理处							

9-12 续表 3

县(市、区)别	商品材(立方米)			大径竹(根)			松香类产品(吨)
	合计	原木	薪材	合计	毛竹	其他	
惠州市	**926157**	**657971**	**268186**	**6781360**	**6250000**	**531360**	
市局本部	2828	2828					
惠城区自然资源局	67479	67479					
惠阳区	11893	11893					
大亚湾区	1124	1124					
仲恺区	11258	8024	3234				
博罗县林业事务中心	297236	198228	99008				
惠东县	278339	192451	85888				
龙门县林业局	256000	175944	80056				
梁化林场							
惠州市国有九龙峰林场							
惠州市国有罗浮山林场							
象头山林场							
惠州市国有汤泉林场(广东汤泉森林公园管理处)							
平安林场							
鸡笼山林场							
水东陂林场							
油田林场							
东江林场							
惠州市林业科学研究所(惠州植物园管理服务中心)							
罗浮山省级自然保护区							
广东龙门南昆山省级自然保护区管理处							
广东古田省级自然保护区管理处							
广东惠东莲花山白盆珠省级自然保护区管理处							
广东大亚湾水产资源省级自然保护区管理处							
汕尾市	**96329**	**76173**	**20156**				
市局本部							
汕尾市城区自然资源局	863	863					
红海湾开发区							
海丰县	39436	34008	5428				
陆河县林业局	36820	22092	14728				
陆丰市	19210	19210					
黄羌林场							
吉溪林场							
汕尾市国有红岭林场							
罗经嶂林场							
东海岸林场							
湖东林场							
东莞市	**28547**		**28547**				
市局本部	28547		28547				
东莞市自然保护地服务中心							
银瓶山森林公园							
大岭山森林公园							
大屏嶂森林公园							
市林科所							

9-12 续表 4

县(市、区)别	商品材(立方米)			大径竹(根)			松香类产品(吨)
	合计	原木	薪材	合计	毛竹	其他	
中山市	**10422**	**10422**					
市局本部	10422	10422					
广东中山香山省级自然保护区							
江门市	**1096323**	**1096323**					
市局本部	234610	234610					
蓬江区	25898	25898					
江海区							
新会区							
台山市林业局	257119	257119					
开平市林业局	155141	155141					
鹤山市林业局	222417	222417					
恩平市林业局	201138	201138					
古兜山林场							
江门市大沙林场							
狮山林场							
河排林场							
江门市西坑林场							
古斗林场							
四堡林场							
市林科所							
广东江门古兜山省级自然保护区管理处							
广东台山上川岛猕猴省级自然保护区管理处							
广东恩平七星坑省级自然保护区管理处							
广东江门中华白海豚省级自然保护区管理处							
阳江市	**500710**	**376079**	**124631**	**27560000**	**2180000**	**25380000**	
市局本部	102059	66575	35484				
阳江市自然资源局江城分局	9560	9560					
阳江市自然资源局海陵分局	3440	3440					
阳江高新区							
阳西县自然资源局	60570	60570					
阳东区	84143	84143					
阳春市林业局	240938	151791	89147				
阳江林场							
花滩林场							
广东阳江森林公园管理处							
河尾山林场							
阳江市林业有害生物防治检疫管理站							
阳江市野生动植物保护管理站							
广东阳春百涌省级自然保护区管理处							
广东阳春鹅凰嶂省级自然保护区管理处							
湛江市	**531894**	**434627**	**97267**				
市局本部	16284	16284					
坡头区	12000	12000					
麻章区	3956	3956					
开发区农管局	7650	5355	2295				
遂溪县	100644	83462	17182				
徐闻县自然资源局	14705	14705					
廉江市自然资源局	185675	116975	68700				

9-12 续表 5

县(市、区)别	商品材(立方米)			大径竹(根)			松香类产品(吨)
	合计	原木	薪材	合计	毛竹	其他	
雷州市自然资源局							
吴川市		35859	9090				
国营防护林场							
国营东海林场							
国营吴川林场							
市林业良种场							
市林科所							
茂名市	**370915**	**340418**	**30497**	**92915900**	**21300000**	**71615900**	**10686**
市林业局本部	29376	29339	37				
广东茂名滨海新区管理委员会农业农村局							
茂南区	13597	13597					
茂名高新技术产业开发区管理委员会政法和社会事务局	81991	81991					
高州市	69497	61776	7721				765
化州市林业局	119570	119570					5406
信宜市林业局	56884	34145	22739				4515
电白区							
八一林场							
厚元林场							
大雾岭林场							
东镇林场							
新田林场							
荷塘林场							
文楼林场							
播扬林场							
平定林场							
丽岗林场							
电白林场							
河尾山林场							
茂名市林业科学研究所							
市森林公园管理处							
市野生动物救护中心							
市林业事务中心							
广东云开山国家级自然保护区管理处							
广东茂名林洲顶鳄蜥省级自然保护区管理处							
市辖区							
肇庆市	**2088180**	**1692830**	**395350**	**116025700**	**5961900**	**110063800**	**112988**
市局本部	33676	32156	1520				
肇庆市端州区农业农村局	1594	1594					
肇庆市自然资源局鼎湖分局	12722	12722					
大旺综合经济开发区农林水利管理中心	3301	3301					
广宁县林业局	264691	264691					
怀集县林业局	786344	451293	335051				26893
封开县林业局	289795	289795					10949
德庆县	254277	226755	27522				59208
肇庆市自然资源局高要分局	298890	298890					15938
四会市林业局	142890	111633	31257				
肇庆市国有北岭山林场							

9-12　续表 6

县(市、区)别	商品材(立方米)			大径竹(根)			松香类产品(吨)
	合计	原木	薪材	合计	毛竹	其他	
清桂林场							
葵洞林场							
大南山林场							
肇庆市国有大水口林场							
大坑山林场							
新岗林场							
市国有林业总场							
市林科所							
广东怀集三岳省级自然保护区管理处							
广东怀集大稠顶省级自然保护区管理处							
广东封开黑石顶省级自然保护区管理处							
清远市	**1705029**	**1484826**	**220203**	**15732100**	**10738400**	**4993700**	
市局本部	47498	41312	6186				
清城区	128513	128513					
佛冈县	297527	231897	65630				
阳山县林业局	111000	98988	12012				
连山壮族瑶族自治县	95202	95202					
连南瑶族自治县自然资源局(林业局)	71000	71000					
清远市清新区林业局	209461	174550	34911				
英德市林业局	627157	539509	87648				
连州市	117671	103855	13816				
清远市银盏林场							
清远市笔架山林场							
清远市天堂山林场							
清远市英德林场							
清远市金鸡林场							
清远市羊角山林场							
清远市小龙林场							
清远市龙坪林场							
清远市杨梅林场							
潮州市	**139727**	**99536**	**40191**	**180000**		**180000**	
市局本部	14866	10425	4441				
湘桥区	2310	1676	634				
枫溪区							
潮安区自然资源局	34450	24685	9765				
饶平县	88101	62750	25351				
潮州市国有韩江林场							
广东潮安凤凰山省级自然保护区							
市野生动物救护中心							
市林业科技推广中心							
广东饶平海山海滩岩田省级自然保护区							
广东潮安海蚀地貌省级自然保护区							
潮州韩江鼋花鳗鲡市级自然保护区							
潮州市国有红山林场							
揭阳市	**182605**	**156303**	**26302**	**1800000**	**850000**	**950000**	
揭阳市							
市局本部							

9-12 续表 7

县(市、区)别	商品材(立方米)			大径竹(根)			松香类产品(吨)
	合计	原木	薪材	合计	毛竹	其他	
榕城区	1000	1000					
揭东区							
揭西县林业局	98754	72452	26302				
惠来县自然资源局	49660	49660					
普宁市	33191	33191					
空港经济区							
广东揭东桑浦山-双坑省级自然保护区管理处							
云浮市	**532160**	**484523**	**47637**	**50055500**	**50025500**	**30000**	**7964**
市局本部	19595	19595					
云城区	63951	58319	5532				
新兴县林业局	136434	119986	16448				
郁南县	122750	112500	10250				
云浮市云安区林业局	104510	94550	9960				3446
罗定市	84920	79573	5347				4500
大云雾林场							
云浮市国有龙埇林场							
飞马林场							
云浮市国有同乐林场							
水台林场							
林科中心							
省属林场	**59894**	**59553**	**341**				
广东省乳阳林场							
广东省沙头角林场							
广东省龙眼洞林场							
广东省天井山林场							
广东省樟木头林场							
广东省乐昌林场							
广东省连山林场	4179	4179					
广东省东江林场	1902	1902					
广东省九连山林场							
广东省西江林场	4750	4409	341				
广东省德庆林场	12417	12417					
广东省郁南林场	31015	31015					
广东省云浮林场	5631	5631					
国家级自然保护区							
广东南岭国家级自然保护区管理局							
广东车八岭国家级自然保护区管理局							
广东象头山国家级自然保护区管理局							
广东湛江红树林国家级自然保护区管理局							
广东石门台国家级自然保护区管理局							
广东南澎列岛海洋生态国家级自然保护区管理局							
广东雷州珍稀海洋生物国家级自然保护区管理局							
广东徐闻珊瑚礁国家级自然保护区管理局							
广东珠江口中华白海豚国家级自然保护区管理局							
广东惠东海龟国家级自然保护区管理局							
中林集团雷州林业局	**550199**	**438458**	**111741**				

9-13 各市林业投资完成情况

(2022年) 单位:万元

市　别	合　计	造林	森林经营
全　省	**1116216.46**	**226944.66**	**123702.98**
广州市	93751.54	5239.74	8894.70
深圳市	32213.96	579.00	4.00
珠海市	5618.10	2456.95	318.63
汕头市	7609.55	4305.60	396.89
佛山市	13382.34	3260.41	1204.88
韶关市	95495.14	30552.64	4356.26
河源市	66088.97	11853.34	10200.04
梅州市	82636.17	9457.86	10826.12
惠州市	60440.30	11821.33	1033.17
汕尾市	13336.51	7900.40	1572.68
东莞市	25597.00	295.00	
中山市	1266.80	129.47	
江门市	52066.82	4776.32	5364.64
阳江市	18466.21	1953.05	473.18
湛江市	43432.34	9340.87	4268.18
茂名市	40907.48	2685.26	8187.42
肇庆市	57755.37	17493.76	388.50
清远市	110393.00	3724.00	8896.00
潮州市	11852.08	2178.08	345.62
揭阳市	21081.28	2642.21	4989.69
云浮市	30288.15	1966.46	2485.07
中林集团雷州林业局	109607.74	88433.34	21174.40
省属林场	36338.34	3180.02	18219.23
国家级保护区	16828.11		

9-14 林业投资完成与资金来源情况

单位：万元

项目	2021年	2022年	2022年比2021年增长(%)
自年初累计完成投资	1058592	1116216	5.44
1. 生态修复治理	361237		
其中：造林与森林抚育	290113		
草原保护修复	6		
湿地保护与恢复	6347		
防沙治沙	575		
2. 林(草)产品加工制造	4390		
3. 林业草原服务、保障和公共管理	692965		
其中：林业草原有害生物防治	38849		
林业草原防火	50269		
自然保护地监测管理	26058		
野生动物植物保护	22258	23228	4.36

9-15 林业系统从业人员与劳动报酬

(2022年)

项目	单位个数(个)	单位从业人员(人)				离岗仍保留劳动关系的职工(人)	年末离退休人员(人)	在岗职工年人均工资(元/人)
		合计	在岗职工		其他从业人员(人)			
			小计	其中：专业技术人员				
总计	**1011**	**20112**	**17824**	**4231**	**2288**	**143**	**22928**	**135205**
一、企业	25	1834	1723	301	111	93	3341	91083
二、事业	819	14894	12867	3844	2027	49	16425	132603
三、机关	167	3384	3234	86	150	1	3162	168407

9-16 各市林业系统从业人员与劳动报酬

(2022年)

市别	单位个数(个)	单位从业人员(人)				离岗仍保留劳动关系的职工(人)	年末离退休人员(人)	在岗职工年人均工资(元/人)
		合计	在岗职工		其他从业人员			
			小计	其中:专业技术人员				
全省	**1011**	**20112**	**17824**	**4231**	**2288**	**143**	**22928**	**135205**
广州	41	1609	1567	95	42		666	152503
深圳	14	280	218	47	62		71	249644
珠海	15	184	172	25	12		7	129667
汕头	15	223	223	38		1	230	136771
佛山	14	177	175	86	2		178	142171
韶关	147	2509	2112	803	397	58	2434	102752
河源	133	1139	1078	235	61	2	1509	104162
梅州	77	974	937	288	37		850	108778
惠州	50	975	951	199	24		1203	146956
汕尾	63	473	426	23	47	24	555	107977
东莞	4	704	220	122	484		270	196712
中山	3	46	46	20			46	238696
江门	32	781	754	137	27		1112	140988
阳江	25	527	475	146	52		586	121079
湛江	39	730	709	111	21		639	86792
茂名	41	1098	959	176	139		1707	93378
肇庆	87	1363	1103	301	260		1356	127265
清远	105	1702	1436	269	266		1895	124739
潮州	22	309	262	26	47	55	652	92717
揭阳	24	285	285	14		3	276	84683
云浮	25	552	531	115	21		619	118766
中林雷州林业公司	1	1075	1075	228			2505	107771
省属林场	17	1545	1342	611	203		2995	3022626
国家级保护区	10	272	231	68	41		28	2033024
省局属其他林业单位	6	580	537	348	43		529	2204187

十、畜牧业与饲料工业

畜牧业与饲料工业

产业发展

【畜牧业生产】

2022年，广东省畜牧业总产值1681.3亿元，同比增长4.5%，占农林牧渔业总产值的18.9%；肉类产量481.0万吨，同比增长5.2%；出栏生猪3496.8万头，同比增长4.8%；出栏家禽13.4亿只，同比增长4.4%；出栏肉牛35.56万头，同比增长3.1%；出栏肉羊112.4万头，同比增长2.1%。禽蛋产量47.2万吨，同比增长8.1%；牛奶产量19.8万吨，同比增长15.0%。年末生猪存栏2195.9万头,同比增长5.8%；能繁母猪存栏204.4万头,同比增长6.9%；家禽存栏3.9亿只，减少1.5%。

畜牧业产值稳步增长。广东是畜牧业生产和消费大省。据国家统计局广东调查总队统计，2022年广东省畜牧业总产值为1681.3亿元，占农林牧渔业总产值18.9%。2022年全省肉类、禽蛋、牛奶产量分别为481.0万吨、47.2万吨、19.8万吨，同比增长分别为5.2%、8.1%、15.0%。

生猪生产供应保障有力。广东生猪年出栏量常年保持在3500万头左右，生猪自给率达到国家要求的70%以上。2022年年末，全省能繁母猪存栏204.4万头，比国家下达我省的目标任务高7.6个百分点。2022年生猪出栏3496.8万头，同比增长4.8%，全国排名第7位。全年猪肉产量279.8万吨，同比增长6.3%，全国排名第6位。全省生猪自给率76.1%。2022年生猪平均出栏价格为19.7元/公斤，平均盈利348.5元/头。

家禽生产供应充足。家禽生产持续发展，产能保持高位。2022年家禽出栏量的13.4亿只，同比增长4.4%，排名全国第2，基本自给；禽蛋47.2万吨，同比增长8.1%，年消费量120万吨左右，自给率约42.5%，主要依靠云南、贵州、湖北、湖南、河北、东北三省等外省调入。

标准化规模养殖持续发展。广东畜禽养殖规模养殖比例80.4%，比全国平均水平高10个百分点，位居全国前列。其中：生猪规模养殖比例从2013年的55.1%提高到2022年的79.8%，肉鸡规模养殖比例从2013年的66.1%提高到2022年的81.2%。积极开展国家级、省级畜禽标准化示范场和广东省现代化美丽牧场创建，示范带动畜牧业转型升级。

绿色生态养殖快速发展。积极强化全省畜禽养殖废弃物资源化利用组织领导、责任落实、资金扶持及宣传推广，实施畜禽粪污资源化利用整县推进项目，支持畜禽养殖场提升粪污处理及资源化利用设施设备配套，积极推动第三方收集处理机构，大力推进源头减量、过程控制和末端利用。2022年全省畜禽粪污综合利用率达81%左右（农业农村部暂未审核），达到国家要求水平以上。

【饲料工业】

2022年，全省各级饲料管理部门认真落实农业农村部和省委省政府的决策部署，积极应对全球地缘政治、新冠疫情、原料价格暴涨等不利因素影响，加快推进饲料业转型升级，全省饲料业保持高质量平稳发展，全省饲料工业总产值1578.1亿元，同比增长2.0%。生猪饲料产量稳定，家禽饲料呈下降趋势，水产饲料稳步增长，宠物饲料增长明显。全省饲料质量安全监管工作有序开展，省级饲料质量安全监督抽查总体合格率为98.5%。

饲料产量同比小幅下降。2022年全省饲料总产量3527.2万吨，同比下降1.3%。按照产品类型来看，非宠物类饲料中配合饲料3434.7万吨，同比下降 0.9%；浓缩饲料 27.8 万吨，同比下降 34.2%；添加剂预混合饲料 62.0 万吨，同比下降 1%。按照不同养殖动物品种来看，生猪饲料 1373.7 万吨，同比增长 4.0%；蛋禽饲料 221.7 万吨，同比下降 3.8%；肉禽饲料 1100.5 万吨，同比下降 12.0%；水产饲料 805 万吨，同比增长 7.5%；反刍饲料 9.3 万吨，同比增长 18.4%；宠物饲料 2.9 万吨，同比增长 36.9%；其他饲料 14.3 万吨，同比增长 18.2%。生猪和水产饲料产量均位居全国首位。

饲料原料价高供应趋紧。受俄乌战争、地缘政治和新冠疫情等影响，2022 年主要饲料原料价格与 2021 年同期相比均处于高位，玉米、豆粕、小麦、稻谷、菜粕、棉籽粕等大部分饲料原料均处于震荡上涨趋势。玉米方面，从 2022 年 1 月份开始，玉米价格一直持续震荡上行，最高达到 3200 元 / 吨；豆粕方面，由于气候干旱、物流不畅等多种因素叠加，豆粕价格一路暴涨，从年初的 3600 元 / 吨最高涨至 5500 元 / 吨左右，全年豆粕供应紧平衡。国家及我省大力推行玉米豆粕减量替代行动，小麦、稻谷、菜粕、棉籽粕等饲料原料用量增加，价格也不断上涨。

饲料添加剂产品需求下降。受新冠疫情影响，饲料添加剂产品市场需求减少，全年饲料添加剂总产量 21.24 万吨，同比下降 17.85%。除了着色剂以及多糖类等其他饲料添加剂产品有小幅增长为外，其余饲料添加剂产品产量均出现不同程度的下降，特别是氨基酸类、防腐防霉剂类产量同比下降超 35%，调味剂和矿物元素类产量同比下降超 20%。但微生物类产品依然受热捧，产量基本与往年持平，且企业对微生物制剂类产品的投产意愿只增不减。

饲料产业规模化和集中度较高。2022 年全省共有饲料和饲料添加剂企业 945 家，生产许可证 1181 份，其中持浓配饲料证 531 家、持单一饲料证 116 家、持添加剂预混合饲料证 257 家、持饲料添加剂证 82 家、持混合型饲料添加剂证 195 家。按饲料厂单厂计，年产 10 万吨以上的饲料厂 128 家，产量占饲料总产量的 68.7%；按饲料集团企业计，年产 30 万吨以上的集团企业 21 家，产量占饲料总产量的 68.1%。大型企业所占市场份额已超 2/3，饲料生产集中度较高。

扶持政策

【稳定生猪生产】

稳定生猪等重要畜禽生产。深入贯彻省委、省政府决策部署和省领导的重要指示批示精神，把畜禽稳产保供作为重要的政治任务，坚持不懈扎实推进。经省政府同意，省农业农村厅会同省发展改革委、自然资源厅、生态环境厅转发国家四部委稳定生猪等畜禽产品生产的通知，认真部署落实，防止大幅波动，确保市场有效供给。省农业农村厅会同省发展改革委、自然资源厅、生态环境厅印发我省稳定生猪等畜禽产品生产实施方案，把畜牧业发展放在国家粮食安全和乡村振兴战略的重要地位，严格落实省负总责和“菜篮子”市长负责制，统筹全省资源，省内主产区、主销区、产销平衡区分区施策，逐级压实责任，稳定长效性支持政策，实施生猪产能跨周期调控，不断提升市场供给保障能力。起草了我省稳定生猪等畜禽产品生产工作进展情况的报告，报省政府审定后，由省政府报农业农村部、国家发展改革委、自然资源部、生态环境部。

保持政策稳定。稳定金融、财政、用地、环保、交通运输等长效性支持政策，防止政策“急转弯”“翻烧饼”。督促全省各地认真落实全国生猪生产供应视频调度会议精神，抓紧抓实生猪稳产保供各项工作，保持本地生猪产能和市场供应的总体稳定，促进生猪生产供应平稳。组织实施全省生猪良种补贴项目，对茂名、阳江等 12 个地市使用良种猪精液开展人工授精的能繁母猪养殖场（户）进行补助，补贴能繁母猪不少于 19 万头。安排 2022 年生猪调出大县奖励资金支持 3 个民族自治县畜牧业发展。及时将上年度贷款贴息资金1932万元，拨付到符合补助条件的生猪养殖场，发挥财政资金效用。

推动规模化经营。组织开展楼房养猪专项调研、制定楼房养猪安全指引，有100多个“楼房”养猪项目落地建设，遍布全省16个地级以上市，数量全国排名第一。推动创建畜牧类省级现代农业产业园（区）6个，全省基本构建了畜禽产业链集群发展格局。

强化监督考核。督促各市严格落实乡村振兴实绩考核和“菜篮子”市长负责制考核，省农业农村厅印发《关于明确畜禽稳产保供和畜牧业转型升级考核事项的通知》，对2021年度、2022年度畜禽稳产保供和畜牧业转型升级工作涉及的考核指标进行了梳理，督促各地提前谋划部署推进2022年工作，保质保量完成畜禽稳产保供各项考核任务。据统计，2022年末能繁母猪存栏204.4万头，比国家下达我省的目标任务高7.6个百分点；年末全省生猪规模场（户）6282家，全年均维持在正常保有量以上水平。

【促进奶业生产】

截止2022年底，我省现有奶牛存栏6.2万头，牛奶总产量19.8万吨，产奶量同比增长15%。奶牛存栏100头以上养殖场(户)共43家，全省登记在册的生鲜奶收购站39个，主要分布在广州、惠州、清远等大中城市。奶牛养殖规模化、标准化、机械化水平显著提高，奶业全产业链质量安全监管体系日趋完善，奶业综合生产能力大幅提升，奶牛良种化率和机械化挤奶率均为100%。

实施奶业生产能力提升整县推进项目。通过遴选和专家评审，确定英德为项目县，推动奶业大县发展草畜配套、适度规模养殖，巩固提升我省奶源供给保障能力和奶业质量安全水平，提高我省乳品质量、效益和竞争力，促进奶业高质量发展。

【畜禽粪污资源化利用】

开展2021年度延伸绩效考核。根据农业农村部工作要求，组织各市在直联直报信息系统填报2021年度畜禽粪污资源化利用情况，填报内容包括2021年度规模养殖场和规模以下养殖场粪污综合利用情况、规模养殖场粪污处理设施装备配套验收文件，并进行审核。

组织实施资源化利用整县推进项目。督促加快实施2018–2020年度畜禽粪污资源化利用整县推进项目，要求未完工的工程加快建设、已完工的加快验收和中央资金支付。指导从化和南雄等2个2022年度中央预算内投资畜禽粪污资源化利用整县推进项目，按批复的实施方案有序加快建设。

深入推进农业农村污染治理。省生态环境厅、农业农村厅、住房和城乡建设厅、水利厅、乡村振兴局等五部门联合印发《广东省农业农村污染治理攻坚战实施方案（2022–2025年）》，指导各地深入推进农业农村污染治理，加快解决农业农村突出环境问题，加强畜禽粪污资源化利用，配合生态环境部门做好畜禽养殖污染防治监管，推动农业农村绿色低碳发展。

部署整县推进项目验收工作。印发《关于做好2018–2020年度中央财政和中央预算内投资畜禽粪污资源化利用整县推进项目整体验收工作的通知》，部署完工率、中央资金执行率均达到100%的项目县（市、区），开展整体项目验收工作。

【加快推进产业转型升级】

畜禽养殖标准化示范创建。省农业农村厅印发《广东省现代畜牧业发展“十四五”规划（2021–2025年）》，引领推进“十四五”时期畜牧业高质量发展。紧紧围绕“四个转型”（即“小散养殖向标准化规模养殖转型，粗放养殖向绿色科学养殖转型，小型屠宰厂（场）向现代化屠宰企业转型，调畜禽向调肉品转型”），优化产业结构布局，加快养殖场户升级改造，建设绿色、高效的现代化养殖场（小区），发展标准化、规模化、生态绿色养殖。组织开展2022年国家级、省级畜禽养殖标准化示范场和广东省现代化美丽牧场示范创建活动，全省创建10家国家级畜禽养殖标准化示范场、339家省级畜禽养殖标准化示范场和31家广东省现代化美丽牧场，示范带动畜牧业转型升级高质量发展。利用多种媒体平台开展生猪扶持政策宣传，南方杂志、南方日报、南方农村报等主流媒体对广东省畜牧业“四个转型”进行专题报道。

做好补链延链强链工作。大力推进畜牧业全产业链发展，引导建设一批畜禽跨县产业集群和特色产业园，培育种业、养殖、屠宰加工、冷链配送、品牌建设协同发展的全产业链企业，推进“调猪”向“运肉”转型升级。因地制宜发展楼房养猪、叠层高效养禽等立体养殖，加快环境控制、自动饲喂等信息化智能化装备应用，推动企业向标准化、规模化、生态绿色发展。

加强畜禽品牌建设。充分利用“12221”市场体系，开展广东特色生猪、优质鸡品牌系列宣传推介活动。发布“叻叻猪”“咕咕鸡”等IP形象表情包，开展“粤味名鸡，香飘四海”宣传推广，“咕咕鸡”飞上广州塔，打造广东畜禽公共品牌形象。

【畜牧业法制建设】

《中华人民共和国畜牧法》已经第十三届全国人民代表大会常务委员会第三十七次会议于2022年10月30日修订通过，自2023年3月1日起施行。我厅积极做好新畜牧法学习宣传贯彻工作，充分认识学习宣传贯彻新畜牧法的重要意义，制定具体宣传贯彻方案。通过培训、讲座、研讨等方式，面向各级畜牧兽医工作人员、生产主体责任人开展系统培训，增强依法行政能力。充分利用海报、展架、小视频、公众号、网页新闻等传统媒体和新媒体开展宣传，营造学法遵法守法用法良好氛围。

行业管理服务

【饲料行政许可】

着力规范饲料生产管理。印发《饲料和饲料添加剂生产许可现场审核专家管理办法》，遴选增补饲料和饲料添加剂生产许可现场审核专家，公布调整后的广东省饲料和饲料添加剂生产许可现场审核专家名单，举办饲料和饲料添加剂生产许可证现场审核专家培训班，进一步加强生产许可管理；严格落实饲料生产行政许可、产品委托备案和自由销售证明等各项管理工作。2022年，全省共有饲料和饲料添加剂企业945家，生产许可证1181份。全省共核发饲料和饲料添加剂生产许可证370份，其中省级198份、市级126份；市级核发批准文号31个；办理委托生产备案144批次，产品2504个；办理自由销售证明151批次，产品463个。

继续深化饲料“放管服”改革。持续做好饲料行政许可委托事项工作，委托3家符合资质的检测机构，承担我省饲料管理行政许可所需的饲料添加剂和混合型饲料添加剂产品的主成份指标检测方法的验证和申请饲料添加剂产品批准文号的复核检测工作。配合数字政府建设，优化政务服务事项梳理、“双公示”、电子证照等工作。督促指导企业做好饲料添加剂预混合饲料、混合型饲料添加剂产品配方备案。

【生猪产能调控】

建立生猪产能调控机制。经省政府审定，省农业农村厅印发实施《广东省生猪产能调控实施方案（暂行）》,将能繁母猪存栏量和规模猪场（户）保有量等指标下达到市，列入省对各市的乡村振兴实绩考核、“菜篮子”市长负责制考核，督促各市严格落实。各市分别印发了本级的生猪产能调控实施方案，将指标下达到县。

组织成立广东省生猪产能调控联盟。依托广东省养猪行业协会组织我省大型养殖企业，成立广东省生猪产能调控联盟，积极构建预警及时、措施精准、响应高效的生猪生产跨周期调控机制，强化生猪生产调查调度，分析研判生产形势，多次举行分析座谈会进行研判发声，及时引导养殖场（户）适时调整生产节奏，缓解生产周期波动。

建立分级生猪产能调控基地并挂牌。积极开展国家级、省级和市级生猪产能调控基地建设。2022 年 1 月 27 日，省农业农村厅印发《关于组织申报国家级和省级生猪产能调控基地的通知》（粤农农函〔2022〕61 号），组织各地市开展生猪产能调控基地申报评审工作。2022 年 2 月 28 日，省农业农村厅印发《关于公布广东省 2022 年度国家级和省级生猪产能调控基地名单的通知》（粤农农函〔2022〕132 号），经生猪养殖场自愿申请、各级农业农村部门审核，2022 年全省公布并挂牌 175 个国家级和 193 个省级生猪产能基地。积极发挥产能调控基地协调作用，稳定生猪基础产能，有效防止生猪产能大幅波动，提升猪肉安全供应保障能力。

发挥金融保险支持作用。积极协调金融保险机构，优化信贷服务，推进国家级、省级生猪产能调控基地和银行对接，生猪贷款规模持续增长。截至 2022 年年末，辖内（不含深圳市）生猪产业贷款余额 404.60 亿元，惠及各类生猪养殖户 2.11 万户，同比增长 11.05%。辖内累计承保生猪 5358.21 万头，其中累计承保育肥猪、能繁母猪 3572.06 万头，同比增长 50.39%。不断创新政策性生猪保险品种，为生猪养殖产业提供全方位的风险保障。积极探索生猪价格“保险 + 期货”试点，在广州、清远等 15 个地市开办 34 个生猪价格“保险 + 期货”项目，支持生猪产业稳价保供。汕头市首创生猪养殖“组合抵押 + 保单增信”贷款新模式。广东省农业供给侧结构性改革基金组建广东省生猪产业链领域子基金 10 只，出资 42.8 亿元，撬动社会资本 110 亿元，落地生猪产业链项目 19 个。

督导市县生猪调控机制落实到位。全省各地认真落实生猪产能调控工作部署，广州市提出“三稳定四强化”措施，按照能繁母猪 300 元 / 头实施饲养临时性救助补贴、生猪 200 元 / 头实施应急补贴，组织实施母猪引种补贴（800 元 / 头）和能繁母猪（300 元 / 头）年度一次性补贴。汕头市、梅州市对国家级、省级生猪产能调控基地适当奖补。茂名市、肇庆市分别创建了市级生猪调控基地 28 家、37 家。

【畜牧业监测预警】

强化疫情期间、春节等节假日期间对全省畜牧业的监测与指导，加强监测资金保障，组织落实畜牧业周报、月报、季报监测工作。加强生猪产能监测调度和预警，联合国家统计局广东调查总队推进生猪视频大数据智能统计工作，加强生猪规模场统计监测能力，强化全产业链监测与形势研判，在省农业农村厅门户网站公布 2022 年 1–12 月我省生猪产能监测情况，编写发布《广东畜牧业统计》12 期，引导企业合理调节产能，防止生猪产能大起大落，缓解生猪生产周期波动。组织举办全省畜牧业统计监测工作培训班，部署生猪产能调控各项工作措施，提高畜牧业统计监测工作能力。省、市每周监测生猪养殖场（户）的生猪、仔猪和母猪出场价格，开展生猪专项市场调查，加强生猪价格走势分析研判。积极组织各地防范应对强降雨等极端天气灾害，确保畜牧业生产安全。

质量安全监管

【饲料质量安全监管】

印发《2022 年饲料质量安全监管工作方案》，开展省、市两级“双随机、一公开”饲料质量安全监督抽查、省级饲料质量安全风险预警监测、饲料和饲料添加剂生产企业现场检查及饲料标签专项检查等工作。2022 年，省级监督抽查饲料生产企业 193 家，饲料经营门店 38 家、养殖场（户）35 家，抽检范围涉及 15 个市，抽检项目包括质量、卫生、药物及非法添加物等 4 个方面 34 项指标。此次监督抽检共抽检各类商品饲料及自配料产品 650 批次，其中有 10 批次产品不合格，总体合格率为 98.5%。在全省范围内开展饲料质量安全风险预警检测工作，共完成了 13 个地市的 249 个批次的监测。

全省现场检查饲料和饲料添加剂生产企业 1568 家次，发现问题 159 处，对现场检查中发现的问题，提出了具体整改建议和要求，并督促企业限期整改。全省共出动执法人员 5566 人次开展饲料标签专项检查，检查饲料生产企业、经营门店及养殖场（户）共 2740 家次，发现饲料标签存在问题的有 49 家，均已要求限期整改。

【生鲜乳质量安全监管】

加强生鲜乳质量安全监管。制定《广东省 2022 年生鲜乳质量安全监测计划》，对生鲜乳收购站和运输车进行检查及监督抽样，共抽检生鲜乳样品 106 个。2022 年生鲜乳质量安全监测合格率均为 100%，生鲜乳收购站和运输车现场检查达标率为 100%。

五、大事记

2022 月 1 月 25 日,广东省农业农村厅印发《关于印发 < 广东省生猪产能调控实施方案（暂行）> 的通知》(粤农农规〔2022〕1 号)

2022 年 1 月 27 日，广东省农业农村厅印发《关于组织申报国家级和省级生猪产能调控基地的通知》（粤农农函〔2022〕61 号）

2022 年 2 月 28 日，广东省农业农村厅印发《关于公布广东省 2022 年度国家级和省级生猪产能调控基地名单的通知》（粤农农函〔2022〕132 号）

2022 年 3 月 24 日，广东省农业农村厅办公室印发《关于印发 <2022 年广东省畜牧兽医工作要点 > 的通知》（粤农农办〔2022〕32 号）

2022 年 3 月 25 日，广东省农业农村厅印发《关于明确畜禽稳产保供和畜牧业转型升级考核事项的通知》（粤农农函〔2022〕202 号）

2022 年 4 月 2 日，广东省农业农村厅印发《2022 年广东省畜禽养殖标准化示范创建活动工作方案》和《2022 年广东省现代化美丽牧场示范创建活动工作方案》（粤农农办〔2022〕40 号）

2022 年 5 月 16 日，广东省农业农村厅印发《关于印发 < 广东省现代畜牧业发展“十四五”规划（2021–2025 年）> 的通知》（粤农农〔2022〕127 号）

2022 年 7 月 20 日，广东省农业农村厅印发《关于印发广东省 2022 年生猪良种补贴项目实施方案的通知》（粤农农计〔2022〕54 号）

2022 年 7 月 30 日，2022 年广东猪业创新发展大会（第四届）在广州增城盛大开幕，成立广东省生猪产能调控联盟

2022 年 8 月 5 日，广东省农业农村厅印发《关于开展广东省规模猪场贷款贴息项目入库工作的通知》（粤农农函〔2022〕835 号）

2022 年 8 月 26 日，广东省农业农村厅印发《关于公布 2022 年广东省畜禽养殖标准化示范场和现代化美丽牧场名单的通知》（粤农农办〔2022〕157 号）

2022 年 11 月 23 日，广东省农业农村厅印发了《广东省饲料和饲料添加剂生产许可证专家审核委员会现场审核专家管理办法》

（联系人：肖瑾怡，电话：37288562）

10-1　种畜禽场情况

(2022年)

项　　目	单位	场个数(个)	年末存栏	能繁母畜	当年出场种畜禽	当年生产胚胎(枚)	当年生产冻精(万份)
一、种畜禽场总数		**561**					
(一)种牛场	头	13	24673	12375	642		
1.种乳牛场	头	8	22091	11176	612		
2.种肉牛场	头	5	2582	1200	30		
3.种水牛场							
4.种牦牛场							
(二)种马场							
(三)种猪场	头	360	3365799	604663	1005578		
(四)种羊场	只	2	6560	2481	1645		
1.种绵羊场							
其中：种细毛羊场							
2.种山羊	只	2	6560	2481	1645		
其中：种绒山羊场							
(五)种禽场		175					
1.种蛋鸡场	套	20	1339709				
其中：祖代蛋鸡场	套	3	96300		3500000		
父母代蛋鸡场	套	17	1243409				
2.种肉鸡场	套	112	11816999				
其中：祖代肉鸡场	套	22	4029727		27335712		
父母代肉鸡场	套	90	7787272				
3.种鸭场	只	12	601727				
4.种鹅场	只	31	304488				
(六)种兔场	只	1	1500				
(七)种蜂场	箱	1	330				
(八)其它		9					
二、种畜站总数		**2**					
1.种公牛站							
2.种公羊站							
3.种公猪站	头	2	1143				

注：1.本表只统计已颁发许可证的种畜场、站；
2.凡已颁发许可证且未列入的第一类(一)至(七)项中的种畜场均列入其它，如种鹿场、种鹤场、种鸽场、种犬场、种狐狸场、种貂场、种鸵鸟场等。

10-2 省、市、县畜牧技术机构基本情况

(2022年)

指标名称	计算单位	畜牧站	家畜繁育改良站	草原工作站	饲料监察所
一、省级机构	**个**	**1**			
在编干部职工	人	15			
其中按职称分					
高级技术	人	7			
中级技术	人	5			
初级技术	人	2			
其中按学历	人				
研究生	人	12			
大学本科	人	2			
大学专科	人				
中专	人				
离退休人员	人				
二、地(市)级机构	**人**	**6**			**2**
在编干部职工	人	69			13
其中按职称分	人				
高级技术	人	20			1
中级技术	人	24			6
初级技术	人	14			2
其中按学历					
研究生	人	10			2
大学本科	人	43			10
大学专科	人	9			1
中专	人	4			
离退休人员	人	41			1
三、县市级机构	**人**	**56**	**5**		**4**
在编干部职工	人	994	73		43
其中按职称分					
高级技术	人	48	1		2
中级技术	人	236	48		16
初级技术	人	273	13		13
其中按学历	人				
研究生		38			2
大学本科	人	250	8		15
大学专科	人	310	14		19
中专	人	218	37		7
离退休人员	人	1086	117		44

10−3　乡镇畜牧兽医机构基本情况

(2022年)

项　目	计算单位	畜牧兽医站	项　目	计算单位	畜牧兽医站
一、畜牧兽医站站数	**个**	**753**	**四、经营情况**		
二、畜牧兽医站职工总数	**人**	**4180**	畜牧兽医站盈余站数	个	55
畜牧兽医站在编人数	人	3018	畜牧兽医站盈余金额	万元	120.57
畜牧兽医站离退休人员	人	2498	畜牧兽医站亏损站数	个	29
三、技术职称状况			畜牧兽医站亏损金额	万元	120.51
畜牧兽医站高级技术职称	人	69	**五、畜牧兽医站全年总收入**	**万元**	**37851**
畜牧兽医站中级技术职称	人	746	其中：畜牧兽医站经营服务收入	万元	543
畜牧兽医站初级技术职称	人	956	**六、畜牧兽医站全年总支出**	**万元**	**36855**
畜牧兽医站技术员	人	553	其中：畜牧兽医站工资总额	万元	25019

10−4　全省生猪饲养规模情况

(2022年)　　计量单位：个、头

项　目	场(户)数	年出栏数
年出栏数1——49头	72531	1843658
年出栏数50——99头	17367	1256356
年出栏数100——499头	21157	4770168
年出栏数500——999头	5632	4344871
年出栏数1000——2999头	5115	9653461
年出栏数3000——4999头	1147	4556291
年出栏数5000——9999头	483	3599480
年出栏数10000——49999头	264	6006625
年出栏数50000头以上	35	3242472
合　计	**123731**	**39273382**

10−5　全省肉鸡饲养规模情况

(2022年)　　计量单位：个、只

项　　目	场(户)数	年出栏数
年出栏数1−−1999只	1537453	137765675
年出栏数2000−−9999只	11813	60621057
年出栏数10000~29999只	9063	205035427
年出栏数30000~49999只	5533	217462391
年出栏数50000~99999只	2812	197212556
年出栏数100000~499999只	559	118580040
年出栏数500000~999999只	51	35934175
年出栏数100万只以上	48	112498785
合　计	**1567332**	**1085110106**

10−6　全省蛋鸡饲养规模情况

(2022年)　　计量单位：个、只、吨

项　　目	场(户)数	年存栏数	鸡蛋产量
年存栏数499只以下	362412	2965121	26348.91
年存栏数500−−1999只	509	600640	6523.79
年存栏数2000−−9999只	426	1904741	19994.38
年存栏数10000−−49999只	223	5781308	59678.49
年存栏数50000−−99999只	50	3649887	39259.48
年存栏数100000−−499999只	45	9181762	94471.76
年存栏数500000只以上	8	9298335	92497.84
合　计	**363673**	**33381794**	**338774.65**

10-7 全省奶牛饲养规模情况

(2022年)　　计量单位：个、头、吨

项　　目	场(户)数	年存栏数	牛奶产量
年末存栏数1--49头	429	2040	4922.06
年末存栏数50--99头	9	462	983.29
年末存栏数100--199头	6	804	1843.00
年末存栏数200--499头	7	2815	10833.44
年末存栏数500--999头	8	6747	31136.89
年末存栏数1000--1999头	10	13135	47856.97
年末存栏数2000--4999头	9	30715	135527.03
年末存栏数5000头以上			
合　计	**478**	**56718**	**233102.68**

10-8 全省肉牛饲养规模情况

(2022年)　　计量单位：个、头

项　　目	场(户)数	年出栏数
年出栏数1--9头	82972	239927
年出栏数10--49头	3211	86993
年出栏数50--99头	458	34028
年出栏数100--499头	96	24317
年出栏数500--999头	8	5752
年出栏数1000头以上	6	16886
合　计	**86751**	**407903**

10-9 全省养羊饲养规模情况

(2022年)　　计量单位：个、只

项　　目	场(户)数	年出栏数
年出栏数1--29只	12631	206738
年出栏数30--99只	3434	231609
年出栏数100~199只	895	131379
年出栏数200~499只	244	84197
年出栏数500~999只	23	16136
年出栏数1000~2999只	19	39658
年出栏数3000只以上	4	19729
合　计	**17250**	**729446**

10-10 主要年份畜牧业生产情况

单位：万头、万只

年份	黄水牛年末存栏头数	奶牛年末存栏头数	山羊年末存栏只数	生猪年末存栏量	能繁殖母猪	三鸟饲养量
1949						
1952	303.42		3.73	477.86	34.45	
1957	331.28		11.98	721.78	50.52	
1962	270.46		14.70	543.22	38.03	
1965	298.61		17.16	161.82	83.57	
1970	314.82	1.21	11.72	1425.24	123.27	773.00
1975	309.90	1.18	13.70	1757.38	143.52	1034.38
1978	295.67	1.51	16.38	1777.39	135.80	7192.70
1980	306.02	1.52	13.38	1704.59	115.70	13337.20
1985	414.58	2.01	10.23	1884.02	154.49	31646.50
1990	473.55	2.95	14.21	2058.89	141.98	53199.88
1995	468.97	2.56	27.30	2183.95	137.25	100729.14
2000	416.92	3.72	29.33	2034.79	143.75	124800.95
2005	367.43	4.83	39.20	2143.50	162.77	127070.31
2010	169.92	5.57	50.52	2332.51	262.65	150315.03
2015	127.13	5.79	83.55	2308.54	242.52	133755.82
2017	114.70	5.98	93.30	2132.82	229.43	141953.53
2018	114.59	5.97	92.96	2024.26	217.98	137498.10
2019	114.61	5.97	93.57	1333.79	131.01	149749.78
2020	115.56	6.84	94.31	1767.27	184.72	162660.75
2021	106.79	6.20	88.64	2075.48	191.18	152443.59
2022	102.34	6.20	85.12	2195.86	204.38	155068.77

10-11 主要年份畜牧业主要产品产量

单位：万头、万吨

年份	生猪出栏头数	猪肉产量	出售和自宰的肉用牛	牛肉产量	羊肉产量	牛奶产量
1949	196.73	8.09				
1952	282.54	11.62			0.01	
1957	429.63	19.60	22.90	1.75	0.02	
1962	324.57	11.02	7.64	0.59	0.03	
1965	677.66	24.71	8.49	0.64	0.04	
1970	919.55	40.17	6.91	0.51	0.01	1.36
1975	956.00	45.47	5.95	0.43	0.01	1.33
1978	942.70	48.09	3.17	0.34	0.02	1.66
1980	1026.10	62.62	7.41	0.55	0.03	2.18
1985	1285.20	97.59	17.36	1.46	0.09	4.09
1990	1792.85	145.35	28.21	2.88	0.16	5.51
1995	2395.21	188.75	51.85	5.68	0.44	5.49
2000	2954.98	206.85	47.64	5.17	0.43	9.19
2005	3616.74	256.28	67.08	7.21	0.71	11.64
2010	3863.23	285.14	42.41	4.97	1.24	15.00
2015	3959.62	296.31	34.58	4.14	1.83	13.61
2017	3712.00	277.96	33.27	4.08	1.96	13.88
2018	3757.40	281.52	33.25	4.07	1.97	13.89
2019	2940.17	221.93	33.27	4.08	1.97	13.92
2020	2537.36	192.42	33.62	4.22	1.92	15.10
2021	3336.63	263.23	34.49	4.37	1.96	17.23
2022	3496.79	279.81	35.56	4.53	2.00	19.81

10-12 主要年份畜禽头数及肉类产量

项　目	单位	1990	1995	2000	2005	2010
一、黄、水牛年末存栏头数	**万头**	**473.54**	**468.97**	**416.92**	**367.43**	**169.92**
二、奶牛年末存栏头数	**万头**	**2.95**	**2.56**	**3.72**	**4.83**	**5.57**
牛奶产量	万吨	5.51	5.49	9.19	11.64	15.00
三、山羊年末存栏只数	**万只**	**14.21**	**27.30**	**29.33**	**39.20**	**50.52**
四、生猪年末存栏头数	**万头**	**2058.89**	**2183.95**	**2034.79**	**2143.5**	**2332.51**
#能繁殖母猪	万头	141.98	137.25	143.75	162.77	262.65
肉猪出栏头数	万头	1792.85	2395.21	2954.98	3616.74	3863.23
五、肉类产量	**万吨**	**202.45**	**305.06**	**324.48**	**384.31**	**454.86**
猪肉	万吨	145.35	188.75	206.85	256.28	285.14
牛肉	万吨	2.88	5.68	5.17	7.21	4.97
羊肉	万吨	0.15	0.44	0.43	0.71	1.24
禽肉	万吨	54.02	109.94	111.5	113.66	158.04
兔肉	万吨	0.05	0.24	0.53	0.64	0.65
六、三鸟饲养量	**万只**	**53199.88**	**100729.14**	**124800.94**	**127070.31**	**150315.03**
鸡	万只	36964.58	76349.95	92969.13	93681.21	112066.35
鸭	万只	12073.08	19458.22	25682.07	27111.68	30921.04
鹅	万只	4162.22	4920.97	6149.74	6277.42	7327.64
七、禽蛋产量	**万吨**	**18.76**	**31.11**	**33.08**	**33.19**	**35.50**
八、蚕茧产量	**万吨**	**2.55**	**3.32**	**3.09**	**6.52**	**9.14**

10-12 续表

项　目	单位	2015	2020	2021	2022	2022年比上年增长(%)
一、黄、水牛年末存栏头数	**万头**	**127.13**	**115.56**	**106.79**	**102.34**	**-4.2**
二、奶牛年末存栏头数	**万头**	**5.79**	**6.84**	**6.20**	**6.20**	**0.1**
牛奶产量	万吨	13.61	15.10	17.23	19.81	15.0
三、山羊年末存栏只数	**万只**	**83.55**	**94.31**	**88.64**	**85.12**	**-4.0**
四、生猪年末存栏头数	**万头**	**2308.54**	**1767.27**	**2075.48**	**2195.86**	**5.8**
#能繁殖母猪	万头	242.52	184.72	191.18	204.38	6.9
肉猪出栏头数	万头	3959.62	2537.36	3336.63	3496.79	4.8
五、肉类产量	**万吨**	**454.71**	**400.99**	**457.42**	**481.01**	**5.2**
猪肉	万吨	296.31	192.42	263.23	279.81	6.3
牛肉	万吨	4.14	4.22	4.37	4.53	3.5
羊肉	万吨	1.83	1.92	1.96	2.00	1.8
禽肉	万吨	145.01	195.27	182.19	189.48	4.0
兔肉	万吨	0.90	0.79	0.68	0.57	-15.6
六、三鸟饲养量	**万只**	**133755.82**	**162660.75**	**152443.59**	**155068.77**	**1.7**
鸡	万只	94811.02	117638.19	112738.42	118518.33	5.1
鸭	万只	30394.60	34979.90	29048.37	25698.55	-11.5
鹅	万只	8550.21	10042.66	10656.79	10851.89	1.8
七、禽蛋产量	**万吨**	**36.40**	**44.63**	**43.66**	**47.20**	**8.1**
八、蚕茧产量	**万吨**	**11.00**	**11.97**	**9.16**	**8.52**	**-6.9**

10−13 各市畜牧业生产情况

(2022年) 单位：万头、万只

市 别	一、牛年末				二、山羊年末	三、猪年末	
	存栏头数	(1)役用牛	(2)肉用牛	(3)奶牛	存栏只数	存栏头数	能繁殖母畜
全 省	**108.55**	**21.36**	**80.99**	**6.20**	**85.12**	**2195.86**	**204.38**
广州市	1.22	0.02	0.33	0.87	0.40	35.93	3.28
深圳市	0.14		0.02	0.12	0.14	3.94	0.48
珠海市	0.00		0.00		0.03	6.67	0.78
汕头市	0.38	0.08	0.24	0.06	0.19	28.24	2.47
佛山市	0.41	0.02	0.12	0.27	0.43	55.76	5.01
韶关市	3.44	0.43	2.82	0.20	5.82	193.59	18.07
河源市	6.13	0.92	5.19	0.02	3.57	94.66	9.63
梅州市	9.13	1.74	7.17	0.22	9.18	127.65	11.79
惠州市	4.33	0.81	2.83	0.70	1.65	92.85	9.33
汕尾市	7.04	1.17	5.36	0.51	1.94	58.02	4.95
东莞市	0.00		0.00		0.04	1.13	0.10
中山市	0.02		0.02	0.00	0.13	0.96	0.10
江门市	1.87	0.56	1.10	0.21	2.12	145.53	13.59
阳江市	6.72	1.21	5.20	0.31	4.88	174.98	17.38
湛江市	21.46	5.21	15.91	0.35	17.38	281.45	25.49
茂名市	14.70	3.29	11.41	0.00	5.40	309.54	30.18
肇庆市	16.28	3.40	12.12	0.77	9.89	168.16	15.78
清远市	7.51	1.00	5.24	1.26	15.37	199.50	16.85
潮州市	0.62	0.04	0.58	0.01	0.16	25.34	2.45
揭阳市	4.42	1.04	3.18	0.20	1.89	78.26	6.54
云浮市	2.71	0.42	2.15	0.13	4.52	113.70	10.12

10−13 续表

(2022年) 单位：万头、万只

市 别	四、家禽年末				五、兔年末
	存栏只数	鸡	鸭	鹅	存栏只数
全 省	**38779.85**	**28556.91**	**4772.14**	**2573.81**	**136.45**
广州市	1100.32	595.59	42.82	63.26	
深圳市	25.43	6.75	7.82	3.54	
珠海市	82.48	58.19	1.46	3.69	
汕头市	421.31	141.97	39.11	230.92	
佛山市	1426.41	924.56	250.89	181.27	
韶关市	1749.76	1442.23	119.44	23.92	1.37
河源市	1855.82	1428.89	136.36	35.05	5.72
梅州市	2214.81	1689.78	270.96	36.36	37.30
惠州市	2152.71	1974.34	127.22	36.29	0.71
汕尾市	554.77	397.20	114.18	43.39	2.11
东莞市	54.37	25.80	0.97	0.32	
中山市	152.03	61.58	69.93	0.07	0.00
江门市	3761.30	2310.79	557.36	629.91	1.03
阳江市	1170.48	903.48	94.23	132.47	0.34
湛江市	2527.57	1857.77	455.58	113.06	2.22
茂名市	6126.11	4951.33	710.19	126.41	28.83
肇庆市	2840.22	1366.34	607.84	446.42	20.43
清远市	4067.56	3090.76	379.08	318.46	1.63
潮州市	451.13	276.34	66.44	91.83	0.11
揭阳市	726.71	552.79	113.74	23.30	1.14
云浮市	5318.56	4500.44	606.51	33.88	33.53

10-14 各县(市、区)畜牧业生产情况

(2022年) 单位：头、只

县(市、区)别	牛年末存栏头数	山羊年末存栏只数	猪年末存栏头数	猪年末能繁殖母畜	家禽年末存栏只数	兔年末存栏只数
广州市	**12230**	**4037**	**359311**	**32826**	**11003175**	
天河区						
白云区	1069		15200	1213	880383	
黄埔区						
花都区	163	807	72876	5233	1378087	
从化区	5744	406	170356	17717	3972036	
增城区	5109	2339	41393	3507	3865955	
番禺区	102	322			589627	
南沙区	43	163	59486	5156	317087	
深圳市	**1387**	**1375**	**39400**	**4825**	**254285**	
宝安区						
龙岗区						
光明区	1185				73235	
大鹏区						
坪山区						
深汕合作区	202	1375	39400	4825	181050	
珠海市	**16**	**260**	**66743**	**7788**	**824817**	
香洲区						
金湾区	16	260			257192	
斗门区			66743	7788	567625	
汕头市	**3773**	**1938**	**282350**	**24706**	**4213051**	
金平区						
龙湖区	70	20	925	106	830548	
澄海区	602	25	75287	6772	2974340	
濠江区	940	55	11095	961	74636	
潮阳区	31	81	69438	5654	70000	
潮南区	1195	1078	122449	10931	158797	
南澳县	935	679	3156	282	104730	
佛山市	**4059**	**4251**	**557601**	**50063**	**14264148**	
禅城区						
南海区	48		69953	2324	326000	
顺德区			62126	3165	54000	
高明区	238	1042	156013	18912	4668650	
三水区	3773	3209	269509	25662	9215498	
韶关市	**34439**	**58209**	**1935941**	**180692**	**17497565**	**13722**
浈江区	848	4135	122562	23414	211971	
武江区	1757	2276	185219	34151	292929	
曲江区	2144	6880	271619	27015	1818743	
南雄市	9559	8325	235811	18102	1241192	94
始兴县	2506	1664	107164	8006	612654	
翁源县	4495	3645	424073	15090	8120800	7961
仁化县	3080	11400	151313	13683	884532	148
新丰县	3794	6869	94194	7045	3157114	4302
乳源瑶族自治县	3099	9613	127819	16133	425131	
乐昌市	3157	3402	216167	18053	732499	1217

10-14 续表 1

(2022年) 单位：头、只

县(市、区)别	牛年末存栏头数	山羊年末存栏只数	猪年末存栏头数	能繁殖母畜	家禽年末存栏只数	兔年末存栏只数
河源市	**61269**	**35652**	**946620**	**96343**	**18558208**	**57236**
源城区	617	337	560		1923157	
东源县	12549	8665	224600	27438	3165389	376
和平县	7602	7692	138044	12300	3674105	4382
龙川县	15386	10937	200741	21100	3182624	36425
紫金县	20590	4845	204175	15940	4094697	8033
连平县	4525	3176	178500	19565	2518236	8020
梅州市	**91346**	**91786**	**1276522**	**117868**	**22148084**	**372985**
梅江区	231	164	28841	3422	200813	566
梅县区	8043	18093	202826	16026	2333866	118638
蕉岭县	4957	14972	72544	6812	801181	26734
大埔县	11510	8601	125018	8274	1101100	45036
丰顺县	15890	7656	114494	11828	5345631	21017
五华县	42443	19332	319103	32751	4457954	81267
兴宁市	4887	15200	302900	27730	7083043	21032
平远县	3385	7768	110796	11025	824496	58695
惠州市	**43335**	**16524**	**928480**	**93327**	**21527077**	**7080**
惠城区	6567	2007	177362	20340	2679363	
惠东县	16209	7176	303309	26371	3619563	
惠阳区	1974	2007	6890	783	579454	
博罗县	11691	3672	330581	35825	12186424	
龙门县	6894	1662	110338	10008	2462273	7080
汕尾市	**70376**	**19371**	**580176**	**49501**	**5547658**	**21082**
汕尾城区	974	445	22573	2756	129808	
红海湾区	705	74	1739	200	12260	
海丰县	10396	2896	168217	14030	1000584	
陆河县	23249	2554	73536	6250	400431	21082
陆丰市	35052	13402	314111	26265	4004575	
东莞市	**26**	**372**	**11270**	**958**	**543675**	
中山市	**228**	**1330**	**9582**	**1012**	**1520346**	**42**
江门市	**18674**	**21173**	**1455273**	**135889**	**37613033**	**10283**
蓬江区	16	60			209361	
江海区					73900	
新会区	1160	3089	116550	13947	5046491	
台山市	7032	8424	354830	33661	8753700	5033
开平市	2456	5321	324685	30624	16327710	5250
恩平市	7089	1704	428182	32105	3119782	
鹤山市	921	2575	231026	25552	4082089	
阳江市	**67179**	**48825**	**1749823**	**173797**	**11704774**	**3371**
江城区	5339	2001	114471	12281	955529	
阳东区	27520	29176	442860	49562	2996253	1520
阳西县	12846	3831	217721	19269	3564630	1148
阳春市	18518	13119	971547	92455	4102742	703
海陵区	2956	698	3224	230	85620	
湛江市	**214644**	**173782**	**2814452**	**254851**	**25275733**	**22153**
赤坎区	51	310			35849	
霞山区	396	778			105478	
坡头区	6804	2556	75493	8030	773523	

10-14 续表 2

(2022年)　　单位：头、只

县(市、区)别	牛年末存栏头数	山羊年末存栏只数	猪年末存栏头数	能繁殖母畜	家禽年末存栏只数	兔年末存栏只数
麻章区	6726	11582	100040	9336	1131378	122
吴川市	18604	4957	193886	19062	5106669	7802
徐闻县	14557	32828	360745	31633	1154212	13
雷州市	45002	55272	508093	48431	3706837	1935
遂溪县	45026	38271	683474	60781	7781634	4093
廉江市	77478	27228	892721	77578	5480153	8188
茂名市	**147023**	**54011**	**3095419**	**301783**	**61261056**	**288266**
茂南区	3949	3791	269178	26865	5025092	686
电白区	23607	16709	697282	68447	8579131	7778
信宜市	41849	9365	457354	35621	28372892	276811
高州市	37649	3707	790913	83891	11864894	807
化州市	39969	20439	880692	86959	7419047	2184
肇庆市	**162841**	**98852**	**1681625**	**157822**	**28402230**	**204265**
端州区						
鼎湖区	8181	6285			477156	
高要区	1060	1360	324238	30549	9277145	
广宁县	15309	17096	354612	36587	2455991	97550
四会市	11282	14741	220629	20230	9826710	1602
德庆县	12882	2630	27453	2440	1591806	
封开县	27951	30523	180653	14516	1639884	31565
怀集县	86176	26217	574040	53500	3133538	73548
清远市	**75076**	**153680**	**1995034**	**168545**	**40675627**	**16294**
清城区	3198	12786	101117	15130	9596133	6688
英德市	22856	18810	949940	60197	11125394	1230
佛冈县	2889	19565	123001	12542	2264300	
连山自治县	1426	5545	36401	4921	482595	340
连南自治县	4669	6028	17826	2006	646937	1492
连州市	8894	22115	251011	27282	1998767	593
阳山县	25557	53337	300399	25454	4483668	951
清新区	5587	15494	215339	21013	10077833	5000
潮州市	**6236**	**1627**	**253401**	**24531**	**4511278**	**1063**
湘桥区	1004	244	28558	3256	636935	
饶平县	4216	1186	181598	14975	3259979	1063
潮安区	1016	197	43245	6300	614364	
揭阳市	**44225**	**18911**	**782579**	**65429**	**7267065**	**11430**
榕城区	842	680	25581	1890	107597	
揭东区	2451	2738	130099	11874	1606426	5620
惠来县	18735	10462	187521	11509	2636771	
普宁市	12427	1661	216045	14236	828061	
揭西县	9770	3370	223333	25920	2088210	5810
云浮市	**27069**	**45188**	**1136958**	**101194**	**53185573**	**335275**
云城区	436	1113	121407	10013	3020596	19200
新兴县	4466	15854	408225	37204	32784455	90162
郁南县	355	1662	177559	6329	8139312	
罗定市	16035	23188	313413	35914	7856834	219972
云安区	5777	3371	116354	11734	1384376	5941

10－15 各市畜牧业主要产品产量

(2022年)　　单位：万头、万只、吨

市 别	当年出栏肉猪头数	当年出售和自宰的肉用牛	当年出售和自宰的肉用羊	当年出售和自宰的肉用狗	当年出售和自宰的家禽
全 省	**3496.79**	**35.56**	**112.44**	**257.31**	**133673.30**
广州市	63.84	0.33	0.22	2.21	4056.92
深圳市	7.89	0.03	0.02	0.13	149.73
珠海市	10.16	0.00	0.01		228.25
汕头市	55.84	0.25	0.32		1778.08
佛山市	100.21	0.08	0.37		6160.10
韶关市	281.39	1.19	5.80	4.74	5891.69
河源市	136.40	1.82	4.05	14.33	5705.13
梅州市	201.25	3.01	13.08	39.68	8110.78
惠州市	143.51	1.63	1.88	6.43	5613.77
汕尾市	92.29	2.96	2.38	5.51	2137.23
东莞市	1.65	0.01	0.06		261.20
中山市	1.66	0.02	0.09		727.10
江门市	222.07	0.52	1.88	11.53	11886.76
阳江市	264.66	2.69	4.68	6.51	3071.76
湛江市	400.01	6.83	19.73	25.32	9278.53
茂名市	587.25	2.97	12.75	37.13	21604.33
肇庆市	311.53	4.37	16.97	44.30	11980.36
清远市	292.37	2.41	18.88	10.52	12086.45
潮州市	41.32	0.64	0.29	0.36	1473.51
揭阳市	119.04	2.92	2.65	9.65	3272.13
云浮市	162.46	0.90	6.33	38.97	18199.47

10－15 续表 1

(2022年)　　单位：万头、万只、吨

市 别	1. 鸡	2. 鸭	3. 鹅	4. 鸽	5. 其他家禽	当年出售和自宰的兔
全 省	**89961.41**	**20926.41**	**8278.08**	**13133.34**	**1374.06**	**289.98**
广州市	1251.27	288.54	264.90	2242.40	9.80	
深圳市	16.70	58.50	14.55	59.99		
珠海市	96.12	4.16	10.50	117.48		
汕头市	696.15	150.50	888.75	35.56	7.12	
佛山市	3735.43	1121.73	891.63	351.61	59.70	1.10
韶关市	4170.00	588.84	93.47	1022.46	16.92	1.70
河源市	4085.21	634.27	96.11	886.80	2.75	7.91
梅州市	5413.61	951.16	108.07	1601.35	36.60	80.24
惠州市	4739.70	666.95	172.70	33.68	0.74	0.33
汕尾市	1271.09	571.81	223.48	67.60	3.26	2.90
东莞市	71.77	3.65	0.73	185.04		
中山市	145.06	433.63	4.70	143.72		0.15
江门市	7390.01	1430.50	1555.12	910.36	600.79	6.71
阳江市	2269.06	309.28	316.01	174.24	3.17	0.70
湛江市	6056.38	2831.49	207.27	130.40	52.98	2.24
茂名市	15462.06	3696.40	586.91	1333.14	25.82	43.40
肇庆市	5798.76	2484.71	1538.86	1305.21	352.82	59.84
清远市	9151.09	1118.22	686.65	1116.45	14.03	2.41
潮州市	631.90	347.47	432.20	58.64	3.29	0.26
揭阳市	2079.89	901.07	91.41	182.70	17.06	13.09
云浮市	15430.15	2333.55	94.06	174.52	167.20	67.01

10−15 续表 2

(2022年)　　单位：万头、万只、吨

市　别	肉类产量合　计	猪肉产量	牛肉产量	羊肉产量	家禽肉产量	兔肉产量
全　省	**4810051**	**2798149**	**45266**	**20002**	**1894780**	**5716**
广州市	95370	50571	417	42	43976	
深圳市	8130	5710	35	6	2370	
珠海市	10228	8121	1	2	2105	
汕头市	91585	45438	353	59	45736	
佛山市	172421	79242	98	84	92977	19
韶关市	313824	228361	1503	1001	82381	31
河源市	188596	107778	2276	686	76429	133
梅州市	280266	159023	3677	2668	104317	1740
惠州市	196450	113473	2072	338	79360	5
汕尾市	111940	74614	4045	423	31297	55
东莞市	2869	1318	14	8	1530	
中山市	12444	1390	26	13	11012	3
江门市	344353	175878	624	392	165927	127
阳江市	266197	213087	3369	855	47902	10
湛江市	477589	321334	8692	3649	138843	55
茂名市	787237	472092	3564	2116	303807	825
肇庆市	446129	251182	5598	2823	176875	908
清远市	412996	232783	3018	3089	172362	39
潮州市	65186	33978	843	49	30254	6
揭阳市	146048	94029	3903	444	44970	285
云浮市	380195	128747	1141	1257	240350	1476

10−15 续表 3

(2022年)　　单位：万头、万只、吨

市　别	其他肉产量	奶类产量	蜂蜜产量	蜂蜡产量	禽蛋产量	蚕茧产量
全　省	**46139**	**198945**	**32671**	**4419**	**472031**	**85224**
广州市	363	34038	3929	315	34393	
深圳市	10	8338	45	9	941	
珠海市					3943	
汕头市		1776	688		3728	
佛山市		8005	13	3	5328	
韶关市	548	8728	1313	221	15633	5116
河源市	1295	298	1806	257	15054	6
梅州市	8841	2052	4836	596	36452	22
惠州市	1202	29454	3771	717	27589	
汕尾市	1506	10961	675	88	11325	
东莞市			141	3		
中山市		6	44	5	3487	
江门市	1405	5107	88		34744	
阳江市	974	9640	238	17	6405	5213
湛江市	5016	7351	664	207	41605	14187
茂名市	4834	14	6967	73	110838	30570
肇庆市	8743	19404	2919	773	32481	676
清远市	1705	50962	288	15	32525	16396
潮州市	56	305	527	27	11332	
揭阳市	2415	2506	1744	529	18549	
云浮市	7224		1975	564	25681	13038

10-16　各县(市、区)畜牧业主要产品产量

(2022年)　　单位：头、只、吨

县(市、区)别	当年出栏肉猪头数	当年出售和自宰的肉用牛	当年出售和自宰的肉用羊	当年出售和自宰的肉用狗	当年出售和自宰的家禽	当年出售和自宰的兔	猪肉产量
广州市	**638407**	**3264**	**2231**	**22083**	**40569209**		**50571**
天河区							
白云区	46557	207			5282499		3891
黄埔区							
花都区	152060	122	764	1826	6418977		12263
从化区	239589	1786	169	17238	6008108		18548
增城区	103554	1099	1023	2509	18122539		7603
番禺区		33	108		2874777		
南沙区	96647	17	167	510	1862309		8266
深圳市	**78911**	**258**	**215**	**1281**	**1497340**		**5710**
宝安区							
龙岗区							
光明区					599860		
大鹏区							
坪山区							
合作区	78911	258	215	1281	897480		5710
珠海市	**101633**	**4**	**97**		**2282537**		**8121**
香洲区							
金湾区		4	97		1380310		
斗门区	101633				902227		8121
汕头市	**558397**	**2527**	**3235**		**17780767**		**45438**
金平区					815		
龙湖区	1989	696	90		3122996		163
澄海区	161252	560			12961449		12595
濠江区	24931	194	129		592410		1926
潮阳区	153928	23	440		403680		13180
潮南区	208555	575	1405		489889		16914
南澳县	7742	479	1171		209528		660
佛山市	**1002055**	**760**	**3666**		**61601020**	**11000**	**79242**
禅城区							
南海区	160097				1604845		12624
顺德区	105053				563164		8288
高明区	270258	83	431		19447607	11000	21217
三水区	466647	677	3235		39985404		37113
韶关市	**2813865**	**11902**	**57994**	**47449**	**58916899**	**17036**	**228361**
浈江区	143596	457	2382		495342		11363
武江区	165240	690	1726	1308	875404		13181
曲江区	376173	868	5615	7470	5680909		33263
南雄市	432701	2281	7991	9896	6947711	152	34829
始兴县	187341	1297	2398	3984	2268135		14149
翁源县	569192	1178	4070	11589	23639726	9661	43089
仁化县	216501	1817	19104	3941	3045407	167	17374
新丰县	158140	1126	5115	4839	13552710	4791	13336
乳源自治县	157315	975	5484	2107	647876		13596
乐昌市	407666	1213	4109	2315	1763679	2265	34181

10-16 续表 1

(2022年) 单位：头、只、吨

县(市、区)别	当年出栏肉猪头数	当年出售和自宰的肉用牛	当年出售和自宰的肉用羊	当年出售和自宰的肉用狗	当年出售和自宰的家禽	当年出售和自宰的兔	猪肉产量
河源市	**1363969**	**18188**	**40513**	**143322**	**57051344**	**79074**	**107778**
源城区	468	360	1075	100	6033033		38
东源县	313541	5276	10831	629	12383314	517	25734
和平县	240731	2130	9481	11293	11220018	9721	18541
龙川县	331034	4102	10908	85221	7911979	51469	26137
紫金县	261714	4741	4944	42805	13974239	9546	20543
连平县	216481	1579	3274	3274	5528761	7821	16786
梅州市	**2012528**	**30060**	**130840**	**396759**	**81107782**	**802412**	**159023**
梅江区	31925	228	175	3023	683556	2800	3441
梅县区	309502	2697	28779	59350	8155748	205156	24871
蕉岭县	164648	6643	26779	10134	3845381	61963	13186
大埔县	187204	1808	8311	29297	4917856	64289	14871
丰顺县	160595	5360	5608	22864	22791995	84145	13140
五华县	535414	7310	27372	214097	11064207	284384	41923
兴宁市	492686	3217	18367	23691	27562305	31807	37342
平远县	130554	2797	15449	34303	2086734	67868	10250
惠州市	**1435065**	**16276**	**18818**	**64255**	**56137728**	**3328**	**113473**
惠城区	212582	1742	1197	4119	5023574		16748
惠东县	555190	3322	7397	19212	9501082		43650
惠阳区	14367	2624	3204		1286645		1102
博罗县	500504	7027	6306	34404	34080961		39774
龙门县	152422	1561	714	6520	6245466	3328	12199
汕尾市	**922880**	**29556**	**23776**	**55120**	**21372334**	**28958**	**74614**
汕尾城区	54925	334	351		1732465		4169
红海湾区	3337	346	133		140843		264
海丰县	246285	9003	4690	28778	5363769		19850
陆河县	127187	6941	2326	26342	2658588	28958	10513
陆丰市	491146	12932	16276		11476669		39818
东莞市	**16475**	**97**	**562**		**2611976**		**1318**
中山市	**16572**	**208**	**868**		**7271033**	**1508**	**1390**
江门市	**2220670**	**5240**	**18803**	**115260**	**118867640**	**67052**	**175878**
蓬江区					970918		
江海区					143823		
新会区	270030		2140		20829184		21431
台山市	526340	1936	7735		20181585	6798	41868
开平市	514399	714	6570	75260	51769346	60254	40453
恩平市	545156	1123	1263	40000	11411044		44030
鹤山市	364745	1467	1095		13561740		28096
阳江市	**2646585**	**26872**	**46786**	**65095**	**30717641**	**6952**	**213087**
江城区	197304	2179	806	898	1820906		15776
阳东区	593910	6001	26233	31412	8141499	3680	48287
阳西县	367169	7128	5905	4845	8763624	1764	29595
阳春市	1482183	10820	12508	27940	11550632	1508	118947
海陵区	6019	744	1334		440980		483
湛江市	**4000092**	**68328**	**197299**	**253219**	**92785271**	**22448**	**321334**
赤坎区		24	90		75996		
霞山区		149	572		192095		
坡头区	231211	2076	4145		2979446		18883

10−16 续表 2

(2022年) 单位：头、只、吨

县(市、区)别	当年出栏肉猪头数	当年出售和自宰的肉用牛	当年出售和自宰的肉用羊	当年出售和自宰的肉用狗	当年出售和自宰的家禽	当年出售和自宰的兔	猪肉产量
麻章区	201098	2151	11904	10583	4674921	305	16100
吴川市	340299	4446	5587	5408	16671720	7705	27052
徐闻县	262012	4433	35958	156	4272590		20951
雷州市	558796	13510	74270	86713	10773737	4305	45918
遂溪县	1017501	10882	29234	92828	33453883	8779	81261
廉江市	1389175	30657	35539	57531	19690883	1354	111169
茂名市	**5872520**	**29706**	**127513**	**371254**	**216043266**	**434026**	**472092**
茂南区	616726	1121	3872	20959	29296502	846	49588
电白区	1267065	5436	21561	39368	31907458	15439	101357
信宜市	916693	5997	85435	167942	80205411	321597	74052
高州市	1386720	7648	3547	97492	51494422	91806	111071
化州市	1685316	9504	13098	45493	23139473	4338	136024
肇庆市	**3115338**	**43712**	**169699**	**442995**	**119803628**	**598396**	**251182**
端州区							
鼎湖区		1111	3159	5029	2506243		
高要区	742957	275	1506	13178	36582668		60329
广宁县	546663	7561	19917	50241	15453126	190271	42544
四会市	459727	4199	11735	4619	34751729	18134	37928
德庆县	75954	2283	2557		6479116		5916
封开县	332552	10039	23962	92163	5980122	67654	27300
怀集县	957485	18244	106863	277765	18050624	322337	77164
清远市	**2923748**	**24094**	**188782**	**105182**	**120864456**	**24069**	**232783**
清城区	197210	1839	12162	3042	29997996	8294	16378
英德市	1155088	6860	17951	6915	34655061	1120	89928
佛冈县	176432	621	10660	1046	3871406		13799
连山自治县	78510	629	11189	9753	1662057	1185	6764
连南自治县	32234	1429	5419	24406	2308000	936	2643
连州市	421929	5130	31322	1143	6260665	484	34402
阳山县	489998	5045	72508	28568	15185572	2750	40197
清新区	372347	2541	27571	30309	26923699	9300	28673
潮州市	**413167**	**6359**	**2902**	**3575**	**14735077**	**2550**	**33978**
湘桥区	44743	1113	33		1320636		3653
饶平县	287721	4705	2196	3575	11194662	2550	23841
潮安区	80703	541	673		2219779		6484
揭阳市	**1190433**	**29206**	**26501**	**96466**	**32721323**	**130925**	**94029**
榕城区	45216	211	83		341320		3660
揭东区	206129	701	567	504	5655947	86780	16472
惠来县	249121	13212	12940		10238471		19738
普宁市	286211	4851	872	4552	2922507		22110
揭西县	403756	10231	12039	91410	13563078	44145	32049
云浮市	**1624591**	**8975**	**63261**	**389745**	**181994744**	**670102**	**128747**
云城区	173856	645	949	14841	12728386	91752	14248
新兴县	599651	1515	31708	120452	122306214	91035	48161
郁南县	269573	499	2375		25533449		21321
罗定市	431819	3751	25155	228676	16239270	479389	33211
云安区	149692	2565	3074	25776	5187425	7926	11806

10-16 续表 3

(2022年) 单位：头、只、吨

县(市、区)别	牛肉产量	羊肉产量	家禽肉产量	牛奶产量	蜂蜜产量	禽蛋产量
广州市	**417**	**42**	**43976**	**34038**	**3929**	**34393**
天河区						
白云区	25		8280	3244		158
黄埔区						
花都区	17	14	5997		511	90
从化区	229	3	7941	21053	1337	31311
增城区	140	18	14453	9720	2026	1506
番禺区	4	4	4165	1	11	1292
南沙区	2	3	3141	20	44	37
深圳市	**35**	**6**	**2370**	**8338**	**45**	**941**
宝安区						
龙岗区						
光明区			195	8338		
大鹏区						
坪山区						
合作区	35	6	2175		45	941
珠海市	**1**	**2**	**2105**			**3943**
香洲区						
金湾区	1	2	882			
斗门区			1223			3943
汕头市	**353**	**59**	**45736**	**1776**	**688**	**3728**
金平区			1			
龙湖区	94	1	7887	77		858
澄海区	94		35524	58		1488
濠江区	25	2	744	1641		78
潮阳区	3	8	955			214
潮南区	78	22	335		600	1005
南澳县	58	26	290		88	85
佛山市	**98**	**84**	**92977**	**8005**	**13**	**5328**
禅城区						
南海区			3238	4		
顺德区			540			
高明区	9	7	27004		13	1745
三水区	89	77	62195	8001		3583
韶关市	**1503**	**1001**	**82381**	**8336**	**1313**	**15633**
浈江区	58	44	737		0	176
武江区	88	31	1355	4226	11	706
曲江区	121	90	7829	4110	3	1562
南雄市	307	142	14035		382	3491
始兴县	153	43	4015		354	1510
翁源县	149	59	30916		92	2279
仁化县	218	327	5098		12	1217
新丰县	146	88	14393		389	1453
乳源自治县	114	105	1061		44	1592
乐昌市	149	72	2942		25	1647

10-16 续表 4

(2022年) 单位：头、只、吨

县(市、区)别	牛肉产量	羊肉产量	家禽肉产量	牛奶产量	蜂蜜产量	禽蛋产量
河源市	**2276**	**686**	**76429**	**298**	**1806**	**15054**
源城区	45	20	7325			14
东源县	656	189	16473		77	7705
和平县	257	148	16201		59	687
龙川县	502	183	10419	298	166	2089
紫金县	610	90	18499		1462	3721
连平县	205	57	7513		43	838
梅州市	**3677**	**2668**	**104317**	**1833**	**4836**	**36452**
梅江区	48	4	1265		70	235
梅县区	329	515	12095	154	1376	3921
蕉岭县	757	560	5997	187	1810	1069
大埔县	234	147	8242	98	548	1394
丰顺县	615	94	33535	550	467	2959
五华县	938	667	17471	267	92	13390
兴宁市	379	373	22523	439	155	11850
平远县	378	307	3189	138	318	1632
惠州市	**2072**	**338**	**79360**	**29454**	**3771**	**27589**
惠城区	219	29	7043	2442	512	7250
惠东县	427	113	14028		272	9338
惠阳区	341	67	1959		41	249
博罗县	889	116	47532	5573	667	8486
龙门县	196	13	8798	21439	2279	2266
汕尾市	**4045**	**423**	**31297**	**10961**	**675**	**11325**
汕尾城区	43	6	2291		1	1279
红海湾区	44	2	195			145
海丰县	1249	81	9272		130	5516
陆河县	971	64	4345		325	710
陆丰市	1738	269	15195	10961	219	3675
东莞市	**14**	**8**	**1530**		**141**	
中山市	**26**	**13**	**11012**	**6**	**44**	**3487**
江门市	**624**	**392**	**165927**	**5107**	**88**	**34744**
蓬江区			979			24
江海区			56			16
新会区		61	27277	1799		4038
台山市	238	157	29215		56	10144
开平市	86	136	73530	3308	32	17179
恩平市	133	20	17262			1503
鹤山市	168	18	17608			1840
阳江市	**3369**	**855**	**47902**	**9640**	**238**	**6405**
江城区	275	14	3154			393
阳东区	713	473	13130	8055	45	2511
阳西县	921	104	13762	1036	29	1195
阳春市	1372	238	17187	550	164	2274
海陵区	89	26	670			32
湛江市	**8692**	**3649**	**138843**	**7351**	**664**	**41605**
赤坎区	4	1	117			71
霞山区	24	10	320			76
坡头区	256	84	4434			2440

10-16 续表 5

(2022年) 单位：头、只、吨

县(市、区)别	牛肉产量	羊肉产量	家禽肉产量	牛奶产量	蜂蜜产量	禽蛋产量
麻章区	267	234	6895	206	2	1893
吴川市	556	116	25332	88	10	8477
徐闻县	580	649	5907			520
雷州市	1706	1380	15532		6	8586
遂溪县	1484	559	51234	7057	135	7495
廉江市	3816	617	29071		511	12048
茂名市	**3564**	**2116**	**303807**	**14**	**6967**	**110838**
茂南区	138	62	40981		49	2736
电白区	673	372	45800		168	19903
信宜市	738	1409	113935	14	92	9749
高州市	905	45	71753		6500	71945
化州市	1110	228	31338		158	6505
肇庆市	**5598**	**2823**	**176875**	**19404**	**2919**	**32481**
端州区						
鼎湖区	139	52	3530	18589	133	1350
高要区	38	26	61832		95	13774
广宁县	919	308	15855		2037	986
四会市	518	209	54061	815	26	7614
德庆县	289	39	9367		131	2333
封开县	1332	420	8305		325	1740
怀集县	2363	1770	23924		172	4685
清远市	**3018**	**3089**	**172362**	**50962**	**288**	**32525**
清城区	222	206	48306	5125	1	12524
英德市	792	282	39347	20846	66	3070
佛冈县	90	173	4340	2899	28	9990
连山自治县	81	171	2480	22	23	142
连南自治县	195	107	4013	23	41	181
连州市	680	532	8824	22047		692
阳山县	646	1176	21857		83	3056
清新区	313	441	43196		47	2870
潮州市	**843**	**49**	**30254**	**305**	**527**	**11332**
湘桥区	157	1	3394		98	987
饶平县	621	36	22857	305	263	9749
潮安区	66	13	4003		166	596
揭阳市	**3903**	**444**	**44970**	**2321**	**1744**	**18549**
榕城区	25	2	491	400		341
揭东区	92	10	8408	726		4338
惠来县	1716	213	13478		483	6447
普宁市	697	14	4076	657	81	2982
揭西县	1374	207	18517	537	1180	4441
云浮市	**1141**	**1257**	**240350**		**1975**	**25681**
云城区	78	19	18563			3788
新兴县	178	664	160271		545	1676
郁南县	65	36	30860		242	7306
罗定市	442	470	23091		1150	10832
云安区	379	68	7565		38	2079

10-17 全省饲料加工企业主要年份饲料生产情况

项　　目	单位	2005	2010	2015	2017	2018
生产能力	吨/小时	3698	14126.35	15828	15860.87	15860.87
全年实际产量	吨	12420678	18807084	25730232	29511163	30621653
配合饲料	吨	11967447	17997638	24644169	28317267	29542161
配合饲料家禽料	吨	6772565	8422722	9719511	10031563	10201414
蛋禽料	吨	983978	1502723	1683368	1770699	1697752
肉禽料	吨	5788588	7009366	8036144	8260863	8503662
配合饲料猪料	吨	2855709	6339038	10425051	13047301	13316029
配合饲料水产料	吨	2264139	3145836	4346688	5025540	5817486
配合饲料其他	吨	71805	81315	152919	212863	207232
浓缩饲料	吨	186615	289878	438174	462323	402595
浓缩饲料猪料	吨	128704	232234	406222	434016	365750
添加剂预混料	吨	266616	519567	647889	731573	676898
预混料猪料	吨	187067	391820	441675	489564	424521
预混料禽料	吨	42122	48237	72823	73331	67006
全年营业收入	亿元	291	582	862	1002	1160
工业总产值	亿元	300	593	962	1018	1187

10-17 续表

项　　目	单位	2019	2020	2021	2022	2022比2021增减(%)
生产能力	吨/小时	15860.87	15860.87	15860.87	15860.87	
全年实际产量	吨	29237982	30101910	35732738	35272440	-1.29
配合饲料	吨	28405199	29221197	34664418	34346664	-0.92
配合饲料家禽料	吨	13109799	14765668	14344903	13071259	-8.88
蛋禽料	吨	2041339	2222517	2195085	2216581	0.98
肉禽料	吨	11068460	12543151	12149818	11004496	-9.43
配合饲料猪料	吨	8805030	7701510	12761289	13245337	3.79
配合饲料水产料	吨	6361898	6593243	7362577	7795794	5.88
配合饲料其他	吨	128473	160776	195649	141242	-27.81
浓缩饲料	吨	242914	276015	421635	277537	-34.18
浓缩饲料猪料	吨	216054	248110	289622	238532	-17.64
添加剂预混料	吨	573031	592040	626009	619724	-1.00
预混料猪料	吨	266493	238330	276361	253019	-8.45
预混料禽料	吨	119698	161468	142910	138399	-3.16
全年营业收入	亿元	999	1092	1439	1593	10.70
工业总产值	亿元	1012	1106	1482	1578	6.48

10-18 各市主要年份饲料生产总量

单位：吨

市　别	1995	2000	2005	2010	2015	2017
合　计	**6223168**	**8507764**	**12420679**	**18807084**	**25730232**	**29511163**
广　州	829278	1392240	2276190	2940760	3234175	3140106
深　圳	1103488	1023976	718856	688406	323968	393340
珠　海	227831	183353	507512	626343	909826	1095494
汕　头	351445	357863	341779	428775	466057	530525
佛　山	1509331	2485870	3978825	4653046	4264050	4411336
韶　关	69369	24535	163492	385013	586719	650829
河　源		5589	94934	147001	330799	347914
梅　州	31600	14867	63120	139830	334648	374351
惠　州	98580	116222	126459	399958	1276757	1570987
汕　尾			910	1215	8574	24769
东　莞	199210	303211	379736	594626	1026796	1157797
中　山	116736	220899	237299	452231	352742	427167
江　门	711549	626794	800724	2136088	3795172	4230194
阳　江	8632	22835	23283	22310	646335	1317956
湛　江	411309	658061	1065288	1340679	2030280	2556824
茂　名	156335	211229	337855	1282489	2025907	2765584
肇　庆	91647	56603	200247	515213	902746	1201034
清　远	8022	8602	190184	491797	1147692	1410317
潮　州	29985	16506	52620	53352	109835	103663
揭　阳	46303	81400	75088	261647	538147	722855
云　浮	221894	697109	786279	1246297	1419004	1078117

10-18　续表

单位：吨

市　别	2018	2019	2020	2021	2022
合　计	**30621653**	**29237982**	**30101910**	**35732738**	**35272440**
广　州	2994994	2520910	2752472	3101556	2842955
深　圳	218521	182072	147024	259358	189512
珠　海	1260684	1364188	1314438	1355243	1356204
汕　头	742182	662780	614324	677302	634895
佛　山	4404625	4079165	4194051	4438858	4579676
韶　关	721551	809088	771464	1090053	1017481
河　源	411268	408968	423151	546985	623799
梅　州	432053	429966	511986	824605	982536
惠　州	1626756	1544634	1644644	1945490	1700434
汕　尾	26693	33260	35868		
东　莞	950573	1213468	1225824	1082307	984378
中　山	406403	378193	390516	361235	439894
江　门	4372980	4559471	4706821	5494334	5409019
阳　江	1480566	1340546	1580448	1994391	2007328
湛　江	2763708	2787201	2993700	3886224	3502776
茂　名	2935864	2201054	2341284	3271227	3547242
肇　庆	1174370	904841	859381	1195015	1225131
清　远	1667218	1495208	1236202	1777188	1900419
潮　州	122968	176770	194579	215341	207848
揭　阳	683421	664602	793412	813928	762402
云　浮	1224255	1481597	1370319	1402097	1358511

十一、渔业

1月1日，湛江海关签发广东首份农产品出口到新加坡的RCEP《区域全面经济伙伴关系协定》原产地证书。这份编号为001的原产地证连同同天签出的001号报关单，属于一批水产预制菜。标志着RCEP第一时间在广东农业领域落地，历经8年，31轮谈判，纸上的文本终于落地实践。

6月6日，在全国“放鱼日”广东增殖放流活动主会场汕头市南澳岛，约6600万尾海洋生物被投放入海，拉开全省范围内同步增殖放流水生生物资源的序幕。本次活动投放的对虾、真鲷、黑鲷、黄鳍鲷、 鱼、石斑鱼等海洋物种、均符合《水生生物增殖放流管理规定》等国家和省的有关要求。

7月19日，广东省农业农村厅在广州市南沙区“东涌渔稻模式”试验基地召开鱼塘种稻技术扩大试点工作现场会，在珠三角的广州、深圳、珠海、佛山、惠州、东莞、中山、江门、肇庆市等9市，将分两年在30万亩鱼塘水面上共种植10万亩水稻。

8月16日中午12时，第二十届南海（阳江）开渔节发布开渔令活动在海陵岛举行，800多艘渔船向着大海出发。

9月23日，“2022年中国农民丰收节暨首届广东（阳江）晒鱼节”活动（以下简称“晒鱼节”）在阳江市海陵岛开幕。以“晒出渔家豪情庆丰收、唱响时代强音迎盛会”为主题，开展晒丰收、晒产业、晒美食、晒文化、晒喜悦等系列活动。

12月20日，第三届中国水产种业博览会暨第四届广东水产种业产业大会（下称“水产种博会”）在在广州市南沙区广东国际渔业高科技园开幕。

渔 业

2022 年，以习近平新时代中国特色社会主义思想为指导，深入贯彻落实党的十九大和二十大以及中央经济工作会议、中央农业农村工作会议、全国畜牧渔业工作会议、全国农业农村厅局长会议精神，认真落实国家和省关于农业工作的部署，树立大食物观，向江河湖海要食物，夯实我省现代渔业产业基础、构建现代渔业产业体系、促进渔业绿色发展，加快推进我省现代渔业高质量发展。

一、工作亮点

2022 年渔业工作主要亮点有：一是出台我省现代渔业高质量发展的指导性文件。推动以省府办公厅名义印发《关于加快推进现代渔业高质量发展的意见》。二是推动深远海养殖平台“海威 1 号”启用。推动湛江乃至全省海水养殖产业振兴。三是我省水产种业实力不断提升。6 家企业进入国家级优势水产种业企业目录。3 个水产新品种通过全国水产原种良种审定委员会审定，水产良种培育能力进一步提升。四是水产品预制菜进入新发展阶段。首次推动建设水产品预制菜产业园。五是多个渔业产业园入选省级现代农业产业园建设名单。2022 年对渔业的省级现代农业产业园建设支持力度大。

二、2022 年我省渔业经济运行总体情况

2022 年广东省水产品总产量 894.03 万吨，比上年增长 1.08%。其中：海洋捕捞产量（不含远洋）112.42 万吨，下降 0.27%;远洋渔业 6.19 万吨，上升 1.83%；内陆捕捞 7.68 万吨，下降 13.80%。

全省水产养殖产量 767.73 万吨，增长 1.44%继续位居全国首位。海水养殖产量 339.67 万吨，增长 1.02%；淡水养殖产量 428.06 万吨，增长 1.78%；。

水产养殖面积 47.36 万公顷，比 2021 年减少 0.31 万公顷，其中海水养殖 16.66 万公顷万公顷，同比减少 0.12%；淡水养殖 30.71 万公顷，同比减少 2.32%。

全省渔民人均纯收入 23597.40 元，增长 5.17%。

2022 年我省水产品出口量 127.08 万吨，进出口额 66.15 亿美元；进出口量同比下降 1.69%、进出口额增长 5.63%。

三、2022 年渔业经济发展的新亮点

（一）强化渔业船舶综合监管和渔业安全生产。印发《广东省近海捕捞渔船更新改造项目实施方案》《广东省近海渔船船上设施设备更新改造项目实施方案》《广东省远洋渔船、船上设备更新改造和国际履约能力提升补助项目实施方案》等，加快推动渔船更新改造。建立“广东省涉渔船舶审批修造检验监管协调机制”。会同工业和信息化、公安等部门建立广东省涉渔船舶审批修造检验监管协调机制。召开广东省 2022 年涉渔船舶监管专项联合行动部署视频会。印发《广东省 2022 年涉渔船舶监管专项联合行动方案》。健全我省渔业安全生产管理工作机制，推动成立广东省渔业安全生产专家委员会。完善渔业安全生产各项制度，做好渔业安全生产督导、检查等工作。高度重视水产养殖安全风险防范，制定《广东省农业农村行业防范学生溺水工作指引（第一版）》，指导各地落实防范学生溺水工作。指导各地将传统渔排养殖安全生产纳入渔业生产网格化管理范畴。

（二）完成渔港建设攻坚行动第一阶段任务。指导我省列入《全国沿海渔港建设规划（2018–2025 年）》的 17 个沿海渔港经济区所在市县完成渔港经济区规划编制和评审工作。完成广东省“渔港一张图”信息管理平台建设工作，并上线试运行。推动广州番禺和汕头南澳 2 个国家级沿海渔港经济区项目、4 个平安渔港项目及 4 个渔港综合管理试点项目完成前期工作并于近期开工建设。督促各市县加快推进 18 个在建渔港项目建设。

（三）开展珠三角百万亩养殖池塘升级改造行动。一是联合财政厅印发《广东省渔业绿色循环发展试点工作实施方案》（粤农农函〔2022〕30 号），组织开展渔业绿色循环发展试点工作。力争到 2025 年，使试点区域实现养殖尾水资源化利用和达标排放的池塘面积比例需达到 80%以上。确认 2022 年渔业绿色循环发展试点名单，组织 2023 年渔业绿色循环发展试点项目入库。二是制定印发《广东省池塘养殖尾水治理专项建设实施方案（试行）》，全面推进池塘养殖尾水治理建设。协助生态厅制定《水产养殖尾水排放标准（征求意见稿）》，并征求各地市意见，促进养殖尾水治理标准化。三是指导各地市渔业绿色循环发展试点工作实施方案出台。四是成立广东省养殖池塘升级改造绿色发展和示范性美丽渔场建设专家咨询组，为全省养殖池塘升级改造绿色发展和示范性美丽渔场建设提供技术支撑。举办珠三角示范性美丽渔场建设项目管理培训班，进一步规范项目、资金和绩效管理，加快推进示范性美丽渔场创建工作。五是安排专项资金开展“鱼塘种稻”试验研究，构建出鱼塘种稻综合种养新模式，水下养殖，水上种稻，实现“一水两用一塘双收”，为珠三角百万亩池塘升级改造提供新思路。举办珠三角 9 市“鱼塘种稻”扩大试点工作现场会及鱼塘种稻技术培训班（示范性美丽渔场专场），2022 年全省完成鱼塘种稻面积试点 1190.92 亩，试点养殖品种和水稻品种进一步扩大，最适品种水稻产量 500–700 斤 / 亩，通过优化浮板材料，鱼塘种稻成本大幅降低。

（四）持续推进水产种业振兴。一是开展水产种质资源系统调查，制定《2022 年水产种质资源普查方案》，为全面完成第一次水产种质资源普查工作奠定良好基础；二是开展省级优势水产种业企业遴选。23 家水产种业企业参与申报省级优势水产种业企业遴选，其中有 6 家入选国家级优势水产种业企业目录。全省有 8 家企业入选国家种业阵型企业。为提升企业的良种自主培育能力，打造种业领军企业奠定了基础；三是水产新品种培育取得重大突破。南美白对虾“海兴农 3 号”，南美白对虾“海茂 1 号”和全雄杂交鳢“雄鳢 1 号”等 3 个水产新品种通过全国水产原种良种审定委员会审定，水产良种培育能力进一步提升，破解卡脖子难题取得阶段性胜利。四是开展广东省省级良种场巡查工作。针对广东省 57 家省级良种场良莠不齐的现状，组织水产种业专家本着“淘汰一批、规范一批、提升一批”的目的对其中 43 家分批次进行巡查，为改善我省良种场综合素质，更好发挥水产种业排头兵的作用夯实基础。五是开展《广东省水产苗种管理办法》（后称《办法》）立法调研工作。赴有关地市对我省水产种质资源保护区建设、水产原良种场建设、水产苗种生产经营、进出口、检验检疫管理等情况进行实地调研，为《办法》的制定提供大量基础素材，加速《办法》出台。六是筹备第三届中国水产种业博览会。

（五）开展水产健康养殖和生态养殖示范创建。继续在全省范围内开展水产健康养殖和生态养殖示范区创建示范活动。目前，共创建国家级水产健康养殖和生态养殖示范区 9 个，省级水产健康养殖和生态养殖示范区 205 个。示范区内开展池塘工程化循环水养殖、工厂化循环水养殖、稻渔综合种养、鱼菜共生生态种养、养殖尾水治理等模式关键技术研发与示范推广。

（六）开展水产绿色健康养殖技术推广“五大行动”。一是行动规模持续扩大。制定《广东省2022年水产绿色健康养殖技术推广“五大行动”实施方案》，开展“五大行动”各市联络人线上会议，指导各地市制定2022年实施方案。2022年度认定“五大行动”骨干基地52个、示范面积3万亩，以渔业主推品种主推技术为主线，实现“五大行动”全覆盖；二是典型案例不断涌现。在推进示范性美丽渔场建设、开展鱼塘种稻试点、推进深远海养殖方面创新发展；向海洋要食物化近海传统养殖，推动深远海养殖；三是宣传培训继续深入。利用各类媒体加大“五大行动”宣传，创新举办“云课堂”、“云直播”、“轻骑兵”乡村行等活动，培训专业人员约15000人，形成“广东经验”和“广东方案”。四是进一步推动属地化水产苗种产地检疫工作、推进水域滩涂养殖发证登记工作等。

（七）推动深远海养殖发展。一是印发《广东省深远海养殖项目实施方案》，大力支持发展重力式深水网箱、桁架类大型养殖装备和养殖工船，做好深远海养殖设施装备建设项目的实施。配合省生态厅制定《加强海水养殖环境生态监管实施方案》，进一步推动各地主管部门海水养殖生态环境监管主体责任。二是2021年国家下达我省重力式网箱标准箱任务指标635个，目前完成534个标准箱建设任务。2021年国家下达我省桁架类网箱标准箱12个，目前已完成6个桁架类网箱标准箱。全省已有3座桁架类大型养殖装备（半潜式新型绿色能源智能养殖平台“澎湖号”、半潜桁架船形大型养殖网箱“德海1号”、智能化深远海养殖平台“海威1号”），实现商业化运营并且开始盈利。

（八）深入贯彻执行第二轮中央生态环境保护督察报告整改方案。一是加快推进海水养殖尾水治理工作。根据《广东省池塘养殖尾水治理专项建设实施方案》（试行），制定建设目标和建设计划，推动沿海各地开展海水养殖尾水治理。同时开展高位池养殖尾水处理技术研发项目储备入库申报工作，探索适合广东省高位池养殖的尾水治理技术模式。二是组织印发《关于全面推进水域滩涂养殖发证登记工作的通知》，指导各地加快养殖证发证登记工作，全面提升我省水域滩涂养殖证登记发证率，确保2022年底，实现水域滩涂养殖证发证全覆盖。三是印发《关于做好养殖水域滩涂禁养区清退工作的通知》，指导各地开展禁养区清退工作，对目前全省的禁养区养殖清退进行统计，确保全省各地依法养殖。

（九）推动远洋渔业发展。2022年底，全省远洋渔船将达到281艘。截至目前，我省船龄10年以内的渔船占比达到84%，现代化程度进一步提升，船舶种类更加丰富。积极开拓以金枪鱼销售市场，实现自捕鱼回运量实现稳步回升。稳步推进远洋渔业基地建设。深圳联成公司密克罗尼西亚基地已获得农业农村部批准立项，正在抓紧建造；广州远洋斐济基地建设受到中央和地方高度重视，正在抓紧推进；广州顺帆文莱基地、广东协盛莫桑比克基地，深圳国家远洋渔业基地、珠海市东港兴远洋洪湾等国内外基地建设正在抓紧实施。

（十）加快渔业资金支出进度与惠渔补贴政策实施。一是加快制定各项资金支出方案。向省政府报送十四五渔业发展支持政策总体实施方案，做好各项项目申报前期工作。做好中央渔业发展补助资金的方案制定及绩效分配工作。做好提前下达资金的资金清算工作。二是制定各项惠渔补贴实施方案。制定《广东省海洋渔业资源养护补贴政策实施方案》，该方案已经公开征求意见，并经公平竞争审查和合法性审核，待以规范性文件的形式印发。三是支持特定水域船队建设。制定粤东水域船队建设相关实施方案，南沙特定水域补助实施方案，壮大我省特定水域渔船船队力量。

2022 年渔业大事记

1 月 1 日，湛江海关签发广东首份农产品出口到新加坡的 RCEP《区域全面经济伙伴关系协定》原产地证书。这份编号为 001 的原产地证连同同天签出的 001 号报关单，属于一批水产预制菜。标志着 RCEP 第一时间在广东农业领域落地，历经 8 年，31 轮谈判，纸上的文本终于落地实践。（图 1）

6 月 6 日，在全国“放鱼日”广东增殖放流活动主会场汕头市南澳岛，约 6600 万尾海洋生物被投放入海，拉开全省范围内同步增殖放流水生生物资源的序幕。本次活动投放的对虾、真鲷、黑鲷、黄鳍鲷、 鱼、石斑鱼等海洋物种，均符合《水生生物增殖放流管理规定》等国家和省的有关要求。（图 2）

7 月 19 日，广东省农业农村厅在广州市南沙区“东涌渔稻模式”试验基地召开鱼塘种稻技术扩大试点工作现场会，在珠三角的广州、深圳、珠海、佛山、惠州、东莞、中山、江门、肇庆市等 9 市，将分两年在 30 万亩鱼塘水面上共种植 10 万亩水稻。（图 3）

8 月 16 日中午 12 时，第二十届南海（阳江）开渔节发布开渔令活动在海陵岛举行，800 多艘渔船向着大海出发。（图 4）

9 月 23 日，“2022 年中国农民丰收节暨首届广东（阳江）晒鱼节”活动（以下简称“晒鱼节”）在阳江市海陵岛开幕。以“晒出渔家豪情庆丰收、唱响时代强音迎盛会”为主题，开展晒丰收、晒产业、晒美食、晒文化、晒喜悦等系列活动。（图 5）

12 月 20 日，第三届中国水产种业博览会暨第四届广东水产种业产业大会（下称“水产种博会”）在在广州市南沙区广东国际渔业高科技园开幕。（图 6）

11-1 主要年份水产品产量及养殖面积

年 份	水产品产量（万吨）	海水产品	捕捞	养殖	淡水产品	捕捞	养殖	养殖面积（千公顷）	海水养殖	淡水养殖
1957	49.89	34.44	32.79	1.65	15.45	1.06	14.39	142.26	25.64	116.62
1962	34.45	24.46	23.16	1.30	9.99	0.90	9.09	167.02	21.20	145.82
1965	49.49	34.85	33.23	1.62	14.64	1.76	12.88	180.95	28.94	152.01
1970	57.32	41.71	40.41	1.30	15.61	1.12	14.49			
1975	71.84	53.83	52.81	1.02	18.01	1.14	16.87	193.08	17.41	175.67
1978	65.50	46.47	45.67	0.80	19.03	0.98	18.05	187.23	16.05	171.18
1980	63.34	41.54	40.78	0.76	21.80	0.85	20.95	200.29	21.54	178.75
1985	109.44	58.74	56.26	2.48	50.70	1.93	48.77	290.16	56.13	234.03
1990	207.66	124.53	110.74	13.79	83.13	4.19	78.94	43.67	92.33	251.34
1995	449.86	189.41	178.71	10.70	164.23	14.45	149.78	445.82	116.15	329.67
2000	593.19	360.46	191.46	168.98	323.73	13.52	219.21	564.51	194.89	369.62
2005	695.23	397.75	172.05	225.70	297.29	13.03	284.26	604.65	224.40	380.25
2010	729.03	401.50	152.43	249.07	327.53	12.86	314.67	563.41	199.26	364.16
2011	762.53	418.22	152.65	265.57	344.31	12.84	331.47	573.91	203.41	370.50
2012	739.35	408.92	153.65	255.27	330.43	12.88	317.55	575.21	201.83	373.38
2013	764.29	418.58	152.88	265.70	345.71	12.81	332.91	570.14	197.20	372.94
2014	783.22	426.44	153.90	272.55	356.78	12.41	344.37	564.99	193.69	371.30
2015	803.71	434.71	154.00	280.71	369.00	12.26	356.74	565.68	194.86	370.82
2016	818.28	441.53	151.01	290.52	376.75	12.12	364.63	480.80	166.20	314.60
2017	833.54	451.81	148.91	302.90	381.73	12.04	369.69	473.77	161.69	312.08
2018	842.44	449.17	132.44	316.73	393.28	11.53	381.75	478.90	165.61	313.28
2019	866.40	455.49	126.36	329.13	410.91	10.90	400.01	478.21	164.99	313.22
2020	875.81	450.53	119.29	331.24	425.28	9.87	415.41	475.72	164.72	311.00
2021	884.52	455.04	118.80	336.24	429.47	8.91	420.57	475.62	165.72	309.90
2022	894.03	458.29	118.61	339.68	435.74	7.68	428.06	473.66	166.60	307.06

注：2000年以后的水产品产量数据按照新的标准统计，2016年以后年份的数据以第三次全国农业普查结果为基础做了调整。

11-2 水产生产概况

项　　目	计量单位	2021	2022	2022比2021 增长(%)
水产品总产量	万吨	884.52	894.03	1.08
海洋捕捞(包括外海)	万吨	118.80	118.61	-0.16
海水养殖	万吨	336.24	339.67	1.02
淡水捕捞	万吨	8.91	7.68	-13.80
淡水养殖	万吨	420.57	428.07	1.78
渔业总产值(按现价计算)	亿元	4087.71	4226.02	3.38
水产品产值(不包括种苗)	亿元	1743.34	1898.24	8.89
海洋捕捞	亿元	207.25	304.77	47.05
海水养殖	亿元	625.00	692.74	10.84
淡水捕捞	亿元	18.50	12.29	-33.57
淡水养殖	亿元	827.75	888.44	7.33
水产种苗	亿元	64.84	83.59	28.92
其中：水产品加工	亿元	254.15	250.36	-1.49
渔机修造	亿元	7.95	7.83	-1.51
绳网制造	亿元	2.12	2.02	-4.72
建筑业	亿元	6.04	5.87	-2.81
第三产业产值	亿元	1842.48	1875.25	1.78
渔民人均纯收入	元/人	22437.00	23597.40	5.17
海洋捕捞产量	万吨	118.80	118.61	-0.16
其中：鱼类	万吨	81.82	81.50	-0.39
虾类	万吨	13.37	13.78	3.07
蟹类	万吨	7.30	7.36	0.82
贝类	万吨	2.90	2.93	1.03
藻类	万吨	0.47	0.46	-2.13
头足类	万吨	5.08	4.83	-4.92
海水养殖总面积	千公顷	165.72	166.60	0.53
产量	万吨	336.24	339.67	1.02
单产	千克/公顷	20290.39	20388.00	0.48
其中：鱼类面积	千公顷	35.17	35.53	1.02
产量	万吨	78.00	85.14	9.15
单产	千克/公顷	22181.76	23963.00	8.03
虾类面积	千公顷	57.20	56.40	-1.40
产量	万吨	63.81	68.10	6.72
单产	千克/公顷	11156.75	12074.00	8.22
蟹类面积	千公顷	7.89	8.46	7.22
产量	万吨	8.50	9.08	6.82
单产	千克/公顷	10776.85	10733.00	-0.41
贝类面积	千公顷	60.88	61.65	1.26
产量	万吨	178.49	170.46	-4.50
单产	千克/公顷	29317.36	27650.00	-5.69
藻类面积	千公顷	2.00	1.93	-3.50
产量	万吨	6.18	6.00	-2.91
单产	千克/公顷	30908.38	31088.00	0.58

11-2 续表

项目	计量单位	2021	2022	2022比2021增长(%)
淡水养殖总面积	千公顷	309.90	307.06	-0.92
产量	万吨	420.57	428.07	1.78
单产	千克/公顷	13571.00	13940.00	2.72
其中：池塘养殖面积	千公顷	260.59	259.20	-0.53
产量	万吨	391.66	400.58	2.28
单产	千克/公顷	15030.00	15454.00	2.82
其中：鱼类产量	万吨	381.48	387.50	1.58
虾类产量	万吨	31.48	33.23	5.56
蟹类产量	万吨	0.48	0.39	-18.75
淡水捕捞产量	万吨	8.91	7.68	-13.80
其中：鱼类	万吨	6.77	5.88	-13.15
虾类	万吨	0.68	0.67	-1.47
蟹类	万吨	0.38	0.32	-15.79
贝类	万吨	0.99	0.74	-25.25
水产冷库数量	座	706.00	698.00	-1.13
制冰能力	吨/日	43735.00	44409.00	1.54
冻结能力	吨/日	32698.00	33777.00	3.30
冷藏能力	吨/次	431593.00	426809.00	-1.11
水产加工品数量	万吨	148.36	152.03	2.47
其中：冷冻品	万吨	43.26	43.41	0.35
渔业乡(镇)	个	77.00	79.00	2.60
渔业村	个	1022.00	1035.00	1.27
渔业人口	万人	203.10	214.09	5.41
渔业从业人员	万人	115.52	122.53	6.07
其中：专业	万人	79.21	81.23	2.55
兼业	万人	30.00	34.63	15.43
机动渔船合计艘数	艘	35132.00	49189.00	40.01
吨位	吨	984488.00	11127043.00	1030.24
功率	千瓦	1902721.00	2237452.00	17.59
其中：生产渔船艘数	艘	31856.00	46036.00	44.51
吨位	吨	913658.00	1047266.00	14.62
功率	千瓦	1642205.00	1961614.00	19.45
非机动渔船艘数	艘	1177.00	1006.00	-14.53
吨位	吨	5286.00	7939.00	50.19

11-3　各市渔业生产基本情况

（2022年）

市　别	水产品总产量(吨)					渔业经济总产值(万元)	其中水产品产值
	合计	海洋捕捞（包括外海）	海水养殖	淡水捕捞	淡水养殖		
全　省	**8940291**	**1186138**	**3396736**	**76817**	**4280600**	**42260216**	**18982351**
广　州	498286	27147	120658	15231	335250	5458034	1295395
深　圳	81597	55918	18450		7229	352677	268565
珠　海	339625	11369	110836	1170	216250	2712154	917619
汕　头	474439	119932	258409	2242	93856	2215476	797887
佛　山	772830			5685	767145	5078029	1854054
韶　关	82944			2312	80632	228525	142292
河　源	48955			1837	47118	113356	71028
梅　州	106778			10513	96265	356171	134308
惠　州	210066	17368	52290	844	139564	1019359	579432
汕　尾	598779	181938	364941	1606	50294	2423630	1291168
东　莞	50050	6221		899	42930	351022	112393
中　山	370985	464		882	369639	1922654	893478
江　门	847889	66859	244112	6973	529945	5073750	2517083
阳　江	1190999	298449	785183	6554	100813	3176552	1941364
湛　江	1222030	213381	824715	5970	177964	4858349	2744358
茂　名	926442	128473	449963	1403	346603	3137281	1335206
肇　庆	522345			3320	519025	1634898	948137
清　远	137972			1728	136244	326236	224062
潮　州	208970	15071	142603	3634	47662	779107	461631
揭　阳	149090	43548	24576	2886	78080	645784	306636
云　浮	99220			1128	98092	397171	146254

11-3 续表

(2022年)

市别	水产养殖面积合计(公顷)	海水养殖	淡水养殖	渔业船舶合计		
				艘	总吨	千瓦
全省	**473655.13**	**166596.13**	**307059**	**49189**	**1127043**	**2237452**
广州	21246.74	4711.59	16535.15	1295	19379	59882
深圳	1275.67	903.97	371.7	444	46908	111579
珠海	22844.61	12861.68	9982.93	1467	33844	74222
汕头	14836.75	10195.29	4641.46	1469	69451	115449
佛山	35667.2		35667.2	1615	3016	19581
韶关	15675.94		15675.94	557	597	6860
河源	5845		5845	757	770	7269
梅州	10834.86		10834.86	454	757	5912
惠州	16886.63	1518	15368.63	1671	12599	62001
汕尾	18907.3	15092.6	3814.7	3638	109089	234837
东莞	4067		4067	254	18543	27633
中山	20106.8		20106.8	564	4170	12852
江门	60358.68	18817	41541.68	3431	139368	212078
阳江	36774	23047	13727	4354	239791	368605
湛江	76776.96	54887.4	21889.56	18536	241373	576966
茂名	36576.67	14303	22273.67	2985	122463	187177
肇庆	30519		30519	1316	2064	9202
清远	16684.99		16684.99	1043	1562	11039
潮州	13619.87	8524	5095.87	1614	10045	44493
揭阳	8250.6	1734.6	6516	1132	49250	82588
云浮	5899.86		5899.86	593	2004	7227

11-4 各市海洋捕捞产量

(2022年) 单位：吨

市别	海洋捕捞(包括外海)	鱼类	甲壳类			贝类	藻类	头足类	其它
				虾	蟹				
全省	**1186138**	**814953**	**211407**	**137804**	**73603**	**29315**	**4657**	**48315**	**15558**
广州	27147	8380	1427	632	795	532		179	8
深圳	55918	13117	8043	5308	2735	909	15	1317	1179
珠海	11369	5165	1823	1151	672	221	91	241	1103
汕头	119932	95186	18317	8872	9445	2594	7	3803	25
惠州	17368	13595	1638	739	899	1277	8	581	269
汕尾	181938	125007	38878	20777	18101	4557	875	12511	110
东莞	6221	3546	2495	1847	648	111		69	
中山	464	266	177	133	44	8			13
江门	66859	50617	13515	6840	6675	206	99	993	38
阳江	298449	213733	61287	45141	16146	6090	2313	9125	5901
湛江	213381	137635	43374	29885	13489	11027	448	8270	2769
茂名	128473	109186	10927	9437	1490	1174	517	4983	1686
潮州	15071	8683	2702	2343	359	535	214	652	2285
揭阳	43548	30837	6804	4699	2105	74	70	5591	172

11-4 续表

(2022年) 单位：吨

市别	合计	按捕捞渔具分					
		拖网	围网	刺网	张网	钓业	其他
全省	**1124205**	**546387**	**106889**	**354101**	**2565**	**78880**	**35383**
广州	10526	248	165	8573	84	167	1289
深圳	24580	22792	488	794		111	395
珠海	8644	5610	611	2080	88	206	49
汕头	119932	72768	8557	25873	406	10483	1845
惠州	17368	1762	1677	9184		2710	2035
汕尾	181938	118724	14932	25775	666	14970	6871
东莞	6221	2403	2307	1438		53	20
中山	464	7		421		36	
江门	65468	32914	6309	24570		1669	6
阳江	298449	103523	61353	107239		21799	4535
湛江	203523	74754	3596	102784	574	5391	16424
茂名	128473	78996	3534	26795		18499	649
潮州	15071	4082	3337	4414	747	1226	1265
揭阳	43548	27804	23	14161		1560	

11−5 各市海水养殖产量

(2022年)　　单位：吨

市　别	合计	鱼类	甲壳类			贝类	藻类	其他
				虾	蟹			
全　省	**3396736**	**851381**	**771801**	**681005**	**90796**	**1704619**	**60032**	**8903**
广　州	120658	107157	13438	10350	3088	63		
深　圳	18450	1092	5292	4558	734	11867	189	10
珠　海	110836	98084	11403	9280	2123	1207		142
汕　头	258409	61166	58242	34952	23290	81498	50277	7226
惠　州	52290	8109	27957	26620	1337	15499	5	720
汕　尾	364941	105022	73317	58002	15315	186252	345	5
东　莞								
中　山								
江　门	244112	20247	83873	77188	6685	139992		
阳　江	785183	151319	125537	111140	14397	507941		386
湛　江	824715	152390	222540	213838	8702	449202	457	126
茂　名	449963	99003	100971	96202	4769	241689	8075	225
潮　州	142603	40349	35484	27705	7779	66343	364	63
揭　阳	24576	7443	13747	11170	2577	3066	320	

11−5 续表

(2022年)　　单位：吨

市　别	按养殖水域分			其中：养殖方式分						
	海上	滩涂	其他	深水网箱	普通网箱	工厂化	池塘	筏式	吊笼	底播
全　省	**1403252**	**1225005**	**768479**	**98482**	**105412**	**18357**	**972853**	**491864**	**135008**	**564097**
广　州			120658			4201	116457			
深　圳	11393	6794	263	378	658	311	5480		11421	
珠　海	14500	78	96258	11279	1950		96258	830		377
汕　头	96759	94405	67245		3043	265	56758	118465	8680	24332
惠　州	20272	29800	2218	2600	2197	84	34687		14400	160
汕　尾	157870	127615	79456			630	89367	881	15630	19424
东　莞										
中　山										
江　门	136671	107441		130	1550		107441	120844		14147
阳　江	425332	223716	136135	4689	34708	6	90241	132066	6425	104947
湛　江	272575	392306	159834	78966	33690	6984	262988	80256	77772	196582
茂　名	216455	183927	49581	440	12912	311	52235	242	680	166694
潮　州	51425	53629	37549		14704	2505	39425	38280		37434
揭　阳		5294	19282			3060	21516			

11-6　各市海水养殖面积

(2022年)　　单位：公顷

市　别	合　计	鱼类	甲壳类			贝类	藻类	其他
				虾	蟹			
全　省	**165396.13**	**35530.94**	**64747.47**	**56290.24**	**8457.23**	**60650.33**	**1925.39**	**2542**
广　州	4711.59	2691.53	2014.73	1333	681.73	5.33		
深　圳	903.97	16.3	158.89	158.89		726.78	1	1
珠　海	12861.68	5441.56	3011.46	1552.26	1459.2	2932.66		1476
汕　头	10195.29	1885.5	2840.54	2073.74	766.8	3667.76	1737.49	64
惠　州	1518	216	735	635	100	516	1	50
汕　尾	15092.6	4638.2	4429.9	3568.4	861.5	6014.6	8.9	1
东　莞								
中　山								
江　门	18817	769.4	10981	9084.4	1896.6	7066.6		
阳　江	21847	4431	7136	6248	888	10210		70
湛　江	54887.4	9433.45	24722.95	24011.55	711.4	19854	16	861
茂　名	14303	3286	4379	3943	436	6562	76	
潮　州	8524	2577	3006	2608	398	2862	60	19
揭　阳	1734.6	145	1332	1074	258	232.6	25	

11-6　续表

(2022年)　　单位：公顷

市　别	按养殖水域分			其中：养殖方式分						
	海上	滩涂	其他	深水网箱 立方水体	普通网箱 平方米	工厂化 立方水体	池塘	筏式	吊笼	底播
全　省	**52255.4**	**63722.64**	**49418.09**	**5963658**	**2939725**	**2243656**	**77222.11**	**18339.17**	**4155.48**	**32413.66**
广　州			4711.59			202000	4711.6			
深　圳	646.78	252.19	5	33300	14000	34568	176.19	510.3	214.48	
珠　海	4892.3	6.66	7962.72	262000	4500		7962.72	5		2927.66
汕　头	3395	3546.29	3254		425	34630	3579	2814	333	1382
惠　州	598	920		23480	10000	3000	920		450	12
汕　尾	4257.5	5920.5	4914.6			5916	7087.2	56	311	12737
东　莞										
中　山										
江　门	6857	11960		17530	48790		11960	5894		944
阳　江	6284.82	10695	4867.18	133701	362673	19071	8590	3240	482	3083
湛　江	15380	23990	15517.4	5451898	766619	88718	25437.4	4448.87	2313	6088
茂　名	7410	4704	2189	41749	1932	5753	2816		20	3240
潮　州	2534	1633	4357		1730786	560000	2480	1371	32	2000
揭　阳		95	1639.6			1290000	1502			

11-7 各市淡水捕捞产量

(2022年) 单位：吨

市别	合计	鱼类	甲壳类			贝类	其他
				虾	蟹		
全省	**76817**	**58788**	**9949**	**6714**	**3235**	**7396**	**684**
广州	15231	12023	2235	884	1351	973	
珠海	1170	857	308	117	191	5	
汕头	2242	1430	710	710		47	55
佛山	5685	2605	708	655	53	2372	
韶关	2312	1629	267	200	67	416	
河源	1837	1602	217	210	7	18	
梅州	10513	9350	435	395	40	533	195
惠州	844	600	37	37		207	
汕尾	1606	1317	219	154	65	30	40
东莞	899	795	104	65	39		
中山	882	655	130	61	69	95	2
江门	6973	4748	1124	880	244	1101	
阳江	6554	3740	2029	1218	811	665	120
湛江	5970	5782	145	102	43	43	
茂名	1403	1001	111	111		189	102
肇庆	3320	2732	198	136	62	379	11
清远	1728	1429	161	140	21	138	
潮州	3634	3095	394	310	84	20	125
揭阳	2886	2406	315	228	87	131	34
云浮	1128	992	102	101	1	34	

11-8　各市淡水养殖产量

(2022年)　　单位：吨

市　别	合　计	鱼　类	甲壳类			贝　类	藻　类	其　他
				虾	蟹			
全　省	**4280600**	**3875007**	**336169**	**332296**	**3873**	**3627**		**65797**
广　州	335250	321884	10334	9165	1169	167		2865
深　圳	7229	5974	1224	1184	40	1		30
珠　海	216250	173424	42037	42025	12			789
汕　头	93856	63735	29455	29455		138		528
佛　山	767145	760044	2996	2996				4105
河　源	47118	45862	403	396	7	40		813
梅　州	96265	93467	1086	874	212	906		806
惠　州	139564	129701	53	53				9810
汕　尾	50294	47142	2405	2221	184			747
东　莞	42930	39490	1131	1039	92			2309
中　山	369639	304691	57536	56343	1193			7412
江　门	529945	396581	123504	123154	350	29		9831
阳　江	100813	96771	3589	3589		15		438
湛　江	177964	175744	1043	884	159	19		1158
茂　名	346603	336083	9281	9281		596		643
肇　庆	519025	467932	39855	39832	23	559		10679
清　远	136244	133873	936	899	37	292		1143
潮　州	47662	44286	2216	1885	331	457		703
揭　阳	78080	66026	6174	6174				5880
云　浮	98092	92660	338	325	13	231		4863

11-8　续表

(2022年)　　单位：吨

市　别	合　计	其中按水域分					其中养殖方式		
		池　塘	湖　泊	水　库	河　沟	稻　田	围　栏	网　箱	工厂化
全　省	**4280600**	**4005799**	**7937**	**222567**	**7043**	**2510**		**1106**	**5783**
广　州	335250	329928		1046					4024
深　圳	7229	7154						1	52
珠　海	216250	216250							
汕　头	93856	91350		851	859				
佛　山	767145	765625		1520					
韶　关	80632	64521		14809		980		21	52
河　源	47118	36654		9202		151			896
梅　州	96265	65673	1137	25223		307			670
惠　州	139564	137017		1623		9			
汕　尾	50294	39261	885	5460	3095				
东　莞	42930	42894		18					6
中　山	369639	369639							
江　门	529945	527595		980	91				23
阳　江	100813	88215	2759	8332	605				
湛　江	177964	154829	451	21859	428			244	
茂　名	346603	287892		54808	4	177			
肇　庆	519025	461678		42874	1354			450	
清　远	136244	122700	2109	9827	310	838		90	60
潮　州	47662	39524	596	5953	90	4			
揭　阳	78080	67723		10150	207				
云　浮	98092	89677		8032		44		300	

11-9 各市淡水养殖面积

(2022年) 单位：公顷

市别	合计	按水域分						集约化养殖方式		
		池塘	湖泊	水库	河沟	其它	稻田	围栏（平方米）	网箱（平方米）	工厂化（立方水体）
全 省	**307059**	**259197**	**1525.13**	**41906.38**	**757.44**	**3673.06**	**4503.3**		**92193**	**1387917**
广 州	16535.15	16131.75		391		12.4				172449
深 圳	371.7	370.54				1.16			6558	10380
珠 海	9982.93	9982.93								
汕 头	4641.46	4455		56.32	47.44	82.7				
佛 山	35667.2	35453.2		214						3400
韶 关	15675.94	9521.21		6154.73			2418		2300	26000
河 源	5845	4904.83		935.17		5	26			24226
梅 州	10834.86	6037.27	112.13	4252.66		432.8	331			28000
惠 州	15368.63	14911.36		372.27	85		3			
汕 尾	3814.7	2678.2	44	690.5	264	138				
东 莞	4067	3931.7		130		5.3				1562
中 山	20106.8	20106.8								
江 门	41541.68	41366.28		88	6.7	80.7				3900
阳 江	13727	9934	359	3178	197	59				
湛 江	21889.56	12087.76	347	9337.8	43	74			32550	
茂 名	22273.67	17068.67		5054	5	146				12000
肇 庆	30519	24870		3863		1786			5200	
清 远	16684.99	11685.76	516	3922.93	69.3	491	1695		25000	26000
潮 州	5095.87	3812.87	126	856	19	282	3.3			
揭 阳	6516	5109	21	1365	21					1080000
云 浮	5899.86	4777.86		1045		77	27		20585	

11-10 各市海淡水养殖苗

(2022年)

市 别	海水鱼苗(万尾)	虾类苗种量(亿尾)	贝类苗种量(万粒)	淡水鱼苗产量(万尾)	淡水鱼种产量(吨)	投放鱼种数量(吨)
全 省	**739227**	**8063**	**453513**	**79281200**	**219389**	**196516**
广 州	6537	127		639644	10683	14441
深 圳	20269	71	21714		25	
珠 海	253607	780		146780	2486	2486
汕 头	1360	542	30825	46380	6	6
佛 山				37567190	21568	15014
韶 关				134763	9646	9201
河 源				17071	2401	2363
梅 州				330438	5890	5412
惠 州	101450		765	572208	5262	5574
汕 尾	20336	487	17550	1825	6	6
东 莞		1		246934	121	58
中 山		146		386	2672	1617
江 门	233	568	34601	2093344	11953	7570
阳 江	279756	39	30273	30528480	1613	1939
湛 江	17914	1590	166374	136339	1200	13468
茂 名	3063	228	645	2842884	24914	24801
肇 庆				1326644	104362	81423
清 远				578035	5411	5394
潮 州	34702	3454	29480	17431	690	455
揭 阳		30	121286	213861	825	518
云 浮				1840563	7655	4770

11-11 各市水产加工

(2022年)

市别	一、水产加工企业数量(个)	加工能力(吨/年)	二、水产冷库座数	冻结能力(吨/日)	冻藏能力(吨/次)	制冰能力(吨/日)
全省	**970**	**2226076**	**571**	**31894**	**400261**	**18292**
广州	4	38855	12	220	7800	52
深圳		2500				
珠海	31	248640	37	794	32662	1072
汕头	62	199490	85	1992	46264	4000
佛山	29	102116	41	2360	55300	152
韶关			1	24	25	20
河源						
梅州	2	30				
惠州	5	17643	3	246	201	24
汕尾	56	138505	68	730	9242	1048
东莞						
中山	11	88699	25	1831	1055	122
江门	81	115341	43	617	46560	908
阳江	19	172362	85	2212	44741	2113
湛江	157	337412	67	4138	54105	2386
茂名	206	596400	32	16080	56055	5000
肇庆	7	75661	7	140	4887	28
清远						
潮州	12	34970	25	331	8183	618
揭阳	286	17452	35	104	3181	649
云浮	2	40000	5	75	30000	100

11-11 续表 1

(2022年)

市别	三、水产加工品总量(吨)	淡水加工产品	(一)水产品冷冻(吨)	冷冻加工品	(二)鱼糜制品及干腌制品(吨)	鱼糜制品	干腌品
全省	**1364615**	**435411**	**918325**	**491702**	**195967**	**84646**	**111321**
广州	8931	8931	3597	3450	5334	5304	30
深圳	1125		100		25		25
珠海	69183	32080	45822	27810	21673	70	21603
汕头	114385	9568	81355	53665	9243	8813	430
佛山	82319	82319	52155	7510	46	13	33
韶关							
河源							
梅州	2698	2698			2698	2399	299
惠州	9287		6708	988	2561	272	2289
汕尾	190505	16742	117119	48895	57994	14447	43547
东莞	58	58			58	58	
中山	41114	40858	31367	26127	2897	19	2878
江门	71059	20135	40317	13274	5893	2661	3232
阳江	134695	20607	89254	45005	25220	20704	4516
湛江	203369	42822	142202	83128	22496	3365	19131
茂名	313510	98947	197729	138920	31171	22317	8854
肇庆	43033	43033	43020	16879			
清远							
潮州	40505	510	38120	1060	614		614
揭阳	18736		9455	4989	7946	4204	3742
云浮	20103	16103	20005	20002	98		98

11－11　续表 2

(2022年)

市　别	藻类加工（吨）	(三)罐制品（吨）	(四)水产饲料（吨）	(五)鱼油制品（吨）
全　省	**4566**	**51813**	**84571**	**50**
广　州				
深　圳		300		
珠　海				
汕　头	981	28	348	22
佛　山		30000		
韶　关				
河　源				
梅　州				
惠　州				
汕　尾	2847	2905	2272	
东　莞				
中　山		3250		
江　门		4957	2601	
阳　江		1439	15055	
湛　江		100	36474	28
茂　名	315	8821	27223	
肇　庆		13		
清　远				
潮　州	423		598	
揭　阳				
云　浮				

11－11　续表 3

(2022年)

市　别	(六)其它水产加工品（吨）	助剂和添加剂（吨）	珍　珠（公斤）	四、用于加工的水产品量（吨）	淡水产品
全　省	**109323**		**3068**	**1542964**	**540796**
广　州				7742	7742
深　圳	700			1700	
珠　海	1688			70718	41150
汕　头	22408		300	126462	18950
佛　山	118			60055	60055
韶　关					
河　源					
梅　州				3858	3858
惠　州	18			10263	
汕　尾	7368			145468	8135
东　莞				124	124
中　山	3600			17966	17616
江　门	17291			113231	44568
阳　江	3727			135111	205
湛　江	2069		2768	231742	52630
茂　名	48251			462130	193403
肇　庆				75458	75458
清　远					
潮　州	750			29816	516
揭　阳	1335			30734	
云　浮				20386	16386

11-12 各市渔业船舶拥有量

市别	总计			机动渔船								
							生产渔船					
										捕捞渔船		
	艘	总吨	千瓦	艘	总吨	千瓦	艘	总吨	千瓦	艘	总吨	千瓦
全　省	**49959**	**1117911**	**2197102**	**49032**	**1110084**	**2197102**	**45879**	**1030307**	**1921264**	**41976**	**1006751**	**1799512**
广　州	1330	23269	59882	1295	19379	59882	1109	15247	35510	1109	15247	35510
深　圳	287	29949	71229	287	29949	71229	245	29192	69107	165	28933	67228
珠　海	1475	36658	74222	1467	33844	74222	1166	22844	47804	1019	21025	38377
汕　头	1481	69461	115449	1469	69451	115449	1262	58262	82437	1184	57335	79102
佛　山	1658	3226	19581	1615	3016	19581	1590	2731	16352	1590	2731	16352
韶　关	567	606	6860	557	597	6860	552	589	6434	552	589	6434
河　源	780	784	7269	757	770	7269	756	767	7225	705	767	7225
梅　州	454	757	5912	454	757	5912	444	594	4471	444	594	4471
惠　州	1672	12600	62001	1671	12599	62001	1483	8141	32555	1480	6333	28710
汕　尾	3638	109089	234837	3638	109089	234837	3565	98090	203334	3565	98090	203334
东　莞	254	18543	27633	254	18543	27633	234	17413	24223	234	17413	24223
中　山	564	4170	12852	564	4170	12852	520	3084	6211	520	3084	6211
江　门	3460	139616	212078	3431	139368	212078	3001	133447	184023	2932	130949	177548
阳　江	4354	239791	368605	4354	239791	368605	3592	224653	328696	3580	223574	326995
湛　江	18748	241373	576966	18536	241373	576966	17993	234365	554569	15287	222914	469654
茂　名	2985	122463	187177	2985	122463	187177	2910	118492	172489	2909	118429	172254
肇　庆	1328	2075	9202	1316	2064	9202	1295	1963	8285	1295	1269	8285
清　远	1043	1562	11039	1043	1562	11039	1040	1379	10811	1040	1379	8033
潮　州	2066	10627	44493	1614	10045	44493	1451	9106	41098	699	6151	33948
揭　阳	1222	49288	82588	1132	49250	82588	1098	48638	79750	1094	48635	79738
云　浮	593	2004	7227	593	2004	7227	573	1310	5880	573	1310	5880

11-12 续表 1

市别	机动渔船								
	生产渔船			辅助渔船					
	养殖渔船						捕捞辅助船		
	艘	总吨	千瓦	艘	总吨	千瓦	艘	总吨	千瓦
全　省	**3903**	**23556**	**121752**	**3153**	**79777**	**275838**	**2812**	**69566**	**182840**
广　州				186	4132	24372	153	3154	12062
深　圳	80	259	1879	42	757	2122	39	529	2061
珠　海	147	1819	9427	301	11000	26418	248	8958	19621
汕　头	78	927	3335	207	11189	33012	192	10045	22533
佛　山				25	285	3229	12	53	221
韶　关				5	8	426			
河　源	51			1	3	44			
梅　州				10	163	1441			
惠　州	3	1808	3845	188	4458	29446	149	3302	9907
汕　尾				73	10999	31503	70	10977	30307
东　莞				20	1130	3410	7	447	961
中　山				44	1086	6641	19	746	1208
江　门	69	2498	6475	430	5921	28055	404	5366	19308
阳　江	12	1079	1701	762	15138	39909	750	14786	34437
湛　江	2706	11451	84915	543	7008	22397	521	6125	15499
茂　名	1	63	235	75	3971	14688	69	3742	10479
肇　庆		694		21	101	917	10	27	13
清　远			2778	3	183	228		47	
潮　州	752	2955	7150	163	939	3395	127	645	2221
揭　阳	4	3	12	34	612	2838	32	598	1734
云　浮				20	694	1347	10	19	268

11-12 续表 2

市别	机动渔船					
	辅助渔船					
	渔业执法船			其它		
	艘	总吨	千瓦	艘	总吨	千瓦
全省	**223**	**5978**	**81880**	**118**	**4233**	**11118**
广州	28	892	11993	5	86	317
深圳				3	228	61
珠海	3	16	764	50	2026	6033
汕头	15	1144	10479			
佛山	13	232	3008			
韶关	5	8	426			
河源	1	3	44			
梅州	10	163	1441			
惠州	27	664	17595	12	492	1944
汕尾	3	22	1196			
东莞	9	158	1975	4	525	474
中山	25	340	5433			
江门	23	420	8293	3	135	454
阳江	12	352	5472			
湛江	17	571	6237	5	312	661
茂名	6	229	4209			
肇庆	11	74	904			
清远	3	1	228		135	
潮州				36	294	1174
揭阳	2	14	1104			
云浮	10	675	1079			

11-12 续表 3

市别	机动渔船按船长分								
	24米以上			12-24米			12米以下		
	艘	总吨	千瓦	艘	总吨	千瓦	艘	总吨	千瓦
全省	**2995**	**724108**	**1031781**	**5826**	**252599**	**531677**	**39444**	**122376**	**620190**
广州	26	7294	11071	369	8379	31498	886	2543	14469
深圳	77	20181	64922	11	577	2209	173	605	4096
珠海	97	27038	35768	66	5634	11574	1304	2239	26881
汕头	266	43992	67019	542	23647	43560	661	1812	4870
佛山				104	935	2811	1237	1974	15962
韶关							445	419	6816
河源							757	770	7269
梅州		20		3	138	756	263	599	4943
惠州	18	4671	11724	68	3841	15249	1585	4023	32043
汕尾	365	78443	140257	418	23169	44677	2855	7214	47938
东莞	49	12123	13113	97	5985	12409	108	435	2111
中山	3	609	1351	67	1764	4937	469	1457	6564
江门	253	105752	127480	640	25993	51634	2523	6876	32049
阳江	816	178190	241535	808	48870	94144	2727	10899	28734
湛江	516	134405	166414	1411	44161	96760	16607	64394	314612
茂名	357	98024	130064	279	16969	33767	2349	7472	23346
肇庆				2	34	312	1207	1864	8654
清远				16	44	89	1026	1382	10951
潮州	20	1035	5051	289	5570	20683	1305	3432	18744
揭阳	131	11911	16012	620	36639	63681	381	633	2838
云浮	1	420		16	250	927	576	1334	6300

11-12 续表 4

市别	捕捞渔船按功率分					
	441千瓦以上(600马力以上)			45-440千瓦 (61-559马力)		
	艘	总吨	千瓦	艘	总吨	千瓦
全省	**459**	**232678**	**353314**	**6439**	**642524**	**971016**
广州	4	1705	2298	239	10753	22566
深圳	53	20635	46690	55	8225	19312
珠海	16	4653	9031	107	14823	19265
汕头	6	3794	3270	374	43694	66467
佛山						
韶关						
河源					551	
梅州						
惠州				44	3340	6569
汕尾	52	24881	44133	629	63729	109731
东莞	4	1523	1984	125	15451	21025
中山				17	1132	1645
江门	95	67884	87782	435	52518	61063
阳江	69	25756	47831	1472	187645	258770
湛江	97	53170	69244	1415	106565	169003
茂名	60	27735	39683	530	82879	111432
肇庆						
清远						
潮州				293	4877	28619
揭阳	3	942	1368	704	46342	75549
云浮						

11-12 续表 5

市别	捕捞渔船按功率分			非机动渔船合计	
	44千瓦以下 (60马力以下)				
	艘	总吨	千瓦	艘	总吨
全省	**35078**	**131549**	**475182**	**927**	**7827**
广州	866	2789	10646	35	3890
深圳	57	73	1226		
珠海	896	1549	10081	8	2814
汕头	804	9847	9365	12	10
佛山	1590	2731	16352	43	210
韶关	552	589	6434	10	9
河源	705	216	7225	23	14
梅州	444	594	4471		
惠州	1436	2993	22141	1	1
汕尾	2884	9480	49470		
东莞	105	439	1214		
中山	503	1952	4566		
江门	2402	10547	28703	29	248
阳江	2039	10173	20394		
湛江	13775	63179	231407	212	
茂名	2319	7815	21139		
肇庆	1295	1269	8285	12	11
清远	1040	1379	8033		
潮州	406	1274	5329	452	582
揭阳	387	1351	2821	90	38
云浮	573	1310	5880		

11-12 续表 6

市 别	海洋渔业机动渔船								
				生产渔船					
	艘	总吨	千瓦	艘	总吨	千瓦	捕捞渔船		
							艘	总吨	千瓦
全 省	**39558**	**1077501**	**2072299**	**36555**	**1000674**	**1812854**	**32737**	**978209**	**1696153**
广 州	695	18103	52480	540	14298	31269	540	14298	31269
深 圳	249	26570	61791	207	26547	61319	127	26547	61319
珠 海	1254	33485	72922	957	22497	46542	810	20678	37115
汕 头	1426	68499	114913	1245	57310	81901	1183	56399	78814
佛 山									
韶 关									
河 源									
梅 州									
惠 州	1341	12256	58510	1158	7845	29754	1155	6037	25909
汕 尾	3638	101297	218820	3565	90605	189283	3565	90605	189283
东 莞	207	18447	27206	187	17317	23796	187	17317	23796
中 山	286	3148	10167	252	2479	4381	252	2479	4381
江 门	2673	137439	203447	2252	131584	176612	2183	129086	170137
阳 江	4354	239793	368609	3570	224655	328700	3558	223579	326998
湛 江	18505	239463	577712	17964	232058	554496	15274	220726	469723
茂 名	2812	122205	186393	2737	118234	171705	2736	118171	171470
肇 庆		38			38			38	
清 远									
潮 州	1365	9774	41727	1202	8835	38332	450	5880	31182
揭 阳	753	46984	77602	719	46372	74764	717	46369	74757
云 浮									

11-12 续表 7

市 别	海洋渔业机动渔船								
	生产渔船			辅助渔船					
	养殖渔船			艘	总吨	千瓦	捕捞辅助船		
	艘	总吨	千瓦				艘	总吨	千瓦
全 省	**3818**	**22465**	**116701**	**3003**	**76827**	**259445**	**2748**	**68538**	**171980**
广 州				155	3805	21211	134	3089	11532
深 圳	80			42	23	472	39	23	472
珠 海	147	1819	9427	297	10988	26380	244	8946	11459
汕 头	62	911	3087	181	11189	33012	166	10045	22533
佛 山									
韶 关									
河 源									
梅 州									
惠 州	3	1808	3845	183	4411	28756	149	3299	9907
汕 尾				73	10692	29537	70	10692	29537
东 莞				20	1130	3410	7	447	961
中 山				34	669	5786	18	348	1179
江 门	69	2498	6475	421	5855	26835	400	5362	19211
阳 江	12	1076	1702	784	15138	39909	772	14786	34437
湛 江	2690	11332	84773	541	7405	23216	521	6516	16318
茂 名	1	63	235	75	3971	14688	69	3742	10479
肇 庆									
清 远									
潮 州	752	2955	7150	163	939	3395	127	645	2221
揭 阳	2	3	7	34	612	2838	32	598	1734
云 浮									

11−12 续表 8

市别	海洋渔业机动渔船					
	辅助渔船					
	渔业执法船			其它		
	艘	总吨	千瓦	艘	总吨	千瓦
全 省	**139**	**4419**	**68284**	**116**	**3870**	**19181**
广 州	18	630	9362	3	86	317
深 圳				3		
珠 海	3	16	764	50	2026	14157
汕 头	15	1144	10479			
佛 山						
韶 关						
河 源						
梅 州						
惠 州	22	620	16905	12	492	1944
汕 尾	3					
东 莞	9	158	1975	4	525	474
中 山	16	321	4607			
江 门	18	358	7170	3	135	454
阳 江	12	352	5472			
湛 江	15	577	6237	5	312	661
茂 名	6	229	4209			
肇 庆						
清 远						
潮 州				36	294	1174
揭 阳	2	14	1104			
云 浮						

11−12 续表 9

市别	海洋渔业捕捞渔船按作业类型分								
	拖网			围网			刺网		
	艘	总吨	千瓦	艘	总吨	千瓦	艘	总吨	千瓦
全 省	**3186**	**397560**	**641461**	**1138**	**152760**	**206768**	**22672**	**240456**	**535986**
广 州	9	1541	2220	15	3384	3022	469	6630	21834
深 圳	3	4266	11438	11	3501	8973	58	52	1144
珠 海	51	13534	20248	18	4983	5456	644	1112	9322
汕 头	162	11197	19469	32	9334	10447	625	14683	21949
佛 山									
韶 关									
河 源									
梅 州									
惠 州	2	248	581	57	830	3384	948	3028	16476
汕 尾	626	54009	107397	187	6972	11493	2211	15062	33258
东 莞	64	13516	15251	39	2427	5804	64	933	2132
中 山	2	166	254				241	1684	3330
江 门	154	50333	58622	92	44005	54306	1786	27987	47918
阳 江	305	70331	105135	260	41931	56465	2333	56670	93632
湛 江	873	68669	127677	308	21531	28195	10968	87330	236747
茂 名	254	67867	92354	106	13169	16948	2010	18181	33552
肇 庆								38	
清 远									
潮 州	123	3642	18281	10	320	1622	173	967	5233
揭 阳	558	38241	62534	3	373	653	142	6099	9459
云 浮									

11-12 续表 10

市别	海洋渔业捕捞渔船按作业类型分								
	张网			钓业			其它		
	艘	总吨	千瓦	艘	总吨	千瓦	艘	总吨	千瓦
全 省	**184**	**2331**	**5069**	**3096**	**145703**	**235428**	**2461**	**39399**	**71441**
广 州	2	1096	1244	18	1374	2062	27	273	887
深 圳				26	13106	27465	29	5622	12299
珠 海	23	76	225	69	963	1824	5	10	40
汕 头	84	112	519	260	21049	26276	20	24	154
佛 山									
韶 关									
河 源									
梅 州									
惠 州				36	328	1212	112	1603	4256
汕 尾	20	20	414	409	13386	28735	112	1156	7986
东 莞				7	370	431	13	71	178
中 山				9	629	797			
江 门	1	2	4	111	6464	8596	39	295	691
阳 江				574	49786	66226	86	4861	5540
湛 江	42	859	2048	1154	18421	39049	1929	23916	36007
茂 名				332	17979	26684	34	975	1932
肇 庆									
清 远									
潮 州	12	166	615	80	581	4290	52	204	1141
揭 阳				11	1267	1781	3	389	330
云 浮									

11-12 续表 11

市别	海洋渔业机动渔船按船长分								
				24米以上			12-24米		
	艘	总吨	千瓦	艘	总吨	千瓦	艘	总吨	千瓦
全 省	**39558**	**1077501**	**2072299**	**2824**	**721797**	**1023897**	**5609**	**246751**	**518143**
广 州	695	18103	52480	25	7252	10202	357	9256	30634
深 圳	249	26570	61791	65	26285	59361	11	210	814
珠 海	1254	33485	72922	97	27038	35767	66	4567	11574
汕 头	1426	68499	114913	258	43556	67019	529	23247	43501
佛 山									
韶 关									
河 源									
梅 州									
惠 州	1341	12256	58510	18	4671	13436	67	3801	15897
汕 尾	3638	101297	218820	365	71742	132464	418	22667	43298
东 莞	207	18447	27206	49	12123	13113	97	5985	12409
中 山	286	3148	10167	4	609	1351	54	1636	4726
江 门	2673	137439	203447	253	105752	127480	596	25869	50441
阳 江	4354	239793	368609	816	179694	246163	805	49183	92637
湛 江	18505	239463	577712	366	132105	166414	1446	42784	96760
茂 名	2812	122205	186393	357	98024	130064	279	16967	33767
肇 庆		38							
清 远									
潮 州	1365	9774	41727	20	1035	5051	288	5564	20668
揭 阳	753	46984	77602	131	11911	16012	596	35015	61017
云 浮									

11-12 续表 12

市别	海洋渔业机动渔船按船长分			海洋渔业捕捞渔船按功率分					
	12米以下						441千瓦以上(600马力以上)		
	艘	总吨	千瓦	艘	总吨	千瓦	艘	总吨	千瓦
全　省	**31125**	**108953**	**530259**	**32737**	**978209**	**1696153**	**437**	**229935**	**345928**
广　州	313	1595	11644	540	14298	31269	4	1705	2298
深　圳	173	75	1616	127	26547	61319	32	18631	41830
珠　海	1091	1880	25581	810	20678	37115	15	4653	9031
汕　头	639	1696	4393	1183	56399	78814	6	3794	3270
佛　山									
韶　关									
河　源									
梅　州									
惠　州	1256	3784	29177	1155	6037	25909			
汕　尾	2855	6888	43058	3565	90605	189283	52	24140	43149
东　莞	61	339	1684	187	17317	23796	4	1523	1984
中　山	228	903	4090	252	2479	4381			
江　门	1824	5818	25526	2183	129086	170137	95	67884	87782
阳　江	2733	10916	29809	3558	223579	326998	69	25758	46289
湛　江	16693	64574	314538	15274	220726	469723	97	53170	69244
茂　名	2176	7214	22562	2736	118171	171470	60	27735	39683
肇　庆		38			38				
清　远									
潮　州	1057	3175	16008	450	5880	31182			
揭　阳	26	58	573	717	46369	74757	3	942	1368
云　浮									

11-12 续表 13

市别	海洋渔业捕捞渔船按功率分						非机动渔船合计	
	45-440千瓦（61-559马力）			44千瓦以下　(60马力以下)				
	艘	总吨	千瓦	艘	总吨	千瓦	艘	总吨
全　省	**6377**	**632867**	**948682**	**25923**	**115407**	**401543**	**650**	**3814**
广　州	239	10753	22566	297	1840	6405		
深　圳	38	7864	18345	57	52	1144		
珠　海	86	14818	19186	709	1207	8898	8	2814
汕　头	373	42818	66179	804	9787	9365		
佛　山								
韶　关								
河　源								
梅　州								
惠　州	44	3340	6569	1111	2697	19340		
汕　尾	629	57325	101573	2884	9140	44561		
东　莞	125	15451	21025	58	343	787		
中　山	17	1132	1645	235	1347	2736		
江　门	435	52518	61063	1653	8684	21292		
阳　江	1470	187651	259839	2019	10170	20870		
湛　江	1418	106725	157813	13759	60831	242666	212	411
茂　名	530	82879	111432	2146	7557	20355		
肇　庆					38			
清　远								
潮　州	293	4877	28619	157	1003	2563	416	582
揭　阳	680	44716	72828	34	711	561	14	7
云　浮								

11-13 各市渔业人口与从业人员

(2022年)

市别	渔业乡(个)	海洋渔业	渔业村(个)	海洋渔业	渔业户(个)	海洋渔业	渔业人口(人)	海洋渔业
全省	**79**	**69**	**1035**	**620**	**513725**	**207959**	**1961879**	**902700**
广州			12	9	10304	3698	32893	9283
深圳							567	
珠海	3	3	81	8	36948	833	47694	2553
汕头	7	7	43	39	25516	18415	109728	55415
佛山			39		42334		165947	
韶关			3		15677		83624	
河源			16		5752		25001	
梅州					36859		90389	
惠州	3	3	25	21	13787	6357	62305	32128
汕尾	24	22	207	100	36435	34951	223426	169460
东莞	1		21	1	4545		15536	
中山	6	1	69	4	6089	74	18787	250
江门		3	54	38	40282	8267	104999	21105
阳江	4	4	67	78	22476	19328	89086	99829
湛江	12	12	212	202	84453	71329	319258	287117
茂名	9	9	62	59	37539	13293	192683	81558
肇庆	5		12		17426		56299	
清远			11		4708		14752	
潮州	3	3	67	38	22508	15095	94399	69677
揭阳	2	2	31	23	44415	16319	190434	74325
云浮			3		5672		24072	

11-13 续表 1

(2022年)

市别			渔业人口与从业人员(人)				
	传统渔民	海洋渔业	渔业从业人员	专业从业人员	女性	兼业从业人员	女性
全省	**801143**	**575128**	**1058875**	**709159**	**105116**	**295775**	**54861**
广州	8036	7164	25879	19260	3935	5528	3344
深圳			26	26			
珠海	15970	2399	35165	29264	5526	5158	3410
汕头	60965	33417	54864	37214	2947	13786	2129
佛山	78964		93393	81773	17521	10466	1494
韶关	12726		53705	27062	4375	23333	4127
河源	736		15731	12670	568	2842	540
梅州	30256		47290	29016	7512	15954	2316
惠州	15544	25497	41074	22890	4139	12907	3495
汕尾	133500	137901	54610	41386	4928	10259	1793
东莞	6118		4068	2211	350	1543	246
中山	4839	227	14955	10493	2707	2828	615
江门	23798	11718	84194	57462	12469	22507	5602
阳江	67389	69257	66715	52744	5822	10426	4382
湛江	181864	166360	156704	119183	15123	29160	5349
茂名	60333	48998	131671	69523	1732	56703	2751
肇庆	4635		36465	27965	7205	6237	4420
清远	580		11970	6684	460	4975	633
潮州	10756	12569	26409	15534	1252	8729	974
揭阳	79828	59621	89441	37367	3331	49245	5969
云浮	4306		14546	9432	2214	3189	1272

11-13 续表 2

(2022年)

市别	渔业人口与从业人员(人)					海洋渔业人口与从业人员(人)		
			专业从业人员中					
	临时从业人员	女性	捕捞	养殖	其它	海洋渔业从业人员	专业从业人员	女性
全省	**53941**	**17178**	**211387**	**431156**	**66616**	**430872**	**320694**	**35726**
广州	1091	220	3015	16110	135	4558	3727	1804
深圳			26			101	101	16
珠海	743	293	2901	18438	7925	6331	4551	766
汕头	3864	737	17543	16256	3415	31586	25135	1193
佛山	1154	182	3617	75693	2463			
韶关	3310	1133	1427	18993	6642			
河源	219	219	1523	8004	3143			
梅州	2320	2607	1197	27224	595			
惠州	5277	919	5591	15603	1696	22164	12161	2649
汕尾	2965	599	27459	10940	2987	50776	41084	4602
东莞	314	13	765	1382	64	1396	668	283
中山	1634	307	1428	8792	273	508	508	144
江门	4225	1159	13723	38805	4934	21037	19705	1943
阳江	3545	3238	28845	17896	6003	54649	44179	5653
湛江	8361	2118	60714	52610	5859	128944	102742	12046
茂名	5445	556	21804	39895	7824	40022	30022	405
肇庆	2263	1390	1616	26004	345			
清远	311	125	1401	5255	28			
潮州	2146	378	5098	10313	123	20195	12090	1044
揭阳	2829		10605	14600	12162	48605	24021	3178
云浮	1925	985	1089	8343				

11-13 续表 3

(2022年)

市别	海洋渔业人口与从业人员(人)						
					专业从业人员中		
	兼业从业人员	女性	临时从业人员	女性	捕捞	养殖	其它
全省	**86047**	**18896**	**24131**	**6328**	**177444**	**108608**	**34642**
广州	723	429	108	70	2166	1440	121
深圳					101		
珠海	1277	401	503	157	2739	1726	86
汕头	5245	851	1206	400	16476	5721	2938
佛山							
韶关							
河源							
梅州							
惠州	5509	1499	4494	799	4869	5603	1689
汕尾	6930	1151	2762	465	28679	9588	2817
东莞	588		140		668		
中山					456		52
江门	824	507	508	475	11392	8019	294
阳江	8249	3900	2221	1744	22439	16285	5455
湛江	19696	4779	6506	1583	54983	42944	4815
茂名	5804	256	4196	494	18637	7087	4298
肇庆							
清远							
潮州	6618	772	1487	141	4720	7370	
揭阳	24584	4351			9119	2825	12077
云浮							

11-14 渔业灾情

(2022年)

市 别	受灾养殖面积(公顷)	台风、洪涝	病害	干旱	污染	其它
全 省	**15492**	**7961**	**5188**	**856**	**200**	**1287**
广 州	417	64	351			2
深 圳						
珠 海	1	1				
汕 头	79	8	30		10	31
佛 山	111	105	6			
韶 关	2216	2101	57	58		
河 源	161	160	1			
梅 州	2455	353	1256	750	2	94
惠 州	21	21				
汕 尾						
东 莞						
中 山	151	104	39			8
江 门	164	164				
阳 江	1345	1337	8			
湛 江	3364	254	2605	38	182	285
茂 名	65	65				
肇 庆	1574	86	632			856
清 远	3100	3093	3			3
潮 州	40	6	32			2
揭 阳						
云 浮	230	40	168	10	6	6

11-14 续表 1

(2022年)

市 别	水产品损失(吨)	台风、洪涝	病害	干旱	污染	其它
全 省	**67862**	**34616**	**21881**	**1865**	**198**	**9302**
广 州	2658	277	2379			2
深 圳						
珠 海	5	5				
汕 头	115		87		21	7
佛 山	759	750	9			
韶 关	7694	7672	20	2		
河 源	380	379	1			
梅 州	4203	576	1985	1500	26	116
惠 州	98	98				
汕 尾						
东 莞						
中 山	126	61	65			
江 门	470	470				
阳 江	4503	4293	210			
湛 江	16793	1273	14559	286	127	548
茂 名	870	870				
肇 庆	9787	859	354			8574
清 远	16925	16908	8			9
潮 州	2046	20	2011			15
揭 阳						
云 浮	430	105	193	77	24	31

11-14 续表 2

(2022年)

市 别	损毁渔业设施(台风、洪涝)					
	池塘(公顷)	网箱(箱)	围栏(千米)	沉船(艘)	船损(艘)	堤坝(米)
全 省	**1316.36**	**231**		**2**	**16**	**26649**
广 州						
深 圳						
珠 海	1					
汕 头						
佛 山						
韶 关	431.2			2	16	100
河 源	136					
梅 州	46					14
惠 州						
汕 尾						
东 莞						
中 山						
江 门	34.66					
阳 江		21				
湛 江	86	41				9
茂 名						
肇 庆						
清 远	560					26501
潮 州	18	169				25
揭 阳						
云 浮	3.5					

11-14 续表 3

(2022年)

市 别	损毁渔业设施(台风、洪涝)						
	泵站(座)	涵闸(座)	码头(米)	护岸(米)	防波堤(米)	工厂化养殖(座)	苗种繁育场(个)
全 省		**10**					**1**
广 州							
深 圳							
珠 海							
汕 头							
佛 山							
韶 关		10					1
河 源							
梅 州							
惠 州							
汕 尾							
东 莞							
中 山							
江 门							
阳 江							
湛 江							
茂 名							
肇 庆							
清 远							
潮 州							
揭 阳							
云 浮							

11-14 续表 4

(2022年)

市别	人员损失(台风、洪涝)(人)	失踪	死亡	重伤	直接经济损失合计(万元)
全省					**92691**
广州					3239
深圳					
珠海					
汕头					261
佛山					2011
韶关					9864
河源					484
梅州					3983
惠州					130
汕尾					
东莞					
中山					91
江门					2022
阳江					8878
湛江					20780
茂名					6960
肇庆					3372
清远					30039
潮州					55
揭阳					
云浮					523

11-14 续表 5

(2022年)

市别	水产品损失(万元)	台风、洪涝	病害	干旱	污染	其它
全省	**85736**	**57787**	**22207**	**1878**	**325**	**3539**
广州	3239	358	2879			2
深圳						
珠海						
汕头	261		202		29	30
佛山	2011	2000	11			
韶关	9743	9712	19	12		
河源	24	23	1			
梅州	3802	728	1616	1300	29	129
惠州	130	130				
汕尾						
东莞						
中山	91	91				
江门	2022	2022				
阳江	8518	7994	524			
湛江	20064	2503	16485	490	243	343
茂名	6960	6960				
肇庆	3331	110	236			2985
清远	24998	24969	15			14
潮州	35	32				3
揭阳						
云浮	509	157	219	76	24	33

11-14 续表 6

(2022年)

市 别	损毁渔业设施(台风、洪涝)(万元)	池塘	网箱	围栏	沉船	船损	堤坝
全 省	**6955**	**1532**	**768**			**2**	**1115**
广 州							
深 圳							
珠 海							
汕 头							
佛 山							
韶 关	121	73					16
河 源	460		460				
梅 州	182	180				2	
惠 州							
汕 尾							
东 莞							
中 山							
江 门							
阳 江	360		210				
湛 江	716	568	98				20
茂 名							
肇 庆	41	41					
清 远	5041	644					1071
潮 州	20	18					2
揭 阳							
云 浮	14	8					6

11-14 续表 7

(2022年)

市 别	损毁渔业设施(台风、洪涝)(万元)							
	泵站	涵闸	码头	护岸	防波堤	工厂化养殖	苗种繁育场	其它
全 省		**9**					**3**	**3526**
广 州								
深 圳								
珠 海								
汕 头								
佛 山								
韶 关		9					3	20
河 源								
梅 州								
惠 州								
汕 尾								
东 莞								
中 山								
江 门								
阳 江								150
湛 江								30
茂 名								
肇 庆								
清 远								3326
潮 州								
揭 阳								
云 浮								

11－15　渔业经济总产值

(2022年)　　　　单位：万元

市　别	合　计	一、渔业(水产品)	海洋捕捞	海水养殖	淡水捕捞
全　省	**42260215.64**	**18982350.61**	**3047655.63**	**6927380.35**	**122855.57**
广　州	5458034.02	1295395.10	105152.85	470686.58	31621.69
深　圳	352676.66	268565.10	173126.18	84084.23	
珠　海	2712153.74	917619.11	17544.18	360108.90	1369.52
汕　头	2215476.06	797887.31	250289.14	376896.43	3491.14
佛　山	5078028.67	1854053.50	762065.09	1049237.44	7620.06
韶　关	228525.46	142291.78			4938.11
河　源	113356.30	71027.70			4063.90
梅　州	356171.21	134308.27			8348.12
惠　州	1019359.18	579432.17	57310.05	212093.41	635.93
汕　尾	2423630.40	1291168.30	544107.52	692108.58	1818.58
东　莞	351022.31	112393.49	14266.14		1540.95
中　山	1922653.78	893478.48	1246.06		1135.45
江　门	5073749.61	2517083.36			15124.48
阳　江	3176551.73	1941363.90	184683.05	503674.37	21204.11
湛　江	4858349.00	2744357.68	549497.25	1995450.28	6096.87
茂　名	3137281.29	1335206.37	250642.84	734376.08	858.86
肇　庆	1634898.33	948136.63			2623.47
清　远	326236.38	224061.77			2737.70
潮　州	779106.57	461630.85	58525.72	342840.59	5464.12
揭　阳	645784.26	306635.69	79199.53	105823.48	1496.42
云　浮	397170.67	146254.06			666.05

11－15　续表 1

(2022年)　　　　单位：万元

市　别	淡水养殖	水产苗种	二、渔业工业和建筑业	水产品加工	渔业机具制造
全　省	**8884459.06**	**835916.39**	**7346675.42**	**3629956.76**	**115220.32**
广　州	687933.97	111388.00	1124046.07	32352.95	
深　圳	11354.68		21125.26	21125.26	
珠　海	538596.51	24000.00	836862.33	443621.08	3636.67
汕　头	167210.60	2085.25	474787.07	464374.62	7548.81
佛　山	122441.30	176768.00	254421.39	167243.21	
韶　关	137353.67	3572.65			
河　源	66963.80	3174.00	122.46		122.46
梅　州	125960.15	14770.80	22042.74	3301.64	163.99
惠　州	309392.79	16332.00	21805.96	12002.28	912.30
汕　尾	53133.61	3200.00	306801.38	287636.85	16238.28
东　莞	96586.40	1862.00	14610.86	363.04	2894.94
中　山	891096.97	39757.40	280964.40	52736.47	
江　门	1838929.02	51496.70	746443.09	249515.93	9985.21
阳　江	1807521.82	76848.43	573937.78	495528.63	10143.25
湛　江	193313.28	105494.95	1779043.24	636281.02	22519.40
茂　名	349328.60	27756.00	624991.62	567072.41	27301.66
肇　庆	945513.16	65589.60	92896.38	80761.09	369.30
清　远	221324.07	19642.37			
潮　州	54800.42	24008.00	41655.88	40000.29	339.57
揭　阳	120116.26	62939.14	86795.09	40635.61	11942.81
云　浮	145588.01	5231.10	43322.43	35404.37	1101.64

11−15 续表 2

(2022年) 单位：万元

市别	渔船渔机修造	渔用绳网制造	渔用饲料	渔用药物	建筑	其它
全省	**67565.20**	**25135.13**	**3464308.35**	**16086.79**	**84315.61**	**36787.59**
广州			1091693.13			
深圳						
珠海	1855.89	219.08	380254.69	931.08	8418.81	
汕头	1975.70	1027.38	2206.42			657.23
佛山			85112.60	2065.58		
韶关						
河源						
梅州	98.35	65.64	14293.18	2928.07	201.08	1154.77
惠州	749.56	120.49	284.80		8606.59	
汕尾	8814.71	6412.69			109.54	2816.70
东莞	2894.94		11008.61	31.30		312.97
中山			216812.46	4954.26	3024.82	3436.38
江门	7260.83	1076.61	482920.33	1369.23	2605.45	46.95
阳江	7324.99	2345.69	60327.48		2993.53	4944.88
湛江	13382.18	5002.77	1079917.03	2614.87	37152.29	558.63
茂名	19840.53	5766.41	20514.98		7285.87	2816.70
肇庆	51.64	283.23	9758.31	206.56	1096.95	704.18
清远						
潮州	176.83	162.74	1314.46	1.56		
揭阳	2267.44	2484.96	4236.01	721.39	9921.05	19338.22
云浮	871.61	167.44	3653.89	262.89	2899.64	

11−15 续表 3

(2022年) 单位：万元

市别	三、渔业流通和服务业	水产流通	水产(仓储)运输	休闲渔业	其它
全省	**16767105.52**	**5323689.46**	**110879.68**	**1233959.00**	**10098577.38**
广州	2048735.14	930762.00		30590.34	1087382.80
深圳	46854.22			41148.37	5705.85
珠海	558048.81	130393.67	217.47	77947.12	349490.56
汕头	843110.92	314545.91	1567.67	9788.91	517208.43
佛山	2940315.59	1366792.47	1066.68	52198.78	1520257.67
韶关	74312.54	1997.01		16212.53	56103.00
河源	32466.87	1143.50	13.05	868.42	30441.90
梅州	166266.26	63018.19	368.69	86358.79	16520.59
惠州	243660.30	57027.66	1223.26	60219.26	125190.12
汕尾	825821.74	95998.97	27434.64	265401.77	436986.37
东莞	221911.22	101688.15	65.24	106979.32	13178.50
中山	662186.23	135808.61	28701.39	65725.52	431950.70
江门	1265147.06	121943.96	11090.86	12638.18	1119474.06
阳江	1038778.23	73904.71	1736.48	101591.03	861546.00
湛江	3445359.74	1492658.12	17387.21	71000.01	1864314.40
茂名	1066517.11	326889.92	4422.21	60021.16	675183.81
肇庆	504809.68	9280.44	1924.59	25733.12	467871.54
清远	110882.81			2622.03	108260.78
潮州	257292.86	13466.69	856.82		242969.34
揭阳	201764.55	7923.44	4985.45	33037.56	155818.10
云浮	212863.65	78446.06	7817.97	113876.79	12722.84

十二、农产品进出口贸易

12-1 农副产品出口分类值

单位：万美元

类别	1995	2000	2005	2010
活动物	21117.00	15908.00	9885.00	17534.00
肉及食用杂碎	5517.00	8104.00	12798.00	28007.00
鱼、甲壳动物、软体动物及其他水生无脊椎动物	54464.00	25862.00	53585.00	102449.00
乳品；蛋品；天然蜂蜜；其他食用动物产品	2526.00	3660.00	3660.00	102449.00
其他动物产品	8687.00	5100.00	3264.00	3866.00
活树及其他活植物；鳞茎、根及类似品；插花及装饰用簇叶	885.00	785.00	2638.00	2734.00
食用蔬菜、根及块茎	25156.00	11284.00	19896.00	29140.00
食用水果及坚果；甜瓜或柑橘属水果的果皮	13460.00	5406.00	11819.00	17832.00
咖啡、茶、马黛茶及调味香料	7842.00	6569.00	9460.00	12298.00
谷物	491.00	522.00	9.00	80.00
制粉工业产品；麦芽；淀粉；菊粉；面筋	1571.00	3443.00	4528.00	10218.00
含油子仁及果实；杂项子仁及果仁；工业用或药用植物；稻草、秸秆及饲料	24958.00	9852.00	11014.00	13086.00
虫胶；树胶、树脂及其他植物液、汁	1034.00	841.00	1439.00	2732.00
编结植物材料、其他植物产品	2400.00	1608.00	1895.00	2301.00
动、植物或微生物油、脂及其分解产品；精制的食用油脂；动、植物蜡	28350.00	6515.00	4372.00	8684.00

12-1 续表

单位：万美元

类别	2019	2020	2021	2022
活动物	22362.95	30793.24	25659.42	25232.20
肉及食用杂碎	48685.19	42433.51	51191.05	57635.95
鱼、甲壳动物、软体动物及其他水生无脊椎动物	101413.37	111639.44	126835.64	121433.84
乳品；蛋品；天然蜂蜜；其他食用动物产品	7339.02	7418.09	8568.05	9965.34
其他动物产品	8102.29	5715.46	5256.83	5186.31
活树及其他活植物；鳞茎、根及类似品；插花及装饰用簇叶	7545.90	7784.14	11031.78	12271.32
食用蔬菜、根及块茎	32967.64	38204.62	37488.33	65236.51
食用水果及坚果；甜瓜或柑橘属水果的果皮	26565.02	25438.27	36690.13	59157.37
咖啡、茶、马黛茶及调味香料	25873.17	24320.72	21394.57	20328.69
谷物	23.23	3.13	9.77	10.72
制粉工业产品；麦芽；淀粉；菊粉；面筋	11046.97	10467.40	13186.89	20758.04
含油子仁及果实；杂项子仁及果仁；工业用或药用植物；稻草、秸秆及饲料	15066.03	15694.19	16214.26	23466.24
虫胶；树胶、树脂及其他植物液、汁	5658.43	5208.66	7092.41	8856.56
编结植物材料、其他植物产品	4870.00	5788.12	5595.19	5111.37
动、植物或微生物油、脂及其分解产品；精制的食用油脂；动、植物蜡	29010.59	30047.27	33509.54	33361.12

注：本表资料按海关统计口径整理。

12-2 农副产品及其加工品海关进出口情况

单位：万美元

类　　别	2019		2020	
	出口	进口	出口	进口
一、活动物、动物产品	**187903**	**587905**	**198000**	**802914**
1.活动物	22363	957	30793	183
2.肉及食用杂碎	48685	290777	42434	527740
3.鱼、甲壳动物、软体动物及其他水生无脊椎动物	101413	203225	111639	173959
4.乳品；蛋品；天然蜂蜜；其他食用动物产品	7339	84362	7418	92716
5.其他动物产品	8102	8584	5715	8316
二、植物产品	**129616**	**741915**	**132909**	**850037**
1.活树及其他活植物；鳞茎、根及类似品；插花及装饰用簇叶	7546	4099	7784	5727
2.食用蔬菜、根及块茎	32968	8808	38205	17191
3.食用水果及坚果；甜瓜或柑橘属水果的果皮	26565	423575	25438	459098
4.咖啡、茶、马黛茶及调味香料	25873	9608	24321	14008
5.谷物	23	112722	3	155951
6.制粉工业产品；麦芽；淀粉；菊粉；面筋	11047	16371	10467	13680
7.含油子仁及果实；杂项子仁及果仁；工业用或药用植物；稻草、秸秆及饲料	15066	157693	15694	177135
8.虫胶；树胶、树脂及其他植物液、汁	5658	5068	5209	4518
9.编结用植物材料；其他植物产品	4870	3971	5788	2730
三、动、植物油脂及蜡	**29011**	**101266**	**30047**	**87669**
动、植物油、脂及其分解产品；精制的食用油脂；动、植物蜡	29011	101266	30047	87669
四、食品、烟草及制品	**627718**	**688256**	**557410**	**672149**
1.肉、鱼、甲壳动物、软体动物及其他水生无脊椎动物的制品	213860	4616	187251	5122
2.糖及糖食	68204	33442	58606	51862
3.可可及可可制品	14314	14623	11739	13419
4.谷物、粮食粉、淀粉或乳的制品；糕饼点心	96061	279378	71831	269888
5.蔬菜、水果、坚果或植物其他部分的制品	53110	37619	38294	32640
6.杂项食品	61953	103928	69735	120364
7.饮料、酒及醋	92605	134351	88277	106773
8.食品工业的残渣及废料；配制的动物饲料	18584	58383	22808	57607
9.烟草、烟草及烟草代用品的制品；非经燃烧吸用的产品，不论是否含有尼古丁；其他供人体摄入尼古丁的含尼古丁的产品	9027	21916	8868	14475
五、其他	**895568**	**804186**	**735818**	**775033**
1.木及木制品；木炭	154242	274509	136903	237671
2.软木及软木制品	246	231	227	207
3.稻草、秸秆、针茅或其他编结材料制品；篮筐及柳条编结品	26034	276	23222	241
4.木浆及其他纤维状纤维素浆；回收(废碎)纸及纸板	566	243595	543	228245
5.纸及纸板；纸浆、纸或纸板制品	523239	144731	438822	201846
6.蚕丝	17639	1485	4995	728
7.羊毛、动物细毛或粗毛；马毛纱线及其机织物	11157	13952	4713	10501
8.棉花	162446	125406	126393	95593

12-2 续表

单位：万美元

类别	2021		2022	
	出口	进口	出口	进口
一、活动物、动物产品	**217511**	**950886**	**219454**	**1000782**
1.活动物	25659	279	25232	2335
2.肉及食用杂碎	51191	613706	57636	574116
3.鱼、甲壳动物、软体动物及其他水生无脊椎动物	126836	214674	121434	295012
4.乳品；蛋品；天然蜂蜜；其他食用动物产品	8568	108925	9965	108674
5.其他动物产品	5257	13301	5186	20646
二、植物产品	**148703**	**1043863**	**215197**	**1252591**
1.活树及其他活植物；鳞茎、根及类似品；插花及装饰用簇叶	11032	4269	12271	3664
2.食用蔬菜、根及块茎	37488	10512	65237	29472
3.食用水果及坚果；甜瓜或柑橘属水果的果皮	36690	528986	59157	612098
4.咖啡、茶、马黛茶及调味香料	21395	31865	20329	26399
5.谷物	10	264612	11	264990
6.制粉工业产品；麦芽；淀粉；菊粉；面筋	13187	19599	20758	19492
7.含油子仁及果实；杂项子仁及果仁；工业用或药用植物；稻草、秸秆及饲料	16214	176133	23466	287257
8.虫胶；树胶、树脂及其他植物液、汁	7092	5327	8857	5504
9.编结用植物材料；其他植物产品	5595	2560	5111	3715
三、动、植物油脂及蜡	**33510**	**134400**	**33361**	**152878**
动、植物油、脂及其分解产品；精制的食用油脂；动、植物蜡	33510	134400	33361	152878
四、食品、烟草及制品	**647066**	**761839**	**1247145**	**779782**
1.肉、鱼、甲壳动物、软体动物及其他水生无脊椎动物的制品	238175	7100	194184	7968
2.糖及糖食	68429	65288	85709	68815
3.可可及可可制品	13689	18466	13432	16129
4.谷物、粮食粉、淀粉或乳的制品；糕饼点心	87512	243025	83295	238644
5.蔬菜、水果、坚果或植物其他部分的制品	32555	49948	30369	51685
6.杂项食品	76493	132851	82508	159091
7.饮料、酒及醋	95850	150419	104599	134965
8.食品工业的残渣及废料；配制的动物饲料	26880	80005	27172	84372
9.烟草、烟草及烟草代用品的制品；非经燃烧吸用的产品，不论是否含有尼古丁；其他供人体摄入尼古丁的含尼古丁的产品	7483	14737	625878	18112
五、其他	**876230**	**826389**	**1030650**	**725026**
1.木及木制品；木炭	169164	242953	170756	215215
2.软木及软木制品	254	325	228	267
3.稻草、秸秆、针茅或其他编结材料制品；篮筐及柳条编结品	24407	326	18490	269
4.木浆及其他纤维状纤维素浆；回收(废碎)纸及纸板	805	212145	1107	284150
5.纸及纸板；纸浆、纸或纸板制品	537387	237579	685948	146493
6.蚕丝	6542	896	8626	596
7.羊毛、动物细毛或粗毛；马毛纱线及其机织物	4136	12829	3711	7703
8.棉花	133534	119336	141785	70332

12-3 主要农副产品外贸出口情况

项　　目	单位	2021年			2022年		
		数量	万元人民币	万美元	数量	万元人民币	万美元
农产品			6846250.31	1059761.98		11579138.16	1729838.70
肉类(包含杂碎)	千吨	131.34	331306.93	51291.64	136.76	385722.48	57814.57
水产品	千吨	609.23	2184198.81	338087.52	512.26	1915574.20	287234.08
蔬菜及食用菌	千吨	506.57	281059.69	43505.07	618.36	463441.34	69278.16
鲜或冷藏蔬菜	千吨	462.47	205390.86	31791.75	583.28	390512.40	58346.98
干鲜瓜果及坚果	千吨	218.47	235573.29	36505.13	375.75	399550.95	58907.04
苹果	千吨	13.11	11103.57	1719.86	17.89	15425.85	2315.07
茶叶	千吨	5.23	42276.74	6541.70	4.25	46542.06	6954.33
粮食	千吨	101.94	35811.90	5544.13	106.74	43731.39	6517.94
罐头	千吨	52.25	61344.20	9497.03	37.93	49619.17	7405.94
蔬菜罐头	千吨	46.18	48354.66	7485.71	31.51	35777.81	5312.80
酒类及饮料			614563.25	95206.02		701607.84	104703.38
果蔬汁	千吨	2.36	2474.23	382.51	3.52	6387.17	942.82
啤酒			56339.54	8720.92		73931.30	11045.18
烟草及其制品	千吨	11.82	48390.51	7482.75	6.78	29389.70	4471.75
烤烟	千吨	9.03	10540.98	1630.27	3.81	5730.03	856.35
卷烟	千吨	1.23	25490.10	3941.00	0.69	13117.54	1997.37
医药材及药品	千吨	103.21	2061195.46	319052.25	105.36	1617183.99	243301.67
中药材	千吨	13.83	83380.20	12891.62	25.69	134880.03	20045.98
中式成药	千吨	1.08	23950.12	3705.26	1.41	31695.55	4758.02
人用疫苗	千吨	0.06	111660.97	17416.97	0.02	2704.82	401.12
抗菌素(制剂除外)	千吨	13.50	349068.36	54005.49	9.61	328468.58	49330.60
医用敷料	千吨	26.62	270105.24	41719.33	31.72	268729.83	40664.82
皮革、毛皮及其制品			986830.40	152734.30		1125113.31	168707.37
裘皮服装	千吨	0.09	10707.67	1658.68	0.06	9894.08	1462.58
木及其制品	千吨	951.90	1091023.56	168817.33	818.65	1134792.47	170450.71
家用或装饰用木制品	千吨	100.10	323439.79	50048.57	82.67	308706.57	46487.81
胶合板及类似多层板	千吨	273.96	139615.61	21617.10	281.06	162020.03	24381.59
植物材料编结品	千吨	55.87	157836.36	24407.03	41.03	122386.18	18490.03
纸浆、纸及其制品	千吨	1733.84	3478784.64	538191.86	2143.25	4586936.02	687039.64

12-4 农、林、牧、渔利用外资情况

年 份	企业个数(个)	合同外资金额(万美元)	实际使用外资金额(万美元)	年 份	企业个数(个)	合同外资金额(万美元)	实际使用外资金额(万美元)
1979	50	1997	514	2000	94	10600	14451
1980	59	5120	3471	2001	104	22655	17937
1981	45	5593	610	2005	166	23113	7720
1982	79	4217	946	2006	192	28609	11539
1983	48	2661	1198	2007	336	48282	18295
1984	250	8806	814	2008	211	39901	20832
1985	168	7901	2464	2009	95	28735	23922
1986	69	8681	6537	2010	84	27770	14327
1987	88	8590	4544	2011	118	73110	15871
1988	131	14668	8318	2012	127	66417	15264
1989	66	5156	6062	2013	121	53841	15143
1990	76	4128	3785	2014	150	76376	16888
1991	97	8372	2290	2015	74	64924	7880
1992	248	30462	4475	2016	78	88783	11135
1993	494	46597	6746	2017	254	74432	7363
1994	257	37439	9889	2018	290	123601	22212
1995	206	33419	10654	2019	70	87693	18659
1996	149	30464	16365	2020	67	141120	2579
1997	116	19766	19358	2021	92	338178	6809
1998	121	11212	17243	2022	84	37155	174459
1999	104	20232	20983				

注：2018年以后外商直接投资使用商务部反馈人民币数据，计量单位为“万元”。

12-5 各市农、林、牧、渔利用外资情况

市别	2022年企业个数（个）	2022年合同外资金额（万美元）	实际使用外资金额（万美元）							
			2000	2005	2010	2015	2019	2020	2021	2022
合计	**84**	**37155**	**14451**	**7720**	**14327**	**7880**	**18659**	**2579**	**6809**	**174459**
广州	10	1694	2219	222	373	232		226	423	77
深圳	12	9658	145	146						167984
珠海	13	24501	545	560	189	37				
汕头			142		18		118	36		10
佛山	4	558	687	118	60	37	340	50	100	
韶关	1	324	1142	187	2105	204	1683		754	2880
河源		-262	911	1120	519	1531	583	265		17
梅州	3	-896	1196	334	689	1199	43	297	3431	803
惠州	6	12370	2388	1516	1975	45	262	640	30	735
汕尾	3	865	94	528	242	94	342	126		
东莞	4	177		314	62	38	89		67	169
中山	5	840	22	149			9000	206		7
江门	15	2972	713	334	245	237	1989	363	354	274
阳江	1	225	184	230	2933	131			1250	249
湛江	2	55	392	187	26	130	3000			
茂名			261	220	126	82	116			
肇庆	3	2145	1746	944	3695	3700		27	400	1254
清远	1	60	543	344	419	13	547	143		
潮州			289	104	85	106				
揭阳		-18231	576	72	511					
云浮	1	100		91	55	64	547	200		
省直			256							

注：2018年以后外商直接投资使用商务部反馈人民币数据，计量单位为“万元”。

十三、农村经济收入分配与效益

13-1 农村集体经济基本情况

(2022年) 单位：个、万元

项目	数量	项目	数量
农村集体经济组织和生产要素情况		(2)外出务工劳动力(万人)	1633.55
1.汇总镇级经济联合总社数		其中：常年外出务工劳动(万人)	1296.75
2.汇总村级经济联合社数(个)	21936	①乡外县内(万人)	511.21
3.汇总组级经济合作社数(个)	222796	②县外省内(万人)	681.09
4.汇总农户数(万户)	1504.74	③省外(万人)	104.45
5.汇总人口数(万人)	6724.66	7.村组集体资产总额(万元)	99691002.77
6.汇总劳动力(万人)	3774.03	(1)村级集体资产(万元)	64954005.92
其中:(1)从事家庭经营(万人)	1709.66	(2)组级集体资产(万元)	34736996.85
其中:从事第一产业(万人)	1006.48		

13-2 村组集体经济组织资产负债情况

(2022年) 单位：万元

项目	金额	项目	金额
一、流动资产合计	**50980643.69**	**一、流动负债合计**	**27184941.54**
1.货币资金	39308030.36	1.短期借款	855435.08
2.短期投资	1857672.28	2.应付款项	25491576.12
3.应收款项	9283498.91	3.应付工资	273880.90
4.存货	531442.13	4.应付福利费	564049.43
二、农业资产合计	**274764.42**	**二、长期负债合计**	**9326642.00**
1.牲畜(禽)资产	3392.16	1.长期借款及应付款	2522914.46
2.林木资产	271372.26	2.一事一议资金	65700.99
三、长期资产合计	**48435594.67**	3.专项应付款	6738026.55
1.长期投资	6112305.59	**三、所有者权益合计**	**63179419.24**
其中：长期股权投资	4514220.84	1.实收资本金	12781921.09
2.固定资产合计	39338611.05	2.公积公益金	46420537.56
其中：(1)固定资产原值	44604949.94	3.未分配收益	3976960.59
(2)减：累计折旧	12546536.49	**四、负债及所有者权益合计**	**99691002.77**
(3)固定资产净值	32058413.45	**五、附报：**	
(4)固定资产清理	129688.88	1.经营性资产总额	63321275.50
(5)在建工程	7150508.72	2.负债合计	36511583.53
3.其他资产	2984678.02	其中：(1)经营性负债	12414299.91
四、资产总计	**99691002.77**	(2)兴办公益事业负债	2357202.99

13-3　村组集体经济组织收益分配情况

(2022年)　　　　单位：万元

项　　目	金　额	项　　目	金　额
一、总收入	**14196870.94**	**六、可分配收益**	**12468383.14**
1.经营收入	7523702.16	**七、各项分配**	**8399779.70**
2.发包及上交收入	2525538.20	1.提取公积金、公益金	1226424.00
3.投资收益	621375.92	2.提取应付福利费	1559932.68
4.补助收入	839682.51	3.外来投资分利	49525.53
5.其他收入	2686572.16	4.农户分配	4989095.75
二、总支出	**5644669.69**	5.其他分配	574801.75
1.经营支出	1517432.36	**八、年末未分配收益**	**4068603.44**
2.管理费用	2381882.51	**九、附报指标**	
其中：①干部报酬	395463.17	1.汇入本表村数	21398
②报刊费	12901.30	2.当年无收益的村	11133
3.其他支出	1745354.82	3.有集体经营收益的村	10265
三、本年收益	**8552201.26**	(1)集体经营收益在5万元以下的村	1886
四、年初未分配收益	**2918998.44**	(2)集体经营收益在5—10万元的村	1229
五、其他转入	**997183.45**	(3)集体经营收益在10万元以上的村	7150

13-4　村级集体经济组织资产负债情况

(2022年)　　　　单位：万元

项　　目	金额	项　　目	金额
一、流动资产合计	**30287783.19**	**一、流动负债合计**	**18594677.81**
1.货币资金	21965840.45	1.短期借款	744934.00
2.短期投资	1261612.87	2.应付款项	17541219.06
3.应收款项	6541364.71	3.应付工资	184186.39
4.存货	518965.15	4.应付福利费	124338.37
二、农业资产合计	**150214.07**	**二、长期负债合计**	**6422503.54**
1.牲畜(禽)资产	2333.17	1.长期借款及应付款	1884825.88
2.林木资产	147880.90	2.一事一议资金	51413.43
三、长期资产合计	**34516008.66**	3.专项应付款	4486264.23
1.长期投资	4999075.03	**三、所有者权益合计**	**39936824.58**
其中：长期股权投资	3678403.48	1.实收资本金	7683049.80
2.固定资产合计	27536580.39	2.公积公益金	30601345.87
其中：(1)固定资产原值	29718851.47	3.未分配收益	1652428.91
(2)减：累计折旧	7963575.72	**四、负债及所有者权益合计**	**64954005.92**
(3)固定资产净值	21755275.76	五、附报：	
(4)固定资产清理	58803.27	1.经营性资产总额	40106607.30
(5)在建工程	5722501.36	2.负债合计	25017181.35
3.其他资产	1980353.24	其中：(1)经营性负债	8932848.64
四、资产总计	**64954005.92**	(2)兴办公益事业负债	1820720.77

13-5 村级集体经济组织收益分配情况

(2022年)　　单位：万元

项　　目	金额	项　　目	金额
一、总收入	**7467451.35**	**六、可分配收益**	**5343694.05**
1.经营收入	3917737.66	**七、各项分配**	**3796662.32**
2.发包及上交收入	1157540.76	1.提取公积金、公益金	604067.20
3.投资收益	446146.48	2.提取应付福利费	1074729.90
4.补助收入	714098.18	3.外来投资分利	36792.51
5.其他收入	1231928.27	4.农户分配	1685686.30
二、总支出	**3887444.41**	5.其他分配	395386.40
1.经营支出	1042555.70	**八、年末未分配收益**	**1547031.73**
2.管理费用	1768931.44	**九、附报指标**	
其中：①干部报酬	307712.83	1.汇入本表村数	21398
②报刊费	11830.74	2.当年无收益的村	11133
3.其他支出	1075957.27	3.有集体经营收益的村	10265
三、本年收益	**3580006.94**	(1)集体经营收益在5万元以下的村	1886
四、年初未分配收益	**1393971.44**	(2)集体经营收益在5—10万元的村	1229
五、其他转入	**369715.68**	(3)集体经营收益在10万元以上的村	7150

13-6 组级集体经济组织资产负债情况

(2022年)　　单位：万元

项　　目	金额	项　　目	金额
一、流动资产合计	**20692860.49**	**一、流动负债合计**	**8590263.72**
1.货币资金	17342189.91	1.短期借款	110501.08
2.短期投资	596059.41	2.应付款项	7950357.07
3.应收款项	2742134.20	3.应付工资	89694.51
4.存货	12476.98	4.应付福利费	439711.07
二、农业资产合计	**124550.35**	**二、长期负债合计**	**2904138.46**
1.牲畜(禽)资产	1058.99	1.长期借款及应付款	638088.58
2.林木资产	123491.36	2.一事一议资金	14287.56
三、长期资产合计		**3.专项应付款**	**2251762.32**
1.长期投资	1113230.56	三、所有者权益合计	**23242594.67**
其中：长期股权投资	835817.36	1.实收资本金	5098871.29
2.固定资产合计	11802030.67	2.公积公益金	15819191.70
其中：(1)固定资产原值	14886098.47	**3.未分配收益**	**2324531.68**
(2)减：累计折旧	4582960.78	**四、负债及所有者权益合计**	**34736996.85**
(3)固定资产净值	10303137.69	五、附报：	
(4)固定资产清理	70885.61	1.经营性资产总额	23214668.20
(5)在建工程	1428007.36	2.负债合计	11494402.18
3.其他资产	1004324.77	其中：(1)经营性负债	3481451.26
四、资产总计	**34736996.85**	(2)兴办公益事业负债	536482.22

13-7 组级集体经济组织收益分配情况

(2022年) 单位：万元

项目	金额	项目	金额
一、总收入	**6729419.59**	**六、可分配收益**	**7124689.09**
1.经营收入	3605964.49	**七、各项分配**	**4603117.38**
2.发包及上交收入	1367997.44	1.提取公积金、公益金	622356.80
3.投资收益	175229.44	2.提取应付福利费	485202.78
4.补助收入	125584.33	3.外来投资分利	12733.02
5.其他收入	1454643.89	4.农户分配	3303409.45
二、总支出	**1757225.27**	5.其他分配	179415.34
1.经营支出	474876.65	**八、年末未分配收益**	**2521571.71**
2.管理费用	612951.07	**九、附报指标**	
其中：①干部报酬	87750.34	1.汇入本表村数	
②报刊费	1070.57	2.当年无收益的村	
3.其他支出	669397.55	3.有集体经营收益的村	
三、本年收益	**4972194.32**	(1)集体经营收益在5万元以下的村	
四、年初未分配收益	**1525027.00**	(2)集体经营收益在5—10万元的村	
五、其他转入	**627467.77**	(3)集体经营收益在10万元以上的村	

13-8 各市农村经济基本情况

(2022年) 单位：个、万元

市　别	汇总村级经济联合社数	汇总组级经济合作社数	汇　总农户数(万户)	纯农户数(万户)	农业兼业户数(万户)	非农业兼业户数(万户)	非农户数(万户)	汇　总人口数(万人)	汇　总劳动力(万个)	从事家庭经营
合　计	**21936**	**222796**	**1504.74**					**6724.66**	**3774.03**	**1709.66**
广　州	1346	12431	114.47					360.37	243.89	115.94
珠　海	149	265	6.50					28.41	15.94	7.50
汕　头	1134	57	92.75					442.45	237.55	123.83
佛　山	804	4300	73.49					256.96	155.66	69.19
韶　关	1230	13680	56.73					227.55	142.12	68.02
河　源	1277	20941	62.38					314.86	158.06	58.30
梅　州	2060	31450	106.30					464.30	257.87	116.14
惠　州	1092	10205	56.40					244.83	150.13	59.25
汕　尾	792	3512	55.62					304.96	156.02	67.93
东　莞	556	2281	42.32					171.36	89.54	26.76
中　山	281	1853	25.77					117.07	72.91	29.89
江　门	1154	12892	69.40					277.16	171.67	79.37
阳　江	717	9546	56.74					233.08	137.48	52.31
湛　江	1735	12230	140.19					703.48	379.38	188.02
茂　名	1792	31370	142.46					724.21	368.36	149.32
肇　庆	1402	20229	92.56					375.57	223.44	104.29
清　远	1113	19698	83.08					373.32	225.10	103.64
潮　州	924	179	48.89					224.20	121.56	59.45
揭　阳	1477	1805	114.50					616.15	309.16	158.09
云　浮	901	13872	64.20					264.39	158.20	72.45

13-8 续表

(2022年) 单位：万元

市　别	从事第一产业(万人)	外出务工劳动力(万人)	常年外出务工劳动力	乡外县内(万人)	县外省内(万人)	省外(万人)	村组集体资产总额(万元)	村级集体资产(万元)	组级集体资产(万元)
合　计	**1006.48**	**1633.55**	**1296.75**	**511.21**	**681.09**	**104.45**	**99691002.77**	**64954005.92**	**34736996.85**
广　州	69.97	85.88	61.82	42.45	15.20	4.17	30216310.87	19313890.20	10902420.67
珠　海	5.54	6.74	4.63	3.27	1.19	0.18	443385.04	351644.36	91740.68
汕　头	62.87	89.88	71.00	32.39	31.51	7.10	3230711.06	3187556.69	43154.36
佛　山	22.68	56.56	38.36	27.15	8.57	2.64	12672122.46	5277171.62	7394950.83
韶　关	48.47	59.37	49.60	14.84	31.82	2.94	1328617.77	851976.40	476641.37
河　源	38.67	85.53	70.83	19.47	47.12	4.23	765911.12	716342.90	49568.22
梅　州	67.31	122.58	95.46	28.67	60.28	6.51	892206.92	821506.83	70700.09
惠　州	37.58	75.54	62.80	34.20	25.53	3.07	2693175.42	1192195.42	1500980.01
汕　尾	42.58	71.07	57.18	23.12	29.38	4.68	855976.99	556124.82	299852.17
东　莞	5.00	18.20	9.17	7.33	1.42	0.42	25746565.20	18331833.81	7414731.39
中　山	13.73	30.04	20.78	15.34	3.82	1.62	5741006.17	5132501.71	608504.46
江　门	52.00	71.55	56.64	31.53	20.66	4.45	3506469.75	2290114.69	1216355.06
阳　江	38.17	72.46	59.56	21.51	33.70	4.35	606503.66	509925.37	96578.29
湛　江	109.45	154.82	113.11	39.50	62.49	11.12	2471935.24	1010670.36	1461264.89
茂　名	97.09	187.46	154.18	40.99	96.60	16.59	1103737.22	716934.56	386802.66
肇　庆	70.61	103.99	88.29	28.02	54.83	5.44	1426357.69	601810.47	824547.22
清　远	68.63	102.75	84.56	26.98	51.82	5.76	1612537.05	610904.57	1001632.48
潮　州	26.15	46.25	37.79	17.70	16.48	3.50	1157613.52	1121836.80	35776.72
揭　阳	81.28	112.34	87.95	33.55	45.84	8.56	2554272.75	1990913.90	563358.85
云　浮	48.69	80.55	73.05	23.21	42.83	7.02	665586.88	368150.46	297436.42

13−9 各市村级集体经济组织资产负债情况

(2022年) 单位：万元

市 别	一、流动资产合计	1.货币资金	2.短期投资	3.应收款项	4.存货	二、农业资产合计
合 计	**30287783.19**	**21965840.45**	**1261612.87**	**6541364.71**	**518965.15**	**150214.07**
广 州	11676170.02	9866972.23	103686.07	1573783.21	131728.50	3565.89
珠 海	189529.99	144023.32	914.55	44249.58	342.55	2.65
汕 头	1269928.88	783400.79	3541.88	482657.48	328.72	343.57
佛 山	3085104.85	1725286.66	7828.65	1331008.67	20980.87	12.59
韶 关	188279.82	151713.43	9982.55	26494.30	89.54	110717.97
河 源	150754.22	113646.77	2504.45	34578.66	24.35	1681.60
梅 州	167871.05	152556.51	1982.90	13030.60	301.04	2222.65
惠 州	394781.92	325361.71	578.25	68717.42	124.54	13950.75
汕 尾	178268.85	164570.25	146.00	13512.74	39.87	403.10
东 莞	7531384.49	4948927.15	1030028.99	1502837.78	49590.56	3145.75
中 山	1979481.08	1136879.31	53470.19	607414.92	181716.66	708.18
江 门	1244774.51	624324.30	11921.43	479414.85	129113.93	495.80
阳 江	182817.63	151807.37	1449.17	29656.09	-94.99	1049.54
湛 江	346122.85	309464.51	1087.53	35288.38	282.43	948.47
茂 名	201900.98	188081.63	862.19	12384.97	572.20	1042.47
肇 庆	226961.35	196280.02	6454.18	24215.44	11.71	1606.82
清 远	152752.56	119793.58	1415.15	31113.69	430.15	2629.27
潮 州	515657.97	419210.41	14478.30	80129.44	1839.82	73.85
揭 阳	506135.05	351101.94	6700.79	146901.83	1430.48	1837.82
云 浮	99105.13	92438.58	2579.64	3974.69	112.22	3775.33

13−9 续表 1

(2022年) 单位：万元

市 别	1.牲畜(禽)资产	2.林木资产	三、长期资产合计	1.长期投资	其中：长期股权投资	2.固定资产合计
合 计	**2333.17**	**147880.90**	**34516008.66**	**4999075.03**	**3678403.48**	**27536580.39**
广 州		3565.89	7634154.28	1191984.00	771042.88	6221345.06
珠 海		2.65	162111.71	20155.50	19211.46	140317.02
汕 头		343.57	1917284.25	122054.00	66642.09	1778477.56
佛 山		12.59	2192054.19	183082.36	133565.03	1802684.90
韶 关	9.71	110708.26	552978.60	94977.92	91046.60	455528.80
河 源	59.00	1622.60	563907.08	142654.31	129832.41	420153.87
梅 州	119.81	2102.84	651413.12	94247.38	52813.25	554428.59
惠 州	15.71	13935.04	783462.74	28881.68	26767.06	745880.58
汕 尾	13.54	389.56	377452.87	23437.61	15225.92	353948.17
东 莞	228.92	2916.84	10797303.57	2001798.50	1468884.59	7843817.32
中 山		708.18	3152312.45	460222.95	436869.21	2187319.15
江 门		495.80	1044844.38	135956.15	117102.41	880523.49
阳 江	314.33	735.21	326058.20	25647.20	22985.28	287087.11
湛 江	147.20	801.26	663599.04	75092.86	40388.67	585019.05
茂 名	295.57	746.90	513991.11	102574.67	72468.73	407701.90
肇 庆	208.50	1398.31	373242.31	39201.87	31862.71	330249.63
清 远	9.75	2619.52	455522.74	114364.97	93736.38	335538.10
潮 州		73.85	606104.98	17946.44	10362.80	586549.22
揭 阳	610.07	1227.75	1482941.03	59328.81	34231.12	1420428.69
云 浮	301.05	3474.28	265270.01	65465.86	43364.85	199582.16

13-9　续表 2

(2022年)　　单位：万元

市　别	(1)固定资产原值	(2)减：累计折旧	(3)固定资产净值	(4)固定资产清理	(5)在建工程	3.其他资产	四、资产总计
合　计	**29718851.47**	**7963575.72**	**21755275.76**	**58803.27**	**5722501.36**	**1980353.24**	**64954005.92**
广　州	6832829.96	1823504.52	5009325.44	40530.91	1171488.71	220825.22	19313890.20
珠　海	136487.18	14425.72	122061.46	0.24	18255.32	1639.20	351644.36
汕　头	956284.54	58422.28	897862.26	1973.13	878642.17	16752.69	3187556.69
佛　山	1909506.76	558194.65	1351312.11	13679.58	437693.22	206286.92	5277171.62
韶　关	462439.85	29536.29	432903.55	797.27	21827.98	2471.87	851976.40
河　源	417777.00	50292.24	367484.76	1355.64	51313.47	1098.90	716342.90
梅　州	503687.09	11522.17	492164.92	468.96	61794.71	2737.16	821506.83
惠　州	656424.63	99290.71	557133.92	1352.13	187394.53	8700.48	1192195.42
汕　尾	248119.54	3314.79	244804.75	1923.08	107220.34	67.09	556124.82
东　莞	10458547.33	3899998.53	6558548.81	-10324.13	1295592.64	951687.74	18331833.81
中　山	2706683.06	1050560.32	1656122.74	522.82	530673.60	504770.34	5132501.71
江　门	934514.60	223311.43	711203.17	968.48	168351.84	28364.74	2290114.69
阳　江	178396.78	2909.59	175487.19	468.84	111131.08	13323.89	509925.37
湛　江	565972.79	43270.59	522702.20	68.67	62248.18	3487.14	1010670.36
茂　名	391669.12	10429.11	381240.00	1587.99	24873.91	3714.54	716934.56
肇　庆	328442.00	25290.99	303151.01	1112.72	25985.90	3790.81	601810.47
清　远	347018.07	26526.01	320492.05	294.86	14751.19	5619.67	610904.57
潮　州	466893.64	12953.32	453940.32	610.49	131998.41	1609.32	1121836.80
揭　阳	1015259.29	10508.19	1004751.10	571.66	415105.93	3183.53	1990913.90
云　浮	201898.25	9314.26	192583.99	839.93	6158.24	221.99	368150.46

13-9　续表 3

(2022年)　　单位：万元

市　别	一、流动负债合计	1.短期借款	2.应付款项	3.应付工资	4.应付福利费
合　计	**18594677.81**	**744934.00**	**17541219.06**	**184186.39**	**124338.37**
广　州	7670441.77	71169.36	7520361.08	40626.61	38284.71
珠　海	108498.12	4572.03	99085.21	267.10	4573.78
汕　头	1193001.93	53064.69	1120020.79	30470.78	-10554.33
佛　山	2324900.25	120956.07	2098787.24	3080.19	102076.75
韶　关	118409.64	261.28	119455.02	777.95	-2084.62
河　源	72908.23	1049.58	73651.03	78.40	-1870.77
梅　州	58288.93	1069.69	56786.37	406.09	26.79
惠　州	278412.25	3698.33	267684.24	1172.39	5857.30
汕　尾	112929.35	997.87	114132.47	1266.54	-3467.53
东　莞	2735807.63	233376.41	2430423.13	72008.10	
中　山	1566539.16	170423.21	1358987.88	14010.14	23117.93
江　门	985417.10	41167.09	932919.27	5719.60	5611.14
阳　江	126470.81	217.02	125320.34	843.27	90.18
湛　江	158543.21	4130.49	154776.02	1933.60	-2296.90
茂　名	64877.92	1306.20	63124.37	735.57	-288.22
肇　庆	108026.27	836.31	107432.91	946.53	-1189.47
清　远	64180.43	10903.26	61316.60	903.10	-8942.54
潮　州	334895.59	3213.12	333880.04	2652.83	-4850.40
揭　阳	466293.88	22419.72	457635.40	6258.95	-20020.19
云　浮	45835.34	102.29	45439.64	28.65	264.76

13-9 续表 4

(2022年) 单位：万元

市别	二、长期负债合计	1.长期借款及应付款	2.一事一议资金	3.专项应付款	三、所有者权益合计	1.实收资本金	2.公积公益金
合计	**6422503.54**	**1884825.88**	**51413.43**	**4486264.23**	**39936824.58**	**7683049.80**	**30601345.87**
广州	2520415.70	334030.05	476.40	2185909.26	9123032.72	828757.56	7817003.57
珠海	32256.09	12289.78	0.00	19966.31	210890.15	55237.24	152871.79
汕头	773238.66	23779.13	15983.70	733475.84	1221316.10	338307.78	1045491.07
佛山	457143.86	128956.40	3009.99	325177.47	2495127.51	668538.39	1753737.20
韶关	27913.43	7348.34	213.61	20351.47	705653.33	256311.77	272455.70
河源	92951.25	17332.26	3417.29	72201.70	550483.41	215491.93	261053.26
梅州	94919.22	1501.97	5375.78	88041.47	668298.67	189961.39	349260.03
惠州	99851.60	14455.06	2118.80	83277.74	813931.56	146121.33	551304.14
汕尾	96096.35	4670.77	361.62	91063.95	347099.13	28909.39	257382.07
东莞	1005410.02	866742.66	335.06	138332.31	14590616.16	2652233.28	11938360.66
中山	403227.82	283666.14	2.13	119559.55	3162734.73	839420.43	2364893.35
江门	188430.98	95815.19	5348.73	87267.06	1116266.61	144992.72	893395.63
阳江	129119.72	4311.16	1034.17	123774.39	254334.84	67621.38	152159.52
湛江	108854.11	8168.22	590.40	100095.49	743273.04	193237.55	408881.31
茂名	110854.77	5985.85	1728.66	103140.26	541201.87	288484.90	199374.85
肇庆	41482.86	4032.23	2924.68	34525.95	452301.34	153581.19	184117.24
清远	48019.40	2710.26	1192.07	44117.07	498704.74	161205.50	268583.63
潮州	74592.61	11494.41	4006.95	59091.25	712348.61	156960.63	515688.04
揭阳	58206.42	11071.27	2722.37	44412.78	1466413.60	132958.50	1167986.77
云浮	59518.66	46464.72	571.03	12482.91	262796.46	164716.94	47346.03

13-9 续表 5

(2022年) 单位：万元

市别	3.未分配收益	四、负债及所有者权益合计	1.经营性资产	2.负债合计	其中：(1)经营性负债	(2)兴办公益事业负债
合计	**1652428.91**	**64954005.92**	**40106607.30**	**25017181.35**	**8932848.64**	**1820720.77**
广州	477271.60	19313890.20	13283964.50	10190857.47	3828718.53	301379.91
珠海	2781.12	351644.36	265729.29	140754.21	13039.76	2469.58
汕头	-162482.75	3187556.69	1047869.35	1966240.60	356904.87	451230.08
佛山	72851.92	5277171.62	3922248.79	2782044.11	925803.48	102803.20
韶关	176885.87	851976.40	437045.96	146323.06	6405.50	12521.32
河源	73938.22	716342.90	253336.58	165859.48	20176.64	47569.60
梅州	129077.26	821506.83	253515.59	153208.15	1263.49	42540.35
惠州	116506.09	1192195.42	382724.98	378263.85	56920.36	73966.63
汕尾	60807.66	556124.82	105305.21	209025.69	1228.76	27156.47
东莞	22.22	18331833.81	12208223.00	3741217.65	2163177.14	247212.49
中山	-41579.06	5132501.71	3651654.83	1969766.98	781230.43	41227.27
江门	77878.26	2290114.69	1863164.83	1173848.08	607159.05	134347.48
阳江	34553.94	509925.37	139550.95	255590.53	6257.70	64068.14
湛江	141154.18	1010670.36	471825.55	267397.32	18143.87	28932.04
茂名	53342.12	716934.56	288825.40	175732.69	7413.01	26438.93
肇庆	114602.91	601810.47	283017.26	149509.14	20127.92	21743.30
清远	68915.61	610904.57	311708.80	112199.83	15228.23	11909.08
潮州	39699.94	1121836.80	211002.95	409488.20	36760.16	60722.81
揭阳	165468.32	1990913.90	486126.81	524500.30	62000.83	91272.84
云浮	50733.49	368150.46	239766.68	105354.00	4888.89	31209.25

13-10 各市组级集体经济组织资产负债情况

(2022年)

单位：万元

市 别	一、流动资产合计	1.货币资金	2.短期投资	3.应收款项	4.存货	二、农业资产合计
合 计	**20692860.49**	**17342189.91**	**596059.41**	**2742134.20**	**12476.98**	**124550.35**
广 州	7678826.74	6923173.90	32519.26	723044.90	88.67	760.66
珠 海	59271.16	52842.07	0.32	6409.95	18.81	
汕 头	36021.27	14022.75	139.11	21859.41		
佛 山	4798244.91	3676727.45	14743.76	1106178.43	595.27	825.97
韶 关	114126.02	112470.26	48.51	1435.73	171.52	13247.03
河 源	10992.17	10329.77		660.14	2.27	3031.79
梅 州	16555.20	16532.26		15.07	7.86	1962.46
惠 州	824280.00	782251.62	1500.16	40370.56	157.67	28007.39
汕 尾	82133.11	71561.07	167.19	10404.85		1460.28
东 莞	4389645.37	3370214.05	523333.44	485823.60	10274.27	648.53
中 山	336438.50	294445.28	5256.04	36517.18	220.00	
江 门	773621.74	613198.78	3715.71	156685.08	22.18	982.36
阳 江	29592.99	29474.57		102.40	16.02	6265.95
湛 江	586423.88	548194.95	1020.88	37034.37	173.69	14989.83
茂 名	106833.97	105793.30	10.00	882.14	148.54	5059.52
肇 庆	343422.37	285405.66	5340.74	52640.67	35.30	4471.53
清 远	259852.13	250323.54	2741.19	6614.17	173.23	39035.45
潮 州	10816.95	6145.94	3005.21	1577.64	88.16	1.39
揭 阳	172486.77	118979.92	2047.78	51400.07	59.01	1870.39
云 浮	63275.26	60102.78	470.11	2477.86	224.51	1929.81

13-10 续表 1

(2022年)

单位：万元

市 别	1.牲畜(禽)资产	2.林木资产	三、长期资产合计	1.长期投资	其中：长期股权投资	2.固定资产合计
合 计	**1058.99**	**123491.36**	**13919586**	**1113230.56**	**835817.36**	**11802030.67**
广 州	0.30	760.36	3222833.269	314021.78	296797.67	2832121.70
珠 海			32469.52626	3071.84	2810.67	28638.10
汕 头			7133.095141			7133.10
佛 山		825.97	2595879.956	83209.91	67657.49	1988058.66
韶 关		13247.03	349268.3121	1422.45	1405.71	346843.97
河 源	15.00	3016.79	35544.25293	34.29	34.29	35147.40
梅 州		1962.46	52182.43689	2.49	0.24	52179.95
惠 州		28007.39	648692.6169	6481.79	6375.64	640528.14
汕 尾		1460.28	216258.7811	1390.59	1331.20	214302.06
东 莞		648.53	3024437.496	591699.73	363344.99	2088702.38
中 山			272065.9623	63479.67	62572.75	185158.55
江 门		982.36	441750.9658	19000.02	11931.89	411725.02
阳 江	29.18	6236.77	60719.35462	34.11	34.11	60678.25
湛 江		14989.83	859851.1777	511.42	423.25	858173.63
茂 名		5059.52	274909.1781	193.93	193.93	274182.03
肇 庆		4471.53	476653.3195	14920.46	14876.44	446791.64
清 远		39035.45	702744.8949	7049.27	4934.98	695479.12
潮 州		1.39	24958.37172	32.03	32.03	24847.23
揭 阳	1014.50	855.89	389001.683	6505.47	945.90	380552.02
云 浮	0.01	1929.80	232231.352	169.30	114.19	230787.73

13-10 续表 2

(2022年) 单位：万元

市别	(1)固定资产原值	(2)减：累计折旧	(3)固定资产净值	(4)固定资产清理	(5)在建工程	3.其他资产	四、资产总计
合计	**14886098.47**	**4582960.78**	**10303137.69**	**70885.61**	**1428007.36**	**1004324.77**	**34736996.85**
广州	3572174.67	1045067.83	2527106.84	55888.24	249126.63	76689.79	10902420.67
珠海	35141.18	7470.77	27670.41		967.69	759.59	91740.68
汕头	4212.53	-0.01	4212.54	7.80	2912.76		43154.36
佛山	2099741.56	659643.00	1440098.56	3587.05	544373.04	524611.39	7394950.83
韶关	344818.96	4313.28	340505.68	608.58	5729.72	1001.88	476641.37
河源	37187.04	2376.79	34810.25		337.15	362.57	49568.22
梅州	52185.25	11.49	52173.76	0.29	5.89		70700.09
惠州	626211.59	58528.84	567682.76	3217.95	69627.44	1682.68	1500980.01
汕尾	212360.25	351.62	212008.63		2293.43	566.13	299852.17
东莞	4364889.48	2546513.77	1818375.71	1022.84	269303.83	344035.38	7414731.39
中山	236106.96	77259.41	158847.55	12.83	26298.17	23427.75	608504.46
江门	427323.69	60441.54	366882.15	373.91	44468.97	11025.93	1216355.06
阳江	59563.72	266.38	59297.34		1380.91	7.00	96578.29
湛江	850013.34	40654.66	809358.69	547.26	48267.69	1166.12	1461264.89
茂名	275020.91	5493.52	269527.39	454.23	4200.41	533.22	386802.66
肇庆	491691.95	63876.53	427815.42	78.26	18897.96	14941.22	824547.22
清远	687959.25	7882.11	680077.14	4739.65	10662.33	216.50	1001632.48
潮州	23237.29	562.58	22674.71		2172.52	79.12	35776.72
揭阳	257069.92	798.65	256271.27	307.05	123973.69	1944.19	563358.85
云浮	229188.95	1448.04	227740.91	39.67	3007.16	1274.32	297436.42

13-10 续表 3

(2022年) 单位：万元

市别	一、流动负债合计	1.短期借款	2.应付款项	3.应付工资	4.应付福利费
合计	**8590263.72**	**110501.08**	**7950357.07**	**89694.51**	**439711.07**
广州	2851330.71	22000.17	2640347.03	64287.78	124695.73
珠海	21979.55	110.44	21706.36	87.29	75.48
汕头	44056.84	1037.68	42293.67	725.48	
佛山	3007012.28	51236.06	2625854.69	2057.23	327864.30
韶关	35695.14	94.20	35449.07	52.79	99.07
河源	5095.27		5092.06	0.40	2.80
梅州	468.36	81.58	304.12	0.79	81.87
惠州	604003.64	1819.45	592320.34	117.94	9745.91
汕尾	20497.85	241.98	20688.21	65.56	-497.90
东莞	1016999.49	15601.10	983556.85	17841.54	
中山	154038.74	2158.71	152244.62	436.68	-801.27
江门	341498.73	1633.18	326990.89	525.24	12349.42
阳江	1207.93		1137.08	70.85	
湛江	197084.04	1778.63	196769.56	379.93	-1844.08
茂名	21173.34	54.20	21106.56	12.58	
肇庆	125796.38	193.80	128208.25	1059.96	-3665.64
清远	23317.44	458.86	44231.94	153.47	-21526.83
潮州	6350.82	221.96	6359.57	86.72	-317.43
揭阳	105019.90	11767.58	98128.34	1701.27	-6577.29
云浮	7637.27	11.48	7567.85	31.02	26.92

13-10 续表 4

(2022年)

单位：万元

市别	二、长期负债合计	1.长期借款及应付款	2.一事一议资金	3.专项应付款	三、所有者权益合计	1.实收资本金	2.公积公益金
合计	**2904138.46**	**638088.58**	**14287.56**	**2251762.32**	**23242594.67**	**5098871.29**	**15819191.70**
广州	1836773.20	177272.36	150.36	1659350.48	6214316.75	729957.99	4848196.63
珠海	19674.12	228.58		19445.53	50087.01	7767.79	36501.68
汕头	1217.22	180.00		1037.22	-2119.70	1678.73	38947.91
佛山	580522.52	282981.64	1968.25	295572.63	3807416.04	864034.45	2663670.55
韶关	7271.77	17.21	91.47	7163.10	433674.46	317573.95	61186.49
河源	495.68	2.30		493.38	43977.28	12740.40	26391.01
梅州	1771.63	18.78		1752.85	68460.11	8148.51	49557.17
惠州	33117.57	5907.50	1148.38	26061.68	863858.80	153845.67	520006.53
汕尾	25426.29	732.02	204.81	24489.46	253928.03	13104.56	213794.86
东莞	135570.77	102875.75		32695.01	6262161.13	1689129.47	4572708.98
中山	48594.20	41160.29	0.19	7433.72	405871.52	40205.95	373716.09
江门	52946.75	12505.36	4274.19	36167.19	821909.59	81180.79	595763.54
阳江	706.11		16.00	690.11	94664.25	34442.83	50034.24
湛江	83283.08	5238.75	3571.68	74472.65	1180897.76	294136.35	496532.22
茂名	12732.35	53.85	205.78	12472.73	352896.97	216362.83	90587.19
肇庆	15310.58	239.53	409.90	14661.15	683440.26	162839.01	331242.13
清远	19979.71	2379.58	1155.25	16444.88	958335.33	275942.90	348152.64
潮州	487.47	176.62	61.84	249.01	28938.43	6708.45	21070.87
揭阳	12747.12	6114.04	581.40	6051.68	445591.83	65016.51	417345.03
云浮	15510.34	4.42	448.05	15057.87	274288.81	124054.14	63785.93

13-10 续表 5

(2022年)

单位：万元

市别		四、负债及所有者权益合计	1.经营性资产	2.负债合计		
	3.未分配收益				其中：(1)经营性负债	(2)兴办公益事业负债
合计	**2324531.68**	**34736996.85**	**23214668.20**	**11494402.18**	**3481451.26**	**536482.22**
广州	636162.13	10902420.67	8184773.22	4683103.91	1053333.37	139500.58
珠海	5817.54	91740.68	57425.21	41653.67	9528.49	15.04
汕头	-42746.34	43154.36	6092.53	45274.06	24260.08	249.93
佛山	279711.04	7394950.83	5337352.75	3587534.80	1256047.07	210920.29
韶关	54914.02	476641.37	119567.95	42966.91	1586.21	1701.48
河源	4845.87	49568.22	14602.72	5590.94	-97.89	4599.51
梅州	10754.42	70700.09	7413.88	2239.99	75.27	55.49
惠州	190006.60	1500980.01	682598.24	637121.20	234260.95	10145.45
汕尾	27028.61	299852.17	44895.46	45924.14	466.17	1554.20
东莞	322.67	7414731.39	5871570.64	1152570.26	626255.48	56331.10
中山	-8050.52	608504.46	508829.18	202632.94	33753.73	8616.47
江门	144965.26	1216355.06	867711.74	394445.48	146916.66	65687.47
阳江	10187.19	96578.29	13838.11	1914.04		89.78
湛江	390229.20	1461264.89	345351.48	280367.12	8501.92	16866.71
茂名	45946.95	386802.66	65666.97	33905.69	1329.16	1036.62
肇庆	189359.12	824547.22	506176.53	141106.96	59888.06	4368.14
清远	334239.79	1001632.48	340600.58	43297.15	12296.24	-409.98
潮州	1159.11	35776.72	16635.13	6838.29	1855.59	166.01
揭阳	-36769.72	563358.85	101035.94	117767.02	10809.17	14425.66
云浮	86448.74	297436.42	122529.95	23147.61	385.54	562.28

13-11 各市村级集体经济组织收益分配情况

(2022年) 单位：万元

市 别	总收入	1.经营收入	2.发包及上交收入	3.投资收益	4.补助收入	5.其他收入	总支出	1.经营支出
合 计	**7467451.35**	**3917737.66**	**1157540.76**	**446146.48**	**714098.18**	**1231928.27**	**3887444.41**	**1042555.70**
广 州	2108085.79	1430126.12	259526.55	67527.01	20359.83	330546.28	1163571.34	410245.76
珠 海	58676.09	16897.01	34988.66	1076.05	2200.19	3514.17	13324.58	2718.82
汕 头	152201.63	55651.32	55931.12	2932.60	11057.78	26628.81	113853.13	12977.61
佛 山	928492.65	481936.17	237078.95	10665.08	27721.28	171091.18	343141.44	80229.91
韶 关	74822.80	19168.87	6060.22	4773.39	33242.01	11578.31	68525.72	5685.69
河 源	105696.85	5318.55	2704.43	10781.14	73988.45	12904.28	98658.72	1267.82
梅 州	78845.04	6426.83	3002.15	8762.93	42230.57	18422.56	70710.17	1111.14
惠 州	286446.30	25291.86	41331.52	113173.58	40280.81	66368.53	312017.67	4567.34
汕 尾	68707.87	5530.58	4129.10	1652.14	43296.87	14099.18	58230.51	550.38
东 莞	1837186.06	1076605.50	206870.20	186187.36	70958.46	296564.54	489131.34	288570.50
中 山	673441.42	499638.51	97768.86	5872.11	15876.60	54285.34	384880.34	139879.66
江 门	304937.30	166991.13	75610.55	7971.26	21021.30	33343.06	219438.09	68725.97
阳 江	45114.81	3345.24	8407.46	928.47	22214.18	10219.46	39040.47	177.50
湛 江	100497.29	35295.25	15082.86	1183.82	34954.13	13981.24	60696.06	2042.69
茂 名	74815.75	9988.79	4731.32	3647.46	26811.19	29636.98	66599.90	1352.70
肇 庆	134103.13	16546.90	29616.65	3402.31	41632.89	42904.38	102949.05	4866.52
清 远	83526.28	12213.32	5579.88	7217.48	37148.20	21367.40	73033.09	1889.19
潮 州	145410.91	15719.90	38355.29	1398.92	50227.46	39709.33	92193.59	6468.25
揭 阳	169940.24	27458.93	26574.14	3110.26	83509.18	29287.72	92029.79	8731.47
云 浮	36503.14	7586.88	4190.84	3883.09	15366.82	5475.51	25419.41	496.76

13-11 续表 1

(2022年) 单位：万元

市 别	2.管理费用	其中：①干部报酬	②报刊费	3.其他支出	三、本年收益	四、年初未分配收益	五、其他转入	六、可分配收益
合 计	**1768931.44**	**307712.83**	**11830.74**	**1075957.27**	**3580006.94**	**1393971.44**	**369715.68**	**5343694.05**
广 州	588254.45	65250.22	223.23	165071.12	944514.45	423303.52	135189.28	1503007.25
珠 海	6194.60	368.76	5.10	4411.16	45351.51	-848.63	2612.20	47115.08
汕 头	61330.22	17119.89	316.71	39545.30	38348.49	-153261.96	39189.89	-75723.57
佛 山	124869.72	21124.42	618.93	138041.81	585351.22	57517.16	41888.95	684757.32
韶 关	38301.59	9251.56	349.57	24538.44	6297.08	170621.58	7218.39	184137.05
河 源	25863.41	3633.00	326.29	71527.49	7038.12	52724.52	14554.09	74316.73
梅 州	34542.71	7288.61	554.66	35056.32	8134.87	113057.41	10781.09	131973.37
惠 州	212310.92	11465.10	307.50	95139.41	-25571.36	108380.15	4630.12	87438.91
汕 尾	26822.76	6683.93	249.79	30857.37	10477.36	48998.57	5039.51	64515.44
东 莞	165265.39	51579.43	3522.15	35295.45	1348054.72	5847.44	38553.38	1392455.55
中 山	150362.39	20839.37	890.00	94638.29	288561.08	-19965.32	-121.35	268474.41
江 门	88572.11	24500.20	413.60	62140.01	85499.21	72915.30	14523.20	172937.70
阳 江	26122.01	9165.39	417.63	12740.95	6074.34	30038.84	785.90	36899.08
湛 江	29819.21	1850.34	329.44	28834.16	39801.23	88602.72	13625.15	142029.10
茂 名	26606.31	3954.51	1540.80	38640.88	8215.86	45134.53	5558.74	58909.12
肇 庆	38856.67	10785.71	433.44	59225.86	31154.08	97002.01	4072.15	132228.24
清 远	40949.77	17878.34	223.97	30194.13	10493.19	60488.50	2906.36	73888.05
潮 州	33352.19	9793.32	293.98	52373.15	53217.32	14742.92	19506.69	87466.93
揭 阳	34748.18	12596.07	596.89	48550.14	77910.44	136965.15	8345.25	223220.84
云 浮	15786.81	2584.65	217.05	9135.84	11083.74	41707.02	856.69	53647.45

13-11 续表 2

(2022年)　　单位：万元

市别	七、各项分配	1.提取公积金、公益金	2.提取应付福利费	3.外来投资分利	4.农户分配	5.其他分配	八、年末未分配收益
合计	**3796662.32**	**604067.20**	**1074729.90**	**36792.51**	**1685686.30**	**395386.40**	**1547031.73**
广州	1084096.48	120729.11	169727.11	25314.47	673480.11	94845.69	418910.76
珠海	44333.96	5906.01	5036.32		32624.23	767.40	2781.12
汕头	86759.18	8811.81	30510.38		42558.23	4878.75	-162482.75
佛山	618589.77	58679.30	175301.03	2798.06	200639.39	181171.98	66167.56
韶关	9687.06	781.96	3196.49		3622.34	2086.26	174449.99
河源	378.51	11.52				366.99	73938.22
梅州	2896.12	1134.53	932.91		397.89	430.77	129077.26
惠州	24279.17	1500.79	5581.19		14576.04	2621.14	63159.74
汕尾	3707.80	433.33	1220.10		579.12	1475.25	60807.63
东莞	1392433.33	315098.98	526964.64	499.04	466982.24	82888.43	22.22
中山	294299.11	50180.97	66202.36	7379.35	167005.60	3530.83	-25824.70
江门	95059.44	2694.63	41281.37	102.46	46959.47	4021.50	77878.26
阳江	2345.14	246.81			1529.66	568.67	34553.94
湛江	874.93	38.56	8.12		638.03	190.21	141154.18
茂名	5567.01	408.43	77.06		803.84	4277.68	53342.12
肇庆	17625.33	498.88	2886.23	661.49	11224.31	2354.42	114602.91
清远	4914.53	1232.86	977.32		1480.13	1224.22	68973.52
潮州	47766.98	12690.96	18030.11		13913.17	3132.74	39699.94
揭阳	57752.52	21994.26	26653.37		5596.73	3508.15	165468.32
云浮	3295.96	993.49	143.77	37.63	1075.78	1045.30	50351.49

13-11 续表 3

(2022年)

市别	九、附报指标					
	1.汇入本表村数	(1)当年无经营收益的村	(2)当年有经营收益的村	①5万元以下的村	②5-10万元的村	③10万元以上的村
合计	**21398**	**11133**	**10265**	**1886**	**1229**	**7150**
广州	1304	248	1056	47	44	965
珠海	156	6	150	2		148
汕头	887	450	437	53	33	351
佛山	587	21	566	1		565
韶关	1231	853	378	94	82	202
河源	1278	801	477	138	132	207
梅州	2060	1325	735	387	180	168
惠州	1107	523	584	80	66	438
汕尾	788	539	249	81	42	126
东莞	558		558	1		557
中山	240	8	232		2	230
江门	1127	199	928	38	37	853
阳江	718	596	122	37	21	64
湛江	1744	1268	476	121	59	296
茂名	1792	1015	777	266	154	357
肇庆	1404	789	615	122	83	410
清远	1113	699	414	67	60	287
潮州	925	651	274	57	26	191
揭阳	1478	707	771	177	149	445
云浮	901	435	466	117	59	290

13-12　各市组级集体经济组织收益分配情况

(2022年)　　单位：万元

市　别	总收入	1. 经营收入	2. 发包及上交收入	3. 投资收益	4. 补助收入	5. 其他收入
合　计	**6729419.59**	**3605964.49**	**1367997.44**	**175229.44**	**125584.33**	**1454643.89**
广　州	1926041.77	1214368.71	282643.67	35537.01	2205.94	391286.43
珠　海	11593.60	4627.76	4265.44	252.30	626.10	1822.01
汕　头	1664.38	139.08	138.93		9.80	1376.57
佛　山	1790476.12	1044869.80	396366.27	48953.85	26345.60	273940.60
韶　关	26717.62	2996.56	6856.62	76.25	617.87	16170.32
河　源	730.69	189.93	37.20	0.29	137.40	365.89
梅　州	3203.45	379.75	358.77	270.34	3.47	2191.11
惠　州	581453.02	226433.77	74554.21	536.42	41481.51	238447.11
汕　尾	17144.11	4301.59	3392.56	50.25	1350.73	8048.98
东　莞	1217174.04	761835.63	197262.22	82818.26	2587.77	172670.17
中　山	147863.82	57461.96	78926.37	699.06	1760.04	9016.40
江　门	251168.25	54753.24	146790.04	2371.87	3358.11	43894.99
阳　江	8605.81	964.81	1087.78	4.79	1191.51	5356.91
湛　江	250118.08	147115.57	18012.35	12.79	6293.83	78683.54
茂　名	16212.70	6059.87	772.64	38.17	320.34	9021.67
肇　庆	227709.30	50008.92	101940.15	2715.52	6574.28	66470.43
清　远	138609.22	20835.42	34472.25	453.05	14026.96	68821.54
潮　州	4734.01	631.25	2983.96	15.86	152.30	950.63
揭　阳	39951.47	3163.75	12256.38	411.81	14572.86	9546.67
云　浮	68248.13	4827.10	4879.62	11.55	1967.91	56561.94

13-12　续表 1

(2022年)　　单位：万元

市　别	总支出	1. 经营支出	2. 管理费用	其中：①干部报酬	②报刊费	3. 其他支出
合　计	**1757225.27**	**474876.65**	**612951.07**	**87750.34**	**1070.57**	**669397.55**
广　州	653617.96	193586.20	364617.45	39218.79	56.65	95414.30
珠　海	5403.02	1838.39	1087.57	232.33	1.57	2477.06
汕　头	2924.42	71.93	902.25	191.69	0.63	1950.24
佛　山	259089.95	60775.75	94040.41	14850.31	145.39	104273.80
韶　关	18136.81	38.63	1958.17	203.10		16140.01
河　源	548.37	0.46	126.97	84.62	2.48	420.94
梅　州	919.83	12.71	54.86	15.85		852.25
惠　州	222741.93	11555.71	22427.03	4835.33	61.73	188759.19
汕　尾	5945.56	127.62	1443.04	310.04	52.23	4374.89
东　莞	219315.36	162809.75	45202.26	13528.17	385.99	11303.35
中　山	20121.92	8044.65	7098.88	1278.13	99.61	4978.39
江　门	97757.22	16152.89	22206.92	3694.52	70.67	59397.41
阳　江	2410.62	22.80	164.04	63.77	0.81	2223.78
湛　江	49030.57	1618.51	17457.89	479.56	13.32	29954.18
茂　名	3853.95	143.24	212.21	2.84	0.26	3498.50
肇　庆	66699.03	13512.25	15348.74	3289.85	12.45	37838.04
清　远	76990.45	2473.04	5562.90	917.35	0.50	68954.51
潮　州	2424.49	757.67	1269.92	639.28	7.03	396.90
揭　阳	27180.37	1297.00	9443.72	3555.39	158.43	16439.65
云　浮	22113.44	37.45	2325.82	359.43	0.83	19750.17

13-12 续表 2

(2022年) 单位：万元

市 别	三、本年收益	四、年初未分配收益	五、其他转入	六、可分配收益	七、各项分配	1.提取公积金、公益金
合 计	**4972194.32**	**1525027.00**	**627467.77**	**7124689.09**	**4603117.38**	**622356.80**
广 州	1272423.81	556983.70	61259.57	1890667.08	1252400.89	124516.35
珠 海	6190.59	-183.28	9691.71	15699.01	9881.47	391.05
汕 头	-1260.04	-41511.90	46.02	-42725.91	20.43	
佛 山	1531386.17	306036.50	146945.13	1984367.80	1697972.40	255148.12
韶 关	8580.80	48532.39	1328.11	58441.31	4804.22	10.59
河 源	182.33	4680.54	3.29	4866.16	20.29	
梅 州	2283.62	9294.43	257.91	11835.96	1081.54	1071.81
惠 州	358711.09	170267.14	12013.90	540992.13	165330.32	4852.07
汕 尾	11198.55	21221.20	147.62	32567.37	5538.76	
东 莞	997858.68	-125.94	9124.53	1006857.26	1006534.59	211234.93
中 山	127741.90	-17495.09	4544.98	114791.79	119090.70	7623.55
江 门	153411.03	-201124.83	340514.07	292800.27	147835.02	4596.60
阳 江	6195.19	5137.33	24.99	11357.51	1170.32	
湛 江	201087.52	170658.17	21354.82	393100.51	2871.31	
茂 名	12358.75	31863.63	2773.26	46995.64	1048.69	87.48
肇 庆	161010.27	162570.16	6997.04	330577.47	141218.35	3453.21
清 远	61618.77	285667.87	6774.90	354061.54	19768.84	1979.90
潮 州	2309.52	1105.45	228.96	3643.93	2484.82	353.54
揭 阳	12771.09	-33115.70	2687.82	-17656.79	19112.93	6918.12
云 浮	46134.69	44565.23	749.13	91449.05	4931.50	119.48

13-12 续表 3

(2022年) 单位：万元

市 别	2.提取应付福利费	3.外来投资分利	4.农户分配	5.其他分配	八、年末未分配收益
合 计	**485202.78**	**12733.02**	**3303409.45**	**179415.34**	**2521571.71**
广 州	44663.12	12444.95	1013318.07	57458.41	638266.19
珠 海	0.37		8524.07	965.99	5817.54
汕 头	20.43				-42746.34
佛 山	241968.93	179.67	1121069.33	79606.35	286395.40
韶 关	522.87	11.55	4254.16	5.05	53637.09
河 源				20.29	4845.87
梅 州	9.74				10754.42
惠 州	8367.19		150264.04	1847.02	375661.81
汕 尾	1243.77		1116.24	3178.76	27028.61
东 莞	145421.54		634840.09	15038.03	322.67
中 山	10315.90	80.00	100474.70	596.55	-4298.91
江 门	19121.13	3.91	119721.91	4391.47	144965.26
阳 江			485.43	684.89	10187.19
湛 江	105.05		2676.43	89.83	390229.20
茂 名			551.62	409.59	45946.95
肇 庆	2629.29	10.18	124702.73	10422.95	189359.12
清 远	592.09	2.76	14185.93	3008.16	334292.71
潮 州	495.30		1635.98		1159.11
揭 阳	9516.87		1894.27	783.67	-36769.72
云 浮	209.20		3694.46	908.36	86517.55

十四、农村居民收入与消费

简要说明

一、2013 年国家统计局实行城乡住户调查一体化改革，将过去城镇与农村分别开展的调查体系，按照统一指标、统一方法、统一标准、统一调查、统一程序的原则，整合为城乡一体化住户调查新体系。由于新旧调查体系在调查范围和对象、城乡划分标准、样本抽选方法、计算和汇总方式、指标名称和口径等都发生了变化，新旧口径指标数据存在不可比因素。

二、旧调查体系的农村居民纯收入指标在新的调查体系中统一为城乡可比的可支配收入，旧调查体系中的城乡经营性收入、财产性收入与转移性收入在新的调查体系中统一为经营净收入、财产净收入与转移净收入。

三、2013 年起为新口径数据；14–1 表、14–2 表、14–4 表 2013 年以前的收入数据为旧调查体系的人均纯收入。

2022年广东农村居民收支形势总体平稳

2022年，广东省内不少城市受到多轮疫情冲击，叠加外部需求持续走弱影响，经济运行下行压力凸显。但广东各级党委政府高效统筹疫情防控和经济社会发展，着力保市场主体稳就业稳物价，一揽子减税降费、促消费、稳投资政策扎实推进落地显效，农村居民收支总体保持平稳增长。

一、农村居民收支总体情况

据国家统计局广东调查总队城乡一体化住户抽样调查显示，2022年，广东农村居民人均可支配收入23598元，同比增长5.8%，扣除价格因素影响，实际增长3.4%。农村居民人均消费支出20800元，同比增长3.9%。

2022年，农村居民人均可支配收入名义增速和实际增速分别快于城镇居民2.1和1.9个百分点。自2020年疫情发生以来，农村居民人均可支配收入由2019年的18818元增长至2022年的23598元，年均增长7.8%，比同期城镇居民高2.0个百分点。城乡居民收入比也由2019年的2.56：1缩小至2022年的2.41：1（以农村居民收入为1），城乡居民收入差距持续缩小。

二、广东农村居民增收的主要特点

（一）工资性收入依然是居民增收的主要支撑点。2022年，广东农村居民人均工资性收入13560元，同比增长6.2%，占可支配收入的比重达57.5%，对可支配收入增长的贡献率达61.6%，拉动可支配收入增长3.6个百分点，是拉动农村居民收入增长的主要动力。2022年，面对新冠疫情，广东持续强化就业优先政策，启动“百城千社万企助就业”专项行动，推出系列减负稳岗留工扩就业措施，加之上调最低工资标准和去年下半年以来的系列增资翘尾因素的推动，农村居民工资性收入持续增加。

（二）经营净收入呈恢复性增长。2022年，广东持续释放中小微企业纾困发展政策利好，有效减轻了企业生存压力，中小微企业经营状况有所改善。粮食生产稳步增长，蔬果畜禽等农产品产能提高，尤其是二季度以来，广东生猪出栏量、出栏价格均保持稳步增长态势，养殖经营效益明显改善，助力农民经营净收入增长。2022年，广东农村居民人均经营净收入5759元，同比增长5.9%，占可支配收入的比重为24.4%。

（三）财产净收入进一步增长。2022年，珠三角地区村居集体分红逐步发放，珠海、东莞等地受旧村改造拆迁、集体资产租金上涨等因素影响，集体分红金额有所提升；珠海、江门及中山等地部分村居于今年补发去年分红，均带动居民红利收入同比上涨。同时，广东进一步深化农村土地承包经营权确权改革，全省各地相继出台了鼓励和支持土地流转的政策文件，增强农村集体经济发展能力，增加农民红利收入。广东农村居民人均财产净收入869元，同比增长9.2%，在四项收入中增速最快。

（四）转移净收入平稳增长。2022年，广东全面夯实基本民生保障体系，不断完善民生保障兜底政策，上调退休人员养老金待遇、特困人员最低供养标准及城乡低保最低标准，拓宽失业保险保障受益范围，不断完善社会救助兜底保障体系，加大惠农补贴力度，制定基本农田补贴标准，发放中央实际种粮农民一次性补贴和中央耕地地力保护补贴，农民转移净收入增长稳中有进，稳中提质。广东农村居民人均转移净收入3409元，同比增长3.1%。

表 1　2022 年广东农村居民收入增长情况

单位：元

指标名称	本年	上年	增幅（%）
人均可支配收入	23598	22306	5.8
一、工资性收入	13560	12765	6.2
二、经营净收入	5759	5439	5.9
三、财产净收入	869	795	9.2
四、转移净收入	3409	3307	3.1

三、农村居民消费支出增速放缓

2022 年，广东农村居民人均消费支出 20800 元，同比增长 3.9%，农村居民消费恢复好于城镇居民，增速快于城镇居民 3.0 个百分点。从消费类别看，呈现“五升三降”的态势。

（一）食品烟酒支出增加。受新冠疫情、极端天气等多重因素影响，全省蔬菜、水果、水产品、蛋类等家庭常用食品价格上涨明显。疫情防控期间，广东各地持续加大对餐饮业扶持力度，在“五一”、暑期、国庆、中秋等传统消费旺季开展消费券惠民活动，提振居民外出饮食消费热情。2022 年，广东农村居民人均食品烟酒支出 8393 元，同比增长 6.7%；居民恩格尔系数为 40.3%，食品烟酒消费对生活支出增长的贡献率达 66.7%。

（二）居民衣着消费需求低迷。自新冠疫情以来，居民的聚集性活动普遍减少、外出参加文化娱乐活动和社交活动的频次也明显减少，加上收入预期信心不足，导致广东农村居民衣着消费需求低迷。2022 年，广东农村居民人均衣着支出 694 元，同比下降 3.8%。

（三）就医需求显著收缩。2022 年，广东农村居民医疗支出 1220 元，同比下降 9.1%。疫情防控期间，居民到医院看病的需求受到较大影响。一方面，医院严格落实疫情防控措施，部分门诊服务需要 24 小时内核酸检测阴性证明，就医流程较为繁琐；另一方面，医院人流量大、环境复杂，各种感染风险相对更高。居民部分不紧急的就医需求延后，较轻微的病症也会选择自行处理，医疗保健支出总体减少。

表 2　2022 年广东农村居民生活消费支出情况

单位：元

指 标 名 称	本年	上年	增幅（%）
生活消费支出	20800	20012	3.9
（一）食品烟酒	8393	7867	6.7
（二）衣着	694	721	−3.8
（三）居住	4783	4722	1.3
（四）生活用品及服务	992	1014	−2.1
（五）交通通信	2471	2223	11.2
（六）教育文化娱乐	1881	1789	5.1
（七）医疗保健	1220	1342	−9.1
（八）其他用品及服务	366	332	10.3

14-1 农村居民收入与支出(1978-2022年)

年份	人均可支配收入(元)	增长速度			人均消费支出(元)	增长速度(%)			恩格尔系数(%)
		名义增长(上年为100)	实际增长(上年为100)	实际增长(1978年为100)		名义增长(上年为100)	实际增长(上年为100)	实际增长(1978年为100)	
1978	193.25	7.9		100.0	184.89	-2.6		100.0	61.7
1979	222.72	15.2	13.6	113.6	205.18	11.0	10.1	110.1	59.9
1980	274.37	23.2	19.4	135.6	222.22	8.3	3.9	114.4	60.4
1981	325.37	18.6	11.4	151.1	266.05	19.7	12.1	128.2	59.3
1982	381.79	17.3	12.7	170.3	312.44	17.4	16.2	149.0	58.4
1983	395.92	3.7	7.0	182.2	328.76	5.2	6.3	158.4	60.3
1984	425.34	7.4	7.2	195.3	346.19	5.3	5.0	166.3	59.3
1985	495.31	16.5	9.8	214.5	388.00	12.1	5.7	175.8	60.4
1986	546.43	10.3	7.6	230.8	454.06	17.0	11.1	195.3	58.8
1987	662.24	21.2	11.1	256.4	545.25	20.1	9.5	213.9	57.3
1988	808.70	22.1	2.7	263.3	684.67	25.6	3.2	220.7	55.2
1989	955.02	18.1	2.0	268.6	870.59	27.2	7.3	236.8	53.7
1990	1043.03	9.2	1.6	272.9	932.63	7.1	-0.3	236.1	57.7
1991	1143.06	9.6	9.4	298.5	942.40	1.1	1.2	238.9	57.4
1992	1307.65	14.4	10.4	329.6	1060.29	12.5	8.8	259.9	54.0
1993	1674.78	28.1	6.1	349.7	1391.01	31.2	6.8	277.6	52.8
1994	2181.52	30.3	3.8	363.0	1882.00	35.3	3.6	287.6	55.6
1995	2699.24	23.7	6.5	386.6	2255.01	19.8	5.3	302.9	54.5
1996	3183.46	17.9	7.6	415.9	2584.16	14.6	6.9	323.8	51.6
1997	3467.69	8.9	4.2	433.4	2617.65	1.3	0.3	324.7	52.3
1998	3527.14	1.7	3.4	448.2	2683.18	2.5	3.8	337.1	51.1
1999	3628.93	2.9	6.2	475.9	2645.94	-1.4	1.7	342.8	50.7
2000	3654.48	0.7	0.9	480.2	2646.02	…	…	342.9	49.8
2001	3769.79	3.2	3.5	497.0	2703.36	2.2	2.5	351.4	49.9
2002	3911.91	3.8	5.1	522.4	2825.01	4.5	6.0	372.5	47.6
2003	4054.58	3.6	3.4	540.1	2927.35	3.6	3.4	385.2	47.9
2004	4365.87	7.7	4.0	561.8	3240.78	10.7	6.7	411.0	48.8
2005	4690.49	7.4	4.5	587.0	3707.73	14.4	11.4	457.9	48.3
2006	5079.78	8.3	6.4	624.6	3885.97	4.8	3.2	472.6	48.6
2007	5624.04	10.7	6.5	665.5	4202.32	8.1	4.5	493.8	49.7
2008	6399.77	13.8	7.6	715.8	4872.96	15.9	9.6	541.3	49.0
2009	6906.93	7.9	10.7	792.4	5019.81	3.0	5.3	570.0	48.3
2010	7890.25	14.2	10.3	874.0	5515.58	9.9	6.5	607.1	47.7
2011	9371.73	18.8	11.9	978.0	6725.55	21.9	15.5	701.2	49.1
2012	10542.84	12.5	9.3	1069.0	7458.56	10.9	7.8	755.9	49.1
2013	11067.79	10.7	7.8	1152.4	8937.76	11.9	9.0	823.9	42.1
2014	12245.56	10.6	8.3	1248.0	10043.21	12.4	10.1	907.1	39.5
2015	13360.44	9.1	7.7	1344.1	11103.03	10.6	9.2	990.4	40.6
2016	14512.15	8.6	6.5	1431.5	12414.84	11.8	9.6	1085.5	40.4
2017	15779.74	8.7	7.8	1543.2	13199.62	6.3	5.5	1145.2	40.2
2018	17167.74	8.8	6.8	1648.1	15411.31	16.8	14.6	1312.4	36.6
2019	18818.42	9.6	4.8	1727.2	16949.43	10.0	5.2	1380.6	37.1
2020	20143.43	7.0	3.9	1794.6	17132.33	1.1	-1.9	1354.4	40.8
2021	22306.0	10.7	10.6	1984.8	20011.8	16.8	16.7	1580.6	39.3
2022	23597.8	5.8	3.4	2052.3	20800.0	3.9	1.6	1605.9	40.3

注：2012年前“人均可支配收入”称为“人均纯收入”。

14-2 历年农村居民家庭基本情况

(1949—2022年)

年 份	平均每户常住人口(人)	人 均可支配收入(元)	人 均消费支出(元)	农村居民家庭恩格尔系数(%)	农村人均住房建筑面积(平方米)
1949	4.67	55.62	67.85	73.4	
1950					
1952	4.65	85.32	78.76	67.7	
1957	4.63	108.19	96.61	68.0	
1962		142.60	114.08		
1965		107.73	99.11		
1970					
1975	6.38	143.83	151.42	63.3	
1978	5.99	193.25	184.89	61.7	8.73
1979	6.01	222.72	205.18	59.9	9.10
1980	6.18	274.37	222.22	60.4	10.51
1981	6.22	325.37	266.05	59.3	11.67
1982	6.12	381.79	312.44	58.4	11.39
1983	6.02	395.92	328.76	60.3	12.85
1984	5.99	425.34	346.19	59.3	14.42
1985	5.95	495.31	388.00	60.4	14.87
1986	5.91	546.43	454.06	58.8	15.58
1987	5.87	662.24	545.25	57.3	15.78
1988	5.79	808.70	684.67	55.2	16.39
1989	5.69	955.02	870.59	53.7	17.11
1990	5.65	1043.03	932.63	57.7	17.39
1991	5.51	1143.06	942.40	57.4	18.03
1992	5.49	1307.65	1060.29	54.0	18.77
1993	5.39	1674.78	1391.01	52.8	20.56
1994	5.38	2181.52	1882.00	55.6	20.51
1995	5.36	2699.24	2255.01	54.5	20.83
1996	5.25	3183.43	2584.16	51.6	22.32
1997	5.17	3467.69	2617.65	52.3	23.78
1998	5.15	3527.14	2683.18	51.1	24.83
1999	5.08	3628.93	2645.94	50.7	25.94
2000	5.15	3654.48	2646.02	49.8	22.42
2001	5.10	3769.79	2703.36	49.9	23.39
2002	5.08	3911.91	2825.01	47.6	24.07
2003	5.04	4054.58	2927.35	47.9	24.79
2004	5.01	4365.87	3240.78	48.8	25.48
2005	5.00	4690.49	3707.73	48.3	25.71
2006	4.98	5079.78	3885.97	48.6	26.60
2007	5.00	5624.04	4202.32	49.7	27.24
2008	5.00	6399.77	4872.96	49.0	27.89
2009	4.99	6906.93	5019.81	48.3	28.70
2010	4.95	7890.25	5515.58	47.7	29.23
2011	4.84	9371.73	6725.55	49.1	30.73
2012	4.82	10542.84	7458.56	49.1	31.67
2013	3.71	11067.79	8937.76	42.1	34.92
2014	3.54	12245.56	10043.21	39.5	39.32
2015	3.60	13360.44	11103.03	40.6	42.14
2016	3.69	14512.15	12414.84	40.4	43.92
2017	3.65	15779.74	13199.62	40.2	45.27
2018	3.45	17167.74	15411.31	36.6	47.13
2019	3.47	18818.42	16949.43	37.1	48.68
2020	3.45	20143.43	17132.33	40.8	48.92
2021	3.74	22306.0	20011.8	39.3	50.14
2022	3.72	23597.8	20800.0	40.3	50.75

注：农村人均住房建筑面积在1985年前称“人均居住面积”，1985年以前称为“居住面积”，2012年前称“人均生活住房面积，2013年后改为人均住房建筑面积。

14-3 主要年份农村居民家庭生活基本情况

项　　目	单位	2000年	2005年	2010年	2015年	2020年	2021年	2022年
人均可支配收入	**元**	**3654.48**	**4690.49**	**7890.25**	**13360.44**	**20143.43**	**22306.0**	**23597.8**
工资性收入	元	1362.16	2562.39	4799.52	6724.01	10613.46	12765.0	13560.2
经营净收入	元	2002.93	1731.97	2203.74	3590.14	4584.94	5438.8	5759.3
财产净收入	元	73.68	167.25	401.15	337.01	616.11	795.3	868.8
转移净收入	元	215.71	228.88	485.85	2709.27	4328.92	3306.8	3409.5
人均消费支出	**元**	**2646.02**	**3707.73**	**5515.58**	**11103.03**	**17132.33**	**20011.8**	**20800.0**
食品烟酒	元	1317.48	1789.42	2630.05	4511.34	6991.83	7867.4	8393.1
衣　　着	元	104.21	143.50	215.51	367.13	506.85	721.4	694.0
居　　住	元	378.86	530.30	986.70	2494.84	3829.21	4722.4	4782.7
生活用品及服务	元	125.65	152.12	235.01	654.65	803.20	1014.2	992.5
交通通信	元	205.52	411.64	637.08	1160.44	1958.12	2222.9	2471.2
教育文化娱乐	元	313.46	360.73	326.53	952.41	1275.50	1789.4	1881.0
医疗保健	元	100.31	203.85	307.43	723.15	1517.85	1342.2	1219.6
其他用品和服务	元	100.53	116.17	177.27	239.09	249.76	331.8	365.9
消费支出构成	**(%)**	**100.0**	**100.0**	**100.0**	**100.0**	**100.0**	**100.0**	**100.0**
食品烟酒	(%)	49.8	48.3	47.7	40.6	40.8	39.3	40.3
衣　　着	(%)	3.9	3.9	3.9	3.3	3.0	3.6	3.3
居　　住	(%)	14.3	14.3	17.9	22.5	22.3	23.6	23.0
生活用品及服务	(%)	4.7	4.1	4.3	5.9	4.7	5.1	4.8
交通通信	(%)	7.8	11.1	11.6	10.5	11.4	11.1	11.9
教育文化娱乐	(%)	11.9	9.7	5.9	8.6	7.4	8.9	9.0
医疗保健	(%)	3.8	5.5	5.6	6.5	8.9	6.7	5.9
其他用品和服务	(%)	3.8	3.1	3.2	2.2	1.5	1.7	1.8

注：2013年起为新口径数据。

14-4　农村居民家庭平均每百户主要耐用物品年末拥有量

年 份	家 用 小汽车 (辆)	摩托车 (辆)	洗衣机 (台)	电冰箱 (台)	彩 色 电视机 (台)	空调机 (台)	热水器 (台)	电话机 (台)	移 动 电 话 (部)	计算机 (台)
1980										
1981										
1982										
1983			0.17	0.03						
1984			0.06	0.06						
1985		0.34	0.17	0.03	1.84					
1986		0.52	0.45	0.24	3.53					
1987		0.97	1.53	0.23	4.39					
1988		1.12	2.46	0.45	5.45			1.20		
1989		1.71	3.57	0.83	7.29					
1990		1.84	4.26	1.17	9.80			1.20		
1991		2.11	4.84	1.13	12.42					
1992		4.04	5.54	2.17	16.38					
1993		8.19	10.56	5.08	23.10	0.24		3.83		
1994		12.34	12.58	6.73	28.83	0.40		6.49		
1995		15.73	14.88	7.90	34.35	0.65	5.56	9.40		
1996		22.50	17.89	9.34	38.98	0.51	8.67	14.34		
1997		26.56	18.91	9.92	46.09	0.66	10.27	20.94		
1998		34.02	20.27	11.02	55.43	1.29	12.50	26.09		
1999		40.74	22.07	11.88	63.09	1.48	16.25	32.03		
2000	0.35	54.18	25.00	15.12	73.20	3.05	20.94	40.82	14.49	1.95
2001	0.94	59.02	26.56	16.17	79.45	3.28	23.59	49.30	24.88	4.96
2002	0.51	64.49	28.24	18.32	84.57	4.73	26.80	59.22	38.79	6.99
2003	0.70	71.41	28.28	18.95	92.27	7.07	30.39	70.20	55.82	5.04
2004	0.86	77.07	29.02	20.35	96.13	9.30	33.48	78.01	79.30	6.33
2005	0.94	86.88	29.49	24.73	103.91	18.13	38.67	82.38	116.41	9.26
2006	2.15	89.73	31.88	27.54	108.44	20.27	42.07	85.78	132.58	10.23
2007	1.91	94.34	34.77	31.68	111.72	24.49	45.70	83.67	149.53	12.46
2008	2.03	97.81	37.07	34.88	114.18	27.77	48.28	85.16	162.81	14.26
2009	2.70	101.56	40.55	41.33	116.60	30.98	51.64	82.15	184.38	16.21
2010	3.98	107.11	45.78	49.10	119.26	36.17	57.89	82.38	203.83	19.53
2011	5.86	107.90	50.84	60.94	116.94	50.58	62.58	68.58	241.97	29.52
2012	6.60	108.16	55.16	66.39	118.32	55.29	65.94	69.29	244.48	31.68
2013	8.97	101.20	52.45	66.10	113.24	45.04	64.98	54.12	236.45	27.23
2014	7.48	108.06	54.43	68.36	114.28	46.67	69.36	60.49	248.41	30.40
2015	10.67	116.95	64.82	78.29	117.22	62.15	77.71	55.31	267.18	33.93
2016	14.63	122.27	74.43	84.90	119.49	81.17	84.93	46.06	279.89	37.73
2017	17.57	123.63	78.46	87.93	120.47	91.33	88.49	42.75	287.12	41.61
2018	22.73	116.73	84.71	92.94	116.51	113.53	94.02	31.06	290.44	35.29
2019	26.01	116.58	89.98	97.00	116.47	129.63	97.99	26.01	286.34	38.45
2020	27.69	115.45	90.32	97.48	115.93	132.71	101.7	20.7	277.85	39.75
2021	31.84	110.87	96.62	102.86	112.01	173.09	101.59	14.48	293.90	36.02
2022	36.93	109.43	97.18	103.27	112.65	177.77	103.20	13.27	296.27	36.14

14–5　2022年各市农村居民人均可支配收入和消费支出

市　别	人均可支配收入（元/人）	城乡居民收入比	人均消费支出（元/人）
广　州	36292.3	2.12	26229.7
珠　海	35828.6	1.83	26389.0
汕　头	22056.8	1.68	17267.0
佛　山	38971.3	1.68	25861.4
韶　关	21234.3	1.82	16375.7
河　源	20189.6	1.56	16656.2
梅　州	20289.6	1.67	16940.3
惠　州	28963.7	1.75	20879.3
汕　尾	21226.8	1.64	16557.8
东　莞	45135.8	1.45	31124.8
中　山	43490.2	1.43	30355.0
江　门	24742.2	1.83	16853.1
阳　江	23431.1	1.55	18276.2
湛　江	21713.2	1.71	15426.9
茂　名	22444.0	1.53	17059.1
肇　庆	23653.4	1.64	15499.4
清　远	20803.4	1.79	16443.2
潮　州	20274.8	1.47	16662.8
揭　阳	18959.3	1.60	16821.9
云　浮	20786.9	1.56	14984.8
按经济区域分			
珠三角	31956.7	2.10	22316.7
粤东西北	21153.3	1.64	16548.1
东　翼	20335.4	1.65	16864.9
西　翼	22254.3	1.61	16496.1
山　区	20627.7	1.70	16338.3

注：1.城乡居民收入比=城镇居民人均可支配收入/农村居民人均可支配收入。
2.深圳因完全城市化，无相关数据。
3.珠三角地区9市：广州、深圳、珠海、佛山、惠州、东莞、中山、江门、肇庆市。
4.粤东西北地区12市：汕头、韶关、河源、梅州、汕尾、阳江、湛江、茂名、清远、潮州、揭阳和云浮市。
5.粤东地区4市：汕头、汕尾、潮州、揭阳市。
6.粤西地区3市：阳江、湛江、茂名市。
7.山区地区5市：韶关、河源、梅州、清远、云浮市。

14-6 各县(市、区)农村居民人均可支配收入

(2022年)　　单位：元/人

县(市、区)别	人均可支配收入	增速(%)	县(市、区)别	人均可支配收入	增速(%)
广州市			东源县	20531	5.2
白云区	36356	4.5	和平县	19845	6.7
番禺区	48696	4.9	龙川县	20137	5.0
花都区	34731	4.8	紫金县	20660	5.6
南沙区	42168	5.9	连平县	20141	6.4
从化区	27779	5.3	**梅州市**		
增城区	33835	6.6	梅江区	25209	4.3
珠海市			梅县区	25468	5.4
斗门区	35829	4.2	兴宁市	21996	4.4
汕头市			平远县	22456	5.8
龙湖区	27038	7.2	蕉岭县	22257	5.9
澄海区	24162	4.6	大埔县	18038	4.7
濠江区	21698	6.2	丰顺县	18097	4.9
潮阳区	20482	6.2	五华县	16617	6.0
潮南区	21355	6.3	**惠州市**		
南澳县	16802	6.3	惠城区	29785	3.1
佛山市			惠阳区	31345	2.9
南海区	45651	4.9	惠东县	28067	4.7
高明区	33951	5.1	博罗县	27987	4.8
三水区	37635	5.2	龙门县	27107	5.4
韶关市			仲恺区	32207	5.7
浈江区	23793	3.4	大亚湾区	31807	5.2
武江区	25175	3.9	**汕尾市**		
曲江区	23207	4.0	市城区	22286	6.5
乐昌市	20175	4.3	陆丰市	21052	7.2
南雄市	20614	5.6	海丰县	23588	6.9
仁化县	22369	5.4	陆河县	16478	5.9
始兴县	21239	4.7	**江门市**		
翁源县	20330	4.7	新会区	29754	6.9
新丰县	20165	6.1	台山市	22937	4.3
乳源县	20149	6.2	开平市	24195	5.2
河源市			鹤山市	24593	5.0
源城区	27832	5.2	恩平市	20488	6.4

14-6 续表

(2022年) 单位：元/人

县(市、区)别	人均可支配收入	增速(%)
阳江市		
江城区	24836	5.1
阳东区	24966	5.6
阳春市	21964	5.6
阳西县	23928	6.3
湛江市		
霞山区	21372	4.0
麻章区	23207	5.6
坡头区	21281	4.0
雷州市	17652	5.1
廉江市	23708	5.2
吴川市	25339	5.2
遂溪县	22602	4.7
徐闻县	21818	2.6
开发区	22623	5.3
茂名市		
茂南区	23051	4.4
电白区	22656	4.5
信宜市	22404	4.1
高州市	22523	4.0
化州市	22529	3.6
肇庆市		
鼎湖区	31061	4.1
高要区	27381	4.4
四会市	30488	2.8
广宁县	19931	5.8
德庆县	25154	3.3
封开县	19798	6.0
怀集县	20824	4.7
清远市		
清城区	26024	4.7
清新区	20867	4.7
英德市	21230	5.5
连州市	18428	5.9
佛冈县	20684	5.0
阳山县	19131	3.9
连山县	17831	6.2
连南县	18198	5.7
潮州市		
湘桥区	22127	5.9
潮安区	22097	6.0
饶平县	19272	6.2
揭阳市		
揭东区	21768	4.9
普宁市	21307	5.1
揭西县	15381	6.6
惠来县	16931	6.0
云浮市		
云城区	21583	5.6
云安区	20376	6.3
罗定市	20197	6.0
新兴县	23257	5.8
郁南县	19656	4.3

注：深圳市因完全城市化，无农村居民相关数据。
城乡住户调查一体化改革后，针对城乡范围的划分标准发生了变化，部分原属于农村范围的地区改革后划归到城镇。
部分市辖区全部属城镇范围，没有农村常住居民的数据。

十五、农垦

2 月 17 日至 18 日广东农垦天然橡胶工作会暨南药产业发展推进会在广东茂名召开。南药是广东农垦的战略性新兴产业，广东农垦立志于将广垦南药产业打造成全国南药产业聚集发展引领区、最大的南药规范化生产示范基地和最大的南药储备基地，建设成为全国南药育繁推一体化的创新发展新高地和中药材现代化交易模式示范样本。

5 月 16 日时任省委常委叶贞琴、省政府副秘书长郑伟仪到省农垦集团（总局）调研并主持召开座谈会，听取省农垦集团（总局）近年来深化农垦改革发展有关工作情况的汇报。

图为6月11日广东省职业技术教育学会乡村振兴工作委员会成立大会暨乡村振兴工作研讨会在农工商职业技术学院举行。3月10日广东乡村振兴培训学院在广东农工商职业技术学院揭牌成立，培训学院将创新培训方式，构建“政府＋大型国企＋农业职业院校＋社会组织”的人才培训主体合作机制，依托农垦系统产业化、集团化、集约化的独特优势和鲜明特色，丰富培训内容，优化培训服务。

6月14日至17日，2022年广东农垦“燕塘投资杯”职工羽毛球、乒乓球锦标赛在广州燕塘羽毛球馆成功举办。来自垦区单位的17支羽毛球和15支乒乓球参赛队伍、共350余名选手参加比赛。

8 月 22 日至 23 日第 34 届全国食糖质量工作会议在江苏省南京市召开，并举行全国食糖质量评比活动。广垦糖业集团旗下 6 家糖企全部获得“质量优秀奖”。

11 月 3 日，广东省广垦橡胶集团有限公司作为中国在泰农业投资领域的代表性企业之一，受邀参加在曼谷举行的中泰投资论坛，并作《践行“绿色发展、合作共享”理念，为促进中泰农业合作添彩》的主旨演讲。

12月22日至25日，广东农垦组织参加在四川成都举办的第十九届中国国际农产品交易会。垦区红江橙、“三叶牌”菠萝罐头、“名富牌”有机番石榴和“雄鸥”蒸青绿茶等4个产品，经过网络评选，被评选为“我最喜爱的农垦美味”。

12月27日，2022年第十一届广州国际灯光节正式亮灯。作为本届灯光节战略合作伙伴，广东农垦率旗下“广垦菠萝”闪亮登场，通过现代灯光科技和AR虚拟技术，展现“粤字号”“垦字号”优势农业品牌的独特魅力。

广东农垦2022年国民经济和社会发展情况公报

2022年是广东农垦同心同德、团结奋进的一年。一年来，垦区各级认真贯彻落实总书记、党中央和省委、省政府决策部署，坚持“聚焦主业、稳中求进、防控风险”工作基调，紧扣“1339”工作部署，推动改革攻坚深化、产业高质高效、垦区宜居宜业、职工富裕富足，在疫情防控任务异常繁重的情况下，迎难而上，努力克服外部环境重重压力，坚守疫情防控底线，经垦区上下共同努力，经济社会发展取得良好成绩，在全省乡村振兴实绩考核中获评“优秀”，在省属企业党建工作考核中获评“好”，以实际行动迎接了党的二十大胜利召开。

一、综合

2022年，广东农垦实现生产总值199.65亿元，比上年增长3.96%，其中：第一产业增加值70.71亿元，增加5.12%；第二产业增加值67.78亿元，增长2.71%；第三产业增加值61.16亿元，增长4.04%；三次产业结构由上年的35.03:34.36:30.61变为35.42:33.95:30.63。人均农垦生产总值达51259元，增长3.67%。国有在岗职工年均纯收入76740元，增长4.69%，垦区居民人均可支配收入30453元，增长4.11%。全年国有企业营业收入261.64亿，利润10.30亿，资产总额437.68亿，净资产170.50亿。

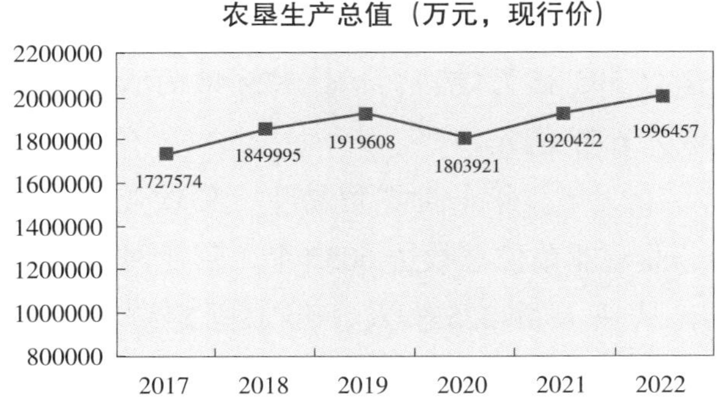

二、农业

2022年，广东农垦实现第一产业增加值70.71亿元，增长5.12%。农林牧渔业总产值(按现行价计算)131.85亿元，同比增长8.29%，农林牧渔业商品产值为118.00亿元，农业商品率为89.50%。

2022年，实现农作物总播种面积4.51万公顷，增加2.81%，其中：粮食播种面积0.79万公顷，增加1.12%；糖蔗种植面积2.23万公顷，增加0.29%；油料播种面积0.19万公顷，减少8.25%；蔬菜播种面积0.75万公顷，增加4.3%。

垦区国内外橡胶年末实有面积7.23万公顷，其中：国内基地橡胶年末实有面积4.69万公顷，减少1.05%；水果年末实有面积3.53万公顷，减少0.95%；剑麻2981公顷，减少9.23%；茶叶746公顷，减少0.59%。

全年生猪饲养量191.35万头，增长31.31%，其中年末存栏91.74万头；牛年末存栏4.63万头，其中奶牛3.96万头；全年水产养殖面积3763公顷。

全年粮食产量4.60万吨，增加8.17%；糖蔗产量173.56万吨，增加1.25%；油料产量0.52万吨，减少14.96%；蔬菜产量20.94万吨，增长14.86%；干胶产量90.94万吨（包含海外、海南和云南），增长6.44%；水果产量95.63万吨，增加1.30%；剑麻直纤维产量5466吨，增加6.79%；茶叶产量569.36吨，减少3.50%。

全年肉类总产量13.70万吨，增长24.62%，其中猪肉产量9.54万吨，增长39.94%；禽肉产量2.15万吨，减少2.54%，禽蛋产量4384吨，增加42.23%。全年水产品产量4.32万吨，增长

0.22%，其中海水养殖 1.84 万吨，淡水养殖 2.48 万吨。鲜牛奶产量 8.57 万吨，增长 7.25%。

全年农业固定资产投入 17.25 亿元，增长 33.12%。年末农业机械总动力为 48.67 万千瓦，增长 1.44%。全年农用化肥施用量（折纯）5.83 万吨，减少 2.96%；农用塑料薄膜用量 745.69 吨，减少 1.40%；农药施用量 3969 吨，减少 4.72%；有效灌溉面积达 2.64 万公顷，减少 6.38%。

2022 年完成农业龙头企业的申报和监测工作，至 2022 年末，垦区共有 18 家省级以上龙头企业，其中 3 家为国家级重点龙头企业。

三、工业和建筑业

2022 年，实现工业增加值 57.87 亿元，增长 2.39%，占生产总值的 28.98%。

2022 年，垦区各类工业企业 628 家，其中：规模以上工业企业 59 家，垦区各类工业企业全年实现工业总产值按现行价计算（下同）为 250.77 亿元，增长 3.70%，规模以上工业总产值 221.53 亿元，占工业总产值的 88.34%，工业产品销售率为 96.83%，全年实现工业利润是 12.31 亿元，应交税金 4.06 亿元。

2022 年垦区二十三大类工业产品中，产值排前十位的行业是：化学原料和化学制品制造业产值 104.45 亿元，占 41.65%；其他制造业产值 51.38 亿元，占 20.49%；农副食品加工业产值 22.66 亿元，占 9.04%；食品制造业 20.72 亿元，占 8.26%；橡胶和塑料制品业 10.64 亿元，占 4.24%；金属制品业 10.00 亿元，占 3.99%；家具制造业产值 5.96 亿元，占 2.38%；电力、热力生产和供应业 4.51 亿元，占 1.80%；纺织服装、服饰业 3.41 亿元，占 1.36%；木材加工和木、竹、藤、棕、草制品业 3.41 亿元，占 1.36%。这十大产业总产值 237.14 亿元，占工业总产值的 94.57%。

2022 年，全年完成建筑业产值 24.87 亿元，增加 7.40%，房屋施工面积 54.59 万平方米，房屋竣工面积 47.69 万平方米。建筑业增加值达 9.91 亿元，增加 4.65%。

2022 年垦区工业主要产品产量及其增减情况

产品名称	单位	产量	比上年增减（%）
机制糖	吨	308454	14.22
罐头	吨	2916	139.61
酒精	吨	1024	18.64
乳制品	吨	213715	–2.74
大米	吨	32910	17.04
有机复混肥	吨	39199	22.09
饲料	吨	169571	52.65
水泥	吨	135720	3.46
家具	万件	193	–5.93
发电量	万千瓦时	98892	23.4

四、固定资产投资

2022 年，全年全社会固定资产投资总额 52.33 亿元，增长 0.78%，其中国有固定资产投资完成 24.53 亿元，增加 33.03%，非国有投资完成 27.8 亿元，减少 16.97%。

分三次产业看，第一产业投资 17.25 亿元，增长 33.12%。第二产业投资 23.55 亿元，减少 11.21%。第三产业投资 11.52 亿元，减少 7.35%。

固定资产投资（万元）

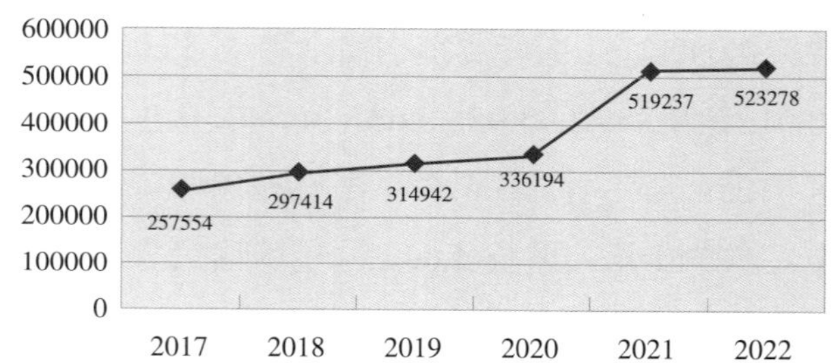

五、交通运输业、批零贸易业、餐饮业、服务业及出口商品

2022 年，现有主要运输工具 2509 台，全年货运量 595.85 万吨；客运量 822.40 万人，营业总收入 6.77 亿元。

2022 年，年末批零贸易业、餐饮业、其它服务业营业单位总数达 6053 个，营业网点 6426 个，从业人员 32539 人，年末固定资产原值 68.14 亿元，营业用房 172.42 万平方米，销售和营业总额 201.24 亿元。

2022 年，出口商品总金额达到 43.27 亿元，下降 2.05%。其中：工业品出口 38.19 元，占出口总额的 88.26%。2022 年末，垦区境外企业达 11 家，境外企业全年总收入 106.39 亿元，利润总额 5.02 亿元。

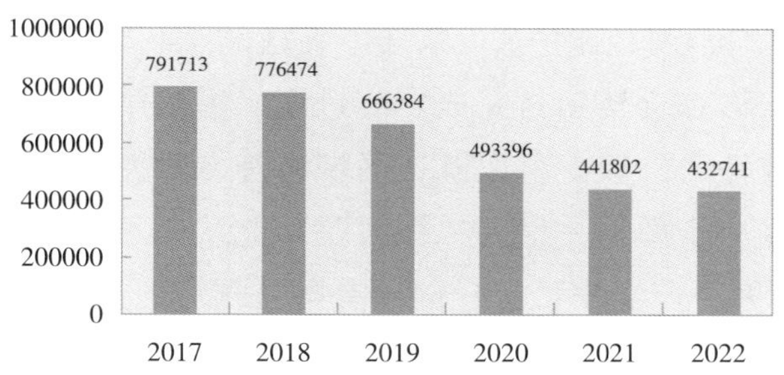

六、科技生产、土地

2022 年，广东农垦聚焦产业发展需要，实施以科技创新为核心的创新驱动工程，建设了一批科创基地，推进科研成果转化和应用。截至年末，共有科研单位 7 家、科技人员 468 人，主要农作物耕种收综合机械化水平和良种覆盖率分别达到 75.7%和 100%。

加大科技研发力度。全年共获得授权专利 108 项，发表论文 259 篇，获得软件著作权 14 项，制(修)订标准 7 项，获得科技类奖项 11 项(省级以上科技奖 7 项、行业协会类科技奖 4 项)。全年共开展研发课题 38 项。建立特种天然橡胶试验基地 9378 亩，与相关单位联合研制高频减振胶、高承载减振胶、航空轮胎胶等 3 种类型的特种胶。

加强科技推广与应用。橡胶“六天一刀”以上新割制推广率达到 74.3%，较“十三五”末提高了 12 个百分点，比传统割制节省胶工 30%以上。广垦研究院推进年产 1000 万株的标准化育苗基地建设和南药种质资源圃（库）建设，繁育橡胶和南药等种苗 560 多万株。垦区建设橡胶、甘蔗、水果机械化生产示范基地 5 万多亩，甘蔗基地人均管理达到 800 亩以上。

加强科技体系建设与合作交流。广垦橡胶集团与中国热科院合作成立特种天然橡胶研发生产基地，参与组建广东省先进弹性体创新中心和绿色橡胶发展研究院。燕塘乳业公司参与建设国家乳业技术创新中心，获批省级企业技术中心创新能力建设项目。广垦畜牧沃而多试验猪场和地方猪种保护利用开发中心投入运行。广垦研究院推进广东省菠萝产业研究院建设。垦区人力资源管理平台投入应用，粤东粤西财务共享中心系统上线试运行。垦区全部土地、部分物业实现数字化管理，国土资源管理平台完成系统功能建设，收录 304 万亩土地，实现了土地巡查系统和超图系统等的对接。建成广前数字果园，基本实现生产全过程数字化管理。

2022 年，垦区年末土地总面积 222811 公顷，其中耕地 54133 公顷，林地 37402 公顷，园地 87508 公顷，水面面积 6102 公顷，居民及工矿用地面积 9787 公顷。

农垦土地管理。发挥省农垦集团公司作为省耕地保护协会会长单位作用，举办耕地保护专题讲座及耕地保护法专题研讨会，组织开展垦区耕地地类和现状种植情况调查，加大耕地保护力度。国土资源管理平台系统全面上线运行，管理地块面积 304 万亩，收录矢量化地块数据 15 万条。印发《广东农垦国有土地动态巡查制度》，利用系统土地巡查系统开展历史被占地外业核查工作；印发《广东农垦历史被占地收回攻坚行动方案》，全年回收历史被占地 3354 亩。实施国有农场拆旧复垦项目，会同省自然资源厅编制《广东农垦国有农场拆旧复垦项目验收指南》，规范广东农垦国有农场闲置建设用地拆旧复垦项目验收工作，有拆旧复垦任务的 32 个农场全部完成规划设计，其中 22 个农场进场施工，施工面积 6123 亩，竣工面积 1383 亩。

七、教育和卫生

教育事业。2022 年，垦区有普通高等学校 1 所，在校学生 22371 人，当年新招生人数 6824 人，当年毕业生 9315 人；中专 1 所，在校学生

4375 人，当年毕业生 1426 人；技工学校 2 所，在校学生 1609 人，当年毕业生 379 人。

2022 年垦区职业教育稳步推进，亮点纷呈。农工商学院在全国高职院校国家级科研项目排行第 9，入围全国高职院校服务贡献 60 强；在全省高职院校教师教学能力大赛中综合排名第 1、“创新强校工程”考核中排名第 6、科研社会服务经费考核排名第 8；党建与思政教育基地“筑梦园”落成。农垦湛江技校入选全国工学一体化重点建设院校。湛江垦地合作乡村振兴人才培训基地在农工商学校挂牌。农工商学院成立广东乡村振兴培训学院，当选为广东省职教学会乡村振兴委员会牵头单位，当年开展省内“订单”式培训，并参与国家东西部协作和结对帮扶培训，培训总人数 2000 多人。

垦区高素质农民培训工作获农业农村部科教司和中央农广校充分肯定，全年举办 46 个培训班，培训总人数 2217 人。2022 年垦区高素质农民培训工作获得以下 6 项荣誉：①广东农垦农业经理人培训案例入选全国农民培训优秀案例库；②培训班学员红星农场李敏被授予全国“百优保供先锋”称号；③农工商学院李秀平老师及其《作物生产环境》课程，入选首届涉农职业院校服务乡村振兴“名课名师”资助项目；④广垦农广校被授予全国农广校系统信息宣传工作优秀集体，马明兵、岑宁、马党生、卢茂林被评为 2022 年信息宣传工作优秀个人；⑤中央农广校授予农垦农广校茂名分校“全国农广校系统 100 名优秀学校”；⑥黄志华被授予“全国农广校系统优秀管理人员”。

医疗卫生事业。2022 年，垦区各级医疗勇当疫情防控排头兵，全面融入属地防控大局，贡献农垦防疫力量。垦区医疗严格落实预检分诊制度，有效应对多起“红码”“黄码”及密接、次密接人员等突发疫情事件。防控政策优化调整后，垦区医疗机构准确把握新阶段新形势新要求，确保各项优化调整措施在全系统落实落地落到位。垦区医疗队伍牢牢守住疫情防控底线，有力保障了垦区 39 万干部职工和社区居民实现疫情“零扩散”目标，展现了“召之即来、来之能战、战之必胜”的农垦医疗队伍作风。

后疫情时代，垦区医疗机构全年累计完成总收入 18.6 亿元，实现平稳发展。省农垦中心医院通过三甲等级复审，增挂“湛江市肿瘤性疾病医疗质量控制中心”牌子，在建的 7.4 万平方米门诊综合楼项目完成年度进度。湛垦第三医院被评为二级专科医院，区域精神专科龙头地位进一步彰显，垦区二级医院藉此从 3 家上升到 4 家。茂名农垦医疗健康有限公司（医疗集团）顺利组建，资源整合能力进一步优化提升。友好医院、红星医院、红湖医院、梅陇医院等基层医院老年康复科提档升级，全垦区康养床位突破 800 张。

截至 2022 年末，垦区有医疗单位 45 个，其中：三级综合医院 1 家，二级综合医院、专科医院共 4 家，疾病预防控制中心（含卫生防疫站）2 家，当年关停卫生所 1 家。全垦区医疗单位实际开放病床数 8025 张，医疗系统职工总数 4735 人。

八、人口、职工与垦区居民收入

2022 年全垦区年末总人口 39 万人。

国有单位从业人员年末总数 5.24 万人，其中：国有在岗职工为 3.25 万人。全年国有在岗职工纯收入合计 25.08 亿元，国有在岗职工年均纯收入 76740 元，增长 4.69%。

2022 年末从业人员 123817 人，其中：从事第一产业 56534 人，占从业人员总数的 45.66%；从事第二产业 31120 人，占从业人员总数的 25.13%；从事第三产业 36163 人，占从业人员总数的 29.21%。从业人员年平均纯收入 49869 元，增长 2.56%。2022 年垦区居民人均可支配收入 30453 元，增长 4.11%。

九、财务状况

资产负债情况：由于畜牧、粮油等产业的迅

速发展，垦区国有资产规模进一步扩大。2022年末垦区资产总额为437.68亿元，比年初数增加11.88亿元，负债总额267.18亿元，比年初增加10.67亿元，资产负债率为61.04%。

所有者权益增减变动情况：2022年末所有者权益170.50亿元（其中:归属于母公司的所有者权益为152.55亿元），比年初增加1.22亿元，增加的主要原因是经营积累增加。

资产运营效率及债务风险情况：广东垦区2022年资产负债率为61.04%，总体债务风险可控；流动比率105.64%，比上年增加了4.89个百分点；资产现金回收率5.81%，同比上年下降1.32%个百分点，经营活动现金流量净流入25.06亿元；净资产利润率和总资产报酬率分别为4.32%和3.34%，企业资产的运营效率较好。

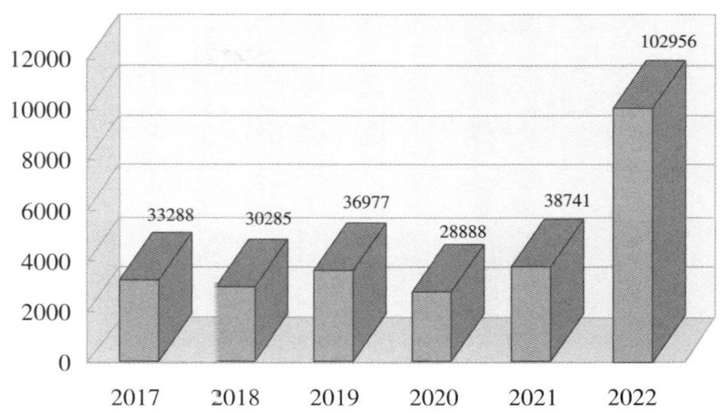

国有营业总收入、利润情况：2022年垦区实现营业总收入261.64亿元，比上年增加了21.30亿元，增幅8.86%；实现利润总额10.30亿元，比上年增加了6.43亿元，增幅166.15%。税金缴纳情况：垦区2022年共实现各项税费7.31亿元。

15-1 主要年份广东农垦统计指标

项目	计量单位	1957	1962	1965	1970	1975	1978	1985	1990	1995	2000
土地总面积	公顷	198620	347113	236953	254767	250980	251129	238980	220026	219038	217705
农垦总人口	人		117529	158740	248600	295340	318060	317136	347144	337737	352608
国有在岗职工人数	人	21181	61066	77856	130255	151145	167555	169606	167169	123892	101698
国有职工工资总额	万元	1094	2305	2671	4358	6441	8110	16199	37206	75000	65145
工农业总产值(现行价)	万元								143320	345274	415136
其中：农业总产值	万元							32568	77132	157695	186062
工业总产值	万元							21475	66188	187579	229074
农垦社会总产值(现价)	万元						41176	63405	162320	464602	522934
农垦生产总值(现价)	万元						20176	31233	71970	176407	171361
利润总额	万元	-357	75	1521	1734	3367	4684	3582	3825	23521	-20713
交纳税金	万元	19	121	828	1230	481	481	2109	7449	15900	14279
国有固定资产原值	万元							95570	125191	213315	469584
国有固定资产净值	万元							70312	89256	168452	336609
出口商品总金额	万元	118	125	446	32	193	219	217	10134	31833	28123
出口创汇金额	万美元						49	76	2073	3826	3386
农产品销售金额	万元	174	357	810	738	12374	19694	26165	59015	121698	132871
干胶总产量(国内基地)	吨		1388	3426	7232	12361	16288	24408	30241	27158	20034
剑麻纤维产量	吨	64	74	1337	3016	5695	7271	10893	10538	16889	17873
干毛茶产量	吨		1	2	1	8	35	1431	3135	2613	2320
水果总产量	吨	875	966	1002	2426	795	1726	16783	62134	74575	143415
年末林地面积	公顷	33099	30223	36297	39716	39972	39960	32385	38077	33680	24755
鲜牛奶产量	吨	106	250	604	656	1469	1912	3162	3423	5062	3158
肉类产量	吨	809	1265	681	2400	2466	4012	13033	15306	21736	37905
水产品产量	吨	18	104	32	79	423	227	791	2834	8128	15391
机制糖产量	吨	393	1878	13281	13134	12168	15557	39111	79506	113893	183434
水泥产量	吨					21023	39353	120598	171199	594066	432540
固定资产投资额	万元	1239	2355	2385	4766	4454	5882	9596	8580	88376	30250

15-1 续表

项目	计量单位	2005	2010	2015	2016	2017	2018	2019	2020	2021	2022
土地总面积	公顷	221793	226031	228305	228834	228364	223729	223102	223000	222907	222811
农垦总人口	人	350249	375095	377975	382887	389346	390400	391906	391035	389360	389984
国有在岗职工人数	人	65714	59370	47512	46127	43264	39749	34941	33249	32771	32457
国有职工工资总额	万元	64852	101106	221171	227502	237889	249786	246718	242716	258913	271220
工农业总产值(现行价)	万元	616773	1593241	2759359	2782341	3521951	3519462	3630582	3327645	3632010	3826136
其中：农业总产值	万元	273438	434598	913121	994468	1076861	1142092	1139022	1127335	1213826	1318477
工业总产值	万元	343335	1158643	1846238	1787873	2445090	2377370	2491560	2200310	2418184	2507659
农垦社会总产值(现价)	万元	750248	1938973	3475153	3581996	4392133	4447843	4636004	4288257	4657730	4882285
农垦生产总值(现价)	万元	323933	836254	1512954	1613180	1727574	1849995	1919608	1803921	1920422	1996457
利润总额	万元	14568	33848	38062	32572	33288	30285	36977	28888	38741	102956
交纳税金	万元	15361	26551	30608	46724	53649	52524	58590	50692	58173	53172
国有固定资产原值	万元	682053	772743	1583426	1817613	1877682	1982831	2081950	2161247	2301116	2474019
国有固定资产净值	万元	546608	580666	1272136	1364954	1450760	1502552	1537986	1565045	1689357	1785338
出口商品总金额	万元	78937	452321	692905	764445	791713	776474	666384	443396	441802	432741
出口创汇金额	万美元	9915	69400	108071	111204	114954	105656	89078	63601	57167	70202
农产品销售金额	万元	210751	367085	789697	821199	912964	*	*	*	*	*
干胶总产量(国内基地)	吨	21307	13383	12970	12923	14006	13882	16226	16136	17826	16782
剑麻纤维产量	吨	14410	13610	7929	3279	2715	2663	3312	4078	5118	5466
干毛茶产量	吨	1737	1092	617	685	702	856	820	532	590	569
水果总产量	吨	236156	401505	875421	896783	889913	900609	938931	880164	944064	956311
年末林地面积	公顷	24635	23225	28002	28628	29532	83359	81907.5	34212	36477	37402
鲜牛奶产量	吨	19711	26303	45618	48196	58300	53199	64116	70116	79900	85695
肉类产量	吨	42117	64140	119212	119812	128517	132757	97323	76291	109945	137010
水产品产量	吨	21755	30386	36746	38871	43908	41917	42184.2	42758	43149	43245
机制糖产量	吨	352576	518025	364552	350028	339925	377957	387500	277100	270054	308454
水泥产量	吨	483468	520730	309376	293584	250807	128643	130855	112547	131185	135720
固定资产投资额	万元	59761	202232	274278	294540	257554	297414	314942	336194	519237	523278

15-2 广东农垦2022年主要指标完成情况

指标名称	单位	总局合计		湛江局	茂名局	阳江局	揭阳局	汕尾局	直属单位
		完成数	增长率(%)						
一、农垦总人口	**人**	**389984**	**0.16**	**146727**	**94620**	**14191**	**51084**	**35685**	**47677**
其中:从业人数	人	123817	0.63	32482	24478	3474	15396	14413	33574
内:国有在岗职工	人	32457	-0.96	11501	5325	1696	550	466	12919
二、土地总面积	**公顷**	**222811**	**-0.04**	**90782**	**55394**	**30201**	**11798**	**9345**	**25291**
其中:耕地	公顷	54133	15.08	32995	269	1453	1647	1491	16276
高标准农田	公顷	27119	5.81	18202				866	8051
三、农业生产									
1.橡胶年末面积	公顷	46940	-0.94	6549	28993	7890	2053	1051	404
橡胶年末株数	万株	1401	-3.80	232	799	241	67	49	12
全年干胶总产	吨	909406	6.43	2163	11018	3182	266	152	892624
其中:国内干胶总产	吨	16782	-5.86	2163	11018	3182	266	152	
单株年产干胶	公斤	2.1		2.0	2.1	2.1	1.3	1.4	
公顷年产干胶	公斤	593	-2.63	568	624	540	349	788	
2.剑麻年末面积	公顷	2981	-9.23	2945					36
纤维总产	吨	5466	6.79	5449					16
3.茶叶年末面积	公顷	746	-0.59	256	233	37	199	21	
茶叶总产	吨	569	-3.50	109	235	3	195	28	
4.水果年末面积	公顷	35256	-0.95	18393	5356	1331	3018	1247	5910
水果总产量	吨	956311	1.30	605416	27100	4127	16278	8764	294626
其中：柑橘橙年末面积	公顷	1064	-3.00	838	85	59	55		27
总产量	吨	12796	10.71	9211	122	1059	2192		212
菠萝年末面积	公顷	11548	-0.97	6556	26		76	117	4774
总产量	吨	432514	1.34	188764	144		2276	3050	238280
荔枝年末面积	公顷	6923	-0.96	2190	2674	353	849	858	
总产量	吨	34510	-32.07	15546	10066	277	4065	4556	
香蕉年末面积	公顷	7794	1.24	6344	258	56	98	57	980
总产量	吨	389970	6.47	328067	8449	733	744	488	51490

15-2 续表 1

指标名称	单位	总局合计		湛江局	茂名局	阳江局	揭阳局	汕尾局	直属单位
		完成数	增长率(%)						
5.粮食播种面积	公顷	7949	1.12	2730	787	266	1765	2371	30
粮食总产量	吨	45966	12.32	16944	4443	1418	9380	13566	216
其中：水稻播种面积	公顷	4028	0.09	583	289	150	960	2046	
水稻总产量	吨	24297	20.03	3769	2215	830	5406	12078	
6.糖蔗播种面积	公顷	22293	0.29	12830	36	39			9388
糖蔗总产量	吨	1735596	1.25	1044372	1857	2340			687027
7.油料播种面积	公顷	1871	-8.25	876	614	127	169	54	30
油料总产量	吨	5176	-14.96	2479	1788	315	385	127	82
8.蔬菜种植面积	公顷	7543	4.30	4725	1039	181	704	736	159
蔬菜产量(含菜用瓜)	吨	209382	14.86	158075	17721	2287	14672	13153	3475
9.油茶年末面积	公顷	6639	-17.41		5322	362	68		887
油茶鲜果产量	吨	7045	33.70		7017	21			7
10.生猪年出栏量	万头	99.61	36.41	20.63	16.81	13.69	4.49	1.28	42.71
生猪年末存栏量	万头	91.74	26.15	16.18	14.35	4.89	2.42	0.40	53.50
11.牛年末存栏量	万头	4.63	-0.36	0.31	0.03	0.06	0.18	0.03	4.02
其中：奶牛	万头	3.96	1.52	0.01					3.95
12.肉类总产量	吨	137010	24.62	25414	39006	13111	5138	6013	48328
其中：猪肉	吨	95425	39.94	18255	13066	11401	3666	972	48065
13.牛奶产量		85695	7.25	293					85402
14.水产养殖面积	公顷	3763	-1.41	930	380	1293	142	962	56
水产品产量	吨	43245	0.22	8091	6294	22723	1068	5015	54
15.农业机械总动力	千瓦	486690	1.44	126718	75083	81645	9719	33987	159538
四、工业生产									
1.工业企业个数*	个	628	-0.63	205	192	16	75	71	69
2.工业产品产量									
其中：水泥	吨	135720	3.46			135720			
机制糖	吨	308454	14.22						308454
罐头	吨	2916	139.61	2916					
饲料	吨	169571	52.65		3940			1370	164261
酒精	吨	1024	18.64						1024

注：* 本栏工业企业个数包括了各个层次各种所有制的全部工业企业个数。

15-2 续表 2

指标名称	单位	总局合计		湛江局	茂名局	阳江局	揭阳局	汕尾局	直属单位
		完成数	增长率(%)						
乳制品	吨	213175	-2.74						213175
家具	万件	193	-5.93	132	6	15			40
有机复混肥	吨	39199	22.09			14508			24691
砖	万块	41675	7.73	10417	15094	10360	293	4521	990
食用油	吨	9292	-62.52	483	2954				5855
大米	吨	32910	17.04	430	520		4095	11285	16580
发电量	万千瓦时	98892	23.40	34133	1	33612	17855	63	13229
五、全部固定资产投资	**万元**	**523278**	**0.78**	**151242**	**53262**	**59660**	**48845**	**21286**	**188984**
1.第一产业	万元	172546	33.12	26644	19393	6716	6203	9948	103643
2.第二产业	万元	235500	-11.21	100895	12617	51225	38095	9757	22911
3.第三产业	万元	115232	-7.35	23703	21252	1719	4547	1581	62431
其中:国有固定资产投资	万元	245318	33.03	47974	25521	9245	5244	891	156443
六、农垦社会总产值(现价)	**万元**	**4882285**	**4.82**	**944902**	**583658**	**210558**	**148366**	**202492**	**2792309**
1.第一产业	万元	1318477	8.62	537219	234186	124481	59938	40826	321827
2.第二产业	万元	2756403	4.03	280458	164778	46737	57258	124356	2082817
其中:工业	万元	2507659	3.70	156390	83910	37364	42062	107562	2080372
3.第三产业	万元	807405	1.67	127225	184694	39340	31170	37310	387666
七、农垦生产总值(现价)	**万元**	**1996457**	**3.96**	**544115**	**340692**	**117089**	**75794**	**85157**	**833610**
1.第一产业增加值	万元	707091	5.12	294494	148774	75096	31884	22959	133884
2.第二产业增加值	万元	677811	2.71	90358	66274	19549	21348	41993	438289
其中:工业	万元	578726	2.39	45494	31178	14014	14569	36265	437205
3.第三产业增加值	万元	611555	4.04	159263	125645	22443	22562	20205	261437
八、出口商品总金额	**万元**	**432741**	**-2.05**	**1377**		**50857**	**270**		**380237**
九、全年利税总额	**万元**	**156129**	**61.10**	**3583**	**19561**	**9266**	**281**	**352**	**123086**
其中:利润	万元	102956	165.76	88	19080	8470	212	341	74766
十、按农垦人口计算									
1.人均农垦生产总值	元	51259	3.66	34376	26913	26661	28871	29660	47583
2.国有在岗职工年均收入	元	76740	4.69	73255	59086	56351	61166	57382	91282
3.农垦人口人均纯收入	元	30453	4.11	27933	28356	32212	21215	24100	56320
4.从业人员年均纯收入	元	49869	2.56	51870	43401	51051	27815	37081	68425

15-3 农垦基本情况

指标名称	计量单位	农垦总局	湛江局	茂名局	阳江局	揭阳局	汕尾局	直属单位
一、农垦农场情况								
1.农场个数	个	45	16	12	6	6	3	2
二、农垦人口情况								
1.农垦年末总人口	人	389984	146727	94620	14191	51084	35685	47677
其中：农场人口	人	334025	130957	92405	12747	50400	35641	11875
2.农垦年内平均人口	人	389486	146771	94417	13487	51070	35697	48044
三、从业人员情况								
从业人员年末数	人	123817	32482	24478	3474	15396	14413	33574
第一产业	人	56534	18704	10662	2103	10536	8964	5565
第二产业	人	31120	4439	5034	556	2726	3241	15124
第三产业	人	36163	9339	8782	815	2134	2208	12885
从业人员工资总额	万元	688077	207323	107437	22235	44030	53546	253506
四、职工及工资总额								
职工期末人数	人	52362	17295	5476	1755	2696	4921	20219
其中：在岗职工人数	人	32457	11501	5325	1696	550	466	12919
职工工资总额	万元	347612	116984	31540	10636	10760	18577	159116
其中：在岗职工工资总额	万元	271220	90785	31422	10406	3638	2674	132295
五、收入及住房情况								
1.居民人均可支配收入	元	30453	27933	28356	32212	21215	24100	56320
2.年末实有住房面积	平方米	14261563	5655843	3402898	474830	1743478	1364370	1620144
六、小城镇情况								
1.小城镇个数	个	41	15	12	4	4	2	4
2.小城镇人口	人	148509	56670	41357	8988	19543	9219	12732
3.小城镇占地面积	平方米	61205124	26880000	14435124	4310000	3830000	4450000	7300000

15-4 土地利用面积和耕地变动情况

指标名称	计量单位	农垦总局	湛江局	茂名局	阳江局	揭阳局	汕尾局	直属单位
一、土地总面积	**公顷**	**222811**	**90782**	**55394**	**30201**	**11798**	**9345**	**25291**
1.耕地面积	公顷	54133	32995	269	1453	1647	1491	16276
其中：高标准农田面积	公顷	27119	18202				866	8051
水田	公顷	3790	819	193	868	665	1157	87
永久基本农田	公顷	29314	18802	8	870	698	1050	7886
2.牧草地面积	公顷	171	146			25		0
3.林地面积	公顷	37402	10937	8662	11455	3818	1499	1032
4.水面面积	公顷	6102	1737	758	1324	618	1385	280
其中：可养殖水面	公顷	4094	1005	673	1299	146	952	19
5.园地面积	公顷	87508	26256	36633	12333	4036	2302	5949
6.可垦荒地面积	公顷	1612	1200	55	112	55	180	10
7.宜林地面积	公顷	2571	1036	55		329	1151	
8.居民点及工矿用地面积	公顷	9787	4950	2336	553	582	411	955
9.其他面积	公顷	23524	11524	6626	2971	688	927	789
二、现代农业园区情况								
1.现代农业园区个数	个	4	4					
2.现代农业园区占地面积	公顷	45061	45061					
三、土地变动情况								
1.年初实有耕地面积	公顷	52104	30981	259	1450	1647	1491	16276
2.当年增加的耕地面积	公顷	2036	2015	18	4			
3.当年被政府收回的土地	公顷	132	7	48	76	0		
4.当年减少的耕地面积	公顷	8		8				

15-5 农作物播种面积和产量

指标名称	计量单位	农垦总局	湛江局	茂名局	阳江局	揭阳局	汕尾局	直属单位
农作物播种面积总计	**公顷**	**45060**	**24709**	**2772**	**814**	**2757**	**3165**	**10843**
一、粮食作物								
播种面积	公顷	7949	2730	787	266	1765	2371	30
总产量	吨	45966	16944	4443	1418	9380	13566	216
每公顷产量	公斤/公顷	5782	6206	5643	5325	5314	5722	7321
其中：夏收作物								
播种面积	公顷	2571	421	198	137	602	1213	
总产量	吨	14391	2702	1629	803	3039	6219	
每公顷产量	公斤/公顷	5598	6415	8208	5867	5049	5129	
(一)谷物合计								
播种面积	公顷	4771	981	341	163	984	2277	27
总产量	吨	29745	7517	2525	910	5474	13118	202
每公顷产量	公斤/公顷	6235	7664	7413	5597	5565	5762	7537
1.稻 谷								
播种面积	公顷	4028	583	289	150	960	2046	
总产量	吨	24297	3769	2215	830	5406	12078	
每公顷产量	公斤/公顷	6031	6461	7660	5515	5634	5903	
其中：早 稻								
播种面积	公顷	1924	196	126	58	477	1068	
总产量	吨	10900	1243	870	259	2463	6066	
每公顷产量	公斤/公顷	5666	6355	6928	4452	5164	5682	
2.玉 米								
播种面积	公顷	721	397	36	12	17	231	27
总产量	吨	5363	3748	244	80	49	1040	202
每公顷产量	公斤/公顷	7443	9431	6690	6612	2882	4507	7537
3.其他谷物								
播种面积	公顷	22		15		7		
总产量	吨	85		66		19		
每公顷产量	公斤/公顷	3864		4400		2714		
(二)豆类合计								
播种面积	公顷	210	62	38	10	101		
总产量	吨	626	141	149	24	312		
每公顷产量	公斤/公顷	2975	2258	3946	2552	3095		
1.大 豆								
播种面积	公顷	156	58	13	7	77		
总产量	吨	382	130	36	18	199		
每公顷产量	公斤/公顷	2447	2224	2744	2411	2567		
2.杂 豆								
播种面积	公顷	54	4	25	2	23		
总产量	吨	240	11	110	7	112		
每公顷产量	公斤/公顷	4423	2750	4462	3009	4807		

15–5 续表

指标名称	计算单位	农垦总局	湛江局	茂名局	阳江局	揭阳局	汕尾局	直属单位
(三)薯 类								
播种面积	公顷	2968	1687	409	94	681	94	3
总产量	吨	15594	9286	1769	484	3594	448	14
每公顷产量	公斤/公顷	5255	5504	4326	5138	5278	4766	5178
二、油料合计								
播种面积	公顷	1871	876	614	127	169	54	30
总产量	吨	5176	2479	1788	315	385	127	82
每公顷产量	公斤/公顷	2767	2830	2911	2475	2274	2352	2712
1.花 生								
播种面积	公顷	1827	838	614	127	169	54	24
总产量	吨	5072	2384	1788	315	385	127	73
每公顷产量	公斤/公顷	2776	2845	2911	2475	2274	2352	3000
2.芝 麻								
播种面积	公顷	44	38					6
总产量	吨	104	95					9
每公顷产量	公斤/公顷	2368	2500					1500
三、麻类合计								
播种面积	公顷	2981	2945					36
总产量	吨	5466	5449					16
每公顷产量	公斤/公顷	1834	1850					460
四、甘蔗合计								
播种面积	公顷	22293	12830	36	39			9388
总产量	吨	1735596	1044372	1857	2340			687027
每公顷产量	公斤/公顷	77853	81400	51936	60000			73178
五、药材类合计								
播种面积	公顷	849	439	237	173			1
六、蔬菜、瓜类合计								
播种面积	公顷	7543	4725	1039	181	704	736	159
总产量	吨	209382	158075	17721	2287	14672	13153	3475
每公顷产量	公斤/公顷	27759	33453	17061	12633	20856	17882	21885
1.蔬 菜								
播种面积	公顷	6708	4212	962	166	606	734	29
总产量	吨	190796	147136	16335	2188	11159	13147	832
每公顷产量	公斤/公顷	28441	34935	16984	13158	18429	17911	28451
2.瓜 类								
播种面积	公顷	834	514	77	15	98	2	130
总产量	吨	18525	10940	1326	98	3513	6	2643
每公顷产量	公斤/公顷	22204	21298	17237	6687	35847	3871	20402
七、其他作物								
播种面积	公顷	1575	164	60	27	119	5	1200
其中：青饲料播种面积	公顷	1270	28	3	5	29	5	1200

15-6 茶、果、桑生产情况

指标名称	计量单位	农垦总局	湛江局	茂名局	阳江局	揭阳局	汕尾局	直属单位
一、茶 叶								
年末实有面积	公顷	**746**	256	233	37	199	21	
收获面积	公顷	530	166	166	5	172	21	
产量	吨	569	109	235	3	195	28	
二、水 果								
年末实有面积	公顷	35256	18393	5356	1331	3018	1247	5910
收获面积	公顷	28469	14413	4425	771	2766	1247	4846
产量	吨	956311	605416	27100	4127	16278	8764	294626
1.香 蕉								
年末实有面积	公顷	7794	6344	258	56	98	57	980
收获面积	公顷	7166	5796	254	49	95	57	915
产量	吨	389970	328067	8449	733	744	488	51490
2.柑、橘、橙、柚								
年末实有面积	公顷	1064	838	85	59	55		27
收获面积	公顷	804	652	27	52	54		20
产量	吨	12796	9211	122	1059	2192		212
3.葡萄								
年末实有面积	公顷	9	3.1			6		
收获面积	公顷	9	3			6		
产量	吨	23	20			3		
3.菠 萝								
年末实有面积	公顷	11548	6556	26		76	117	4774
收获面积	公顷	7830	3829	19		75	117	3790
产量	吨	432514	188764	144		2276	3050	238280
4.荔 枝								
年末实有面积	公顷	6923	2190	2674	353	849	858	
收获面积	公顷	5892	1880	2202	166	787	858	
产量	吨	34510	15546	10066	277	4065	4556	
5.龙 眼								
年末实有面积	公顷	3083	305	1651	647	344	136	
收获面积	公顷	2556	302	1479	348	291	136	
产量	吨	11138	2250	5320	335	2923	310	
6.芒 果								
年末实有面积	公顷	127	49	35		43		
收获面积	公顷	86	7	35		43		
产量	吨	354	174	64		116		
7.杨 桃								
年末实有面积	公顷	205	8	186		5		5
收获面积	公顷	188	8	173		5		1
产量	吨	2343	216	1949		142		36
8.火龙果								
年末实有面积	公顷	1252	1068	14	75			95
收获面积	公顷	1161	987	11	71			91
产量	吨	43947	39273	79	1158			3436
9.番石榴								
年末实有面积	公顷	741	643	84				14
收获面积	公顷	709	626	70				14
产量	吨	18059	17456	394				210
10.其他								
年末实有面积	公顷	2510	389	343	141	1543	79	15
收获面积	公顷	2068	322	156	85	1411	79	15
产量	吨	10657	4439	514	564	3818	360	963
三、桑 园								
年末实有面积	公顷	307	215		7			85
收获面积	公顷	304	213		6			85
产量	吨	12377	11285		125			967

15-7 林业生产情况

指标名称	计量单位	农垦总局	湛江局	茂名局	阳江局	揭阳局	汕尾局	直属单位
1.当年造林面积合计	**公顷**	**861**	**185**	**101**	**198**	**307**	**3**	**67**
(1)用材林	公顷	108	59	30		19		
(2)经济林	公顷	452	126	70	188		3	66
(3)防护林	公顷	60			10	49		1
(4)薪炭林	公顷	225				225		
(5)特种用材林	公顷	16		2		14		
2.年末森林面积	公顷	93905	14895	46858	22849	7769	1054	480
3.当年零星植树	百株	1419.6	615.3	383.3	156.0		215.0	50
4.年末实有育苗面积	公顷	6		1			1	4
其中：当年新育面积	公顷	2		1			1	
5.幼林抚育面积	公顷	7108	620	5926	522		40	
6.成林抚育面积	公顷	41615	2684	30474	7789	629	39	
7.森林覆盖率(计算型指标)	%	42	16	85	76	66	11	2

15-8 畜牧业生产情况

指标名称	计量单位	农垦总局	湛江局	茂名局	阳江局	揭阳局	汕尾局	直属单位
一、畜牧业饲养情况								
(一)大牲畜年末总头数	头	46298	3052	292	620	1818	315	40201
其中：能繁殖母畜	头	24562	549		154	611		23248
当年生仔畜		14804	119		65	422		14198
其中：牛年末存栏	头	46298	3052	292	620	1818	315	40201
能繁殖母畜	头	24562	549		154	611		23248
当年生仔畜	头	14804	119		65	422		14198
1.肉牛年末存栏	头	6662	2938	240	620	1818	315	731
其中：能繁殖母畜	头	1237	442		154	611		30
当年生仔畜	头	618	96		65	422		35
2.奶牛年末存栏	头	39636	114	52				39470
其中：能繁殖母畜	头	23325	107					23218
当年生仔畜	头	14186	23					14163
(三)猪年末存栏	头	917377	161771	143456	48924	24205	4000	535021
其中：能繁殖母畜	头	106809	19786	13694	12306	2841	753	57429
(四)山羊年末存栏	只	7979	1369	5753	488	355		14
其中：能繁殖母畜	只	231	82		48	95		6
(五)家禽年末存栏	只	3971449	988593	1521301	236034	257375	948000	20146
二、规模化饲养情况								
(一)良种及改良种乳牛								
规模化养殖场	个	4	1					3
规模化养殖量	头	8040	200					7840
带动农户个数	个	5000						5000
(二)猪								
规模化养殖场	个	105	38	14	23	3		27
模化养殖量	头	1421074	102950	19800	120924	15441		1161959
带动农户个数	个	362	158	92	112			
(三)家 禽								
规模化养殖场	个	31	11	4	2		14	
模化养殖量	只	3285063	342900	862163	80000		2000000	
带动农户个数	个	215	194	20	1			
三、畜产品								
(一)肉类总产量	吨	137010	25414	39006	13111	5138	6013	48328
1.当年出栏肉猪	头	996116	206282	168099	136921	44939	12795	427080
猪肉产量	吨	95425	18255	13066	11401	3666	972	48065
2.当年出售和自宰的肉用牛	头	3376	1423	103	241	1131	72	406
牛肉产量	吨	659	325	25	44	207	7	52
3.当年出售和自宰的肉用羊	只	3519	1423	1649	437			10
羊肉产量	吨	104	48	46	10			0
4.兔肉产量	吨	158	1	117				40
5.禽肉产量	吨	21530	6747	6657	1656	1265	5034	171
(二)牛奶产量	吨	85695	293					85402
(三)蜂蜜产量	吨	43	7	16	3	15	2	
(四)禽蛋产量	吨	4384	830	3096	76	41	285	55
(五)蚕茧产量	吨	831	793					38
桑蚕茧	吨	831	793					38

15-9 渔业生产情况

指标名称	计量单位	农垦总局	湛江局	茂名局	阳江局	揭阳局	汕尾局	直属单位
一、水产品总产量合计	**吨**	**43245**	**8091**	**6294**	**22723**	**1068**	**5015**	**54**
海 水	吨	18416	173		14377		3866	
淡 水	吨	24829	7918	6294	8346	1068	1149	54
其中：养殖产量合计	吨	43228	8091	6278	22723	1068	5015	54
海 水	吨	18416	173		14377		3866	
淡 水	吨	24812	7918	6278	8346	1068	1149	54
1.鱼类合计	吨	27920	7891	6287	10437	1068	2186	51
海 水	吨	3128			2091		1037	
淡 水	吨	24792	7891	6287	8346	1068	1149	51
2.虾蟹类合计	吨	15315	200		12286		2829	
海 水	吨	15288	173		12286		2829	
淡 水	吨	27	27					
其中：对虾合计	吨	11998	200		10272		1526	
海 水	吨	11971	173		10272		1526	
淡 水	吨	27	27					
3.其他	吨	10		7				3
海 水	吨							
淡 水	吨	10		7				3
二、养殖面积合计	**公顷**	**3763**	**930**	**380**	**1293**	**142**	**962**	**56**
海 水	公顷	1763	20		886		857	
淡 水	公顷	2000	910	380	407	142	105	56
其中：对虾养殖面积合计	公顷	1010	22		731		257	
海 水	公顷	1008	20		731		257	
淡 水	公顷	2	2					

15-10 橡胶生产情况

指标名称	计量单位	农垦总局	湛江局	茂名局	阳江局	揭阳局	汕尾局	直属单位
1.年末实有面积(国内基地)	公顷	46940	6549	28993	7890	2053	1051	404
年末实有株数(国内基地)	万株	1401	232	799	241	67	49	12
其中：当年定植面积	公顷	210		210				
当年定植株数	株	197503		197503				
2.当年补换植株数	株	4260		4260				
3.当年更新倒树面积	公顷	559		559				
4.当年更新定植面积	公顷	478		478				
5.年末苗圃存苗株数	株	547408						547408
6.未开割树本年平均增粗	厘米	4.8	3.9	5.4	4.8	3.9	5.0	1.9
7.年内实际到达开割面积	公顷	32072	3704	21202	6427	545	193	
当年新开割面积	公顷	1563	658	551	91	233	31	
8.开割到达株数	株	9280138	1490732	5833310	1636596	209500	110000	
当年新开割株数	株	445079	104119	210999	42961	53000	34000	
9.年内实有停割株数	株	468187		432172	36015			
10.全年干胶总产量(国内基地)	吨	16782	2163	11018	3182	266	152	
其中：标准胶	吨	4546	1830	2188	213	244	70	
烟胶片	吨							
浓缩乳胶(折干胶)	吨	10959	318	7826	2792	22		
胶清片	吨	1278	15	1004	177		82	
11.单株年产干胶	公斤	2.1	2.0	2.1	2.1	1.3	1.4	
12.公顷年产干胶	公斤	593	568	624	540	349	788	
13.橡胶加工厂	个	34		1	1			32
其中：标准胶厂	个	22		1				21
浓缩乳胶厂	个	6			1			5
烟片厂	个	6						6
14.境外橡胶年末面积	公顷	25400						25400
15.境外干胶总产	吨	15985						15985
16.本年收购民营胶(折干胶)	吨	69154						69154

15-11 农业机械化、生产投入与技术推广情况

指标名称	计量单位	农垦总局	湛江局	茂名局	阳江局	揭阳局	汕尾局	直属单位
一、农业机械化情况								
(一)农业机械总动力	千瓦	486690	126718	75083	81645	9719	33987	159538
1.柴油发动机动力	千瓦	276248	98786	35151	52479	5953	19057	64822
2.汽油发动机动力	千瓦	57407	12576	26754	6555	2945	5050	3528
3.电动机动力	千瓦	145969	14518	10054	20755	534	9880	90228
4.其它机械动力	千瓦	7066	839	3124	1856	287		960
(二)农业机械数量								
1.大中型农用拖拉机	台	742	308	108		4	99	223
2.小型及手扶拖拉机	台	3843	2750	497	64	66	144	322
3.排灌动力机械	台	10094	1962	2203	4814	290	601	224
4.联合收获机	台	62	7				30	25
5.农用飞机	架	13						13
(三)机械化耕种情况								
1.当年实际机耕面积	公顷	42525	21678	17	285	414	918	19212
(按耕地面积计算)								
其中：机械深耕深松面积	公顷	1844	450					1394
2.当年实际机播面积	公顷	7672	2214				13	5446
(按播种面积计算)								
其中:机械插秧面积	公顷	13					13	
(按插秧面积计算)								
3.当年机械收割面积	公顷	5565	1108	5	102	83	873	3394
(按收获面积计算)								
4.飞机播种面积	公顷							
其中：使用无人机播种面积	公顷							
5.飞机施肥面积	公顷	3723	1131					2593
其中：使用无人机施肥面积	公顷	3346	754					2593
6.飞机病虫害防治面积	公顷	3314	640	67				2607
其中：使用无人机防治面积	公顷	3300	640	67				2593
7.精准平地(激光、卫星导航)	公顷							
8.免耕播种	公顷	17	17					
二、农业生产用电量	**千瓦小时**	**145545959**	**15030911**	**30508572**	**17002133**	**6510244**	**15306833**	**61187266**
三、农业用水量	**立方米**	**17393401**	**8368832**	**2000536**	**136279**	**742845**	**3311512**	**2833397**
四、农药施用量	**吨**	**3969**	**2041**	**953**	**238**	**129**	**276**	**332**
五、农用肥料施用情况								
(一)农用化肥施用总量(实物量)	吨	217834	142892	18974	2304	7705	11584	34376
(二)农用化肥施用总量(折纯量)	吨	58311	33442	5733	888	2592	4956	10700
其中:施用于农作物的数量	吨	47954	32238	3186	72	1793	46	10619

15-11 续表

指标名称	计量单位	农垦总局	湛江局	茂名局	阳江局	揭阳局	汕尾局	直属单位
(三)生物肥施用量(实物量)	吨	30731	10300	13480	3928	3023		
(四)有机肥施用量(实物量)	吨	155785	107221	18851	4085	8902	4568	12158
(五)测土配方施肥面积	公顷	44989	15775	25525			67	3622
(六)肥料高效利用技术应用面积	公顷	38720	15946	4798	3673	904	767	12632
其中：有机肥施用面积	公顷	32184	14820	4262	3673	884	767	7777
肥料机械深施面积	公顷	1132	964					168
水肥一体化技术应用面积	公顷	746	112	535		20		77
六、农用塑料薄膜使用量	**吨**	**746**	**433**			**11**	**8**	**293**
其中：地膜使用量	吨	718	429			11	8	269
地膜覆盖面积	公顷	14253	8035	135		43	24	6017
七、沼气池	**个**	**370**	**190**	**72**	**76**		**1**	**31**
沼气池体积	立方米	414531	21037	32226	844		15000	345424
八、农田水利情况								
(一)有效灌溉面积	公顷	26368	18951	1676	312	978	1379	3072
1.节水灌溉面积	公顷	8319	5327	1341	171	346		1134
其中：喷灌面积	公顷	6170	4206	741	38	95		1090
滴灌面积	公顷	1843	1111	556	133			43
2.漫灌面积(自流灌溉面积)	公顷	3382	915	97	140	638	1076	516
(二)机电井数量	眼	2601	1642	199	14		374	372
九、绿色防控技术应用面积	**公顷**	**5198**	**3333**					**1865**
(一)农作物统防统治面积	公顷	1189	135					1054
1.粮食	公顷	718	718					
2.棉花	公顷							
3.油料	公顷	38	38					
4.糖料	公顷	4334	3280					1054
5.茶叶	公顷							
(二)生物防治技术应用面积	公顷	4153	3333					820
(三)物理防治技术应用面积	公顷	63		5				58
(四)生物农药应用面积	公顷							
十、秸秆综合利用								
其中：1.秸秆还田面积	公顷	4754	1263				605	2886
2.秸秆饲用面积	公顷	3895	3895					

15-12 绿色食品、有机食品、农产品地理标志情况

指标名称	计量单位	农垦总局	湛江局	茂名局	阳江局	揭阳局	汕尾局	直属单位
一、绿色食品认证情况								
认证个数	个	15	9	1				5
已认证绿色食品产量	吨	221792	10579	43				211170
其中：1.糖料								
认证个数	个	1						1
已认证绿色食品产量	吨	60116						60116
2.茶叶								
认证个数	个	4	3	1				
已认证绿色食品产量	吨	149	106	43				
3.柑橘橙柚								
认证个数	个	1	1					
已认证绿色食品产量	吨	8978	8978					
4.桃								
认证个数	个	1						1
已认证绿色食品产量	吨	200						200
5.果脯加工								
认证个数	个	5	5					
已认证绿色食品产量	吨	1495	1495					
6.糖类加工								
认证个数	个	3						3
已认证绿色食品产量	吨	150853						150853
二、有机食品认证情况								
认证个数	个	3						3
已认证有机食品产量	吨	430						430
其中：1.油料								
认证个数	个	1						1
已认证有机食品产量	吨	200						200
2.其他水果								
认证个数	个	2						2
已认证有机食品产量	吨	230						230
三、农产品地理标志认证情况								
认证个数	个	1	1					
已认证产品面积	公顷	3265	3265					
已认证产品产量	吨	5400	5400					
其中：1.剑麻								
认证个数	个	1	1					
已认证产品面积	公顷	3265	3265					
已认证产品产量	吨	5400	5400					
四、绿色食品原料标准化生产基地面积	**公顷**	**100**	**100**					

15-13 农作物种业基本情况

指标名称	计量单位	农垦总局	湛江局	茂名局	阳江局	揭阳局	汕尾局	直属单位
一、种子基地播种面积及生产量								
1.种子播种面积合计	公顷	53	53					
原种播种面积	公顷							
良种播种面积	公顷	53	53					
2.生产量合计	吨	91	91					
原种生产量	吨							
良种生产量	吨	91	91					
其中：水稻	吨	91	91					
二、晒场面积	**平方米**	**8000**	**8000**					
三、仓储面积	**平方米**	**1000**	**1000**					
四、库存能力	**吨**	**100**	**100**					
五、种子公司个数	**个**	**2**	**2**					
六、年末从业人数	**人**	**28**	**28**					
其中：技术人员人数	人	7	7					

15-14 农林牧渔业总产值

指标名称	计量单位	农垦总局	湛江局	茂名局	阳江局	揭阳局	汕尾局	直属单位
一、农林牧渔业总产值(现行价)	**万元**	**1318477**	**537219**	**234186**	**124481**	**59938**	**40826**	**321827**
1.种植业产值	万元	704845	445709	64114	8886	35156	10559	140421
2.林业产值	万元	78623	6707	44758	5535	6190	949	14484
其中：橡胶产值	万元	45068	2680	21678	4059	2299	107	14245
3.牧业产值	万元	413515	74455	101906	39189	16500	15754	165712
4.渔业产值	万元	117612	9468	21305	70871	2092	13564	312
5.农林牧渔服务业产值	万元	3881	880	2103				898
二、农林牧渔业商品总产值	**万元**	**1179967**	**482370**	**193334**	**119495**	**42926**	**32871**	**308970**

15-15 工业总产值(现行价)

指标名称	计量单位	农垦总局	湛江局	茂名局	阳江局	揭阳局	汕尾局	直属单位
一、工业总产值(现行价)	**万元**	**2507659**	**156390**	**86110**	**37364**	**42062**	**107562**	**2078172**
工业企业个数	个	628	205	193	16	75	71	68
其中：国有及国有控股(总产值)	万元	1558131	28846	6869	9659			1512758
(企业数)	个	59	18	5	4			32
二、按工业主要行业划分								
煤炭开采和洗选业	万元							
石油和天然气开采	万元							
黑色金属矿采选业	万元							
有色金属矿采选业	万元							
非金属矿采选业	万元	6149		6149				
开采专业及辅助性活动	万元	10133	8250	1883				
其他采矿业	万元	17735	15360	2375				
农副食品加工业	万元	226587	3539	6642		1169	3419	211817
食品制造业	万元	207242	1315	597		13120		192209
酒、饮料和精致茶制造业	万元	10363	2235	2673	84	1290	3107	974
烟草制品业	万元							
纺织业	万元	27759	21138	226		549		5846
纺织服装、服饰业	万元	34147	28182	335				5630
皮革、毛皮、羽毛及其制品和制鞋业	万元	7862	12	6576	1049			225
木材加工和木、竹、藤、棕、草制品业	万元	34085	20605	8065	295	4700	420	
家具制造业	万元	59606	88	8281	1380	357		49500
造纸和纸制品业	万元	8667	8243	424				
印刷和记录媒介复制业	万元	435					235	200
文教、工美、体育和娱乐用品制造业	万元	30	30					
石油、煤炭及其他燃料加工业	万元							
化学原料和化学制品制造业	万元	1044455			2414			1042041
医药制造业	万元	2926	2803	123				
化学纤维制造业	万元							
橡胶和塑料制品业	万元	106390	1652	8121	402			96215
非金属矿物制品业	万元	9452		5704	1192		1950	606
黑色金属冶炼和压延加工业	万元							
有色金属冶炼和压延加工业	万元	2448					2448	
金属制品业	万元	100004	2198	1535		1021		95250
通用设备制造业	万元							
专用设备制造业	万元	2878	733			2145		
汽车制造业	万元							
铁路、船舶、航空航天和其他运输设备制造业	万元	535		535				
电气机械和器材制造业	万元							
计算机、通信和其他电子设备制造业	万元	15354		734				14620
仪器仪表制造业	万元							
废弃资源综合利用业	万元	953	953					
金属制品、机械和设备修理业	万元	10189		4551		438	5200	
电力、热力生产和供应业	万元	45079	14279		19601	9124	120	1954
燃气生产和供应业	万元	1383		1383				
水的生产和供应业	万元	1022	69				953	
其他制造业	万元	513791	24705	19197	10947	8149	89710	361084

15-16　主要工业产品产量

指标名称	计量单位	农垦总局	湛江局	茂名局	阳江局	揭阳局	汕尾局	直属单位
大 米	吨	32910	430	520		4095	11285	16580
饲 料	吨	169571		3940			1370	164261
其中：配合饲料	吨	167554		2593			700	164261
混合饲料	吨	2017		1347			670	
精制食用植物油	吨	9292	483	2954				5855
成品糖	吨	308454						308454
鲜、冷藏肉	吨	5055		108				4947
乳制品	吨	213175						213175
其中：液体乳	吨	213175						213175
罐 头	吨	2916	2916					
饮料酒	千升	1467	50	1079			338	
其中：白酒(折65度，商品量)	千升	1417		1079			338	
软饮料	吨	81	81					
其中：果汁和蔬菜汁饮料类	吨	81	81					
纱	吨	6751	6751					
服 装	件	11726401	8370801	38400			20000	3297200
皮革鞋靴	双	5377715	1830	5255885	120000			
家 具	件	1926282	1318670	57612	150000			400000
机制纸及纸板(外购原纸加工除外)	吨	25234	25039	195				
农用氮、磷、钾化学肥料总计(折纯)	吨	1109		1109				
其中：氮肥(折含N100%)	吨	480		430				
磷肥(折五氧化二磷100%)	吨	329		329				
钾肥(折氧化钾100%)	吨	300		300				
化学农药原药(折有效成分100%)	吨							
其中：杀虫剂原药	吨							
除草剂原药	吨							
化学药品原药	吨	7	7					
中成药	吨	422	412	10				
塑料制品	吨	31471	1449					30022
水 泥	吨	135720			135720			
砖	万块	41675	10417	15094	10360	293	4521	990
瓦	万片	1675		1675				
发电量	万千瓦小时	98892	34133	1	33612	17855	66	13225
自来水生产量	万立方米	63				9	54	

15-17　规模以上工业企业基本情况

指标名称	计量单位	农垦总局	湛江局	茂名局	阳江局	揭阳局	汕尾局	直属单位
一、企业个数合计	**个**	**59**	**15**	**2**	**1**	**2**	**2**	**37**
其中：国有	个	40	9	2	1			28
亏损企业个数	个	17	5		1			11
其中：国有	个	16	4		1			11
二、从业人员期末人数	**人**	**17567**	**1030**	**72**	**60**	**61**	**1955**	**14389**
其中：国有	人	9676	754	72	60			8790
三、从业人员平均人数	**人**	**16953**	**1077**	**74**	**60**	**60**	**1956**	**13726**
其中：国有	人	9036	789	74	60			8113
四、从业人员年工资总额	**万元**	**151895**	**5751**	**544**	**261**	**305**	**10163**	**134871**
其中：国有	万元	63710	3716	544	261			59189
五、工业总产值(现价)	**万元**	**2215267**	**47773**	**5448**	**6453**	**7482**	**86879**	**2061233**
其中：国有	万元	1544033	22303	5448	6453			1509830
六、工业销售产值(现价)	**万元**	**2145054**	**41495**	**2502**	**6408**	**7482**	**81553**	**2005614**
其中：国有	万元	1479794	16650	2502	6408			1454234
七、主营业务收入	**万元**	**2399636**	**48670**	**4959**	**6408**	**7281**	**65755**	**2266563**
其中：国有	万元	1740222	16780	4959	6408			1712075
八、主营业务成本	**万元**	**1960592**	**39875**	**4093**	**6014**	**3956**	**54190**	**1852463**
其中：国有	万元	1532727	14891	4093	6014			1507728
九、主营业务费用	**万元**	**197268**	**4604**	**330**	**635**	**978**	**7281**	**183440**
其中：国有	万元	122183	2160	330	635			119058
十、主营业务税金及附加	**万元**	**57134**	**899**	**4**	**7**	**22**	**1680**	**54523**
其中：国有	万元	31648	92	4	7			31546
十一、主营业务利润	**万元**	**123111**	**2892**	**492**	**-200**	**2449**	**4460**	**113018**
其中：国有	万元	-7941	-395	492	-200			-7838
十二、利润总额	**万元**	**130452**	**-10673**	**438**	**-200**	**2304**	**9520**	**129063**
其中：国有	万元	-20990	-15335	438	-200			-5893
亏损企业亏损额	万元	79167	28		200		9520	69419
其中：国有	万元	69619			200			69419
十三、应缴税金	**万元**	**40581**	**922**	**84**	**170**	**128**	**2544**	**36734**
其中：国有	万元	19611	400	84	170			18957
十四、固定资产原值	**万元**	**751461**	**62874**	**3123**	**4326**	**38797**	**38441**	**603901**
其中：国有	万元	640801	54196	3123	4326			579156
生产经营用	万元	713066	53957	57	2967	37297	36549	582239
其中：国有	万元	609114	45793	57	2967			560298
十五、固定资产净值	**万元**	**354119**	**33400**	**1346**	**779**	**35444**	**36560**	**246590**
其中：国有	万元	257385	26928	1346	779			228332

15-18 建筑业基本情况

指标名称	计量单位	农垦总局	湛江局	茂名局	阳江局	揭阳局	汕尾局	直属单位
一、年末单位个数	**个**	**213**	**104**	**34**	**13**	**33**	**27**	**2**
其中：国有及国有控股	个	4	3		1			
二、年末从业人员	**人**	**5887**	**1438**	**2629**	**201**	**1126**	**473**	**20**
其中：国有及国有控股	人	281	231		50			
三、全年从业人员报酬	**万元**	**50416**	**28404**	**14473**	**1615**	**4209**	**1565**	**150**
其中：国有及国有控股	万元	15864	15619		245			
四、年末固定资产原值	**万元**	**38753**	**21966**	**10185**	**1791**	**2022**	**1077**	**1712**
其中：国有及国有控股	万元	7989	7864		125			
五、年末拥有机械设备总台数	**台**	**959**	**264**	**610**	**17**	**13**	**25**	**30**
其中：国有及国有控股	台	28	25		3			
六、全年施工房屋建筑面积	**平方米**	**545910**	**198867**	**226624**	**32640**	**44718**	**43061**	
其中：国有及国有控股	平方米	42738.0	40549.0		2189.0			
七、房屋建筑竣工面积	**平方米**	**476873**	**160597**	**209005**	**32120**	**36783**	**38368**	
其中：国有及国有控股	平方米	22939.0	20750.0		2189.0			
八、建筑业总产值	**万元**	**248710**	**124033**	**80868**	**9373**	**15196**	**16794**	**2445**
其中：国有及国有控股	万元	51796	48657		3140			

15-19 交通运输业基本情况

指标名称	计量单位	农垦总局	湛江局	茂名局	阳江局	揭阳局	汕尾局	直属单位
一、年末单位个数	**个**	**875**	**150**	**567**	**33**	**29**	**86**	**10**
其中：国有及国有控股	个	9	1					8
二、年末从业人员	**人**	**4158**	**458**	**1986**	**75**	**329**	**236**	**1074**
其中：国有及国有控股	人	742	2					740
三、全年从业人员报酬	**万元**	**22223**	**2929**	**10406**	**790**	**1833**	**1333**	**4932**
其中：国有及国有控股	万元	3672	18					3654
四 、年末固定资产原值	**万元**	**35309**	**4780**	**12890**	**647**	**1758**	**2138**	**13096**
其中：国有及国有控股	万元	7877	363					7514
五、年末拥有主要运输工具	**台**	**2509**	**380**	**1034**	**53**	**109**	**115**	**818**
其中：国有及国有控股	台	654	19					635
六、全年客货运输量								
1.货运量	吨	5958464	997072	3143677	164095	74123	291159	1288338
其中：国有及国有控股	吨	81083						81083
2.客运量	万人	822	90	44		198	21	470
其中：国有及国有控股	万人	504	34					470
七、营业总收入	**万元**	**67684**	**10797**	**36314**	**3446**	**3564**	**2416**	**11148**
其中：国有及国有控股	万元	6101	1274					4826
货运及装卸收入	万元	44677	6375	24077	3446	1103	2366	7309
其中：国有及国有控股	万元	987						987

15-20　批发零售业基本情况

指标名称	计量单位	农垦总局	湛江局	茂名局	阳江局	揭阳局	汕尾局	直属单位
一、年末单位个数	**个**	**3613**	**1267**	**463**	**154**	**228**	**317**	**1184**
其中：国有及国有控股	个	26	5	2	2	3		14
二、年末从业人员	**人**	**12213**	**2118**	**2200**	**304**	**1040**	**1073**	**5478**
其中：国有及国有控股	人	2353	49	8	17	14		2265
三、全年从业人员报酬	**万元**	**71862**	**8579**	**10113**	**2340**	**4852**	**4161**	**41816**
其中：国有及国有控股	万元	17662	419	25	208	103		16907
四、营业网点个数	**个**	**3690**	**1290**	**462**	**163**	**231**	**317**	**1227**
其中：国有及国有控股	个	72	8	4	2	3		55
五、年末固定资产原值	**万元**	**147764**	**10884**	**10010**	**6087**	**28800**	**3658**	**88324**
其中：国有及国有控股	万元	69495	301	170	22	679		68323
六、年末营业用房面积	**平方米**	**253558**	**59458**	**38497**	**10706**	**11015**	**30620**	**103262**
其中：国有及国有控股	平方米	27364	1274	1589	142	2800		21559
七、销售总额或营业收入	**万元**	**1531775**	**128593**	**71560**	**46428**	**16879**	**31643**	**1236673**
其中：国有及国有控股	万元	1051222	11496	4036	35861	900		998929

15-21　餐饮业基本情况

指标名称	计量单位	农垦总局	湛江局	茂名局	阳江局	揭阳局	汕尾局	直属单位
一、年末单位个数	**个**	**755**	**222**	**170**	**20**	**54**	**54**	**235**
其中：国有及国有控股	个	15	7					8
二、年末从业人员	**人**	**5060**	**1081**	**1262**	**103**	**296**	**269**	**2049**
其中：国有及国有控股	人	437	63					374
三、全年从业人员报酬	**万元**	**26581**	**4287**	**5415**	**735**	**1377**	**686**	**14081**
其中：国有及国有控股	万元	1626	355					1271
四、营业网点个数	**个**	**760**	**224**	**169**	**24**	**54**	**54**	**235**
其中：国有及国有控股	个	15	7					8
五、年末固定资产原值	**万元**	**36622**	**5065**	**8181**	**672**	**8533**	**770**	**13401**
其中：国有及国有控股	万元	1541	404					1137
六、年末营业用房面积	**平方米**	**249624**	**162332**	**22058**	**5950**	**15882**	**2297**	**41105**
其中：国有及国有控股	平方米	10534	3334					7200
七、销售总额或营业收入	**万元**	**110228**	**15668**	**19065**	**2860**	**3841**	**1832**	**66962**
其中：国有及国有控股	万元	8301	738					7563

15-22　其它服务业基本情况

指标名称	计量单位	农垦总局	湛江局	茂名局	阳江局	揭阳局	汕尾局	直属单位
一、年末单位个数	**个**	**1685**	**412**	**611**	**38**	**107**	**123**	**394**
其中：国有及国有控股	个	94	45	7	5			37
二、年末从业人员	**人**	**15266**	**5687**	**3414**	**322**	**350**	**648**	**4845**
其中：国有及国有控股	人	8434	4043	978	229			3184
三、全年从业人员报酬	**万元**	**147801**	**59292**	**20009**	**2661**	**1587**	**1998**	**62254**
其中：国有及国有控股	万元	115074	54331	8768	2155			49820
四、营业网点个数	**个**	**1976**	**410**	**778**	**38**	**107**	**123**	**520**
其中：国有及国有控股	个	99	41	7	5			46
五、年末固定资产原值	**万元**	**497028**	**204851**	**48751**	**5003**	**913**	**1147**	**236362**
其中：国有及国有控股	万元	454112	187102	38912	4383			223715
六、年末营业用房面积	**平方米**	**1221022**	**406397**	**92499**	**29201**	**4292**	**2906**	**685727**
其中：国有及国有控股	平方米	974840	317805	58200	26076			572759
七、销售总额或营业收入	**万元**	**370358**	**113754**	**70075**	**7511**	**5027**	**8057**	**165934**
其中：国有及国有控股	万元	235996	83166	29385	5507			117939

15-23　外贸出口供货商品

指标名称	计量单位	农垦总局	湛江局	茂名局	阳江局	揭阳局	汕尾局	直属单位
一、外贸出口供货商品金额	**万元**	**432741**	**1377**		**50857**	**270**		**380237**
其中：农产品	万元							
林产品	万元							
畜产品	万元							
水产品	万元	50857			50857			
工业品	万元	381884	1377			270		380237
其中：医药	万元							
食品	万元							
纺织品	万元	613	433					180

15-24 农垦科研基本情况

指标名称	计量单位	农垦总局	湛江局	茂名局	阳江局	揭阳局	汕尾局	直属单位
一、科研单位情况	–	—	—	—	—	—	—	—
科研单位个数	个	5						5
职工合计	人	179						179
科技人员	人	126						126
其中：本科及以上	人	98						98
其他人员	人	52						52
科研经费合计	万元	2580						2580
政府拨款	万元	2078						2078
企业自筹	万元	502						502
实验地面积	公顷	146						146
二、企业科技创新情况	–							
科技人员	人	342	29	6		10	13	284
科研经费合计	万元	8755	340	65				8350
其中：财政经费	万元	509	3	60				446
企业自筹	万元	8247	337	5				7904

15-25 固定资产投资完成情况

指标名称	计量单位	农垦总局	湛江局	茂名局	阳江局	揭阳局	汕尾局	直属单位
一、本年完成投资总额（按工程用途分）	**万元**	**523278**	**151242**	**53262**	**59660**	**48845**	**21286**	**188984**
其中：国 有	万元	245318	47974	25521	9245	5244	891	156443
1.第一产业	万元	172546	26644	19393	6716	6203	9948	103643
其中：国 有	万元	140280	101005	12972	5587	3515	1027	16174
2.第二产业	万元	235500	100895	12617	51225	38095	9757	22911
其中：国 有	万元	45132	12622	6473	2979	147		22911
3.第三产业	万元	115232	23703	21252	1719	4547	1581	62431
其中：国 有	万元	59907	20424	6749	1249	1595		29890
二、资金来源合计	**万元**	**523278**	**151242**	**53262**	**59660**	**48845**	**21286**	**188984**
其中：国 有	万元	245318	47974	25521	9245	5244	891	156443
1.国家预算内资金	万元	75012	29361	23386	3577	2064	3191	13434
其中：国 有	万元	64758	27207	18537	3577	1143	861	13434
2.国内贷款	万元	6081						6081
其中：国 有	万元	6081						6081
3.利用外资	万元							
其中：国 有	万元							
4.自筹资金	万元	199313	124258	7237	7802	1961	166	57889
其中：国 有	万元	166998	101152	4288	6226	617	166	54548
5.其他资金	万元	242872	78209	22763	48839	44695	18065	30301
其中：国 有	万元	7481	201	2819		3360		1101
三、当年新增固定资产	**万元**	**360982**	**160015**	**41730**	**57802**	**22382**	**16696**	**62358**
其中：国 有	万元	212587	115964	24075	8963	3540	1027	59017

15−26 农垦生产总值(按产业分类)

指标名称	计量单位	农垦总局	湛江局	茂名局	阳江局	揭阳局	汕尾局	直属单位
合　计								
增加值合计(按当年价格算)	万元	1996457	544115	340692	117089	75794	85157	833610
合计中：国有部分	万元	1257832	402747	189103	91693	35535	35192	503562
其中：劳动者报酬	万元	891253	319275	155281	24319	51737	49332	291309
固定资产折旧	万元	204192	47888	56855	10181	6418	4303	78546
生产税净额	万元	177684	13787	21071	2165	3529	6175	130957
另：政府补贴	万元	2820	271	1252	11			1287
营业盈余	万元	723329	163164	107485	80424	14111	25347	332799
(一)第一产业								
增加值合计(按当年价格算)	万元	707091	294494	148774	75096	31884	22959	133884
合计中：国有部分	万元	707091	294494	148774	75096	31884	22959	133884
其中：劳动者报酬	万元	346264	169795	68039	14220	24997	20687	48526
固定资产折旧	万元	96334	25582	28163	5440	2637	240	34271
生产税净额	万元	5257	949	55				4253
另：政府补贴	万元	375	45	101				230
营业盈余	万元	259237	98168	52517	55435	4250	2032	46834
(二)第二产业								
增加值合计(按当年价格算)	万元	677811	90358	66274	19549	21348	41993	438289
合计中：国有部分	万元	271479	34689	3858	10443		5593	216896
其中：劳动者报酬	万元	221852	49705	27134	3952	12220	19496	109344
固定资产折旧	万元	50078	6512	9554	2640	2161	1842	27369
生产税净额	万元	132029	9367	8985	1045	1948	4471	106215
另：政府补贴	万元	788		668	11			109
营业盈余	万元	273852	24774	20601	11913	5019	16184	195361
1.工　业								
增加值合计(按当年价格算)	万元	578726	45494	31178	14014	14569	36265	437205
合计中：国有部分	万元	244486	12516	2273	9468		3333	216896
其中：劳动者报酬	万元	169932	20993	12178	2115	7884	17937	108825
固定资产折旧	万元	41148	3735	5346	2494	1601	746	27226
生产税净额	万元	120934	4196	5164	697	1318	3507	106054
另：政府补贴	万元	120			11			109
营业盈余	万元	246710	16571	8490	8708	3766	14075	195100
2.建筑业								
增加值合计(按当年价格算)	万元	99086	44864	35096	5535	6779	5728	1084
合计中：国有部分	万元	26993	22173	1585	975		2260	
其中：劳动者报酬	万元	51919	28713	14956	1837	4336	1559	519
固定资产折旧	万元	8930	2777	4208	146	560	1096	143
生产税净额	万元	11095	5171	3821	348	630	964	161
另：政府补贴	万元	668		668				
营业盈余	万元	27142	8203	12111	3205	1253	2109	261

15-26 续表 1

指标名称	计量单位	农垦总局	湛江局	茂名局	阳江局	揭阳局	汕尾局	直属单位
(三)第三产业								
增加值合计(按当年价格算)	万元	611555	159263	125645	22443	22562	20205	261437
合计中：国有部分	万元	279261	73564	36472	6153	3651	6640	152782
其中：劳动者报酬	万元	323137	99775	60108	6147	14520	9149	133439
固定资产折旧	万元	57780	15795	19138	2101	1620	2221	16906
生产税净额	万元	40398	3471	12032	1121	1581	1704	20489
另：政府补贴	万元	1656	226	483				948
营业盈余	万元	190240	40222	34367	13075	4842	7131	90603
1.农、林、牧、渔专业及辅助性活动								
增加值合计(按当年价格算)	万元	3683	975	1487	88	182	981	-31
合计中：国有部分	万元	1495	202	255	88		981	-31
其中：劳动者报酬	万元	5586	655	1024	33	182	981	2711
固定资产折旧	万元	819	31	156	124			509
生产税净额	万元	92	7	84				1
另：政府补贴	万元	163						163
营业盈余	万元	-2814	282	224	-69			-3251
2.批发和零售业								
增加值合计(按当年价格算)	万元	148240	28887	23151	7475	8646	5873	74209
合计中：国有部分	万元	36867	1914	3903	279	714	1558	28499
其中：劳动者报酬	万元	63965	12096	9219	1624	5332	2464	33230
固定资产折旧	万元	7801	1615	2670	711	491	412	1902
生产税净额	万元	10931	1806	2988	675	650	542	4270
另：政府补贴	万元	7						7
营业盈余	万元	65544	13370	8274	4465	2173	2455	34807
3.交通运输、仓储和邮政业								
增加值合计(按当年价格算)	万元	48246	6097	25012	2642	3787	2461	8248
合计中：国有部分	万元	7223	142	3412			1501	2168
其中：劳动者报酬	万元	22028	3184	9360	832	1906	1431	5315
固定资产折旧	万元	8394	706	4989	333	519	203	1645
生产税净额	万元	4845	205	3447	98	353	177	566
另：政府补贴	万元							
营业盈余	万元	12979	2002	7216	1380	1009	650	723
4.住宿和餐饮业								
增加值合计(按当年价格算)	万元	58007	9409	14381	4684	3013	2066	24454
合计中：国有部分	万元	7433	754	1852		290	509	4027
其中：劳动者报酬	万元	27568	5262	4769	690	1584	763	14500
固定资产折旧	万元	4973	716	1848	261	210	265	1672
生产税净额	万元	6328	292	1942	217	290	164	3423
另：政府补贴	万元							
营业盈余	万元	19137	3138	5821	3516	929	874	4859

15−26 续表 2

指标名称	计量单位	农垦总局	湛江局	茂名局	阳江局	揭阳局	汕尾局	直属单位
5.信息传输、软件和信息技术服务业								
增加值合计(按当年价格算)	万元	7794	4521	32	49			3192
合计中：国有部分	万元							
其中：劳动者报酬	万元	4786	2694		40			2052
固定资产折旧	万元	1145	901		4			240
生产税净额	万元	361	50		3			308
另：政府补贴	万元							
营业盈余	万元	1502	876	32	2			592
6.金融业								
增加值合计(按当年价格算)	万元	7977		143				7834
合计中：国有部分	万元	7834						7834
其中：劳动者报酬	万元	2414		71				2343
固定资产折旧	万元	147		22				125
生产税净额	万元	463						463
另：政府补贴	万元							
营业盈余	万元	4952		50				4902
7.房地产业								
增加值合计(按当年价格算)	万元	35607	1535				4110	29962
合计中：国有部分	万元	26454						26454
其中：劳动者报酬	万元	7686	64				740	6882
固定资产折旧	万元	1202	157				290	755
生产税净额	万元	7927	226				530	7171
另：政府补贴	万元							
营业盈余	万元	18792	1088				2550	15154
8.租赁和商务服务业								
增加值合计(按当年价格算)	万元	33696	2566	852	771	795		28712
合计中：国有部分	万元	27130	2208	852	686			23384
其中：劳动者报酬	万元	8581	1110	48	20	690		6713
固定资产折旧	万元	1730	309	187		130		1104
生产税净额	万元	1977	80	24				1872
另：政府补贴	万元	12						12
营业盈余	万元	21408	1067	593	751	-25		19022
9.科学研究和技术服务业								
增加值合计(按当年价格算)	万元	2801		9				2792
合计中：国有部分	万元	2792						2792
其中：劳动者报酬	万元	2227		7				2220
固定资产折旧	万元	350		2				348
生产税净额	万元	2						2
另：政府补贴	万元	753						753
营业盈余	万元	222						222

15-26 续表 3

指标名称	计量单位	农垦总局	湛江局	茂名局	阳江局	揭阳局	汕尾局	直属单位
10.水利、环境和公共设施管理业								
增加值合计(按当年价格算)	万元	2340		259				2081
合计中：国有部分	万元	258		258				
其中：劳动者报酬	万元	1147		259				888
固定资产折旧	万元	174						174
生产税净额	万元	139						139
另：政府补贴	万元							
营业盈余	万元	880						880
11.居民服务、修理和其他服务业								
增加值合计(按当年价格算)	万元	81494	19067	30837	1499	2188	3097	24806
合计中：国有部分	万元	10353	3834	2604	53	61	474	3327
其中：劳动者报酬	万元	42809	11023	15651	539	1018	1884	12693
固定资产折旧	万元	8555	1865	3781	297	142	320	2150
生产税净额	万元	7062	758	3546	128	288	291	2050
另：政府补贴	万元	46	35					11
营业盈余	万元	23068	5420	7860	534	740	602	7913
12.教 育								
增加值合计(按当年价格算)	万元	34629	5659	1340				27630
合计中：国有部分	万元	32904	5123	151				27630
其中：劳动者报酬	万元	29137	4860	1011				23265
固定资产折旧	万元	5130	562	203				4365
生产税净额	万元							
另：政府补贴	万元	14	14					
营业盈余	万元	362	236	126				
13.卫生、社会工作、文化、体育、娱乐								
增加值合计(按当年价格算)	万元	104899	72876	21332	2419	522		7751
合计中：国有部分	万元	79841	52383	18263	2231	63		6901
其中：劳动者报酬	万元	78373	54947	14537	1067	457		7365
固定资产折旧	万元	12855	8013	3738	137	49		918
生产税净额	万元	95	47	1				47
另：政府补贴	万元	119		119				
营业盈余	万元	13575	9868	3056	1215	16		-579
14.公共管理、社会保障和社会组织								
增加值合计(按当年价格算)	万元	42143	7673	6811	2817	3429	1617	19797
合计中：国有部分	万元	38679	7003	4922	2817	2523	1617	19797
其中：劳动者报酬	万元	26831	3880	4152	1301	3351	886	13261
固定资产折旧	万元	4505	918	1543	234	79	731	1001
生产税净额	万元	176						176
另：政府补贴	万元	541	176	365				
营业盈余	万元	10631	2874	1116	1282			5359

十六、供销合作社

广东省供销合作联社 2022 年基本情况

2022 年，在省委省政府坚强领导下，全省供销合作社系统坚持以习近平新时代中国特色社会主义思想为指导，迎接和深入学习宣传贯彻党的二十大精神，认真落实“疫情要防住、经济要稳住、发展要安全”重要要求，贯彻落实习近平总书记关于供销合作社工作重要指示精神，贯彻落实省第十三次党代会、省委十三届二次全会工作部署，推进实施《广东省进一步深化供销合作社综合改革打造为农服务生力军行动计划》，通过网络化发展、全程化服务、合作化联农、数字化赋能，城乡冷链补短板走在全国前列，农资农技服务成为主力军，农产品产销对接网初步搭建，大湾区农产品流通枢纽首期投产运营，构建面向小农户的覆盖产前、产中、产后的公共型农业社会化服务体系取得积极进展，加快打造服务农民生产生活的综合平台，努力成为党和政府密切联系农民群众的桥梁纽带，为推进城乡融合发展、乡村全面振兴贡献力量。

一、2022 年主要工作情况

（一）深入学习宣传贯彻党的二十大精神，拥护“两个确立”、做到“两个维护”更加坚定自觉。把学习宣传贯彻党的二十大精神作为首要政治任务和全部工作的重心，第一时间组织直属系统各级党组织、青年理论学习小组集中收听收看党的二十大开幕会盛况，第一时间召开党组扩大会专题传达学习党的二十大精神,第一时间制定学习宣传贯彻工作方案以及宣传宣讲、专题培训、专题调研等具体方案，持续掀起学习宣传贯彻热潮，结合深入学习省第十三次党代会和省委十三届二次全会精神、一体贯彻落实。全年安排党组会议第一议题学习 49 次，开展党组理论学习中心组集中学习和专题宣讲 13 期，省供销社班子成员牵头深入基层开展专题调研 16 项，把党的二十大精神学习成果转化为落实的具体举措。

（二）构建全程农业社会化服务体系，服务保障粮食安全。一是完成农业生产社会化服务超 2360 万亩次，供销社农资农技服务成为主渠道。建设区域性、县镇村农业生产服务中心 1252 个，2022 年实施复耕地、垦造水田社会化服务 8 万亩，实施土地全托管服务面积 246.6 万亩，2020 年以来累计实施农业面源污染防控面积超 150 万亩。二是建设“农民的产业园”。牵头建设 3 个丝苗米省级现代农业产业园，服务农田超 20 万亩、带动农户超 4 万户。建成 50 万吨现代化粮库和 10 万吨大米加工车间，承担省市区三级粮食储备超 30 万吨。

（三）构建供销流通服务网络，服务完善县域流通体系。一是建成一批公共型冷链物流骨干网项目，城乡冷链补短板走在全国前列。在全省布局项目 74 个、规划库容 160.4 万吨；建成运营项目 32 个、库容 75.5 万吨；在建项目 28 个、库容 63.8 万吨，加快补齐粤东西北农业主产区缺乏大型公共冷库的短板。江门冷链物流园区获批成为国家骨干冷链物流基地，新运营的开平、兴宁等项目逐步成为农产品集聚、流通加工的重要冷链基础设施平台。2022 年全省系统冷链物流营业额 202.51 亿元、同比增长 66.5%。二是初步建成运营大湾区基地和农产品直供配送网，服务塑造健康大湾区。省部共建的大湾区绿色农产品生产供应基地首期 500 亩基本建成投产，打造大湾区现代农业与食品产业集群，供港澳农产品超 4 万吨、实现产值 20.6 亿元。加快农产品直供配送网建设，发展从田头到餐桌的直接配送，在 17 个地级市建成运营区域配送中心 45 个，培育发展供销农场 336 个。2022 年全省供销系统农产品销售额 1081.5 亿元、同比增长 35.2%。三是建设提升县域流通服务网络。省供销社直属企业分别联合市县供销社成立县域农服公司 42 家、农产品直供配送公司 45 家、冷链项目公司 23 家，建设完善县镇村三级县域流通服务网络，培育打造云浮新兴县等 9 个全国供销系统县域流通服务网络强县。2022 年全省供销系统实现销售总额 2695.59 亿元、同比增长 17.31%，利润总额 16.3 亿元、同比增长 21.9%。

（四）服务带动小农户和新型农业经营主体，促进农业适度规模经营。一是大力实施联农扩面五项工程。累计发展供销合作社基层联农带农组织 10097 个，2020 年以来开展农民技能教育和技术培训 504 万人次，将小农户引入现代农业产业体系。2022 年全省基层供销社实现销售额 1420.8 亿元、同比增长 30%。二是开展供销特色帮扶。重点对接农村人口开展供销特色“粤菜师傅”培训累计 2.6 万人。拓展农村合作金融服务网络，协助社员和新型农业经营主体办理贷款 18.1 亿元。联合广西、贵州等 16 个省级供销合作社发展东西部协作供销联盟，开展消费帮扶“五进活动”150 场。扎实做好徐闻县南山镇驻镇帮镇扶村工作。

（五）深化供销合作社综合改革，建设面向小农户的公共型农业社会化服务体系。一是开展公共型农业社会化服务改革试点和生产、供销、信用综合合作试点。落实《广东省乡村振兴促进条例》，选取 3 个市 16 个县开展公共型农业社会化服务改革试点，积极探索多种联农模式，各试点市县发展各类联农带农组织 2351 个。选取 4 个市开展生产、供销、信用综合合作试点，重点围绕丝苗米或当地特色优势农产品产业，建设供销农产品综合服务站。二是完善联合社机关和社有企业双线运行机制。完善联合社治理机制，推动市县供销社建立理事会、监事会、社有资产管理委员会，按期召开社员代表大会，印发实施《成员社对省供销合作联社工作评价办法（试行）》。深化社有企业改革，省供销集团社有资产和股权管理、资金和金融等政策归集赋能作用基本形成，修订省供销集团权责清单，进一步厘清社企权责边界。全省系统发展年销售总额超亿元企业 222 家，其中国家农业龙头企业 1 家、省级农业龙头企业 11 家，在深交所上市企业 1 家。开展“三降两清一扭”专项行动。三是上线广东数字供销平台。完成数字供销云平台规划设计，粤供销农服小程序上线并在汕尾、南雄、台山等地试点，建设供销农产品公共交易中心和智慧供应链系统，高效精准满足中小农户农业社会化服务需求。

（六）突出政治引领，加强党对供销合作事业的全面领导。一是突出讲政治抓政治。坚持把政治建设摆在首位，严格执行政治要件闭环落实机制，纳账管理政治要件 68 项，将省委、省政府领导指示、工作安排纳入“三定一督一通报”工作机制督导。全力配合做好省委第七巡视组对省供销社开展乡村振兴资金管理使用专项巡视，落实省供销社主要负责同志经责审计整改工作。二是突出讲纪律守规矩。严格执行重大事项请示报告制度，印发实施《中共广东省供销合作联社党组进一步落实全面从严治党主体责任清单》，明确省供销社党组 22 项全面从严治党责任。坚持党管干部，落实新时期好干部标准，完善干部选拔任用和管理制度。三是统筹好发展和安全。严而又严抓好疫情防控、安全生产、意识形态和保密等工作。省供销社组建党员抗疫突击队、预备队支援广州抗疫。广州、梅州、阳江、湛江等地疫情防控期间，协同指导当地市供销社和省供销社直属企业，做好封控区群众生活必需品应急保障。

2022年全省供销合作社系统基本情况统计公报

2022年，在全国总社和广东省委省政府的正确领导下，广东省供销合作社坚持以习近平新时代中国特色社会主义思想为指导，深入学习宣传贯彻党的二十大精神，贯彻落实中央经济工作会议和中央农村工作会议精神，深入贯彻习近平总书记关于供销合作社工作的重要指示精神和中发11号文件要求、总社七届四次理事会精神，坚持稳中求进工作总基调，立足新发展阶段，完整、准确、全面贯彻新发展理念，服务构建新发展格局，以推动高质量发展为主题，以提升为农服务能力为根本，立足流通主业，全面深化综合改革，构建面向小农户的覆盖产前、产中、产后的公共型农业社会化服务体系取得积极进展。在全国系统综合业绩考核中，从2018年度排名第22名，逐年上升至2022年度第7名，连续三年获全国“一等奖”，创历史最好成绩。

一、全省系统综合经营服务情况

（一）销售总额

全年实现销售总额2695.59亿元，增长17.31%。

1. 分行业看，四大主营业务销售增长稳定。其中，农业生产资料类销售总额583.06亿元，增长18.02%，占销售总额的（以下简称“占比”）21.63%；农产品类销售总额854.82亿元，增长6.91%，占比31.71%；消费品类销售总额344.46亿元，增长12.78%，占比11.43%；再生资源类销售总额212.86亿元，增长23.19%，占比7.90%。

2. 分层级看，基层供销合作社增长较快。省社本级企业、市级供销社、县级供销社和基层社分别实现销售总额432.06亿元、207.59亿元、581.41亿元和1413.33亿元，分别增长37.09%、-44.60%、22.32%和24.85%，占比分别为16.03%、7.70%、21.57%和54.70%。

3. 分区域看，地级市销售持续增长。12个市社销售总额实现增长，其中阳江市社、广州市社、河源市社等增速靠前，增速均超过50%。销售总额超过40亿元的地区有14个，与上年持平，其中广州市社、东莞市社超过200亿元；江门市社、茂名市社、梅州市社、佛山市社、肇庆市社、惠州市社、中山市社均超过100亿元；湛江市社超过90亿元；韶关市社、汕头市社、云浮市社、清远市社超过40亿元；河源市社、阳江市社、揭阳市社、汕尾市社超过20亿元。

4. 连锁经营销售额增长。全省系统连锁经营销售额442.11亿元，增长21.08%。其中，农业生产资料类连锁经营企业连锁销售额287.97亿元，下降10.19%；消费品类连锁经营企业连锁销售额89.58亿元，增长65.61%。

5. 进出口额增加。全年商品进出口总额3.69亿元，增长44.44%。其中，进口额4.46亿元，增长2.22倍；出口额0.87亿元，下降62.13%。

（二）综合服务情况

全年综合服务营业额304.71亿元，增长8.27%。

1. 电子商务综合服务额0.26亿元，与上年持平。

2. 居民生活服务营业额50.84亿元，下降6.14%，其中住宿餐饮业营业额13.22亿元，增长27.87%；旅游业营业额1.71亿元，增长53.13%。

3. 资产经营额44.48亿元，增长31.68%，其中租赁经营额26.11亿元，增长20.44%。

4. 农业生产服务收入额5.06亿元，增长

1.65 倍。

5. 其他服务营业额 204.33 亿元，增长 6.65%。

（三）直接收购的农产品

全年直接从农业生产者购进的农产品 600.98 亿元，增长 20.18%。

（四）物流业情况

全年物流业营业额 271.40 亿元，增长 59.49%；其中冷链物流业营业额 202.51 亿元，增长 66.50%；县及县以下快递、配送营业额 75.74 亿元，增长 32.35%。

（五）平台交易额

全年平台交易额 450.79 亿元，增长 7.92%。其中：

商品交易市场交易额 438.04 亿元，增长 7.98%，其中农产品批发市场交易额 414.70 亿元，增长 6.93%。

自建电子商务平台交易额 12.75 亿元，增长 6.05%。

（六）金融服务情况

全年金融服务额 14.78 亿元，增长 5.95%。其中，资金互助额 0.65 亿元；保险服务额 2.55 亿元；其他（含典当）金融服务额 11.58 亿元。

2022 年，全省供销合作社发挥系统联农带农组织体系和经营服务网络优势，与金融机构共建“银行 + 供销合作社 + 农户”绿色融资通道，共同开展“供银担”支农体系建设，为家庭经营农户和新型农业经营主体提供多种形式金融服务。至今已推动 19 个地级以上市供销社和 80 个县（市、区）供销社与金融机构实现业务联系和工作对接，基本建立起供销社系统的农业主体有资金需求则有金融机构对接的工作机制。联合省农行、省中行、省建行、省农业融资担保公司等推进“粤供易贷”、“粤供园区贷”农村金融服务试点工作，2022 年全省供销系统共协助 1422 户农户和农业生产经营主体获得贷款 18.11 亿元。

二、县及县以上机关情况

（一）总体情况

年末，全省系统有省级供销合作社 1 个，地级以上市供销合作社 20 个，县（区、市）级供销合作社 96 个。

（二）经费来源

财政全额拨款的单位 113 个，占 96.58%，其中，省社 1 个，地级以上市社 20 个，县社 92 个。差额拨款的单位 1 个，占 0.85%。财政定额补贴的单位 2 个，占 1.71%。实行自收自支的单位 1 个，占 0.85%。

（三）人员编制

全省系统县及县以上供销合作社机关人员编制 2173 人。事业编制 2110 人，占总人员编制数的 97.1%，其中，参照公务员法管理的人员编制 1376 人，占总人员编制数的 63.32%；企业及其他编制 63 人，占总人员编制数的 2.89%。

（四）其他情况

设立理事会的机关 116 个，设立监事会的机关 116 个，与去年持平。建立供销合作社合作发展基金的机关 112 个。建立社有资产管理委员会的机关 116 个，比去年增加 1 个。建立社有资本投资公司的机关 104 个，比去年增加 45 个。

三、社有企业情况

（一）总体情况

年末，全省系统共有各类法人企业 1664 个。其中省社所属企业 312 个，地级以上市社所属企业 276 个，县（区、市）级社以下所属企业 976 个。

（二）股权结构情况

供销社系统全资企业 779 个，供销社系统控股企业 291 个，比去年增加 52 个；供销社系统参股企业 133 个，比去年增加 11 个；开放办社企业 461 个，比去年增加 122 个。

（三）产业类别情况

农业生产资料经营企业 305 个、农产品经营企业 539 个、消费品经营企业 223 个、再生资源经营企业 97 个、烟花爆竹经营企业 57 个。

生产加工企业 67 个，其中工业生产企业 16 个，农产品加工企业 49 个、再生资源加工企业 2 个。

商品交易市场 27 个。

其他服务业企业 349 个，其中，仓储运输企业 75 个,资产控股、租赁和商务服务业企业 58 个，房地产开发企业 3 个,金融企业 4 个，其他法人企业 199 个。

（四）连锁企业情况

全省系统连锁企业 384 家，配送中心 456 个，连锁门店 20210 个。其中：

农业生产资料连锁经营企业 160 家，配送中心 185 个，连锁经营门店 7221 个；

农产品连锁经营企业 89 家，配送中心 97 个，连锁经营门店 5239 个；

消费品连锁经营企业 66 家，配送中心 34 个，连锁经营门店 2387 个

再生资源连锁经营企业 17 家，连锁经营门店 1621 个；

烟花爆竹及其他连锁经营企业 51 家，配送中心 140 个，连锁门店 3742 个。

四、基层供销合作社情况

年末，全省系统有基层社 2102 个，其中：集体所有制 1345 个，其他 757 个；由县社直接管理的 1470 个，实行属地管理及其他的 632 个。社员 95.47 万人，其中农民社员 57.58 万人。

基层社经营网点 15239 个。其中：日用消费品经营网点 7281 个，农业生产资料经营网点 5097 个，农产品经营网点 1265 个，再生资源经营网点 976 个，农村电子商务服务站 190 个，农贸市场 48 个。

五、农民合作社情况

（一）总体情况

年末，全省系统创办、领办各类专业合作社 5633 个，比上年增加 368 个；入社成员 20.41 万个。其中，农民合作社联合社 259 个。

（二）经营类型

各类合作社中，农产品类 4569 个，农业生产资料类 593 个，综合服务类 268 个，其他类 203 个。

在农产品类合作社中，干鲜果蔬合作社 2286 个；粮油作物合作社 445 个；茶叶合作社 211 个；中药材合作社 159 个；水产合作社 292 个；畜禽合作社 421 个；其他 755 个。

（三）注册商标及认证情况

通过有机、绿色、无公害等认证的合作社 875 个，其中，通过有机认证的 106 个、通过绿色认证的 154 个、通过无公害认证的 615 个。拥有产品注册商标 327 个。

六、事业单位情况

年末，各级供销合作社所属事业单位 5 个。其中，省社所属事业单位 2 个；地级以上市社所属事业单位 1 个；县（区、市）社所属事业单位 2 个。

从经费来源看，差额补助的 2 个，自收自支的 3 个。

七、社会组织情况

年末，全省系统各类社团组织 176 个，会员 16880 个（人）。

从性质看，协会（商会）147 个，学会（研究会）3 个，联合会 17 个，民办非企业单位 9 个。

从服务类型看，农产品行业协会 34 个，农产品流通经纪人协会 9 个，农业生产资料协会 34 个，再生资源协会 25 个，烟花爆竹协会 29 个，电子商务协会 7 个，其他协会 13 个。

从会员情况看，团体会员 7644 个，个人会员 9236 人。

八、为农综合服务情况

（一）农村综合服务社

年末，全省系统共建立农村综合服务社 9293 个，比上年末增加 312 个；其中，与村委会共建 265 个。庄稼医院 1966 个，比上年末增加 138 个。

（二）农业生产社会化服务

全年土地流转面积 49.78 万亩，增长 23.21%；土地托管面积 591.67 万亩，增长 7.95%；智慧农业生产服务面积 30.51 万亩；农业生产社会化服务共计 2048.75 万亩次，增长 5.38%，其中：配方施肥 945.86 万亩次，统防统治 700.86 万亩次；农机作业 402.03 万亩次。

（三）科技服务

培训农村实用人才 114.82 万人次，增长 13.20%；科技特派员 76 人。

（四）农村人居环境整治

全年回收农村生活垃圾 701.11 万吨，废旧农膜 3.77 万吨，农药包装废弃物 116.28 万件。

九、从业人员情况

（一）总体情况

年末，全省系统共有从业人员 132202 人，离开本单位仍保留劳动关系的人员 14083 人，离退休人员 60584 人。

离退休人员中，未参加社会统筹养老保险的人员 1600 人，占 2.64%。

（二）分布状况

各级联合社机关、事业单位 2915 人，占 2.20%；企业 34764 人，占 26.30%；基层社 45329 人，占 34.29%；专业合作社 47091 人，占 35.62%。

（三）年龄结构情况

从业人员（不含专业合作社管理人员）中，35 岁及以下的 23911 人,占 18.09%；36–45 岁的 31894 人，占 24.13%；46–55 岁的 21901 人，占 16.57%；55 岁以上的 7405 人，占 5.60%。

（四）受教育情况

从业人员（不含专业合作社管理人员）中，高中、中专学历及以下的 61200 人，占 46.29%；大专学历的 16359 人，占 12.37%；本科学历及以上的 7137 人，占 5.40%。

16-1 广东省供销合作社为农综合服务情况统计表

单位名称	土地流转面积(亩)	土地托管面积(亩)		培训农村实用人才(人)
		全年累计	全托管面积	
合　计	**497828**	**5916654.22**	**2242596.03**	**1148219**
广州市供销合作总社	98299	328254.9	195189.83	1380
深圳市(宝安、龙岗区社)				
珠海市供销合作社		56783.46	54691.69	
汕头市供销合作社	28	53520.3	49882.43	100
佛山市供销合作社	1681	41982.66	41236.89	760
韶关市供销合作社	39733	316805.73	255153.62	37749
河源市供销合作社	29073	88075.49	61202.56	920
梅州市供销合作社	14657	289397.77	193523.61	78886
惠州市供销合作社	7441	148285.75	92279.88	19887
汕尾市供销合作社	27974	76250.96	35118.15	141545
东莞市供销合作社		73544.03	50055.23	
中山市供销合作社	30807	45627.95	45627.95	1704
江门市供销合作联社	26959	239603.56	193420.84	550
阳江市供销合作社	11130	54301.53	32624.39	49
湛江市供销合作社联合社	37828	147381.81	114271.77	197399
茂名市供销合作社	3774	448874.12	224838.36	20351
肇庆市供销合作社	62146	207298.39	202219.02	114713
清远市供销合作社	1724	118495.15	76421.58	39833
潮州市供销合作社		25687.25	15526.23	
揭阳市供销合作社	77493	129176.11	129176.11	21700
云浮市供销合作社	17152	158092.56	154952.76	
广东省直属企业	9928	2869214.74	25183.13	470693

注：2022年按中华全国供销合作总社通知要求，对部分纳统单位进行调整。

16-1 续表

单位名称	配方施肥面积（亩次）	统防统治面积（亩次）	农机作业面积（亩次）	智慧农业生产服务（亩）	为农服务形式(个)		
					生产性为农服务中心	庄稼医院	农村综合服务社
合　计	**9458632.73**	**7008568.53**	**4020285.67**	**305084.04**	**2966**	**1966**	**9293**
广州市供销合作总社	1184643.67	474082.14	899987.93	13804.8	261	50	704
深圳市(宝安、龙岗区社)							
珠海市供销合作社	22003.62	68553.93	109664.44		27	21	60
汕头市供销合作社	344367.07	511563.87	157839.93		130	79	207
佛山市供销合作社	15114.59	31418.38	26099.93	14666.97	3	6	9
韶关市供销合作社	338193.13	318515.04	299196.65	38331.29	51	118	465
河源市供销合作社	147463.06	97854.81	81336.93	4810.17	9	14	38
梅州市供销合作社	114127.4	160370.87	108527.25	272.84	51	214	655
惠州市供销合作社	83216.68	211719.84	38615.18		55	82	276
汕尾市供销合作社	98494.83	159275.03	76633.36	8695.41	45	11	170
东莞市供销合作社	99107.28	90185.53	74419.13			4	50
中山市供销合作社	212031.7	92786.85	87900.48	1657.2	1	25	47
江门市供销合作联社	1049247.18	2118537.09	1054709.51		158	178	922
阳江市供销合作社	409380.28	315630.45	4267.07		482	37	707
湛江市供销合作社联合社	82195.89	117148.93	74679.33		237	112	370
茂名市供销合作社	798748.76	938337.29	268752.51		925	122	1866
肇庆市供销合作社	338674.18	305059.43	299613.56	5474.08	54	83	1290
清远市供销合作社	70669.43	218556.68	73232.87	645.36	49	163	252
潮州市供销合作社	9039.89	17213.54	11343.31		46	24	52
揭阳市供销合作社	114526.11	125172.54	115045.30		230	97	448
云浮市供销合作社	133058.34	134644.52	95712.17		146	10	173
广东省直属企业	3794329.64	501941.77	62708.83	216725.92	6	516	532

注：2022年按中华全国供销合作总社通知要求，对部分纳统单位进行调整。

16-2 广东省供销合作社经营情况统计表

单位：万元

单位名称	从农业生产者购进的农产品购进总额	售给农民的农业生产资料销售额	农产品交易市场交易额	农产品电子商务销售额	消费品零售额	
					全年累计	乡村
合　计	**6039786.26**	**5469910.62**	**4146973.05**	**982364.71**	**6908061.76**	**1884559.52**
广州市供销合作总社	1221037.04	294780.42	1025305.79	122840.73	1703903.38	387733.66
深圳市(宝安、龙岗区社)		338.37			1129.25	1129.25
珠海市供销合作社	38654.58	29102.13	36496.17	3183.07	59508.6	6289.32
汕头市供销合作社	112863.59	55408.02	220994.87	5070.33	217185.59	15828.96
佛山市供销合作社	10302.69	27302.72	406844	1564.99	72197.4	19204.6
韶关市供销合作社	214831.72	128707.45	81050.63	53236.01	207609.68	46604.54
河源市供销合作社	46797.79	96718.54	8973.15	18007.47	144172.49	59659.61
梅州市供销合作社	798072.71	390848.79	99048.01	56459.7	219487.32	125857.18
惠州市供销合作社	340108.46	209576.5	257898.13	90325.16	225335.97	5427.32
汕尾市供销合作社	93472.02	52411.07	4595.15	542.07	78162.42	39011.79
东莞市供销合作社	141702.29	118286.5	102192.59	65.17	551934.01	4290
中山市供销合作社	369012.23	12346.27	3403.43	124433.13	348149.53	89602.76
江门市供销合作联社	344767.91	432996.93	1072031.52	4260.18	518272.52	154294.02
阳江市供销合作社	109269.8	36971.37	28466.23	25306	125308.8	36303.65
湛江市供销合作社联合社	162191.59	386041.11	74220.3	25456.8	320534.97	89780.18
茂名市供销合作社	544009.61	270158.1	160113.34	130805.93	838835.52	440131.3
肇庆市供销合作社	521343	244498.02	406661	87007	509062.2	140135
清远市供销合作社	169608.74	143493.26	7599.3	8960.62	114351.58	42384.5
潮州市供销合作社	25495.29	17219.98	7560.4	906.2	60697.32	29767.22
揭阳市供销合作社	75520.22	84810.55	3207	4719	83849.81	33428.59
云浮市供销合作社	214810.17	88684.08	96735.25	11478.97	328529.84	117696.07
广东省直属企业	454899.17	2347727	43576.79	207736.18	179843.56	

注：2022年按中华全国供销合作总社通知要求，对部分纳统单位进行调整。

16−3　广东省供销合作社农资类销售总额统计表

单位：万元

单位名称	全年累计	肥料类	农药类	农用薄膜类	农用机械类	种子种苗饲料类	其他
合　计	**5828555.76**	**4706266.53**	**771149.68**	**65969.68**	**31666.15**	**48461.62**	**204986.25**
广州市供销合作总社	311725.57	274521.68	15413.54	7449.88	709.69	842.9	12787.88
深圳市(宝安、龙岗区社)	1440.27	1136.92	303.35				
珠海市供销合作社	29116.33	18187.41	7154.23	27.8	1832.37	1672.43	242.09
汕头市供销合作社	62833.73	44018.56	15495.08	862.2	1298	77	1082.89
佛山市供销合作社	27695.72	15613.3	2689.12	1353.5		8039.8	
韶关市供销合作社	129991.06	106134.77	18465.92	2111.24	1600.62	1347.24	331.27
河源市供销合作社	97681.9	67095.28	5828.36	2045.39	9498.43	6110.8	7103.64
梅州市供销合作社	404595.07	259093.44	18285.97	3949.1	1945.24	3086.21	118235.11
惠州市供销合作社	209932.5	154311.35	40839.78	7352.03	2518.54	2046.76	2864.04
汕尾市供销合作社	62303.42	49449.83	9839.4	749.5	107.2	611.47	1546.02
东莞市供销合作社	116923	78207.33	14964.12	2178.83	4563.4	1982.77	15026.55
中山市供销合作社	12377.39	3608.76	1999.66	10.52	59.28	6661.49	37.68
江门市供销合作联社	469040.96	373814.16	65974.03	7470.22	3569.55	6412	11801
阳江市供销合作社	36971.37	31060.9	4279.47	371	123	863	274
湛江市供销合作社联合社	394038.11	329523.76	63436.65	444.85	314	278.85	40
茂名市供销合作社	315112.98	230418.24	49084.92	4523.77	193.58	2455.1	28437.37
肇庆市供销合作社	264043.02	192522.02	43014.5	23391	3010.5	514	1591
清远市供销合作社	171504.59	133980.04	35427.42	734.63	16.3	1346.2	
潮州市供销合作社	18257.06	14241.1	3593.18	105.9	5.9	116.6	194.38
揭阳市供销合作社	97251.39	66450.54	26778.2	676.9	153.55	165	3027.2
云浮市供销合作社	88855.08	70092.07	18146.59	161.42	119		336
广东省直属企业	2502354.13	2189356	309110		28	3832	28.13

注：2022年按中华全国供销合作总社通知要求，对部分纳统单位进行调整。

16-4 广东省供销合作社农资类销售量统计表

单位：吨

单位名称	肥料类	氮肥类			磷肥类	
		全年累计	尿素	碳铵	全年累计	二铵
合　计	**13373944.74**	**4508203.33**	**3492225.14**	**710490.65**	**1879773.26**	**630439.23**
广州市供销合作总社	299734.44	75485.14	42378.41	15725.16	7312.85	12.5
深圳市(宝安、龙岗区社)	526.26	58	34	24	186	
珠海市供销合作社	60415.98	28921.17	16424.1	12497.07	8933	
汕头市供销合作社	128902.78	87994.42	30930.92	12823.5	5716	240
佛山市供销合作社	44140.9	16551.4	8274.8	8276.6	8168	
韶关市供销合作社	324828.77	85414.97	56045.51	27903.39	41795.34	1661.77
河源市供销合作社	217680.5	71057.5	44705	26197.5	37739	3534
梅州市供销合作社	922085.97	334113.74	134851.54	187846.07	81043.95	62227.41
惠州市供销合作社	398784.72	101215.89	72424.73	25007.56	60401.73	1255
汕尾市供销合作社	191581.05	40166.88	25765.61	2070.5	34686.97	21.07
东莞市供销合作社	101003.37	29411.43	26275.43	752	12114.09	334
中山市供销合作社	12645.77	3350.79	2393.35	950.19	2709.13	113.71
江门市供销合作联社	697089.06	124472.54	87276.92	32784.46	47184.7	2288
阳江市供销合作社	95867.6	29136.45	19379	9306.81	14411.84	2
湛江市供销合作社联合社	1002531.03	300511.37	255667.27	34496.7	241957.69	20701
茂名市供销合作社	894331.51	284535.2	187689.87	89964.33	124116.48	12271
肇庆市供销合作社	729545.12	167420.7	70117	46610.7	62618.5	
清远市供销合作社	525099.52	194582.21	131167.66	62721.3	91350.56	2870.25
潮州市供销合作社	75300.75	28889.55	23808.55	1369	9056.2	42
揭阳市供销合作社	275863.06	118006.16	66872.16	49494	44258.8	78
云浮市供销合作社	287264.85	106233.04	46792.51	59430.53	39091.17	412
广东省直属企业	6088275.27	2280670.78	2142946.8	4239.28	904921.26	522375.52

注：2022年按中华全国供销合作总社通知要求，对部分纳统单位进行调整。

16-4 续表 1

单位：吨

单位名称	钾肥类	复合肥类		水溶肥	有机肥	
		全年累计	掺混肥		全年累计	生物有机肥
合　计	**1619635.81**	**3440844.07**	**546657.24**	**912603.71**	**1012884.56**	**120431.36**
广州市供销合作总社	1649.95	103992.73	372	53464.39	57829.38	24908.29
深圳市(宝安、龙岗区社)	66	216.26				
珠海市供销合作社	3591.16	14149.81		3556.88	1263.96	173.77
汕头市供销合作社	6610	10978.24	230	15677	1927.12	
佛山市供销合作社	8034.6	8886.3		1259.3	1241.3	2
韶关市供销合作社	26191.2	63002.07	876	12655.31	95769.88	7411.38
河源市供销合作社	15207.3	59330.2	10305	15530.5	18816	5426.8
梅州市供销合作社	25658.46	369446.28	336539.12	49022.85	62800.69	2.5
惠州市供销合作社	37539.81	137419.35	23067.32	25154.21	37053.73	6177
汕尾市供销合作社	15469.55	83573.45	3250	1005.5	16678.7	8442.2
东莞市供销合作社	14400.4	27373.29	2504	7273.48	10430.68	973.8
中山市供销合作社	519.14	5482.44	318.51	141.27	443	137.59
江门市供销合作联社	37266.24	163648.32	30053.5	209266.52	115250.74	4512
阳江市供销合作社	9880.64	26959.37	2851.5	6230	9249.3	1886
湛江市供销合作社联合社	137670.31	204435.58	13689.3	49060.98	68895.1	6235
茂名市供销合作社	84117.45	133166.87	26509.7	133068.13	135327.38	4937
肇庆市供销合作社	63332.95	155320.47	96	122223.75	158628.75	30519
清远市供销合作社	35032.43	156673.3	10173.71	8938.64	38522.38	66.44
潮州市供销合作社	8058.4	17189.1		2859.2	9248.3	155
揭阳市供销合作社	10252.12	46883.38		24520.8	31941.8	
云浮市供销合作社	8965.74	72025.24	12823.7	23088.08	37861.58	6302
广东省直属企业	1070121.96	1580253.56	72906.63	148606.92	103700.79	12163.59

注：2022年按中华全国供销合作总社通知要求，对部分纳统单位进行调整。

16-4 续表 2

单位：吨

单位名称	化学农药				农膜	
	全年累计	杀虫剂	杀菌剂	除草剂	全年累计	地膜
合　计	**326734.08**	**113520.96**	**76588.3**	**115404.35**	**65969.68**	**52679.88**
广州市供销合作总社	4976.28	1044.02	1182.25	1835.85	7449.88	9061.34
深圳市(宝安、龙岗区社)	47.75	12	23	12		
珠海市供销合作社	2304.88	1003.94	927.52	243.55	27.8	
汕头市供销合作社	5673.16	2559.04	1246.45	1723.67	862.2	330
佛山市供销合作社	1350.05	465.05	441.3	443.7	1353.5	705
韶关市供销合作社	6381	2361.11	1614.28	2318.66	2111.24	1554.36
河源市供销合作社	4364.55	1667.02	1309.97	1293.26	2045.39	1996.91
梅州市供销合作社	8666.55	3804.63	1682.78	3041.88	3949.1	697.49
惠州市供销合作社	29828.42	10463.08	6447.87	12121.8	7352.03	13847.78
汕尾市供销合作社	3477.94	1960.95	514.1	771.74	749.5	166.49
东莞市供销合作社	7759.89	4647.5	1236.83	1463.86	2178.83	14851.5
中山市供销合作社	1136.94	426.09	302.83	407.37	10.52	8.16
江门市供销合作联社	44802.04	9114.37	4711.25	21298.85	7470.22	2100
阳江市供销合作社	3172.41	1333.51	724.59	1111.71	371	307.23
湛江市供销合作社联合社	44373.87	15707.93	12516.85	14293.83	444.85	443.6
茂名市供销合作社	34041.26	12310.25	10224.42	10621.64	4523.77	2584.37
肇庆市供销合作社	13858.05	5257.3	3360.7	3580.9	23391	2297
清远市供销合作社	9860	4197.95	2186.5	3286.83	734.63	605.64
潮州市供销合作社	2372.09	975.55	739.84	641.9	105.9	65
揭阳市供销合作社	21913.37	10666.49	8387.73	2585.65	676.9	747.6
云浮市供销合作社	33536.14	13657.56	7101.31	11414.47	161.42	310.41
广东省直属企业	42837.44	9885.62	9705.93	20891.23		

注：2022年按中华全国供销合作总社通知要求，对部分纳统单位进行调整。

十七、分区域主要经济指标

17-1 主要农作物播种面积

（2022年） 单位：公顷

项 目	珠江三角洲	东翼	西翼	山区
农作物总播种面积				
一、粮食作物总计	**552865**	**326403**	**656553**	**694465**
按品种分				
稻谷	463496	229793	543516	599088
早稻	225347	113227	244233	281420
晚稻	238150	116566	299283	317668
小麦	59	9	129	225
薯类	46666	77599	62040	30038
大豆	6618	5219	8069	14795
二、经济作物	**761664**	**220273**	**693592**	**647652**
甘蔗	9123	1095	128883	8095
糖蔗	1430	69	122355	2240
油料作物	62320	26042	132418	134433
花生	62103	24385	130734	129572
麻类	13	27		0
烟叶	1067	5	902	13347
药材	12444	1629	30807	23612
蔬菜	534336	177100	347506	369432
果用瓜	14079	3538	12814	12840
其他农作物	128282	10838	40262	85894
木薯	17648	2412	18092	22826

17-2 主要农作物总产量

(2022年) 单位：吨

项　　目	珠江三角洲	东翼	西翼	山区
一、粮食作物总计	**3111589**	**1999445**	**3713459**	**4090949**
按品种分				
稻谷	2702095	1460198	3191234	3732758
早稻	1327943	711910	1458220	1702827
晚稻	1374152	748288	1733014	2029931
小麦	256	33	574	626
薯类	212106	445693	298889	113379
大豆	17694	14395	21080	39492
二、经济作物				
甘蔗	919594	84214	11151449	765289
糖蔗	141368	5023	10674577	256623
油料作物	191797	80435	462689	439347
花生	191485	77101	458946	431730
麻类	26	120		
烟叶	2946	20	2814	31357
蔬菜	14798334	6165040	9394515	9633206
果用瓜	449357	120835	390225	371538
其他农作物				
木薯	365952	76037	436759	447976

17-3　茶叶、桑叶、水果面积及产量

(2022年)　　单位：公顷、吨

项　　目	珠江三角洲	东翼	西翼	山区
一、茶叶年末实有面积	**11788**	**30186**	**4830**	**52658**
茶叶总产量	15854	70113	12462	62408
二、桑地年末实有面积	**574**		**9687**	**10529**
桑叶总产量	17077		584761	298709
三、水果年末实有面积	**272791**	**125813**	**409805**	**260713**
水果总产量	4778715	1706940	8284324	4181848
柑橘橙年末实有面积	87930	7813	20571	75239
柑橘橙总产量	2299855	198410	375632	1327876
香(大)蕉年末实有面积	28888	9194	62180	10374
香(大)蕉总产量	1093318	255335	3322778	214045
菠萝年末实有面积	1199	5451	32247	257
菠萝总产量	23140	104587	1163036	3906
荔枝年末实有面积	83354	33747	138641	15488
荔枝总产量	306082	231411	854284	75671
龙眼年末实有面积	24760	12140	68444	9748
龙眼总产量	165468	125288	588599	81194

17-4 畜牧头数及产肉类量

(2022年)

项　　目	单位	珠江三角洲	东翼	西翼	山区
一、黄、水牛年末存栏头数	**头**	**213386**	**116896**	**422189**	**270954**
二、奶牛年末存栏头数	**头**	**29410**	**7714**	**6657**	**18245**
奶类产量	吨	104353	15548	17005	62040
三、山羊年末存栏只数	**只**	**148174**	**41847**	**276618**	**384515**
四、生猪年末存栏头数	**头**	**5109285**	**1898506**	**7659694**	**7291075**
能繁殖母猪	头	484510	164167	730431	664642
肉猪出栏头数	头	8625126	3084877	12519197	10738701
五、肉类产量	**吨**	**1288392**	**414759**	**1531023**	**1575876**
猪肉	吨	686885	248059	1006513	856692
牛肉	吨	8884	9144	15624	11614
羊肉	吨	3708	975	6620	8700
禽肉	吨	576131	152257	490552	675839
兔肉	吨	1062	346	890	3418
其他肉	吨	11723	3977	10824	19614
六、禽蛋产量	**吨**	**142906**	**44934**	**158848**	**125344**

17-5　珠江三角洲林业主要经济指标

项　　目	计算单位	2021年	2022年	2022年比2021年增长(%)	2022年占全省比重(%)
一、森林资源					
林业用地面积	千公顷	2720*			
有林地面积	千公顷	2401*			
活立木总蓄积量	万立方米	16917*			
森林覆盖率	%	51.59*			
二、林业产业总产值(当年价)	**万元**	**66697204**	**66307515.28**	**-0.58**	**76.09**
第一产业产值	万元	6061926	6409953.96	5.74	43.10
第二产业产值	万元	49634555	49932250.6	0.60	89.32
第三产业产值	万元	11000723	9965310.72	-9.41	60.90
三、营林生产					
人工造林面积	公顷	4543	639	-85.94	6.79
人工更新面积	公顷	19933	40155	101.45	43.06
退化林修复面积	公顷	10078	10059	-0.19	22.72
育苗面积	公顷	1157.6	136.07	36.41	40.93
中幼龄林抚育面积	公顷	49693	78434	57.84	38.82
四、主要林产品产量					
油桐籽	吨				
油茶籽	吨	16649	15099.6	-10.3	8.4
松脂	吨				
五、森工主要产品产量					
1. 商品材	万立方米	486.6428	454.8606	-6.5	53.1
原木	万立方米	426.9691	384.4411	-10.0	53.1
薪材	万立方米	59.6737	70.4195	18.0	53.3
2. 大径竹	万根	13562.2227	65373.57	382.0	73.2
毛竹	万根	1364.4996	1231.19	-10.0	6.0
其它竹	万根	12197.7231	64142.38	425.9	93.7
3. 松香类产品	吨	118738	112988	-4.8	77.3
六、林业系统职工人数	**人**	**6569**	**6165**	**-6.2**	**34.6**
林业系统职工工资总额	万元	113064	109507	-3.1	44.0
七、自年初累计完成投资	**万元**	**420738**	**418913.7**	**-0.4**	**168.3**
其中：生态修复治理	万元	131810			
林(草)产品加工制造	万元	3193			
林草服务、保障和公共管理	万元	285735			

17-6 山区林业主要经济指标

项　　目	计算单位	2021年	2022年	2022年比2021年增长(%)	2022年占全省比重(%)
一、森林资源					
林业用地面积	千公顷	5749*			
有林地面积	千公顷	4958*			
活立木总蓄积量	万立方米	35073*			
森林覆盖率	%	72.42*			
二、林业产业总产值(当年价)	**万元**	**9378115**	**10080118.63**	**7.49**	**11.57**
第一产业产值	万元	4025878	4730907.83	17.51	31.81
第二产业产值	万元	1799405	2279582.64	26.69	4.08
第三产业产值	万元	3552832	3069628.16	-13.60	18.76
三、营林生产					
人工造林面积	公顷	9251	7548.50	-18.40	75.94
人工更新面积	公顷	11058	28022.11	153.41	30.05
退化林修复面积	公顷	16608	22104.29	33.09	49.92
育苗面积	公顷	711.93	393.47	44.73	21.88
中幼龄林抚育面积	公顷	181882	78987.27	-56.57	40.01
四、主要林产品产量					
油桐籽	吨				
油茶籽	吨	146858	139503.6	-5.0	77.6
松脂	吨				
五、森工主要产品产量					
1. 商品材	万立方米	533.27	561.06	5.2	65.6
原木	万立方米	471.75	487.00	3.2	67.3
薪材	万立方米	61.52	74.06	20.4	56.1
2. 大径竹	万根	6147.36	11641.44	893.7	13.0
毛竹	万根	3955.28	10006.51	153.0	48.0
其它竹	万根	2192.07	1634.93	-25.4	2.4
3. 松香类产品	吨	59294	22448	-62.1	15.4
六、林业系统职工人数	**人**	**7142**	**7196**	**0.8**	**40.4**
林业系统职工工资总额	万元	84347	93736	11.1	37.7
七、自年初累计完成投资	**万元**	**469603**	**418621**	**-10.9**	**168.1**
其中：生态修复治理	万元	139833			
林(草)产品加工制造	万元	1197			
林草服务、保障和公共管理	万元	328573			

17-7 东西两翼林业主要经济指标

（2022年）

项　　目	计算单位	东西翼合计	东翼	西翼	东西两翼占全省比重(%)
一、森林资源					
林业用地面积	千公顷				
有林地面积	千公顷				
活立木总蓄积量	万立方米				
森林覆盖率	%				
二、林业产业总产值(当年价)	**万元**	**10272687.01**	**2656783.64**	**7615903.37**	**11.79**
第一产业产值	万元	3561652.13	812092.37	2749559.76	23.95
第二产业产值	万元	3676474.91	785362.84	2890112.07	6.58
第三产业产值	万元	3034559.97	1058328.43	1976231.54	18.54
三、营林生产					
造林面积	公顷	31367.80	11000.36	20367.43	17.88
迹地更新面积	公顷	24583.41	6400.00	18183.41	26.89
低产林改造面积	公顷	11683.35	6478.35	5205.00	27.37
育苗面积	公顷	669.00	132.00	537.00	37.20
中幼龄林抚育面积	公顷	40323.67	8113.20	32210.47	21.16
四、主要林产品产量					
油桐籽	吨				
油茶籽	吨	25141.54	1329	23812.54	14.0
松脂	吨				
五、森工主要产品产量					
1. 木材	万立方米	215.92	20.54	195.37	27.1
原木	万立方米	192.78	33.82	158.96	26.6
薪材	万立方米	45.34	8.92	36.41	34.3
2. 竹材	万根	12245.59	9594.59	2651.00	13.72
毛竹	万根	198.00	85.00	113.00	1.00
其他竹	万根	12047.59	9509.59	2538.00	17.6
3. 松香类产品	吨	10686.00		10686	7.3
六、林业系统职工人数	**人**	**4463**	**1203**	**3260**	**25.0**
林业系统职工工资总额	万元	45722.00	11910.00	33812.00	18.4
七、自年初累计完成投资	**万元**	**272123.45**	**54972.42**	**217151.03**	**109.3**
其中：生态修复治理	万元				
林(草)产品加工制造	万元				
林草服务、保障和公共管理	万元				

17-8 珠江三角洲渔业现状概况

项　　目	单位	2021年	2022年	2022年比2021年增长(%)	2022年全省	2022年占全省比重(%)
渔业乡	个	20	18	11.11	79	22.78
渔业村	个	330	313	5.43	1035	30.24
渔业人口	个	575205	505027	14.00	1961879	25.74
水产品产量	吨	3630367	3693673	-1.71	8940291	41.31
其中：海洋捕捞	吨	186106	185346	0.41	1186138	15.63
海水养殖	吨	511724	546346	-6.34	3396736	16.08
淡水捕捞	吨	48141	35004	37.52	76817	45.57
淡水养殖	吨	2884396	2926977	-1.45	4280600	68.38
水产品产值	亿元	854	938.6	-9.01	1898.00	49.45
其中：海洋捕捞	亿元	40	113.07	-64.62	304.77	37.10
海水养殖	亿元	100	217.62	-54.09	692.74	31.41
淡水捕捞	亿元	12	6.17	94.89	122.86	5.02
淡水养殖	亿元	702	544.18	29.00	888	61.25
水产养殖总面积	公顷	213315	212972.33	0.16	473655.13	44.96
其中：海水养殖	公顷	37603	38812.24	-3.12	166596.13	23.30
淡水养殖	公顷	175711	174160.09	0.89	307059	56.72

17-9 山区渔业现状概况

项　　目	单位	2021年	2022年	2022年比2021年增长(%)	2022年全省	2022年占全省比重(%)
渔业人口	个	245236	237838	-3.02	1961879	12.12
水产品产量	吨	473605	475869	0.48	8940291	5.32
水产品产值	亿元	72	147	103.88	1898	7.73
淡水养殖面积	公顷	55405	54941	-0.84	307059	17.89
产量	吨	473605	475869	0.48	4280600	11.12
单产	千克/公顷	8548	8661	1.33	13941	62.13
其中：池塘面积	公顷	37183	36927	-0.69	259197	14.25
产量	吨	378810	379225	0.11	4005799	9.47
单产	千克/公顷	10188	10270	0.80	15455	66.45
水库面积	公顷	16451	16310	-0.86	41906	38.92
产量	吨	65620	67093	2.24	222567	30.15
单产	千克/公顷	3989	4114	3.12	5311	77.45

17-10　东翼地区渔业现状概况

项　　目	单位	2021年	2022年	2022年比2021年增长(%)	2022年全省	2021年占全省比重(%)
渔业乡	个	33	36	9.09	79	45.57
渔业村	个	309	348	12.62	1035	33.62
渔业人口	个	566411	617987	9.11	1961879	31.50
水产品产量	吨	1416417	1431278	1.05	8940291	16.01
其中：海洋捕捞	吨	362154	360489	-0.46	1186138	30.39
海水养殖	吨	779415	790529	1.43	3396736	23.27
淡水捕捞	吨	11291	10368	-8.17	76817	13.50
淡水养殖	吨	263557	269892	2.40	4280600	6.31
水产品产值	亿元	260	285	9.62	1898.00	15.02
其中：海洋捕捞	亿元	78	93	19.23	304.77	30.51
海水养殖	亿元	147	152	3.40	692.74	21.94
淡水捕捞	亿元	2	1.2	-40.00	122.86	0.98
淡水养殖	亿元	33	40	21.21	888	4.50
水产养殖总面积	公顷	55395	55615	0.40	473655.13	11.74
其中：海水养殖	公顷	35843	35546	-0.83	166596.13	21.34
淡水养殖	公顷	19552	20069	2.64	307059	6.54

17-11　西翼地区渔业现状概况

项　　目	单位	2021年	2022年	2022年比2C21年增长(%)	2022年全省	2022年占全省比重(%)
渔业乡	个	24	25	4.17	79	31.65
渔业村	个	350	341	-2.57	1035	32.95
渔业人口	个	644126	601027	-6.69	1961879	30.64
水产品产量	吨	3324774	3339471	0.44	8940291	37.35
其中：海洋捕捞	吨	639740	640303	0.09	1186138	53.98
海水养殖	吨	2071285	2059861	-0.55	3396736	60.64
淡水捕捞	吨	12068	13927	15.40	76817	18.13
淡水养殖	吨	601681	625380	3.94	4280600	14.61
水产品产值	亿元	562	602	7.12	1898.00	31.72
其中：海洋捕捞	亿元	140	98	-30.00	304.77	32.16
海水养殖	亿元	338	323	-4.44	692.74	46.63
淡水捕捞	亿元	2	2.8	40.00	122.86	2.28
淡水养殖	亿元	83	235	183.13	888	26.45
水产养殖总面积	公顷	151504	150127	-0.91	473655.13	31.70
其中：海水养殖	公顷	92269	92237	-0.03	166596.13	55.37
淡水养殖	公顷	59235	57890	-2.27	307059	18.85

十八、县镇村主要经济指标

18-1 县(市、区)社会经济主要指标

(2021年)

地　区	行政区域面积(平方公里)	户籍人口(万人)	地方一般公共预算收入(万元)	地方一般公共预算支出(万元)	住户存款余额(万元)	年末金融机构各项贷款余额(万元)
白云区	796	1162034	694159	1923530	25700000	21630000
黄埔区	484.2	636641	2068206	3579234	12880904	29258357
番禺区	530	1128188	1076711	1953780	23230333	30080800
花都区	970.1	863609	862669	1709560	12197836	15507754
南沙区	803	517503	1082013	2713795		20340000
从化区	2008.2	655388	317736	914845	4113979	5328618
增城区	1617	1049968	1138531	1762934	11723193	20643075.9
香洲区	187	741212	414116	975470		
金湾区	570.9	203996	481417	930046	2150300	5414000
斗门区	699	431640	353948	697185		
澄海区	345.2	791817	163977	418293	5595934	3193761
潮阳区	666.7	1875589	184395	749796	5778539	2059395
潮南区	600.7	1505115	98021.9	571949.7	4354264	1236103
南澳县	115	75787	24117	138437	343398	412846
禅城区	154	735967	1197372	1365771	22126646.5	45835610.9
南海区	1071.8	1700450	2665677	2894196	35777165.9	53699284.7
顺德区	806.6	1589098	2740080	2657726	34223425	49367302
高明区	938	336701	458124	606298	3087752	5073572
三水区	827.7	479082	715167	816670	5928704.1	9243914.2
浈江区	572.3	312040	48975	191854	2904548	3666074.5
武江区	677.7	298967	61521	196586	2904548	3666074.5
曲江区	1620.7	311857	72206	262147	1655624	1257517
乐昌市	2419.3	525908	82007	410675	1828077	1317044
南雄市	2326.2	490344	68899	395196	1582887	1009077
仁化县	2223.2	242673	47730	257913	932794	670113
始兴县	2131.9	262989	50545	254274	1083040	701136.8
翁源县	2174.9	422137	79844	346842	1572533	1195357
新丰县	1967.5	267733	48139	259726	830903	904908
乳源瑶族自治县	2299	232872	61252	290371	777994	654586
源城区	361.5	339976	360336	897314	3335764.6	9615074
东源县	4009	586867	133904	570408	1237300	1813100
和平县	2310	559910	61906	387855	1129980.7	1223167.8
龙川县	3081	972796	83260	676323	2297700	1960600
紫金县	3228.1	754724	88981	476523	1444400	1373700
连平县	2275.1	410368	74860	354800	996400	655600
梅江区	570.6	359509	72767	263063	1406500	1361500

18-1 续表 1

(2021年)

地 区	行政区域面积(平方公里)	户籍人口(万人)	地方一般公共预算收入(万元)	地方一般公共预算支出(万元)	住户存款余额(万元)	年末金融机构各项贷款余额(万元)
梅县区	2477	618012	163793	561975	2772316	2729368
兴宁市	2075	1156593	106494	691300	3339452	2552354
平远县	1374	258782	52757	290468	842323	642090
蕉岭县	957	230214	70242	246220	937278	645239
大埔县	2468	544063	65220.5	452069.2	1441475	1085545
丰顺县	2706	726188	79205	509315	1789302	1262841
五华县	3237.8	1523442	121552	840914	2874699	2097478
惠城区	1157	1063009	440796	810268	14954932	50445475
惠阳区	917.1	435596	642828	835883	5161112	11357993
惠东县	3526.7	908042	314662	877449	3723710	4781860
博罗县	2855.1	950856	561168	1044815	5596333	8396622
龙门县	2267.2	358315	194475	433249	1270931	1718965
城 区	288.9	390877	77672	284579		3508262.7
陆丰市	1561	1908831	101735	909064	1728159	1615816.8
海丰县	1310	780398	122776	627340	2125876	2017188
陆河县	986	355284	42964	328955	772374	651363
蓬江区	322.2	533310	314013	426466		
江海区	109.2	185446	157493	231011		
新会区	1362.1	766240	585627	977310	8621921.7	8632915.5
台山市	3308.3	962730	356698	771886	5868494	5909799
开平市	1656.9	685546	316450	519363	5742400	4953700
鹤山市	1082.7	391618	365090	495123	3888141	5421149
恩平市	1693.9	503818	138899	400959	2606661	1909606
江城区	434	520262	51031	202367	4996029.1	8602403.8
阳东区	1704.5	520077	155386	405053	2323005	1763260
阳春市	4038	1224589	168309	657162	3411118.6	3014403.6
阳西县	1442.2	557957	94930	363550	1439812	1812701
赤坎区	79	269767	33829	142293		
霞山区	105	381794	72039	203024		
麻章区	477	313159	65827	185295		909741
坡头区	565	441024	46087	219381	1197479	907921
雷州市	3709	1884138	95504	725211	3062576	2148639
廉江市	2867	1871025	175281	830450	4086123	2964894
吴川市	870	1243014	150060	545034	3066451	1796379
遂溪县	2132	1124701	93057	478683	2641161	1812628

18-1 续表 2

(2021年)

地 区	行政区域面积(平方公里)	户籍人口(万人)	地方一般公共预算收入(万元)	地方一般公共预算支出(万元)	住户存款余额(万元)	年末金融机构各项贷款余额(万元)
徐闻县	1979.6	795296	140448	486422	2101466	1545444
茂南区	587.8	1090210	106339	462290		8846183
电白区	2138	1986181	268787	1030733	4637900	3136000
信宜市	3101.7	1517502	117249	757120	3867971	2919328
高州市	3270	1869382	171842	900466	5439428	3745736
化州市	2356.5	1811249	136960	827933	3960373	2597091
端州区	154	444791	119698	287708		11226057
鼎湖区	552.4	173308	93959	176720	1568000	1915500
高要区	2185.6	819119	224353	520668	3417397.8	2265738.3
四会市	1166.4	433843	204427	361177	3104689	4358484
广宁县	2455.5	584711	71745	345621	1469250	1146692
德庆县	2002.8	410300	90031	365504	1213509	970156
封开县	2724	526792	118614	373435	1372310	858781
怀集县	3554	1134087	72617.6	540775.1	1749662	1771141
清城区	1296.1	800391	170518	543671	6294949	13784493
清新区	2353.4	728622	159618	461878	2259300	3051868.5
英德市	5634.3	1206690	252618	814403	3746301	3470967
连州市	2667.6	540854	66244	362796	1933921	1271085
佛冈县	1295.2	360732	116073	365856	1394586	1675869
阳山县	3329.5	579033	59128	367142	1321445	1119162
连山壮族瑶族自治县	1218.5	124779	22092	176034	327921	239664
连南瑶族自治县	1240.9	177253	21242	207349	398110.5	229193.1
湘桥区	325.4	517754	48800	245472	5174755	4047681
潮安区	1064	1063495	126305	597035	4251474	1330890
饶平县	1745.7	1054764	92638	666341	2470403	945678
榕城区	337.4	1014788	108730	413925	4904782.5	4937437.1
揭东区	709.6	1123118	68271	473931	3757628	1771433
普宁市	1620	2515391	226636	1015656	7393067	4462295
揭西县	1347.3	978095	48191	530136	2683411.3	1479656.6
惠来县	1253	1494257	89572	609857	1748219	917544
云城区	778.1	349524	58427	272715	2667512	3765028
云安区	1188.5	347620	57193	264893	489978	432874
罗定市	2328	1297196	199687	764543	3311347	2613880
新兴县	1521.7	493589	186244	470642	2423741	3582916
郁南县	1962	531586	63340	340579	1438232	885765

18−1 续表 3

(2021年)

地 区	规模以上工业企业(个)	固定电话用户(户)	普通中学在校学生(个)	小学在校学生(个)	医疗卫生机构床位(张)	提供住宿的民政服务机构(个)	提供住宿的明证服务机构床位数(张)
白云区	1000	364836	65700	170500	22538	37	19493
黄埔区	1230	183850	29171	79866	4362	17	6366
番禺区	1209	314088	79430	165472	6619	22	4722
花都区	1131	133061	59449	145917	4491	18	6606
南沙区	615	72693	28394	58734	1973	19	1771
从化区	300	40155	34206	64797	2614	36	1420
增城区	726	118363	56536	126684	5339	17	4958
香洲区	373		39867	98188	937	10	1201
金湾区	581	37777	11574	31358	1390	2	176
斗门区	308		19221	49363	2579	9	1028
澄海区	333	88780	46027	73081	1570	10	338
潮阳区	440	133293	122811	184294	2873	14	271
潮南区	482	112300	91678	157134	3203	9	187
南澳县	5	8308	1847	4224	127	2	82
禅城区	580	283127	50217	91647	12902	19	4176
南海区	3923	446142	153285	269459	9967	23	6176
顺德区	2991	502765	133783	207587	12072	28	5117
高明区	593	52628	22479	38668	1918	12	1293
三水区	1063	90659	34203	56903	3050	10	2046
浈江区	57	58156	17875	28522	2398	15	1917
武江区	82	58155	26003	35122	5670	10	1504
曲江区	84	42986	16120	24994	1579	13	1080
乐昌市	67	39339	23943	40790	4124	19	788
南雄市	71	27952	20386	31511	1766	21	718
仁化县	36	35997	11039	18255	877	14	287
始兴县	41	14573	10955	18394	1019	12	751
翁源县	63	35048	17578	34139	1948	14	1192
新丰县	40	21490	11322	19156	1057	9	305
乳源瑶族自治县	63	27304	10256	18753	668	7	482
源城区	225	115892	60677	87172	7228	3	460
东源县	103	33576	24111	30364	2401	23	780
和平县	58	19361	28408	36440	1448	13	427
龙川县	82	54064	51413	59638	4692	27	534
紫金县	42	65120	26096	52106	2654	19	716
连平县	52	28320	13350	27752	1538	14	375
梅江区	68		18648	38899	4302	17	1989

18-1 续表 4

(2021年)

地　区	规模以上工业企业(个)	固定电话用户(户)	普通中学在校学生(个)	小学在校学生(个)	医疗卫生机构床位(张)	提供住宿的民政服务机构(个)	提供住宿的明证服务机构床位数(张)
梅县区	96	44876	27802	51306	3560	27	1407
兴宁市	79	73886	49553	74686	3088	48	3823
平远县	53	18975	10894	16082	937	15	685
蕉岭县	42	26554	9953	14940	1072	10	635
大埔县	61	29861	22882	30176	2458	16	999
丰顺县	56	44800	31736	44341	2099	19	552
五华县	45	37207	73213	103116	5090	19	906
惠城区	452		97819	157122	2870	18	996
惠阳区	755	127159	65479	102943	3275	13	1440
惠东县	329	143938	66470	113860	3639	19	1049
博罗县	972	147500	81515	128110	4255	18	670
龙门县	79	49915	20053	31979	1111	13	973
城　区	50	72614	18299	33515	1065	3	168
陆丰市	76	120786	79500	129300	3711	20	518
海丰县	116	88797	53683	89363	4441	18	525
陆河县	20	28990	18144	26067	1190	8	500
蓬江区	492	221155	30176	65228	9223	10	1750
江海区	396	149470	17025	29903	625	4	1320
新会区	588	118378	50944	70292	4891	29	4886
台山市	269	125532	39561	54151	4569	25	3501
开平市	353	97500	39408	55498	2789	17	2232
鹤山市	452	88515	26149	43014	1889	16	1783
恩平市	139	45000	23844	40259	1713	17	2129
江城区	89	117281	22143	61406	218	16	2183
阳东区	134	60185	31307	51271	2088	20	2831
阳春市	70	106005	60380	94135	6206	34	3020
阳西县	47	60586	25049	40270	2187	14	1357
赤坎区	27	410000	34951	49037	4722	2	1466
霞山区	59		44879	62807	7247		
麻章区	59	17575	24308	34506	1049	3	113
坡头区	61	22778	13262	33607	1030	6	167
雷州市	75	44483	75575	136871	8628	24	1747
廉江市	177	86300	87603	158324	7072	33	3019
吴川市	132	60537	56232	96263	4425	14	1233
遂溪县	113	38752	42260	81677	3469	21	873

18-1 续表 5

(2021年)

地 区	规模以上工业企业(个)	固定电话用户(户)	普通中学在校学生(个)	小学在校学生(个)	医疗卫生机构床位(张)	提供住宿的民政服务机构(个)	提供住宿的明证服务机构床位数(张)
徐闻县	42	28949	37226	73682	3737	18	1021
茂南区	113	91000	31865	58038	2166	31	7145
电白区	215	74463	90151	163265	8097	27	2224
信宜市	84	84100	85005	124265	6269	26	2562
高州市	225	96054	108697	151433	8070	40	6827
化州市	128	62416	107626	164658	6476	29	5125
端州区	137	114056	34505	53364	6895	15	2124
鼎湖区	95	25128	13351	20165	662	3	223
高要区	391	63422	41418	68976	2302	18	1057
四会市	301	78142	31051	52252	2188	26	1422
广宁县	77	47986	22996	37537	1883	17	729
德庆县	90	42000	22761	33653	1457	14	886
封开县	36	38590	23354	36376	1292	21	1044
怀集县	59	45529	55676	91254	3389	25	2185
清城区	340	112944	71157	120902	6541	18	2355
清新区	143	39098	37668	65396	2186	12	1371
英德市	172	57868	55027	102934	4905	23	1525
连州市	53	25935	21018	36477	2478	15	1021
佛冈县	107	32912	20771	33238	1292	8	491
阳山县	22	19061	18631	36121	1852	14	519
连山壮族瑶族自治县	6	6760	5743	10177	435	7	154
连南瑶族自治县	12	8111	8435	15957	445	8	212
湘桥区	147	102214	36666	34948	555	1	32
潮安区	620	135500	52004	91104	1711	15	471
饶平县	144	86670	29973	60811	1641	24	722
榕城区	542		59276	96424	2949	5	628
揭东区	440	52000	55036	76560	2687	17	3036
普宁市	297	143532	157086	230144	8330	30	4279
揭西县	93	70165	41650	56451	2358	21	5922
惠来县	91	54896	66226	105233	2885	15	1271
云城区	101	46008	27685	48432	514	10	566
云安区	72	11435	12183	22753	939	7	911
罗定市	88	86663	73352	114089	5144	23	1366
新兴县	97	67200	27385	40129	1911	14	1016
郁南县	56	30315	16143	39847	2119	18	353

18-2 各地区乡镇基本情况

(2021年)

地　区	行政区域面积(公顷)	居民委员会(社区)个数(个)	村民委员会个数(个)	户籍人口(人)	工业企业个数(个)		营业面积50平方米以上的商店或超市个数(个)
						#规模以上(个)	
白云区人和镇	7440.0	3	25	108949	2137	134	301
白云区太和镇	16462.0	3	11	54681	961	67	186
白云区钟落潭镇	23047.0	5	37	156620	2556	215	220
白云区江高镇	10228.0	10	35	136889	1813	174	**221**
黄埔区新龙镇	7539.0	2	11	43060	22	14	34
番禺区南村镇	4700.0	12	16	116137	3003	119	425
番禺区新造镇	1412.0	1	10	19084	134	17	28
番禺区化龙镇	6028.0	2	13	37772	270	78	105
番禺区石楼镇	12650.0	3	22	120265	803	168	250
番禺区石碁镇	4620.0	2	17	56122	2459	175	179
花都区梯面镇	9120.0	1	8	11069	15	5	7
花都区花山镇	11687.0	1	26	94947	1656	134	194
花都区花东镇	20844.0	5	45	136507	900	135	221
花都区炭步镇	11350.0	1	27	56919	901	100	18
花都区赤坭镇	16010.0	2	30	60342	233	31	16
花都区狮岭镇	13619.0	7	17	74680	4886	207	152
南沙区万顷沙镇	14285.0	1	15	37125	47	17	60
南沙区横沥镇	5400.0	2	14	34799	108	20	18
南沙区黄阁镇	7650.0	3	14	64887	238	70	20
南沙区东涌镇	9153.0	2	22	88955	975	209	251
南沙区大岗镇	9007.0	6	25	85699	785	82	32
南沙区榄核镇	7450.0	1	23	61110	695	119	62
从化区温泉镇	21090.0	3	22	55183	76	10	56
从化区良口镇	53080.0	3	30	49045	23	2	2
从化区吕田镇	38890.0	2	21	32203	20	1	4
从化区太平镇	21033.0	4	33	102938	445	108	83
从化区鳌头镇	34990.0	4	61	152517	287	22	105
增城区新塘镇	8632.0	20	33	184381	4758	389	1060
增城区石滩镇	16197.3	6	44	129616	320	74	110
增城区中新镇	23237.0	3	35	98997	348	50	122
增城区正果镇	23941.0	1	31	66015	73	9	28
增城区派潭镇	28965.0	1	36	90728	108	1	36
增城区小楼镇	13667.3	1	20	55745	62	4	71
增城区仙村镇	5665.0	2	17	50609	336	69	27
武江区西联镇	6903.0	3	8	37804	328	55	50
武江区西河镇	7580.0		14	19766	19	3	26
武江区龙归镇	23700.0	1	15	40580	27	4	15
武江区江湾镇	21300.0	1	6	7351			4
武江区重阳镇	8200.0	1	8	18116	3		6
浈江区新韶镇	10600.0	1	12	21315	68	2	10
浈江区乐园镇	2918.0	6	7	48637	83	15	29
浈江区十里亭镇	5449.0	10	6	56587	147	12	20
浈江区犁市镇	30500.0	3	18	44824	143	27	4

18-2 续表 1

(2021年)

地 区	行政区域面积（公顷）	居民委员会(社区)个数（个）	村民委员会个数（个）	户籍人口（人）	工业企业个数（个）	#规模以上（个）	营业面积50平方米以上的商店或超市个数(个)
浈江区花坪镇	7650.0	1	5	7707	5		1
曲江区马坝镇	17786.2	8	16	113703	154	19	129
曲江区大塘镇	17281.0	1	15	36386	62	19	6
曲江区枫湾镇	19691.0	1	9	18515	9	1	36
曲江区小坑镇	16445.6	1	5	6056			11
曲江区沙溪镇	19576.0	2	7	19855	38	7	4
曲江区乌石镇	11865.8	2	6	17184	43	8	12
曲江区樟市镇	22559.9	2	11	29291	17		17
曲江区白土镇	13905.0	1	11	26160	95	23	133
曲江区罗坑镇	21866.4	1	5	10968	20		4
始兴县太平镇	28724.6	6	18	65236	110	24	81
始兴县马市镇	27709.6	1	18	41784	34	5	8
始兴县澄江镇	21029.0	1	7	17840	13		1
始兴县顿岗镇	9500.0	1	11	26037	20	4	57
始兴县罗坝镇	31419.0	1	12	22173	23		4
始兴县司前镇	25788.9	1	9	17080	17		5
始兴县隘子镇	31072.0	1	13	22340	22		3
始兴县城南镇	5286.0	1	10	22540	17		5
始兴县沈所镇	12513.0	1	11	20246	5		2
始兴县深渡水乡	19040.0		4	7700	16	1	
仁化县闻韶镇	9800.0	1	5	5815	3		3
仁化县扶溪镇	18000.0	1	9	13782	21		10
仁化县长江镇	31300.0	1	16	27397	70		7
仁化县城口镇	32200.0	1	7	10879	20	1	5
仁化县红山镇	16670.0	1	8	11088	6		10
仁化县石塘镇	8000.0	1	6	13553	6	1	12
仁化县董塘镇	19300.0	3	17	41982	16	9	7
仁化县大桥镇	16900.0	1	6	10941	10	1	8
仁化县周田镇	28900.0	1	15	28706	59	13	8
仁化县黄坑镇	17500.0	1	7	15327	25		10
翁源县龙仙镇	43161.1	6	34	125782	114	4	81
翁源县坝仔镇	38297.4	2	22	53612	46		16
翁源县江尾镇	33354.7	3	24	48346	41	1	9
翁源县官渡镇	23694.0	2	19	51739	83	18	7
翁源县周陂镇	21380.6	2	18	49791	21	1	9
翁源县翁城镇	13719.9	1	17	38139	93	33	20
翁源县新江镇	34297.4	1	19	48673	22	3	16
翁源县铁龙镇	9585.9	1	3	5935	27	3	5
乳源瑶族自治县乳城镇	20798.1	5	13	69520	159	49	100
乳源瑶族自治县一六镇	7748.9	1	7	17786	6	1	7
乳源瑶族自治县桂头镇	12446.0	1	14	38461	45	8	30
乳源瑶族自治县洛阳镇	58879.0	1	12	10527	43		3
乳源瑶族自治县大布镇	22002.2	1	7	14124	13		3

18-2 续表 2

(2021年)

地　区	行政区域面积(公顷)	居民委员会(社区)个数(个)	村民委员会个数(个)	户籍人口(人)	工业企业个数(个)	#规模以上(个)	营业面积50平方米以上的商店或超市个数(个)
乳源瑶族自治县大桥镇	46546.8	1	21	45171	19		39
乳源瑶族自治县东坪镇	33806.8	1	11	13757	31		17
乳源瑶族自治县游溪镇	13366.7	1	11	13030	26		2
乳源瑶族自治县必背镇	14305.5	1	7	8354	7		3
新丰县黄礤镇	25664.0	1	13	19022	14		7
新丰县马头镇	50947.0	3	30	45779	35	13	20
新丰县梅坑镇	33352.0	2	20	28947	30	1	52
新丰县沙田镇	24398.0	1	17	24186	11	1	3
新丰县遥田镇	19333.0	1	19	38180	12		8
新丰县回龙镇	15432.0	1	17	23031	27	9	17
乐昌市北乡镇	11045.0		8	16011	25		24
乐昌市九峰镇	19259.8	1	12	21933	14		5
乐昌市廊田镇	16238.0	1	17	35977	182	40	7
乐昌市长来镇	9413.0	1	12	24341	32	4	17
乐昌市梅花镇	19679.0	1	17	60743	20		12
乐昌市三溪镇	7251.4		8	12498	4		4
乐昌市坪石镇	27153.0	4	25	53472	30	5	5
乐昌市黄圃镇	7997.0	1	10	19152	4		5
乐昌市五山镇	18755.0		11	22283	19		6
乐昌市两江镇	13106.0		7	13283	14		9
乐昌市沙坪镇	11835.0		7	24892	5		1
乐昌市云岩镇	6646.0		9	17748	1		5
乐昌市秀水镇	5579.0		10	20470	13	2	5
乐昌市大源镇	32993.0		9	10985			
乐昌市庆云镇	8852.0		8	12797	6	1	1
乐昌市白石镇	7924.8		9	16238	2		1
南雄市乌迳镇	15701.7	1	21	47942	12		11
南雄市界址镇	5638.6	1	8	15830	1		10
南雄市坪田镇	13826.1	1	14	27603	9		11
南雄市黄坑镇	5826.5	1	10	25472	12	2	8
南雄市邓坊镇	11804.2	1	9	16660	11		10
南雄市油山镇	14662.8	1	17	33138	11	2	4
南雄市南亩镇	11126.1	1	11	17534	6		8
南雄市水口镇	11456.0	1	13	24956	11		6
南雄市江头镇	13213.3	1	9	12386	20		5
南雄市湖口镇	7364.4	1	12	35488	23	2	18
南雄市珠玑镇	19752.9	1	22	45719	32	3	49
南雄市主田镇	16566.6	1	8	14385	10	1	2
南雄市古市镇	11276.7	1	8	21469	155	52	19
南雄市全安镇	19044.2	1	13	29140	51	5	14
南雄市百顺镇	19141.8	1	9	13146	29		3
南雄市澜河镇	13925.3	1	6	10464	16		3
南雄市帽子峰镇	12597.3	1	5	9540	8		6

18-2 续表 3

(2021年)

地 区	行政区域面积(公顷)	居民委员会(社区)个数(个)	村民委员会个数(个)	户籍人口(人)	工业企业个数(个)	#规模以上(个)	营业面积50平方米以上的商店或超市个数(个)
海丰县小漠镇	3645.0	1	6	14333	7	1	11
海丰县鹅埠镇	9020.0	1	10	19806	74	25	17
海丰县赤石镇	30681.0	2	11	27460	30		6
海丰县鲘门镇	3450.0	1	7	19540	8	1	4
香洲区唐家湾镇	13900.0	18		71524	1250	242	103
香洲区南屏镇	6070.0	12		56792	253	14	295
香洲区横琴镇	10600.0	4		28184	907	12	8
香洲区桂山镇	1423.0		2	1300			3
香洲区万山镇	2300.0		2	998			
香洲区担杆镇	234200.0		3	756	2	2	
斗门区莲洲镇	8660.0	3	27	47045	35	9	17
斗门区斗门镇	10500.0	1	10	47655	38	6	58
斗门区乾务镇	19062.0	2	16	56886	205	22	59
斗门区白蕉镇	17800.0	4	33	121033	401	64	173
斗门区井岸镇	9960.0	10	15	120962	220	83	286
金湾区三灶镇	19806.2	4	4	51805	706	195	131
金湾区南水镇	15294.0	3	5	14924	331	143	111
金湾区红旗镇	7079.0	9	5	74764	470	159	629
金湾区平沙镇	15500.0	11		62503	213	88	56
潮阳区海门镇	3153.0	11	5	136192	95	8	23
潮阳区河溪镇	5557.3	1	11	95349	3		7
潮阳区和平镇	5894.0	19	2	199832	648	96	50
潮阳区西胪镇	10981.6	4	23	206951	14		65
潮阳区关埠镇	5455.7	4	27	139809	38		24
潮阳区谷饶镇	7029.0	5	22	190898	1825	208	106
潮阳区贵屿镇	5212.6	8	19	175377	534	57	109
潮阳区铜盂镇	4290.7	3	25	144736	568	30	120
潮阳区金灶镇	7913.5	4	42	155711	28	4	88
潮南区井都镇	4606.8	4	9	104208	56	2	38
潮南区成田镇	5709.7	3	12	103372	60	17	36
潮南区司马浦镇	3064.5	6	13	145598	380	57	80
潮南区陈店镇	2678.8	10	13	135111	443	95	42
潮南区两英镇	8519.7	13	17	223914	420	58	108
潮南区仙城镇	5471.9	3	9	128528	90	6	63
潮南区胪岗镇	5020.2	4	10	174632	701	47	63
潮南区红场镇	6956.1	1	23	39117	13		16
潮南区雷岭镇	6228.6	1	14	48517	6	2	17
潮南区陇田镇	7218.5	8	23	153839	79	14	43
澄海区上华镇	2174.0		18	38142	125	23	18
澄海区隆都镇	3384.0	1	14	79847	113	11	37
澄海区莲下镇	5609.0		30	119598	1796	73	163
澄海区莲上镇	2950.0		8	61167	250	22	35
澄海区溪南镇	4066.0		21	71383	172	25	23

18-2 续表 4

(2021年)

地 区	行政区域面积(公顷)	居民委员会(社区)个数(个)	村民委员会个数(个)	户籍人口(人)	工业企业个数(个)	#规模以上(个)	营业面积50平方米以上的商店或超市个数(个)
澄海区东里镇	3492.0	3	19	77962	298	19	8
澄海区盐鸿镇	3774.0	1	8	51600	130	18	42
澄海区莲华镇	1991.0		19	28946	390	2	6
南澳县后宅镇	4198.6	3	20	43182	33	1	6
南澳县云澳镇	2046.0	1	8	19380	6	1	6
南澳县深澳镇	4705.0	1	13	13225	11	3	9
禅城区南庄镇	7605.0	5	18	116210	1627	246	119
南海区九江镇	9525.0	20	7	115139	2390	273	216
南海区西樵镇	17356.0	24	9	184474	1945	356	102
南海区丹灶镇	14249.0	22	6	122068	3327	435	160
南海区狮山镇	33525.0	47	28	389055	12818	1639	366
南海区大沥镇	9164.0	42		338003	4343	297	128
南海区里水镇	14836.0	24	16	195232	5668	669	264
顺德区陈村镇	5070.0	8	7	109065	1325	203	25
顺德区北滘镇	9211.0	10	10	170960	2719	409	410
顺德区乐从镇	7785.0	6	19	149582	2008	102	233
顺德区龙江镇	7385.0	10	13	120713	3722	322	205
顺德区杏坛镇	12198.0	6	24	145712	2501	329	183
顺德区均安镇	7945.0	8	5	99419	1166	200	317
三水区大塘镇	9818.3	1	7	45306	415	170	36
三水区乐平镇	19807.4	3	14	90789	1343	344	398
三水区白坭镇	6667.0	1	2	30510	446	139	10
三水区芦苞镇	10386.4	1	6	39313	354	98	58
三水区南山镇	12436.7	4	1	26832	50	22	5
高明区杨和镇	22833.1	3	7	44351	378	138	47
高明区明城镇	18341.6	1	13	54455	274	115	69
高明区更合镇	34700.7	3	19	72346	169	73	37
蓬江区棠下镇	13102.4	3	23	85950	885	138	75
蓬江区荷塘镇	3918.0	1	13	49048	1401	101	90
蓬江区杜阮镇	8052.0	4	19	51842	1653	135	78
新会区大泽镇	8176.0	1	14	42012	542	53	34
新会区司前镇	8954.3	1	13	64770	540	80	51
新会区罗坑镇	12290.0	2	15	34852	230	23	20
新会区双水镇	20744.4	2	37	91723	592	46	50
新会区崖门镇	25067.1	2	17	40029	177	52	32
新会区沙堆镇	9788.0	1	11	34558	88	28	41
新会区古井镇	11231.9	1	17	41788	154	28	48
新会区三江镇	8237.0	1	15	51319	275	41	15
新会区睦洲镇	7995.0	1	15	44832	350	53	14
新会区大鳌镇	5251.4	1	16	35585	58	8	9
新会区银湖湾滨海新区	4046.0	1		363			1
台山市大江镇	6903.0	3	18	45960	325	48	20
台山市水步镇	11461.0	1	20	45609	208	43	8

18-2 续表 5

(2021年)

地区	行政区域面积(公顷)	居民委员会(社区)个数(个)	村民委员会个数(个)	户籍人口(人)	工业企业个数(个)	#规模以上(个)	营业面积50平方米以上的商店或超市个数(个)
台山市四九镇	24659.0	3	20	37373	140	38	19
台山市白沙镇	16984.0	2	18	62494	53	9	15
台山市三合镇	21406.0	1	9	44038	82	8	9
台山市冲蒌镇	11471.1	1	16	35962	67	18	10
台山市斗山镇	13705.0	1	18	51575	21	9	21
台山市都斛镇	15422.0	1	17	48074	21	2	19
台山市赤溪镇	28369.0	1	10	35762	17	1	21
台山市端芬镇	29931.0	1	16	54259	26	7	11
台山市广海镇	13792.0	2	7	41867	85	6	13
台山市海宴镇	24590.9	2	23	84622	25	2	24
台山市汶村镇	16434.2	1	15	62089	26	4	24
台山市深井镇	31983.0	2	16	61917	4	1	8
台山市北陡镇	17943.0	1	11	34981	9	1	14
台山市川岛镇	28048.0	2	17	36134	6		12
开平市沙塘镇	8530.0	1	15	32036	70	20	13
开平市苍城镇	12810.0	1	12	32015	73	22	20
开平市龙胜镇	16380.0	2	16	37759	49	5	10
开平市大沙镇	21560.0	1	14	33218	10		16
开平市马冈镇	9336.0	2	20	56865	16	1	3
开平市塘口镇	7280.0	1	16	31224	37	3	15
开平市赤坎镇	6210.0	1	19	43742	60	15	5
开平市百合镇	6630.0	1	13	25156	52	6	21
开平市蚬冈镇	6790.0	1	11	18915	16	3	4
开平市金鸡镇	12050.0	1	11	20930	16	3	3
开平市月山镇	12120.0	2	18	45583	129	25	17
开平市赤水镇	28390.0	3	16	39351	15	3	8
开平市水口镇	8050.0	5	25	70162	833	124	210
鹤山市龙口镇	15735.6	1	15	37313	129	45	15
鹤山市雅瑶镇	8253.0	3	10	29901	312	53	112
鹤山市古劳镇	6822.0	1	12	29851	242	38	25
鹤山市桃源镇	5546.0	2	11	20360	266	44	53
鹤山市鹤城镇	15912.3	1	15	28732	213	61	50
鹤山市共和镇	8992.3	2	9	26327	324	108	185
鹤山市址山镇	9822.0	2	11	30437	470	47	24
鹤山市宅梧镇	20656.4	1	10	33208	60	11	53
鹤山市双合镇	12346.6	1	4	20155	32	5	20
恩平市横陂镇	20173.0	2	19	40763	21	9	15
恩平市圣堂镇	5665.0	1	11	27395	26	4	28
恩平市良西镇	12175.2	1	8	24306			3
恩平市沙湖镇	16486.0	1	21	59740	49	18	58
恩平市牛江镇	9100.0	1	12	23044	9	4	6
恩平市君堂镇	10060.0	2	18	45942	33	8	18
恩平市大田镇	20236.0	2	10	32541	15		68

18-2 续表 6

(2021年)

地　区	行政区域面积(公顷)	居民委员会(社区)个数(个)	村民委员会个数(个)	户籍人口(人)	工业企业个数(个)	#规模以上(个)	营业面积50平方米以上的商店或超市个数(个)
恩平市那吉镇	19450.0	1	7	21047	18	2	11
恩平市大槐镇	12200.0	1	12	20257	26	11	6
恩平市东成镇	11297.0	1	15	28127	92	6	12
坡头区南三镇	16463.0	1	13	100695	15	3	40
坡头区坡头镇	8910.0	1	11	82284	32	7	150
坡头区乾塘镇	4889.0	1	7	43453	11	1	54
坡头区龙头镇	11341.4	1	11	73165	51	9	13
坡头区官渡镇	9505.0	1	14	65121	121	33	53
麻章区麻章镇	13444.0	6	34	96690	316	52	127
麻章区太平镇	12135.0	1	30	116640	25	5	12
麻章区湖光镇	15242.3	2	27	84883	29	2	37
麻章区硇洲镇	5600.0	3	5	50874	1		20
遂溪县遂城镇	25765.1	14	32	226052	264	37	143
遂溪县黄略镇	14900.0	1	25	117291	72	13	34
遂溪县洋青镇	16833.0	1	40	87251	28	12	16
遂溪县界炮镇	13300.0	1	20	80156	10	2	14
遂溪县乐民镇	9660.0		10	48612	16		48
遂溪县江洪镇	5950.1	1	8	36727	17	1	9
遂溪县杨柑镇	18710.0	2	26	101900	31	7	10
遂溪县城月镇	20909.0	3	23	113208	117	7	37
遂溪县乌塘镇	4970.0		34	20728	6	1	9
遂溪县建新镇	5620.0		28	27890	5	1	10
遂溪县岭北镇	10906.0		7	32572	97	26	14
遂溪县北坡镇	16400.0	2	15	58115	17	4	7
遂溪县港门镇	9800.0		12	43825	2	1	15
遂溪县草潭镇	12274.8	2	31	70754	12		37
遂溪县河头镇	14400.0		11	41036	15	1	3
徐闻县迈陈镇	15543.1	2	11	77839	10	2	10
徐闻县海安镇	4188.0	2	5	25693	15	3	5
徐闻县曲界镇	30843.4	3	14	50949	38	6	17
徐闻县前山镇	11521.0	2	13	47391	6	3	2
徐闻县西连镇	8270.5	1	15	45974	5		15
徐闻县下桥镇	28982.6	4	12	48385	11	7	43
徐闻县龙塘镇	23133.7	3	11	68171	6	3	17
徐闻县下洋镇	10047.8	1	11	34015	2	1	4
徐闻县锦和镇	10454.2	4	17	49518	12		14
徐闻县和安镇	10279.0	1	9	39044	13	4	10
徐闻县新寮镇	8595.4		10	34411	2	1	4
徐闻县南山镇	15502.0		18	82149	21	2	61
徐闻县城北乡	12963.0		14	48166	5	4	4
徐闻县角尾乡	4962.2		12	34934	4	3	5
廉江市石城镇	12700.0		17	88709	66	6	20
廉江市新民镇	10200.0	1	15	61626	38	6	24

18-2 续表 7

(2021年)

地 区	行政区域面积(公顷)	居民委员会(社区)个数(个)	村民委员会个数(个)	户籍人口(人)	工业企业个数(个)	#规模以上(个)	营业面积50平方米以上的商店或超市个数(个)
廉江市吉水镇	11100.0	1	17	88387	235	63	127
廉江市河唇镇	16002.0	2	18	112011	45	9	9
廉江市石角镇	16400.0	1	20	74049	21		17
廉江市良垌镇	33136.1	1	37	136273	141	5	70
廉江市横山镇	18561.0	1	19	137912	75	14	37
廉江市安铺镇	8550.0	14	18	133251	105	6	52
廉江市营仔镇	20400.0	1	21	107724	50	4	44
廉江市青平镇	24281.0	1	23	112637	50	5	123
廉江市车板镇	11100.0	1	15	54814	30	3	34
廉江市高桥镇	12118.0	1	8	55545	12	5	41
廉江市石岭镇	24071.9	3	24	128589	279	24	78
廉江市雅塘镇	7600.0	2	11	57793	26	2	20
廉江市石颈镇	9549.4	1	14	59214	18	2	22
廉江市长山镇	16783.9	1	18	79572	41	2	13
廉江市塘蓬镇	16000.0	1	23	105997	64	4	21
廉江市和寮镇	10760.7	1	15	59450	13		30
雷州市白沙镇	11052.9		27	104692	92	6	26
雷州市沈塘镇	6659.9	1	17	68346	31		85
雷州市客路镇	33433.0	2	30	153247	50		19
雷州市杨家镇	16764.2		25	98009	5	1	7
雷州市唐家镇	19200.0	2	14	60248	59	4	25
雷州市企水镇	10928.0	1	20	61723	7		5
雷州市纪家镇	33913.0	2	28	121583	70	2	45
雷州市松竹镇	6793.0	1	16	84276	23	1	2
雷州市南兴镇	13500.0	1	33	122261	36		24
雷州市雷高镇	16502.5	2	21	60547	6	2	9
雷州市东里镇	14225.0	1	20	102392	1		13
雷州市调风镇	36818.8	3	18	80472	28	4	18
雷州市龙门镇	41019.9	6	21	106130	69	9	42
雷州市英利镇	34169.0	4	27	87929	54	3	16
雷州市北和镇	19996.0	3	28	96460	3	1	5
雷州市乌石镇	12690.0	2	25	99871	30	4	2
雷州市覃斗镇	10400.0	1	19	58387	5	2	5
雷州市附城镇	12900.0		33	148920	4	3	114
吴川市浅水镇	7680.6	1	7	43193	54	4	17
吴川市长岐镇	5838.0	1	14	93827	30	6	38
吴川市覃巴镇	7964.2		15	94287	72	6	34
吴川市王村港镇	2770.9	1	5	30058	19	4	13
吴川市振文镇	5826.4	1	16	143919	23	7	10
吴川市樟铺镇	5199.7		10	67564	23	3	17
吴川市吴阳镇	9187.6	4	15	108874	25	2	38
吴川市塘?镇	15402.7	2	25	159990	20	6	53
吴川市黄坡镇	14397.7	1	29	189113	121	20	62

18-2 续表 8

(2021年)

地 区	行政区域面积(公顷)	居民委员会(社区)个数(个)	村民委员会个数(个)	户籍人口(人)	工业企业个数(个)	#规模以上(个)	营业面积50平方米以上的商店或超市个数(个)
吴川市兰石镇	3311.6		7	42288	1		9
茂南区金塘镇	10443.0	1	22	81862	49	6	35
茂南区公馆镇	10267.3	1	22	78948	11	10	44
茂南区新坡镇	2475.0	1	13	33089	426	10	10
茂南区镇盛镇	5959.0	1	18	71047	105	7	5
茂南区鳌头镇	5508.0	1	25	93405	5	1	25
茂南区袂花镇	2792.3	1	17	54237	86	2	16
茂南区高山镇	1219.0	1	5	18320	158	5	19
茂南区山阁镇	4474.1	1	10	40441	46	11	33
茂南区羊角镇	10956.2	1	22	186462	158	6	141
电白区马踏镇	16191.0	1	19	95508	11	3	15
电白区岭门镇	10399.0	1	17	94049	35	7	12
电白区坡心镇	5254.3	1	17	100945	37	6	36
电白区七迳镇	8107.0	3	17	88434	137	42	63
电白区树仔镇	6259.0	1	13	71011	60	9	25
电白区沙院镇	4814.0	2	10	59887	73	8	10
电白区麻岗镇	9427.7	1	20	84341	64	15	30
电白区旦场镇	8756.3	1	15	85105	31	8	51
电白区小良镇	6194.6	1	14	69539	25	5	19
电白区霞洞镇	11907.0	1	24	110698	25	6	30
电白区观珠镇	18963.4	1	24	118297	25	5	47
电白区沙琅镇	11224.2	3	15	90605	24	7	11
电白区黄岭镇	7826.6	1	14	53486	14	7	11
电白区望夫镇	9532.9	1	10	46042	8	2	6
电白区罗坑镇	15094.1	1	15	42078	38	3	13
电白区那霍镇	14137.0	1	15	76184	38	3	12
电白区博贺镇	5666.6	5	10	79208	47	6	19
电白区林头镇	14572.0	2	33	155321	41	10	83
电白区电城镇	16453.8	4	28	187398	55	6	64
高州市谢鸡镇	8000.0	1	19	64289	15	1	28
高州市新垌镇	16800.0	1	19	81228	30	3	20
高州市云潭镇	8400.0	1	13	56188	43	2	97
高州市分界镇	6100.0	1	12	53066	45	4	18
高州市根子镇	8700.0	1	17	79938	24	5	76
高州市泗水镇	7600.0	1	12	65945	24	3	37
高州市镇江镇	10100.0	1	14	59710	22	4	7
高州市沙田镇	9800.0	1	13	50177	7	3	4
高州市南塘镇	14400.0	1	14	60813	23	5	47
高州市荷花镇	10800.0	1	18	61682	15		20
高州市石板镇	9100.0	1	13	53853	45	1	70
高州市大井镇	13400.0	1	14	58133	2	1	22
高州市潭头镇	8200.0	1	14	53777	12	1	22
高州市大坡镇	23600.0	1	25	86334	50	1	25

18-2 续表 9

(2021年)

地 区	行政区域面积(公顷)	居民委员会(社区)个数(个)	村民委员会个数(个)	户籍人口(人)	工业企业个数(个)	#规模以上(个)	营业面积50平方米以上的商店或超市个数(个)
高州市平山镇	14900.0	1	15	46916	13	1	28
高州市深镇镇	10300.0	1	13	33296	37		37
高州市马贵镇	16700.0	1	14	41899	38	4	4
高州市古丁镇	11300.0	1	14	42679	23	1	26
高州市曹江镇	12500.0	2	23	78304	53	8	39
高州市荷塘镇	11600.0	1	12	41201	4	1	26
高州市石鼓镇	15500.0	3	29	128002	123	16	84
高州市东岸镇	26000.0	2	27	99768	12	5	14
高州市长坡镇	21400.0	2	33	96345	32	5	37
化州市长岐镇	3787.7	1	13	66605	32	1	48
化州市同庆镇	6302.6	1	17	79286	34	10	31
化州市杨梅镇	8993.8	1	19	92351	35	7	95
化州市良光镇	10431.3	1	17	81656	25	5	34
化州市笪桥镇	8291.9	1	13	53914	12	7	35
化州市丽岗镇	7788.5	1	11	62180	13	4	68
化州市新安镇	15670.8	2	15	76884	16	3	6
化州市官桥镇	11727.1	1	10	63990	18	5	6
化州市林尘镇	12931.2	1	21	89489	20	2	83
化州市合江镇	17487.4	1	23	121975	14	4	34
化州市那务镇	17399.3	1	30	101922	15	5	29
化州市播扬镇	12677.4	1	14	64814	15	3	12
化州市宝圩镇	5150.4	1	10	30399	19	4	22
化州市平定镇	21946.6	1	24	125014	182	6	70
化州市文楼镇	16377.6	1	16	85948	18	3	23
化州市江湖镇	5573.5	1	8	33409	20	3	26
化州市中垌镇	26323.0	2	30	134930	67	3	33
信宜市镇隆镇	8126.6	2	20	70602	108	3	65
信宜市水口镇	12292.4	1	20	85024	39	5	67
信宜市丁堡镇	8221.4	1	12	54553	45	3	25
信宜市池洞镇	14768.9	1	21	83765	33	1	69
信宜市贵子镇	15868.5	1	16	44060	21	2	29
信宜市怀乡镇	16199.8	2	24	93312	86	4	46
信宜市茶山镇	10087.3	1	11	28579	9		34
信宜市洪冠镇	14800.9	1	14	49336	84		61
信宜市白石镇	17963.0	1	19	77275	28		65
信宜市大成镇	12985.2	1	15	52522	46	1	42
信宜市钱排镇	20352.7	1	15	78711	37	2	128
信宜市合水镇	14172.2	1	16	52833	141		35
信宜市新宝镇	18434.0	1	16	52619	30		31
信宜市平塘镇	19235.6	1	21	65475	29		30
信宜市思贺镇	17973.4	1	12	47584	23	1	48
信宜市金垌镇	19504.3	2	23	82983	8	4	49
信宜市朱砂镇	28234.7	3	32	99465	83	12	35

18-2 续表 10

(2021年)

地　区	行政区域面积(公顷)	居民委员会(社区)个数(个)	村民委员会个数(个)	户籍人口(人)	工业企业个数(个)	#规模以上(个)	营业面积50平方米以上的商店或超市个数(个)
信宜市北界镇	18342.1	2	33	102026	63	2	62
鼎湖区永安镇	7834.6	2	18	33498	67	35	18
鼎湖区沙浦镇	11899.5	1	13	23837	10		3
鼎湖区凤凰镇	16192.1	1	9	12853	25	5	3
鼎湖区莲花镇	8721.5	1	13	32051	81	26	17
高要区河台镇	14805.3	2	19	40102	16	3	3
高要区乐城镇	9456.4	1	14	30982	4	1	8
高要区水南镇	11068.7	1	14	15650	8		1
高要区禄步镇	25137.7	1	25	73742	46	8	3
高要区小湘镇	19975.5	2	18	34863	44	11	9
高要区大湾镇	10162.8	3	14	41915	43	9	20
高要区新桥镇	3450.7	3	10	39150	66	13	18
高要区白诸镇	12748.7	2	21	42287	89	10	22
高要区莲塘镇	11979.1	1	20	65975	49	13	4
高要区活道镇	23106.4	1	33	47891	51	5	16
高要区蛟塘镇	12990.6	1	20	34440	64	26	2
高要区回龙镇	11382.9	3	14	28649	64	18	5
高要区白土镇	10753.3	7	23	84911	176	27	24
高要区金渡镇	13132.0	16		52739	356	61	35
高要区金利镇	15237.7	13	19	79616	880	128	47
高要区蚬岗镇	7206.7	2	10	34486	98	23	1
广宁县排沙镇	15315.3	2	12	33534	30	4	36
广宁县潭布镇	13204.0	1	13	35217	9	1	6
广宁县江屯镇	24754.8	1	18	63558	34	2	52
广宁县螺岗镇	9735.5	1	5	14448	9		2
广宁县北市镇	23023.5	1	9	24740	22		21
广宁县坑口镇	18094.0	1	12	33525	7	1	3
广宁县赤坑镇	17993.4	1	9	24052	23		16
广宁县宾亨镇	17227.7	3	13	51179	75	16	18
广宁县五和镇	11685.3	1	6	23634	37	15	25
广宁县横山镇	13640.1	1	10	47183	44	9	17
广宁县木格镇	12319.2	1	6	22814	10	2	12
广宁县石咀镇	8369.4	1	5	18082			3
广宁县古水镇	25987.2	1	14	49926	27	8	37
广宁县洲仔镇	15272.7	1	6	22322	24	1	8
怀集县坳仔镇	22152.0	1	16	45959	21	4	11
怀集县汶朗镇	8616.0		5	16708	11		6
怀集县甘洒镇	12828.0		13	31980	8	1	2
怀集县凤岗镇	27749.3	1	20	48010	31	2	3
怀集县洽水镇	52900.0	1	21	38792	80		12
怀集县梁村镇	8785.0	2	18	92645	12		75
怀集县大岗镇	11747.0	1	20	93370	4		8
怀集县岗坪镇	5527.0	1	13	45954	13	1	20

18-2 续表 11

(2021年)

地　区	行政区域面积(公顷)	居民委员会(社区)个数(个)	村民委员会个数(个)	户籍人口(人)	工业企业个数(个)	#规模以上(个)	营业面积50平方米以上的商店或超市个数(个)
怀集县冷坑镇	19322.4	1	32	138477	41	2	11
怀集县马宁镇	5976.9	1	16	57168	9		48
怀集县蓝钟镇	19850.0		8	25642	33		19
怀集县永固镇	18825.0	1	12	57380	5		3
怀集县诗洞镇	32949.9	1	19	79486	12		52
怀集县桥头镇	21069.0	1	13	66775	10	2	29
怀集县中洲镇	25185.0	1	16	55252	33	2	18
怀集县连麦镇	12258.0	1	14	44853	11		6
怀集县下帅壮族瑶族乡	7659.1		5	11707	7		12
封开县江川镇	12008.0	1	7	12814	8	1	3
封开县白垢镇	14145.0	1	7	15841	11		17
封开县大洲镇	16273.0	1	8	18476	10		2
封开县渔涝镇	10146.2	1	9	22355	13		12
封开县河儿口镇	21803.0	1	15	25873	73	1	3
封开县连都镇	25566.7	1	11	33580	14	1	58
封开县杏花镇	15607.0	1	11	33481	11		7
封开县罗董镇	18000.0	1	9	25281	21	3	3
封开县长岗镇	15300.0	1	13	25039	42	8	15
封开县平凤镇	11193.0	1	11	22223	24	10	15
封开县南丰镇	30600.0	2	30	104372	17	2	3
封开县大玉口镇	13090.0	1	9	18208	4		2
封开县都平镇	13087.0	1	7	13504	9		1
封开县金装镇	12711.0	1	11	45436	7		10
封开县长安镇	13904.0	1	10	47387	18		7
德庆县新圩镇	11518.0	1	11	26063	33	6	2
德庆县回龙镇	15812.0	1	9	23578	13	3	2
德庆县官圩镇	23256.0	2	23	37573	33	4	3
德庆县马圩镇	11065.0	1	11	24252	6	2	3
德庆县高良镇	29470.0	1	23	36190	11	2	12
德庆县莫村镇	26950.0	2	15	33972	24	2	2
德庆县永丰镇	13241.0	1	11	25323	7	1	4
德庆县武垄镇	8747.0	1	11	19965	6	2	3
德庆县播植镇	8001.0	1	10	20826	9	1	2
德庆县凤村镇	13676.0	1	18	35001	11	2	2
德庆县悦城镇	20623.0	1	15	37147	52	15	2
德庆县九市镇	15461.0	1	14	32666	17	5	2
四会市龙甫镇	7999.0	1	7	18235	110	50	23
四会市地豆镇	9090.0	1	12	29318	14	6	3
四会市威整镇	6402.0	1	8	16823	13	2	2
四会市罗源镇	2623.0	1	5	9063	5	1	7
四会市迳口镇	9750.0	1	8	21816	11	5	3
四会市大沙镇	8628.0	3	13	35524	281	53	55
四会市石狗镇	14247.0	1	10	27526	8	1	7

18-2 续表 12

(2021年)

地 区	行政区域面积(公顷)	居民委员会(社区)个数(个)	村民委员会个数(个)	户籍人口(人)	工业企业个数(个)	#规模以上(个)	营业面积50平方米以上的商店或超市个数(个)
四会市黄田镇	8745.0	1	6	16202	16		1
四会市江谷镇	13278.0	2	13	42173	48	23	3
四会市下茆镇	10677.0	2	13	33772	57	25	14
四会市肇庆高新技术产业开发区	9670.0	5		49446	512	259	58
惠城区汝湖镇	15300.0	4	23	57838	268	24	78
惠城区三栋镇	6773.7	2	10	35775	145	19	22
惠城区马安镇	7600.0	2	13	37290	330	34	6
惠城区横沥镇	34283.0	3	40	79237	38	4	33
惠城区芦洲镇	20487.0	2	19	30493	2	1	4
惠阳区沙田镇	7383.0	1	8	16688	282	69	119
惠阳区新圩镇	15351.5	2	11	31372	2741	257	305
惠阳区镇隆镇	14941.0	1	13	31954	1040	161	158
惠阳区永湖镇	11465.0	1	13	31418	165	45	35
惠阳区良井镇	7200.0	1	17	41644	40	21	69
惠阳区平潭镇	9970.0	1	17	48360	100	42	54
博罗县石坝镇	17802.0	2	22	51773	12	4	36
博罗县麻陂镇	8612.5	1	13	27921	30	4	5
博罗县观音阁镇	10401.0	1	14	28878	8	2	6
博罗县公庄镇	29837.0	2	22	54128	124	13	35
博罗县杨村镇	12518.7	2	20	47374	75	20	15
博罗县柏塘镇	26744.5	2	36	65067	80	10	36
博罗县泰美镇	20193.9	1	20	45484	110	34	37
博罗县湖镇镇	25001.8	2	35	53344	195	45	130
博罗县长宁镇	6846.0	1	11	37549	115	19	23
博罗县福田镇	9369.0	1	17	35895	331	30	95
博罗县龙华镇	5945.0	1	10	26524	90	20	16
博罗县园洲镇	11076.5	2	27	80140	1892	155	286
博罗县石湾镇	8134.6	2	12	64308	2352	182	315
博罗县杨侨镇	8921.0	2		34387	61	15	26
博罗县横河镇	23434.0	1	18	31631	3	2	4
博罗县罗浮山管委会	16158.7	1	3	10241	2		17
惠东县白花镇	20389.0	2	26	81774	330	54	48
惠东县梁化镇	26310.0	1	21	66372	73	5	63
惠东县稔山镇	19155.0	3	17	77647	57	9	83
惠东县铁涌镇	11666.0	1	19	44828	12	8	32
惠东县平海镇	23858.0	3	22	72502	58	3	58
惠东县吉隆镇	12802.0	3	7	42102	230	40	62
惠东县黄埠镇	8424.0	7	11	39843	295	70	268
惠东县多祝镇	40901.7	1	27	73995	68	7	33
惠东县安墩镇	47910.0	1	22	66295	20	1	67
惠东县高潭镇	19621.0	1	13	18244	10		2
惠东县宝口镇	32925.4	2	12	26946	30		17
惠东县白盆珠镇	39772.0	1	12	23990	37		25

18-2 续表 13

(2021年)

地 区	行政区域面积(公顷)	居民委员会(社区)个数(个)	村民委员会个数(个)	户籍人口(人)	工业企业个数(个)	#规模以上(个)	营业面积50平方米以上的商店或超市个数(个)
龙门县麻榨镇	24099.1	1	18	31020	68	8	25
龙门县永汉镇	39184.4	7	22	60113	76	6	68
龙门县龙田镇	17425.0		15	26568	15	2	38
龙门县龙潭镇	25746.4	2	14	27757	80	1	46
龙门县地派镇	21738.0	2	11	18381	15		5
龙门县龙华镇	37453.6	2	20	39201	72	6	89
龙门县龙江镇	17187.5	2	16	28788	14	6	16
龙门县蓝田瑶族乡	13214.8	1	7	11071	15	3	1
惠城区潼湖镇	11261.0	1	11	31545	120	33	67
惠城区沥林镇	4900.0	1	10	23599	476	132	19
惠城区潼侨镇	3098.0	5	3	14548	392	90	35
梅江区三角镇	3951.6	6	13	52788	102	34	52
梅江区长沙镇	9475.8	1	6	12446			6
梅江区城北镇	12000.0	5	20	53945	4	3	151
梅江区西阳镇	27266.0	3	27	36277	73	15	20
梅县区城东镇	7928.0	1	12	21139	76	10	36
梅县区石扇镇	9104.1	1	12	21369	14	3	20
梅县区梅西镇	9250.0	2	17	30897	22	3	18
梅县区大坪镇	7670.0	1	12	20065	3		20
梅县区石坑镇	8807.0	1	17	27587			3
梅县区水车镇	12290.0	1	18	23116	10	1	10
梅县区梅南镇	12599.1	1	16	16319	25	5	7
梅县区丙村镇	17070.0	1	21	42322	87	6	26
梅县区白渡镇	18761.0	1	24	28672	61	8	16
梅县区松源镇	14950.0	1	22	42044	5		4
梅县区隆文镇	11340.0	1	14	23099	18		3
梅县区桃尧镇	11800.0	1	15	17364	16		5
梅县区畲江镇	17561.6	2	23	50106	70	12	18
梅县区雁洋镇	18300.0	2	27	34512	45	11	60
梅县区松口镇	33936.0	5	41	62236	6	1	35
梅县区南口镇	26332.0	3	46	70506	58	5	50
梅县区程江镇	5800.0	3	14	49509	228	9	208
梅县区扶大镇	1855.0	1	4	15347	70	6	4
梅县区梅西水库	1520.0		2	1590			3
大埔县湖寮镇	19860.0	4	19	86552	12	8	35
大埔县青溪镇	16060.0		13	20654	8	1	6
大埔县三河镇	15023.0	1	12	19865	38	5	28
大埔县银江镇	20982.0		13	26692			5
大埔县洲瑞镇	8930.0		9	18118	5	1	3
大埔县光德镇	13107.0	1	10	35578	44	10	12
大埔县桃源镇	7702.3		6	18665	10	6	3
大埔县百侯镇	11023.7	1	14	29024	15		7
大埔县大东镇	9168.0		13	23386			1

18−2 续表 14

(2021年)

地 区	行政区域面积(公顷)	居民委员会(社区)个数(个)	村民委员会个数(个)	户籍人口(人)	工业企业个数(个)	#规模以上(个)	营业面积50平方米以上的商店或超市个数(个)
大埔县大麻镇	23264.0	1	22	39482	5	1	17
大埔县枫朗镇	17523.0		23	51407	24	2	33
大埔县茶阳镇	28881.0	1	26	55432	37	2	29
大埔县高陂镇	30891.0	1	35	84912	109	20	25
大埔县西河镇	20174.0	1	27	35442	10		33
大埔县丰溪林场	3071.0		3	2005			
丰顺县北斗镇	9044.0		8	17474	18		3
丰顺县汤西镇	19182.8	1	12	60028	104	5	52
丰顺县汤南镇	4501.0	1	8	52080	51	3	8
丰顺县埔寨镇	9794.0	1	9	44950	41	5	27
丰顺县建桥镇	9378.5		10	29986	17		25
丰顺县龙岗镇	11299.4		11	21068	25	1	5
丰顺县潘田镇	14823.0	1	13	40381	21		57
丰顺县黄金镇	15589.4	1	24	38086	17		26
丰顺县小胜镇	7532.4		11	15986	10		5
丰顺县砂田镇	14070.0	1	16	19495	18		10
丰顺县八乡山镇	18849.0		15	22899	26	1	13
丰顺县丰良镇	24924.4	1	22	64489	27		33
丰顺县潭江镇	22179.0	1	18	30439	82	1	40
丰顺县汤坑镇	22072.0	11	32	144854	610	33	77
丰顺县留隍镇	42268.0	1	36	101822	110	3	66
丰顺县大龙华镇	22669.0		16	20735	26		9
五华县转水镇	17567.0	1	21	72904	22	3	48
五华县潭下镇	23006.0	1	20	63086	21		11
五华县郭田镇	13660.0	1	12	46322	18		7
五华县双华镇	14444.5	1	16	43606	19	1	22
五华县梅林镇	13584.6	1	18	62493	19		110
五华县华阳镇	14889.7	1	13	66141	13		5
五华县华城镇	22416.0	3	34	124736	43	2	65
五华县周江镇	20129.0	2	22	63915	6		56
五华县水寨镇	8342.0	4	24	166599	194	28	88
五华县河东镇	23894.4	3	43	154433	66	4	312
五华县岐岭镇	15486.2	2	25	77415	19	1	21
五华县长布镇	30401.2	2	25	80494	41		12
五华县横陂镇	24068.6	3	35	117883	29	2	77
五华县安流镇	24706.3	4	42	161511	40	4	60
五华县棉洋镇	24291.0	2	26	115458	9		151
五华县龙村镇	32894.5	3	37	109961	43		183
平远县石正镇	10100.0	1	17	33424	163	13	13
平远县八尺镇	10850.0	1	11	14656	21	2	4
平远县差干镇	9472.0		7	8439	28	2	11
平远县河头镇	8442.0		9	10667	11		6
平远县中行镇	7260.0		6	8825	27	1	13

18-2 续表 15

(2021年)

地　区	行政区域面积(公顷)	居民委员会(社区)个数(个)	村民委员会个数(个)	户籍人口(人)	工业企业个数(个)	#规模以上(个)	营业面积50平方米以上的商店或超市个数(个)
平远县上举镇	9892.1		6	7368	14	11	4
平远县泗水镇	13162.0		8	10622	38		11
平远县长田镇	6822.7		7	9417	21	2	7
平远县热柘镇	10484.0		8	12959	19	1	7
平远县东石镇	16533.0	1	17	34092	60	5	34
平远县仁居镇	18840.0	1	15	23223	25	1	6
平远县大柘镇	16291.4	3	25	85061	105	20	85
蕉岭县三圳镇	9600.0	1	9	17193	3		1
蕉岭县文福镇	12270.0	1	8	21194	43	7	3
蕉岭县广福镇	10713.0	1	10	15069	6	2	3
蕉岭县新铺镇	18499.0	1	21	42866	45	6	52
蕉岭县蓝坊镇	12880.0	1	11	18327	301		
蕉岭县南礤镇	17390.0		16	22004			7
蕉岭县蕉城镇	5733.2	4	11	65500	30	9	22
蕉岭县长潭镇	9159.0	1	11	21379			16
蕉岭县华侨农场	2522.7		4	8049	50	10	9
兴宁市永和镇	10905.7	1	24	45069	18	2	13
兴宁市新圩镇	10192.1	1	19	44684	30	4	4
兴宁市罗浮镇	27444.3	1	25	57495	11		3
兴宁市罗岗镇	14855.5	1	30	74957	10		139
兴宁市黄槐镇	9295.0	1	12	34750	10		20
兴宁市龙田镇	4590.0	1	16	43113	27	3	6
兴宁市石马镇	10575.5	1	26	37481	8		7
兴宁市宁中镇	4363.8	1	23	35277	27	4	13
兴宁市径南镇	14102.0	1	24	33876	12	1	27
兴宁市坭陂镇	8787.7	1	31	80879	29	1	10
兴宁市水口镇	22340.0	1	38	82561	39	18	3
兴宁市黄陂镇	12658.7	1	28	74370	14	1	36
兴宁市合水镇	10062.0	2	21	37404	24	4	20
兴宁市大坪镇	16685.8	1	37	75676	13	1	33
兴宁市叶塘镇	13736.6	1	41	82696	80	21	7
兴宁市新陂镇	4311.7	1	13	39065	36	4	23
兴宁市刁坊镇	5686.4	1	22	40063	13		5
城区红草镇	6826.9	1	14	42833	96	10	9
城区东涌镇	8850.8	3	15	70860	21	5	25
城区捷胜镇	4797.7	4	14	55364	19	3	25
海丰县梅陇镇	15254.0	8	31	108636	422	14	22
海丰县联安镇	5351.6	1	16	38956	7	1	25
海丰县陶河镇	6414.2	1	17	36915	5	1	14
海丰县赤坑镇	10488.0	1	20	72780	19	3	10
海丰县大湖镇	3185.0	1	5	14256			4
海丰县可塘镇	7673.0	1	21	65750	230	11	59
海丰县黄羌镇	15156.0	1	22	43723	11		18

18-2 续表 16

(2021年)

地 区	行政区域面积(公顷)	居民委员会(社区)个数(个)	村民委员会个数(个)	户籍人口(人)	工业企业个数(个)	#规模以上(个)	营业面积50平方米以上的商店或超市个数(个)
海丰县平东镇	13329.7	1	9	30823	12		38
海丰县海城镇	23160.0	15	9	150817	90	2	558
海丰县公平镇	15414.0	7	23	72217	92	18	115
海丰县附城镇	6959.0	6	14	67886	78	10	448
海丰县城东镇	7563.4	2	16	69879	244	56	15
陆河县河田镇	8354.0	5	16	82209	130	5	202
陆河县水唇镇	15110.0	1	15	47179	32	2	56
陆河县河口镇	16196.0	1	18	62969	14	3	69
陆河县新田镇	14462.0	1	13	39984	24	1	9
陆河县上护镇	11113.6	1	13	46324	18	2	27
陆河县螺溪镇	14455.0	1	15	38862	20		13
陆河县东坑镇	7800.0	1	13	27951			18
陆河县南万镇	11110.0		14	16128	16		1
陆丰市甲子镇	1470.0	14	1	126715	54	20	13
陆丰市碣石镇	12000.0	5	37	248503	67	17	5
陆丰市湖东镇	5959.0	4	18	111868	7	1	90
陆丰市大安镇	9350.0	1	16	61359	9		84
陆丰市博美镇	5859.0	1	11	85355	19		30
陆丰市内湖镇	4200.0		9	43550	1		24
陆丰市南塘镇	14151.0	5	24	153722	12	2	31
陆丰市陂洋镇	15900.0	1	13	54010	1		35
陆丰市八万镇	11879.0	1	11	38311	7		34
陆丰市金厢镇	5774.0	1	12	61567	1		46
陆丰市潭西镇	7348.0	1	14	82682	13	1	21
陆丰市甲东镇	9500.0	1	15	104045	9	1	48
陆丰市河东镇	5926.0		10	45253	3	1	33
陆丰市上英镇	5060.0		14	35214			52
陆丰市桥冲镇	6600.0		10	67872	4		20
陆丰市甲西镇	9620.0		22	158548	3	1	72
陆丰市西南镇	8116.6	1	11	41404	10		59
陆丰市华侨管理区	3200.0	6	3	19960	27	2	4
源城区源南镇	9786.3	2	5	24242	18	9	80
源城区埔前镇	13067.0	2	16	55163	48	20	188
紫金县紫城镇	38480.0	12	31	174658	60	14	172
紫金县龙窝镇	42872.0	1	33	86899	15	1	162
紫金县九和镇	25497.0	1	13	31626	13		28
紫金县上义镇	17820.0	1	7	25534	22		100
紫金县蓝塘镇	30190.3	1	26	77683	19	4	224
紫金县凤安镇	13000.0	1	11	27654			24
紫金县义容镇	35620.0	1	24	59769	28	3	26
紫金县古竹镇	27810.0	1	18	55680	21	9	110
紫金县临江镇	13500.0	2	10	39012	250	33	40
紫金县柏埔镇	13515.9	1	14	36923	6	1	14

18−2 续表 17

(2021年)

地　区	行政区域面积(公顷)	居民委员会(社区)个数(个)	村民委员会个数(个)	户籍人口(人)	工业企业个数(个)	#规模以上(个)	营业面积50平方米以上的商店或超市个数(个)
紫金县黄塘镇	22628.0	1	12	42871	14		62
紫金县敬梓镇	10909.9	1	13	36214			15
紫金县水墩镇	11483.0	1	10	27375	2		31
紫金县南岭镇	10020.0	1	6	19922			4
紫金县苏区镇	12500.0	1	8	24100	5	1	62
紫金县瓦溪镇	23000.0	1	16	37899	19		5
紫金县好义镇	9288.0	1	8	16395	2		36
紫金县中坝镇	17633.0	1	13	49949	5	1	5
龙川县老隆镇	10756.5	15	14	139992	90	5	130
龙川县义都镇	10640.0	1	9	30421			7
龙川县佗城镇	14952.0	1	17	44553	30	14	28
龙川县鹤市镇	5200.0	1	9	29504	15		2
龙川县黄布镇	5614.0	1	6	29385	4		6
龙川县紫市镇	10974.0	1	9	32776	14		3
龙川县通衢镇	10073.0	2	17	37820	25		38
龙川县登云镇	6892.9	1	7	24067	39	1	8
龙川县丰稔镇	13512.0	1	15	43272	13	1	18
龙川县四都镇	8057.0	1	8	20722	1		33
龙川县铁场镇	19758.0	3	30	78420	4		177
龙川县龙母镇	14911.0	1	17	54276			7
龙川县田心镇	8860.0	1	16	44846			21
龙川县黎咀镇	13701.0	1	18	33034	17	1	17
龙川县黄石镇	10954.0	1	10	18207	3	1	6
龙川县赤光镇	14239.0	1	16	47316	13	2	13
龙川县廻龙镇	8350.0	1	14	35061	6		8
龙川县新田镇	6730.0	1	6	17955			32
龙川县车田镇	31200.0	2	23	65149			3
龙川县岩镇镇	12163.6	1	6	21300	5	1	5
龙川县麻布岗镇	18250.0	1	15	44664	16		16
龙川县贝岭镇	10499.0	1	8	19559			2
龙川县细坳镇	14405.0	1	12	23003	14		6
龙川县上坪镇	20818.5	1	13	33474	1		3
连平县元善镇	28532.6	5	15	74868	25	7	19
连平县上坪镇	30095.0	1	15	34199	16	1	2
连平县内莞镇	23100.0		11	19333	5	1	10
连平县陂头镇	36432.2	1	16	34659	6	2	3
连平县溪山镇	11099.0		9	18839	2	1	29
连平县隆街镇	24064.0	1	20	44783	18	6	16
连平县田源镇	12978.0		7	13807	8		6
连平县油溪镇	28358.0	1	18	37486	57	3	24
连平县忠信镇	8767.8	5	12	53167	23	6	39
连平县高莞镇	6767.3		10	24810			9
连平县大湖镇	6423.5	1	8	22168	8	1	4

18-2 续表 18

(2021年)

地　区	行政区域面积(公顷)	居民委员会(社区)个数(个)	村民委员会个数(个)	户籍人口(人)	工业企业个数(个)	#规模以上(个)	营业面积50平方米以上的商店或超市个数(个)
连平县三角镇	4707.0		9	17666	53	21	39
连平县绣缎镇	6205.9	1	9	15684	4	2	25
和平县阳明镇	18838.0	10	22	104956	805	54	32
和平县大坝镇	17537.0	1	15	42679	124	13	7
和平县长塘镇	16918.0	1	12	24295			9
和平县下车镇	13449.0	1	11	23377	2		4
和平县上陵镇	14465.0	1	17	31082			10
和平县优胜镇	11731.0	1	8	17669			3
和平县贝墩镇	13235.0	1	15	31616	3	1	4
和平县古寨镇	6428.0	1	7	14432	2	1	1
和平县彭寨镇	20744.0	4	27	71830	26	2	13
和平县合水镇	12430.0	1	12	29944			1
和平县公白镇	6377.0	1	7	13631			5
和平县青州镇	10109.0	1	10	18615			7
和平县浰源镇	13211.0	1	8	22615			9
和平县热水镇	14713.0	1	7	18616			9
和平县东水镇	15621.0	1	19	41676	14	2	7
和平县礼士镇	7015.0	1	8	21491	60		2
和平县林寨镇	9308.0	1	11	30636	3		7
东源县仙塘镇	14647.9	4	13	29472	41	26	50
东源县灯塔镇	19835.0	1	13	40640	51	10	55
东源县骆湖镇	9672.3	1	9	22360	21	7	14
东源县船塘镇	19229.0	3	21	69078	50	1	33
东源县顺天镇	11057.7	1	11	23951	13	2	3
东源县上莞镇	9747.0	1	13	36663	22	1	11
东源县曾田镇	13974.0	1	9	19687			8
东源县柳城镇	9440.7	1	9	21556	56	7	18
东源县义合镇	17677.0	1	9	22848	5	1	12
东源县蓝口镇	18468.6	2	22	44523	25	10	17
东源县黄田镇	23969.0	2	17	26204	18	1	13
东源县叶潭镇	16412.7	1	13	38702	1		9
东源县黄村镇	23210.0	1	16	54950			20
东源县康禾镇	23071.0	1	11	25277	9		4
东源县锡场镇	29917.0	1	11	11180	10		4
东源县新港镇	11811.9	3	9	19085			6
东源县双江镇	12128.5	1	11	15961			8
东源县涧头镇	17410.0	1	12	18107	6	1	36
东源县新回龙镇	38600.0		10	9712			3
东源县半江镇	24145.0		9	9913	1		
东源县漳溪乡	7056.3	1	10	20606	5	4	14
江城区埠场镇	7500.0	1	9	42804	112	1	6
江城区平冈镇	21300.0	2	22	104245	179	53	22
江城区闸坡镇	13258.8	5	19	100325	38	7	15

18-2 续表 19

(2021年)

地　区	行政区域面积(公顷)	居民委员会(社区)个数(个)	村民委员会个数(个)	户籍人口(人)	工业企业个数(个)	#规模以上(个)	营业面积50平方米以上的商店或超市个数(个)
江城区双捷镇	9610.2	2	10	33578	21	3	16
阳东区东城镇	4054.0	8	8	52950	1042	49	97
阳东区北惯镇	11373.4	2	13	47848	574	61	48
阳东区那龙镇	15515.3	2	15	31432	23	6	16
阳东区东平镇	12936.0	1	19	44519	17	2	105
阳东区雅韶镇	6873.0	1	7	29095	45	5	14
阳东区大沟镇	10559.9	1	15	47675	15	1	14
阳东区新洲镇	26937.1	2	16	58977	38	1	38
阳东区合山镇	9027.4	1	13	43843	80	5	62
阳东区塘坪镇	20328.2	2	16	48970	14	1	36
阳东区大八镇	30377.3	1	21	65922	15		14
阳东区红丰镇	9464.0	1	14	48846	75	3	40
阳西县织篢镇	33775.5	5	27	145112	337	34	46
阳西县程村镇	19735.0	1	21	70240	27	3	17
阳西县塘口镇	19391.6	1	15	44760	19		31
阳西县上洋镇	17253.2	1	18	73552	14		26
阳西县溪头镇	20691.5	1	24	95467	31	3	18
阳西县沙扒镇	2937.2	5	4	33045	13		15
阳西县儒洞镇	13263.7	1	12	56324	44	4	37
阳西县新圩镇	17173.2	1	13	39457	25	3	69
阳春市河朗镇	19800.0	1	14	49305	29	3	46
阳春市松柏镇	17412.0	1	17	54172	23		8
阳春市石望镇	10947.0	1	10	41760	8	1	14
阳春市春湾镇	34241.0	3	25	104487	52	4	55
阳春市合水镇	23804.0	3	18	70583	17	1	18
阳春市陂面镇	12300.0	2	17	65933	14	3	35
阳春市圭岗镇	38598.0	1	22	59187	32	1	15
阳春市永宁镇	36474.0	1	24	61645	67		39
阳春市马水镇	13985.0	1	15	50231	26	2	23
阳春市岗美镇	19426.0	1	19	65397	14	1	36
阳春市河口镇	21697.0	1	14	34042	34	3	10
阳春市潭水镇	22985.0	2	22	84056	35	1	31
阳春市三甲镇	30911.0	2	24	77644	9	3	18
阳春市双窖镇	27298.0	1	23	79957	37		75
阳春市八甲镇	41931.0	1	20	86338	58	1	53
清城区源潭镇	22733.7	5	16	98237	108	35	102
清城区龙塘镇	21899.7	10	6	77630	407	114	40
清城区石角镇	17818.6	5	15	95154	95	94	536
清城区飞来峡镇	37148.5	7	18	86023	11	10	146
清新区太和镇	18259.8	7	18	89307	355	43	735
清新区太平镇	21328.6	1	22	71030	561	50	58
清新区山塘镇	8709.1	1	14	61905	118	16	54
清新区三坑镇	11211.0	1	14	51911	34	4	48

18-2 续表 20

(2021年)

地 区	行政区域面积(公顷)	居民委员会(社区)个数(个)	村民委员会个数(个)	户籍人口(人)	工业企业个数(个)	#规模以上(个)	营业面积50平方米以上的商店或超市个数(个)
清新区龙颈镇	55330.6	5	36	122554	132	8	28
清新区禾云镇	43116.5	4	32	120151	110	16	51
清新区浸潭镇	47176.2	2	30	115949	58	2	5
清新区石潭镇	30205.3	2	20	95815	43	4	52
佛冈县石角镇	40005.0	6	17	129490	135	43	187
佛冈县水头镇	14622.1	1	10	32143	15	1	7
佛冈县汤塘镇	22937.7	2	19	78906	32	25	93
佛冈县龙山镇	16047.9	1	14	51955	72	25	29
佛冈县高岗镇	17403.2	1	8	32694			8
佛冈县迳头镇	18504.0	1	10	34888	23	13	96
阳山县青莲镇	21356.7		12	40979	15	1	7
阳山县江英镇	31375.6		15	46767	14	1	28
阳山县杜步镇	16170.5		8	34794	6	2	14
阳山县七拱镇	31582.2	1	17	72908	54		44
阳山县太平镇	27276.8		12	44655	28	1	4
阳山县杨梅镇	16480.9		6	6380	11		5
阳山县大崀镇	9680.4		8	17473	21	1	2
阳山县小江镇	23202.9	1	13	41831	33	4	18
阳山县岭背镇	23004.5		12	44269	11	1	8
阳山县黄坌镇	16386.5		7	16217	7		4
阳山县黎埠镇	28271.5	1	18	70320	22	1	6
阳山县阳城镇	31212.8	5	21	123183	154	9	133
阳山县秤架瑶族乡	56948.3		10	18757	47	1	6
连山壮族瑶族自治县永和镇	19904.0	1	9	24287	31	1	9
连山壮族瑶族自治县吉田镇	17340.0	2	8	30090	56	4	29
连山壮族瑶族自治县太保镇	14765.0	1	7	14526	29		4
连山壮族瑶族自治县禾洞镇	12767.0		4	8752	20		6
连山壮族瑶族自治县福堂镇	18937.0		8	21536	13	2	10
连山壮族瑶族自治县小三江镇	28074.0		9	20198	49	1	6
连山壮族瑶族自治县上帅镇	10200.0		4	5390	15		3
连南瑶族自治县三江镇	21887.1	1	10	42813	132	5	13
连南瑶族自治县大麦山镇	14347.7		9	20705	37		
连南瑶族自治县寨岗镇	33041.6	1	23	51046	150	7	8
连南瑶族自治县三排镇	14956.8		10	28302	11		
连南瑶族自治县涡水镇	13198.1		6	8411	33		
连南瑶族自治县大坪镇	9898.1		5	13796	12		
连南瑶族自治县香坪镇	16766.1		6	12180	19		
英德市沙口镇	32227.0	1	13	49623	5	4	79
英德市望埠镇	20730.0	3	13	57012	50	11	196
英德市横石水镇	11847.0	1	6	36255			21
英德市桥头镇	14555.3	1	10	40469	9	6	106
英德市青塘镇	12151.0	1	7	38235	21	2	5
英德市白沙镇	16279.5	1	10	41129	36	7	20

18-2 续表 21

(2021年)

地 区	行政区域面积(公顷)	居民委员会(社区)个数(个)	村民委员会个数(个)	户籍人口(人)	工业企业个数(个)	#规模以上(个)	营业面积50平方米以上的商店或超市个数(个)
英德市大站镇	24597.0	1	11	45176	6	5	14
英德市西牛镇	24521.9	1	12	57888	37	1	13
英德市九龙镇	23567.9	1	16	65489	12	4	10
英德市浛洸镇	23594.4	3	14	73703	26	2	4
英德市大湾镇	38206.8	3	15	87686	3	1	12
英德市石灰铺镇	22695.0	1	14	44735	10	1	22
英德市石牯塘镇	33255.0	1	12	40788	8	1	3
英德市下石太镇	17410.2	1	5	13058	3	2	6
英德市波罗镇	17295.0		9	15852			1
英德市横石塘镇	20183.3	2	9	31164	4	2	4
英德市大洞镇	18479.1	1	7	20311			6
英德市连江口镇	38044.6	2	9	38949	8	1	13
英德市黎溪镇	28499.0	1	11	39003	2	1	21
英德市水边镇	10514.0	1	6	19884			3
英德市英红镇	21875.0	6	6	36958	143	30	20
英德市东华镇	55869.3	4	24	115701	231	67	15
英德市黄花镇	20547.0	1	11	57193			23
连州市连州镇	17563.7	10	19	140364	10	8	30
连州市星子镇	47161.0	1	20	71012	11	2	50
连州市大路边镇	22335.4		20	61047	4	2	139
连州市龙坪镇	30327.1		16	40958	8	7	114
连州市西岸镇	21106.0		14	52182			7
连州市保安镇	18110.4		16	42728	12	4	56
连州市丰阳镇	17043.2		11	31210			136
连州市东陂镇	10854.8		9	32593	8		14
连州市九陂镇	16268.1		13	32528	38	16	10
连州市西江镇	18533.3		11	18473	45	14	7
连州市瑶安瑶族乡	22039.7		10	13383			2
连州市三水瑶族乡	13721.5		4	4337			
石碣镇	3621.0	1	14	67960	3922	366	452
石龙镇	1383.0	3	7	87196	609	63	3130
茶山镇	4540.0	2	16	58533	5083	386	873
石排镇	4872.0	1	18	53329	3753	397	298
企石镇	5822.0	1	19	52152	3582	304	201
横沥镇	4467.0	1	16	56045	5588	475	450
桥头镇	5600.0	6	11	49401	7473	469	425
谢岗镇	9103.8	1	11	26074	2400	228	318
东坑镇	2380.0	2	14	41013	2597	279	588
常平镇	10326.9	2	31	122036	13635	580	3105
寮步镇	7254.0	10	20	126699	8190	585	10349
樟木头镇	11870.0	10		53758	4023	192	325
大朗镇	9754.3	12	16	105579	10765	655	14618
黄江镇	9286.0	7		47818	5947	408	1863

18-2 续表 22

(2021年)

地 区	行政区域面积(公顷)	居民委员会(社区)个数(个)	村民委员会个数(个)	户籍人口(人)	工业企业个数(个)	#规模以上(个)	营业面积50平方米以上的商店或超市个数(个)
清溪镇	14000.0	1	20	58581	6796	768	675
塘厦镇	12820.0	20		97712	15181	893	1076
凤岗镇	8243.0	1	11	50989	9282	469	717
大岭山镇	9553.0	2	21	70943	8502	466	915
长安镇	8153.0	15		91224	19708	956	366
虎门镇	17850.0	30		178543	14963	747	1601
厚街镇	12570.0	24		140531	8997	578	927
沙田镇	10759.4	2	16	59443	2726	260	302
道滘镇	5429.0	1	13	68490	2118	224	695
洪梅镇	3320.0	1	9	27653	309	85	127
麻涌镇	9111.0	2	13	90922	1378	156	60
望牛墩镇	3157.0	1	21	54484	988	169	229
中堂镇	5988.5	5	15	89350	2321	230	3591
高埗镇	3460.0	1	18	47780	2440	262	117
黄圃镇	8837.6	4	12	97364	2604	322	197
东凤镇	5624.3	5	9	96618	4397	299	350
古镇镇	5220.0	1	12	86574	5034	178	296
沙溪镇	5240.2	2	15	88228	1668	88	170
坦洲镇	12958.0	7	7	99474	3155	259	107
港口镇	7127.0	7	2	80949	1357	130	251
三角镇	7013.0	1	7	65335	1273	224	81
横栏镇	7573.3	1	10	75301	6288	279	544
南头镇	2571.0	6		54834	2928	285	246
阜沙镇	3540.0	1	8	41923	901	129	155
三乡镇	9362.2	4	12	73566	3228	239	123
板芙镇	7968.4	1	10	44053	861	108	122
大涌镇	4066.1	9	2	30894	1100	72	151
神湾镇	6093.0	1	5	21159	485	74	21
小榄镇	14729.5	23	6	299911	14085	859	844
湘桥区意溪镇	7200.0	3	24	50691	112	10	21
湘桥区磷溪镇	7640.0	1	31	91255	230	14	13
湘桥区铁铺镇	6579.1	1	23	41294	85	18	10
湘桥区官塘镇	3109.0	1	15	34486	125	10	4
潮安区古巷镇	6112.0	1	18	71776	756	91	64
潮安区登塘镇	15732.0	2	27	43590	215	17	37
潮安区凤塘镇	3858.0	1	30	91352	865	83	59
潮安区浮洋镇	3884.3	4	35	109019	558	54	65
潮安区龙湖镇	2082.0	1	15	63021	355	18	35
潮安区金石镇	2245.8	1	21	75648	372	15	28
潮安区沙溪镇	3487.0	1	17	64145	141	13	43
潮安区彩塘镇	4386.8	1	32	120153	1458	83	246
潮安区东凤镇	3423.4	1	34	97120	508	40	57
潮安区庵埠镇	3040.9	6	31	136940	1889	135	41

18−2 续表 23

(2021年)

地 区	行政区域面积(公顷)	居民委员会(社区)个数(个)	村民委员会个数(个)	户籍人口(人)	工业企业个数(个)	#规模以上(个)	营业面积50平方米以上的商店或超市个数(个)
潮安区江东镇	3804.0	1	29	80687	202	16	61
潮安区归湖镇	12817.0	2	32	31333	84	2	5
潮安区文祠镇	7146.0	1	22	18668	25	4	2
潮安区凤凰镇	22706.4	2	27	45032	6	1	7
潮安区赤凤镇	8856.7	1	17	13950			
潮安区万峰林场	2816.6	1	5	977			
潮安区枫溪镇	2447.0	6	26	117696	772	113	160
饶平县黄冈镇	10172.0	12	24	194653	156	27	43
饶平县上饶镇	9937.6	2	22	65828	36		18
饶平县饶洋镇	8741.0	1	25	71863	32	5	6
饶平县新丰镇	11740.7	3	14	70127	103	8	10
饶平县建饶镇	7237.7		15	17658	22		14
饶平县三饶镇	15176.8	1	18	57719	71	28	3
饶平县新塘镇	7994.7		14	23826	13		
饶平县汤溪镇	8083.0		13	12189	14		
饶平县浮滨镇	15935.7		32	26982	130	2	18
饶平县浮山镇	6970.8	1	18	33572	11	4	12
饶平县东山镇	7456.7		10	23471	9		26
饶平县新圩镇	9327.0		30	38026	24	1	6
饶平县樟溪镇	10820.8		21	20149	14	7	13
饶平县钱东镇	12266.0	3	25	97323	128	25	36
饶平县高堂镇	2543.9		12	25245	28	1	3
饶平县联饶镇	8204.1		24	39652	28	6	7
饶平县所城镇	5269.0	1	11	45710	11	2	8
饶平县大埕镇	3175.0		7	34241	11		4
饶平县柘林镇	1422.1	3	4	16400	29	5	6
饶平县汫洲镇	3835.0	8	5	61799	46	9	15
饶平县海山镇	6918.4	5	12	79603	22	1	12
榕城区炮台镇	5249.0	1	11	132720	310	46	90
榕城区地都镇	8700.0	1	23	111158	280	38	61
榕城区登岗镇	3504.6	1	13	81667	68	9	28
揭东区云路镇	7880.0	1	20	91655	158	35	31
揭东区玉窖镇	3800.0	1	10	58013	75	36	50
揭东区锡场镇	5069.0	1	12	125672	156	47	90
揭东区新亨镇	9525.7	1	13	120402	175	27	39
揭东区玉湖镇	13500.0	1	20	116107	105	6	17
揭东区埔田镇	7311.1	1	19	69630	101	30	23
揭东区霖磐镇	2800.0	1	11	84289	54	10	61
揭东区月城镇	1813.7	1	14	59230	105	24	46
揭东区白塔镇	5965.0	1	18	106331	63	18	52
揭东区龙尾镇	5235.0	1	9	38777	16	3	20
揭东区桂岭镇	3188.0	1	16	73028	9	8	10
揭西县龙潭镇	7796.0	1	15	38947	13	2	24

18-2 续表 24

(2021年)

地 区	行政区域面积(公顷)	居民委员会(社区)个数(个)	村民委员会个数(个)	户籍人口(人)	工业企业个数(个)	#规模以上(个)	营业面积50平方米以上的商店或超市个数(个)
揭西县南山镇	13454.0	1	18	37739	26	2	12
揭西县五经富镇	16861.0	2	26	57299	40	1	30
揭西县京溪园镇	7348.0	1	13	50816	43	8	22
揭西县灰寨镇	5358.0	1	16	43577	22	4	27
揭西县塔头镇	2934.8	1	14	54347	25	2	3
揭西县东园镇	2606.0	1	10	40343	5		11
揭西县凤江镇	3465.8	1	15	87831	200	13	4
揭西县棉湖镇	3038.0	13	14	104936	233	33	36
揭西县金和镇	4846.7	1	13	78539	106	8	20
揭西县大溪镇	3535.9	1	16	28184	4		8
揭西县钱坑镇	4668.0	1	13	46314	25	1	1
揭西县坪上镇	9298.7	1	19	43547	26		3
揭西县五云镇	14597.9	1	20	56762	14	1	2
揭西县上砂镇	12589.0	1	22	57851	21		16
揭西县良田乡	13017.0	1	10	22007	21		6
惠来县惠城镇	17800.0	14	19	182032	230	12	140
惠来县华湖镇	6170.0	1	17	80507	30	8	8
惠来县仙庵镇	8350.6	1	20	105267	74	5	79
惠来县靖海镇	4888.0	2	21	77097	40	8	28
惠来县周田镇	7676.0	1	17	90607	30	3	14
惠来县前詹镇	6114.2	1	20	66096	7	7	21
惠来县神泉镇	5800.0	2	19	108971	76	14	14
惠来县东陇镇	5395.0	1	12	115113	6	5	20
惠来县岐石镇	5265.0	1	10	101156	16	6	14
惠来县隆江镇	12568.0	3	35	186914	15	9	34
惠来县溪西镇	6269.3	1	20	97450	22		25
惠来县鳌江镇	6306.1	1	16	70140	13	3	26
惠来县东港镇	5091.6	1	15	42201	71		8
惠来县葵潭镇	14425.7	3	23	125992	8	5	53
惠来县侨园镇	4579.2	4	14	21609	6	1	6
惠来县东埔农场	2153.0	1	5	15705	1	1	2
惠来县葵潭农场	2054.4	1	2	5891	1		25
惠来县青坑林场	3458.3		1	1509			
普宁市赤岗镇	2364.6	1	15	62755	80	9	24
普宁市大坝镇	5900.0	1	26	117809	57	13	2
普宁市洪阳镇	6600.0	2	32	174957	43	5	53
普宁市南溪镇	5018.0	1	40	128630	22	5	67
普宁市广太镇	3730.0	1	21	66752	16	2	37
普宁市麒麟镇	5630.0	1	19	136374	13	4	44
普宁市南径镇	5325.6	1	20	156246	24	6	16
普宁市占陇镇	5200.0	2	37	199945	183	33	75
普宁市军埠镇	2720.0	1	15	133101	85	9	27
普宁市下架山镇	8200.0	1	32	114116	66	6	23

18-2 续表 25

(2021年)

地　区	行政区域面积(公顷)	居民委员会(社区)个数(个)	村民委员会个数(个)	户籍人口(人)	工业企业个数(个)	#规模以上(个)	营业面积50平方米以上的商店或超市个数(个)
普宁市高埔镇	10584.0	1	16	74937	66	5	40
普宁市云落镇	10415.2	1	18	78553	34	4	55
普宁市大坪镇	7600.0	1	12	34098	19	3	5
普宁市船埔镇	12805.9	1	28	58375	29		16
普宁市梅林镇	14771.0	1	36	77623	23	2	10
普宁市里湖镇	8490.0	2	23	117156	91	11	34
普宁市梅塘镇	7600.0	1	23	147876	59	9	63
普宁市普侨镇	1539.8	1	5	11969	30	8	16
普宁市后溪乡	6697.8	1	6	14367	12	1	5
普宁市大池农场	1590.7	1	8	9245	2		22
普宁市马鞍山农场	2827.0	1	7	10639	16	5	
普宁市大坪农场	2822.0	1	4	7850			
云城区腰古镇	10781.1	1	12	38124	182	8	12
云城区思劳镇	9550.0	1	14	22685	232	21	25
云城区前锋镇	12899.0	1	11	27368	15		3
云城区南盛镇	13933.7	1	15	38773			44
云安区六都镇	21454.6	1	13	53959	190	38	61
云安区高村镇	18459.6	1	14	37098	4	2	25
云安区白石镇	7230.9	1	9	33760	12	1	22
云安区镇安镇	11000.0	1	13	49050	56	1	88
云安区富林镇	17233.1	1	15	61057	18		70
云安区石城镇	18187.8	2	21	56204	398	1	25
云安区都杨镇	25295.8	2	20	56492	102	29	85
新兴县新城镇	11776.0	21	15	109830	251	62	42
新兴县车岗镇	8874.7	1	18	30420	26	3	15
新兴县水台镇	8473.0	1	9	16562	14	9	23
新兴县稔村镇	11245.0	1	15	39286	14	8	16
新兴县东成镇	12000.0	1	15	30578	270	4	25
新兴县太平镇	16220.4	2	17	63125	72	4	64
新兴县里洞镇	12800.0	1	7	20242	13		8
新兴县大江镇	10592.0	1	4	11164	8		13
新兴县天堂镇	13390.0	5	17	63345	43	1	42
新兴县河头镇	16936.7	1	7	24417	14	1	15
新兴县簕竹镇	10180.0	1	8	15769	11	3	12
新兴县六祖镇	18696.0	2	29	67283	18	3	39
郁南县都城镇	9260.0	5	11	78787	120	23	92
郁南县平台镇	13280.0	1	13	28576	8	1	16
郁南县桂圩镇	16690.0	2	20	38466	13		8
郁南县通门镇	15800.0	1	11	18974	6	1	16
郁南县建城镇	22891.6	2	20	42270	24	4	40
郁南县宝珠镇	9690.0	1	5	14650	6	1	9
郁南县大方镇	6535.0	1	6	13574	1	1	4

18-2 续表 26

(2021年)

地 区	行政区域面积(公顷)	居民委员会(社区)个数(个)	村民委员会个数(个)	户籍人口(人)	工业企业个数(个)	#规模以上(个)	营业面积50平方米以上的商店或超市个数(个)
郁南县千官镇	18347.7	2	19	49158	8	3	31
郁南县大湾镇	4590.0	1	7	22556	32	10	4
郁南县河口镇	7645.3	1	11	37175	9	1	5
郁南县宋桂镇	8180.0	1	7	26138	13	2	5
郁南县东坝镇	10697.4	1	11	40187	4	2	20
郁南县连滩镇	9510.0	2	10	60102	15		33
郁南县历洞镇	13300.0	1	12	20866	12		14
郁南县南江口镇	20070.0	1	14	39099	39	7	8
罗定市罗镜镇	16140.0	1	24	105361	167	1	7
罗定市太平镇	9380.0	1	16	73120	32	3	18
罗定市分界镇	9750.0	1	9	33537	15	1	6
罗定市罗平镇	13580.0	1	23	93759	70	1	21
罗定市船步镇	12812.3	1	18	88568	26	1	9
罗定市满(lang)塘镇	8410.0	1	12	50420	20	2	14
罗定市苹塘镇	8840.0	1	11	45243	44	5	8
罗定市金鸡镇	8610.0	1	10	37744	53	8	40
罗定市围底镇	6610.0	1	15	48383	30	5	18
罗定市华石镇	6250.0	1	10	37561	16	5	2
罗定市榃滨镇	15410.0	1	13	52966	61	6	30
罗定市黎少镇	13420.0	1	18	60562	9	2	24
罗定市生江镇	6200.0	1	11	41942	18		5
罗定市连州镇	12584.0	1	16	61381	3		21
罗定市泗纶镇	23380.0	1	27	82689	40	1	64
罗定市加益镇	8689.2	1	9	28939	5	1	4
罗定市龙湾镇	12620.0	1	11	35663	2	1	7
罗镜镇	16140.0	1	24	105361	167	1	7
太平镇	9380.0	1	16	73120	32	3	18
分界镇	9750.0	1	9	33537	15	1	6
罗平镇	13580.0	1	23	93759	70	1	21
船步镇	12812.3	1	18	88568	26	1	9
满(lang)塘镇	8410.0	1	12	50420	20	2	14
苹塘镇	8840.0	1	11	45243	44	5	8
金鸡镇	8610.0	1	10	37744	53	8	40
围底镇	6610.0	1	15	48383	30	5	18
华石镇	6250.0	1	10	37561	16	5	2
榃滨镇	15410.0	1	13	52966	61	6	30
黎少镇	13420.0	1	18	60562	9	2	24
生江镇	6200.0	1	11	41942	18		5
连州镇	12584.0	1	16	61381	3		21
泗纶镇	23380.0	1	27	82689	40	1	64
加益镇	8689.2	1	9	28939	5	1	4
龙湾镇	12620.0	1	11	35663	2	1	7